KB062475

한권으로 끝내는
IELTS
Writing
스피드 완성

한권으로 끝내는

IELTS
Writing
스피드 완성

Paul F. Lane 감수 | John Chung 지음

빅북

IELTS Writing 스피드 완성을 출간하며

시중에는 IELTS Writing 관련 전문수험서들이 다수 출간되어 있음에도 대부분의 책들이 수준별 혹은 목표로 하는 섬수의 구분 없이 작성되어 있거나 자세한 설명 없이 Essay Sample만을 제시하여 IELTS Writing 시험을 처음 접하거나 IELTS를 심도 있게 공부하려는 수험생들에게 그다지 도움이 되지 않는다는 볼멘소리를 종종 들었다.

또한 미국, 영국, 캐나다, 호주 등의 영어권 나라에서 대학을 졸업했음에도 안타깝게도 Writing 과목에서 7.0을 받지 못해 틀만을 암기하도록 가르치는 찍기 전문학원 같은 곳에 등록하는 수험생들을 보면서 대한민국 IELTS 초대 스타강사로서 이런 수험생들에게 실전에 바로 도움이 되는 IELTS Writing 수험서를 준비해야겠다는 사명감을 갖게 되었다. 성공적인 IELTS Writing 6.0부터 8.0 획득에 필요한 기초적인 영어실력부터 IELTS 실전문제까지 총동원해 수험생들이 체계적이고 효율적으로 혼자서도 공부할 수 있도록 기획하였다.

6.0부터 8.0까지 목표로 하는 수험생들뿐만 아니라 TOEFL, TOEIC, TEPS, SAT 등의 시험에서 Essay를 잘 쓰고 싶은 학생들에게도 도움이 될 수 있도록 Essay 핵심내용뿐만 아니라 문법 그리고 핵심어휘 등을 아주 쉽고 체계적으로 학습할 수 있도록 구성하였다.

본서에 제시된 실전문제와 해석이 다소 어색한 부분이 있더라도 많은 양해를 바라며, IELTS 수험생들에게 많은 도움이 될 수 있도록 각 Chapter가 끝날 때마다 Review Point를 별도로 정리해두었다. 여러 번 반복해서 공부한 다음, 본서에 제시된 예문들을 응용하고 활용한다면 IELTS Writing에서 고득점을 획득할 수 있으리라 확신하는 바이다.

2019년 10월
시인이자 용사인 David의 마음으로

John 드림

Contents

Part 1   IELTS Writing Task 1 Essay

Part 2   IELTS Writing Task 2 Essay

Part 3   IELTS Writing Task 2 Essay 실전 공략법

Part 4 IELTS Writing Task 2 Essay 마지막 비상구

CD IELTS 시험 방식

기존의 Paper-based IELTS 시험 방식과 더불어 2018년 10월부터(대한민국 기준) 컴퓨터(CD; Computer-delivered)로 IELTS 시험을 보는 방식으로도 응시할 수 있게 되었습니다.

CD IELTS의 구성

1. 기존의 Paper-based IELTS 시험 방식과 미찬가지로 듣기, 읽기, 쓰기, 말하기 시험으로 구성되어 있으며 Speaking 시험의 경우 Paper-based IELTS 시험 방식과 관계 없이 시험관과의 일대일 면담 방식(face to face)으로 진행됩니다.

2. 기존의 Paper-based IELTS와 채점, 난이도에 있어서는 동일합니다.

CD IELTS의 장점

1. 응시자들은 더 빠르게 시험결과를 받아볼 수 있습니다. 기존의 2주일보다 더 빠르게 시험이 끝난 후 5일에서 7일 이내로 성적 결과를 확인할 수 있습니다.

2. 일주일에 세 번에서 다섯 번의 응시가 가능해 시험일을 편리하게 선택할 수 있습니다.

3. Typing 속도가 느리거나 Computer 조작이 서투른 응시생들께서는 시험 등록 전 Sample Test 문제를 풀고 결정하는 것이 좋을 듯합니다. www.ielts.org 혹은 www.ielts.com.au에서 CD IELTS Sample Test 문제를 사전에 연습할 수 있습니다.

기존 Paper-based IELTS와 CD IELTS의 차이점

구 분	Paper-based IELTS	Computer-delivered IELTS
성적 발표	시험일로부터 13일 후	시험일로부터 5~7일 후
시험 일정	매월 4회 시행	더 많은 시험일자 선택 가능 (일주일에 3일 가능)
Listening, Reading, Writing	메인방송을 듣고 시험을 진행하며, 답안지는 연필로 작성함 *Listening의 경우 : 시험 후 10분간의 답안지 작성 시간 주어짐	개별 헤드폰을 사용하여 시험을 진행하며, 컴퓨터 키보드, 마우스로 답안 작성함 *기존의 방식과 달리 Listening의 경우 : 시험 후 10분간의 답안지 작성 시간이 주어지지 않음
Speaking	시험관과 1 : 1 Speaking시험	Paper-based IELTS와 동일

IELTS 시험 개요 및 요강

IELTS 시험이란?

현재 135여개 국가 900여개 센터에서 매년 200만명 이상이 응시하는 IELTS 시험(International English Language Testing System)은 듣기, 읽기, 쓰기, 말하기의 네 가지 영어 능력을 종합적으로 평가하는 시험입니다.

호주, 영국, 뉴질랜드, 캐나다 그리고 미국 등의 국가에서 유학, 취업, 이민을 목표로 하는 응시자들의 영어 능력을 평가하는 국제공인 영어능력 평가 시험이며, 영국문화원(British Council)과 호주 IDP에듀케이션 그리고 University of Cambridge ESOL Examinations에 의해 함께 공동 개발, 관리, 운영되고 있으며 우리나라에선 영국문화원과 IDP Korea가 현재 주관을 하고 있습니다.

IELTS 시험 유형

IELTS는 Academic과 General Training로 구분되어 있어 응시 목적에 따라 Academic Module 그리고 General Training Module 중 선택하여 응시할 수 있습니다.

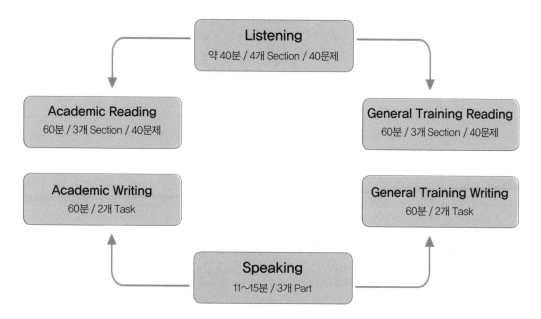

– Academic Module

학사, 석사, 박사 등의 학위 과정의 유학을 준비하는 응시자 및 전문직업 과정을 목표로 하는 응시자들에게 적합한 시험입니다.

– General Training Module

호주, 캐나다, 뉴질랜드, 영국 등의 국가로 이민을 준비하는 응시자 혹은 직업교육 프로그램을 이수하려는 응시자들이 보는 시험입니다.

IELTS의 구성

Candidate(응시생)는 40문제의 Listening 시험을 40분 동안, 40문제의 Reading 시험을 60분 동안, Task 1, 2로 구성되어 있는 Writing 시험 문제를 60분 동안 그리고 3단계로 구성되어 있는 1 : 1 Interview Speaking 시험을 11분에서 15분 동안 보아야 합니다.

*주의점 – Speaking Test 시간 및 장소는 시험 당일 오전 필기 시험 동안 개별적으로 공지되며 Speaking Test는 필기시험과 별도로 다른 날에 보게 될 수 있으니 이에 유의해야 합니다. 또한 Speaking 시험 장소도 같은 건물이 아닌 다른 건물로 배정될 수 있습니다.

IELTS 시험 등록부터 결과까지

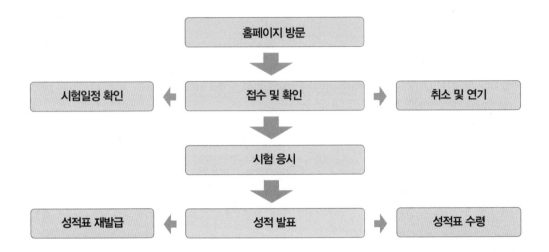

A. 접수 방법

접수 방법은 온라인 접수와 방문 접수가 있으며 IELTS 시험 등록은 선착순으로 이루어지므로 예상 시험 날짜를 잘 고려한 다음 사전에 충분한 시간적 여유를 두고 접수하는 것이 좋습니다. 추가로 접수하는 경우 필기 시험과 다른 날짜에 Speaking 시험을 볼 수 있습니다.

- 영국문화원

  영국 문화원 인터넷 접수 http://www.ieltstest.or.kr

- IDP Korea

  IDP Korea 인터넷 접수 http://www.ieltskorea.org

B. 시험 연기와 취소

이미 시험을 접수한 경우에는 시험의 연기 및 취소는 시험 신청 센터를 직접 방문해 신청하면 됩니다.

- 취소 : 시험 환불 가능 일자와 환불 가능한 금액은 시험 5주 전까지는 75%, 시험 2주 전까지는 50%가 환불됩니다.

– 연기 : 시험 날짜로부터 2주 전까지 신청 가능하며, 응시료의 10%의 금액을 수수료로 내야 합니다. 연기, 취소 가능 기간이 지난 경우엔 진단서와 같은 증빙서류를 제출한다면 주최기관의 판단에 의해 재시험을 보거나 취소할 수 있습니다.

C. 시험 당일 IELTS 응시자 유의 사항

– 오전 필기 시험은 늦어도 8시 30분까지 시험장에 도착하여 입실에 필요한 절차를 마쳐야 합니다. 입실 종료 시간인 8시 50분 이후 도착 시에는 시험 응시가 불가능합니다.

– 일반적으로 오후에 있는 Speaking 시험은 각 응시자의 시험 시간 30분 전까지 지정된 장소에서 대기하여야 하며 역시 배정된 시간 후에는 응시가 불가능합니다.

– 시험 당일에는 신분증(여권), 연필 또는 샤프, 지우개만을 소지할 수 있으며 그 외의 물품은 반입이 허가되지 않습니다.

– 시험 중 화장실에 갈 수 있는 시간이 주어지지 않으므로 시험 전 화장실을 꼭 다녀올 필요가 있습니다. 시험 중에 화장실을 부득이하게 꼭 가야만 하는 경우에는 감독관의 지시 하에 화장실을 다녀올 수 있습니다. 하지만 시험이 중단되지 않고 계속 진행됨으로 그 만큼의 시간을 손해 본다는 것에 유의할 필요가 있습니다.

D. 성적 발표

– 시험 결과는 시험 응시일로부터 13일째 되는 날 발표되며 온라인 확인 후 우편으로 혹은 직접 방문해 결과를 받을 수 있습니다.

– 시험 성적결과에 만족하지 못한다면 시험일로부터 6주 이내에 시험을 신청한 센터로 직접 방문하셔서 재채점 신청을 할 수 있습니다. 약 7주 정도의 시간이 소요되며 재채점 신청시 추가비용이 발생하나 재채점의 결과로 점수가 상향 조정되었을 경우 납입된 비용이 환불됩니다.

IELTS의 채점 기준

IELTS Listening & Reading Test는 Cambridge 가이드 라인에 따라 시험장소에 상관 없이 일관되게 채점되는 반면에 Writing & Speaking Test는 개별 채점관들에 의해 비교적 주관적으로 채점됩니다. 성적표에는 Listening, Reading, Writing, Speaking 각 과목의 점수(Band Score)와 그 평균(Overall) 점수가 표기되며 Band Score는 1점부터 9점까지 0.5점 단위로 평가됩니다.

9점 Expert User	영어를 완전히 이해한 상태에서 정확하고, 적절하며, 유창하게 영어를 구사할 수 있는 실력을 의미하는 최고 점수
8점 Very Good User	낯선 상황에서 의사소통의 오해가 발생할 수 있지만 부정확하거나 부적절한 언어 사용이 적고, 복잡하고 상세한 토론을 충분히 잘 이끌어 나갈 수 있는 수준을 의미
7점 Good User	가끔 부정확하거나 부적절한 언어를 사용하지만, 일반적으로 복잡한 언어를 구사할 수 있으며 상세한 추론을 이해할 수 있는 수준을 의미
6점 Competent User	부정확하거나 부적절한 언어를 사용하고 의사소통 시 종종 오해가 발생하지만, 일반적으로 효과적으로 언어를 구사하고 친숙한 상황에서는 복잡한 언어를 사용하고 이해할 수 있는 수준을 의미
5점 Modest User	언어 사용에 실수가 많고 의미 전달에 어려움이 있는 부분적인 언어사용 능력을 가지고 있으며, 자신에게 친숙한 분야에 대해서는 기본적인 의사소통이 가능한 수준을 의미
4점 Limited User	친숙한 몇 가지 상황에서만 제한적으로 언어 구사가 가능하고, 내용의 이해나 표현에 있어 오류가 빈번하며, 복잡하고 어려운 언어를 사용하지 못하는 수준을 의미
3점 Extremely Limited User	아주 친숙한 상황에서만 단순한 의미 전달과 이해가 가능한 수준을 의미하며, 대화 중 빈번히 의사소통에 실패하는 경우 받게 되는 점수
2점 Intermittent User	친숙한 상황에서 단순 단어 나열이나 짧은 형태로 가장 기본적인 의사 표현하는 것을 제외하고는 거의 의사소통이 불가능하고 영어로 말하거나 적은 내용조차 이해하지 못하는 수준을 의미
1점 Non User	단순 단어 나열 이상의 실질적인 언어구사능력이 없다고 판단되는 수준을 의미
0점 Did Not Attempt The Test	시험에 결시하여 평가할 수 없는 경우

IELTS 시험관은?

IELTS 시험관은 최소 3년 이상의 영어교육의 경험 및 일정 수준 이상의 자격을 갖춘 영어교육 전문가들입니다. 정해진 매뉴얼에 따라 응시자의 Writing과 Speaking 능력을 객관적이고 일괄적으로 평가할 수 있도록 지속적인 모니터링을 받고 있습니다. 그러므로 응시자들은 시험관의 개별적인 채점기준에 따라 점수가 크게 다르게 나올 수 있다고 걱정할 필요는 없습니다. 만약 시험 성적결과에 만족하지 못한다면 응시자는 시험일로부터 6주 이내에 시험을 신청한 센터로 방문하셔서 재채점(remarking)을 신청할 수 있습니다.

IELTS 시험과목

Listening, Reading Writing, Speaking으로 구성되어 있으며 네 과목 모두를 오전과 오후에 걸쳐 하루에 모두 보게 됩니다. 단 Speaking만이 당일이 아닌 다른 날짜에 보는 경우도 있습니다.

Writing(Academic, General) : 2문제, 60분

Writing 첫 번째 문제인 Task 1에는 General 시험인 경우 150자 이상의 Letter를 작성하는 문제, Academic은 150자의 Graph 혹은 그림을 묘사하는 문제가 나옵니다.

두 번째 문제인 Task 2를 위해 수험생은 250자 이상의 Essay를 작성해야 합니다. General과 Academic은 문제 내용상 다소의 차이점이 있지만 거의 같다고 보아도 됩니다.

시험관의 기준에 따라 개별적으로 채점됩니다.

Reading(Academic, General) : 40문제, 60분

General 시험과 Academic 시험 유형으로 나뉘어지며 유형별 난이도 및 지문의 길이에서 차이를 보입니다.

– Academic Reading : 고급 어휘 및 어려운 내용들이 지문으로 나오며 Passage라 불리는 3개 정도의 긴 지문이 나옵니다. 각 Passage는 약 13개에서 14개 정도의 질문이 나옵니다.

– General Reading : Academic에 비해 비교적 쉬운 지문이 나옵니다. 영주권 신청을 위해 필요한 General Reading은 크게 세 부분으로(3 Sections) 나뉘어져 있습니다. Section 1, 2에는 호주나 영국에서 일상적으로 접하는 직업, 광고, 지역 사회 안내 등의 지문들이 보통 각각 2개씩 각 Section에서 나오며 Section 3에서는 매우 길고 어려운 난이도의 지문 한 개가 나오고 있습니다. 하지만 지문은 짧지만 가끔 Section 1부터 무척 어려운 질문이 나오는 경우도 있습니다.

문제 유형은 True False Not Given 유형부터 Summary까지 다양한 시험문제 유형이 출제되고 있습니다. 모든 유형을 반드시 다루어 보고 시험에 임하는 것이 절대 유리합니다. 또한 Listening과는 달리 별도의 답안지 작성 시간이 주어지지 않으므로 답안지 작성을 직접 해보고 문제를 푸는 연습이 필요합니다.

Speaking(1 : 1 Interview) : 약 15분

점심 식사 후 실시되며 세 개의 Part로 구성되어 있으며 시험관의 질문에 직접적으로 답변하는 1 : 1 Interview 방식입니다.

– Part 1 : 다양한 Topic에 관련된 개인 질문을 합니다. 일반적으로 고향, 취미, 옷, 여행 등의 쉬운 Topic이 질문으로 나옵니다.

– Part 2 : 주어진 질문을 1, 2분 동안 발표하는 Presentation 형식입니다. ,

– Part 3 : 발표한 2단계 Topic 관련 심화된 질문을 받게 되며 일반적으로 매우 어렵고 까다로운 질문들로 구성됩니다.

Writing과 마찬가지로 시험관의 기준에 따라 개별적으로 채점됩니다.

Listening : 40문제, 40분(답안 작성시간 10분 포함)

총 4 Section으로 구성되어 있으며 높은 Section으로 갈수록 난이도가 어려워집니다.

– Section 1 (10문제) : 녹음 내용에 2명이 등장하며 개인정보(주소, 전화번호 등등)에 관련된 문제가 출제됩니다.

– Section 2 (10문제) : 1명이 등장해 관공서 혹은 시설물에 대한 안내 및 정보를 주며 이에 관련된 내용이 출제됩니다.

– Section 3 (10문제) : 2, 3명이 등장해 학교에서 발생하는 다양한 내용들을 배경으로 문제로 출제됩니다.

– Section 4 (10문제) : 난이도 제일 높은 Section으로써 1명이 등장해 뉴스 혹은 대학 강의에 관련된 내용이 출제됩니다.

문제는 80% 이상이 단답식 유형(No More Than 3 Words)이므로 철자법이 약한 수험생은 절대 불리합니다. 기타 Multiple Choice 그리고 Matching 유형이 출제되고 있습니다.

일러두기

이 책에 소개된 IELTS Writing 관련 시험정보는 Academic Module을 중점적으로 다루었습니다. 왜냐하면 시험을 치루는 70~80%의 수험생들이 거의 Academic Module에 응시하기 때문입니다.

그러나 General Training Module을 준비하는 수험생들은 Academic Module의 Writing Task 1에서 다루어지는 Graph 관련 유형 (Line Graph, Pie Chart, Table, Bar Chart, Diagram, Flow Chart, Map, Complex) 대신에 별도로 Letter 유형을 준비하시면 됩니다. 다른 부분은 거의 대동소이하므로 이 책만으로도 충분히 General Training Module에 대비할 수 있을 것입니다.

Part

1

IELTS Writing Task 1
Essay

Day

1

All that
IELTS
스피드 완성

Writing Task 1
Essay

I. Writing Task 1이란?

Writing Task 1의 유형은 Line Graph, Pie Chart, Bar Chart, Table, Diagram(flow chart, map) 그리고 두 개 이상의 유형이 함께 나오는 혼합형 등이 있습니다. 주어진 문제를 일반적으로 약 15~20분 동안 150단어 이상으로 작성해 완성합니다. 증거(evidence) 등을 제시하여 자기 주장을 발전시키며 작성하는 Task 2 Essay와는 달리 주어진 그림을 사실에 입각해 잘 정리하여 설명하면 Task가 완료됩니다.

시험문제 – WRITING TASK 1 Graph Sample

You should spend about 20 minutes on this task. ← 작성을 위해 주어진 시간을 알려줌

↙ 작성할 Chart가 무엇에 관한 것인지 알려줌

The chart below shows the three main types of pollution in four different continents.

Summarise the information by selecting and reporting the main features, and make comparisons where relevant.

↘ 중요한 특징을 선택해 요약 정리하고 해당되는 곳은 비교하라고 지시함

Write at least 150 words. ← 단어수 제한을 알려줌

해석 이 보고서 작성에 당신은 약 20분을 사용해야 합니다.

아래의 차트는 4대륙에서의 3개의 주요 공해 문제를 보여주고 있습니다. 주요한 특징을 선택 보고하며 정보를 요약하십시오. 또한 관련 있는 곳은 비교하십시오. 최소한 150단어 이상으로 작성하시오.

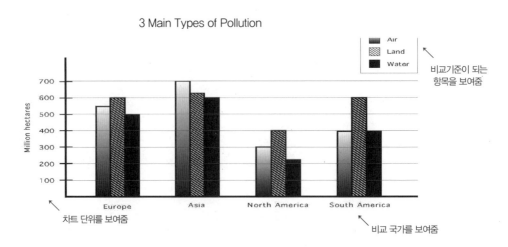

3 Main Types of Pollution

비교기준이 되는 항목을 보여줌

차트 단위를 보여줌

비교 국가를 보여줌

문제지 구성 핵심 Point

- 약 20분 동안 작성하는 것이 권장됩니다.
- 주어진 차트의 주요한 특징을 선택, 요약정리하여 작성합니다.
- 해당되는 곳을 비교합니다.
- 최소 150단어 이상으로 작성해야 합니다.

II. 채점기준 및 문제유형 파악하기

A. 채점기준

Task 2 Essay와 마찬가지로 Task 1 채점도 아래와 같이 4가지를 기준으로 합니다.

■ Task Response	문제의 내용을 정확히 이해한 후 문제가 요구하는 답을 작성했는지를 채점
■ Coherence & Cohesion	글 전체 구조 및 문단 구성 그리고 문장과 문장, 문단과 문단 사이의 연결 등을 채점
■ Lexical Resource	어휘 선택의 다양성 및 문맥에서의 정확도를 채점
■ Grammatical Range & Accuracy	다양한 형태의 문장 사용 능력 여부 및 기본 문법 사용의 정확도를 채점

B. 문제 출제유형

a) Line Graph 유형

시간을 나타내는 가로축 및 단위를 나타내는 세로축을 기준으로 시간의 흐름에 따라 단위의 증감 및 변화를 보여주고 있는 Line(들)을 묘사합니다.

i) 단순 Line유형 : 하나의 Line 만이 나옵니다.

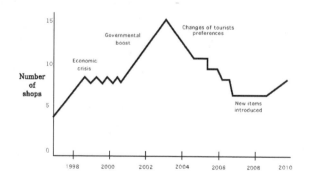

The number of Souvenir Shops in Strathfield

ii) 복합 Line 유형 : 다수의 Line이 나옵니다.

출제유형 1	두 개 이상의 Line이 함께 나오며 같은 시간대 및 단위를 사용하는 유형
출제유형 2	완전히 다른 단위 혹은 시간대의 그래프에 각각의 Line이 따로 나오는 유형

복합 Line 유형 1

복합 Line 유형 2

Number of hours per day spent watching TV in Korea and Japan

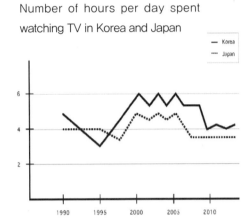

The number of tourists visiting Korea

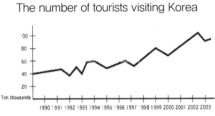

The amount of money spent by tourists in Korea

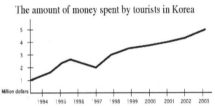

b) Pie Chart 유형

Pie Chart는 Percentage(%)를 단위로 사용하여 각 항목별로 Chart간의 차이점 및 유사점을 비교하며 묘사하는 유형입니다. 비교급 혹은 이에 준하는 표현을 사용하며 묘사를 해야 합니다. Pie Chart의 개수는 한 개에서 네 개 정도까지 다양하게 출제되고 있습니다.

Pie가 한 개 나온 유형

Pie가 네 개 나온 유형

The percentage of working students at James Cook university in 2010

Part time 25%

Full time 40%

unemployed 9%

casual 26%

Types of shoes sold and Income sources of four different shoe stores in 2010

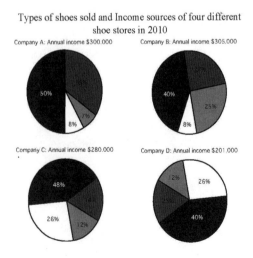

c) Table 유형

Table은 보여줄 자료의 양이 많아 Line Graph, Pie Chart, Bar Chart와 같은 도표로는 표현하기 어려울 경우에 주로 사용됩니다. Data 양이 많고 구성 자체가 간단하지 않기 때문에 중요한 Point가 되는 항목만 묘사하거나 유사한 항목들을 묶어 묘사합니다.

Example

Male and female graduates enrolled in tertiary education

	Private college		TAFE		University	
	Male	Female	Male	Female	Male	Female
1950	60	40	70	30	60	40
1970	55	45	60	40	55	45
1990	50	50	60	40	48	52
2010	38	62	55	45	46	54

d) Bar Chart 유형

Bar Chart 유형은 Line Graph와 같이 가로 및 세로축을 사용하며, Pie Chart와 같이 항목별 비교를 합니다. 그리고 Table 유형처럼 중요한 Point만을 묘사해주거나 항목들을 함께 묶어 표현하는 경우가 많으므로 Line Graph, Pie Chart 그리고 Table 유형의 표현 방법들 모두를 사용할 수 있는 유형입니다.

Example

Numbers of new immigrants to the USA

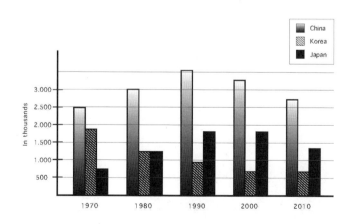

e) Diagram / Flow Chart / Map Comparison 유형

과거에는 출제 빈도가 낮았으나 최근에 자주 출제되는 문제유형입니다. 숫자를 Detail로 제시하는 기존의 문제유형들과는 달리 일반적으로 동작과정을 순차적으로 묘사하며 완성하는 유형입니다. 또한 Before/After의 형태로 전과 후의 차이점을 물어보는 문제(comparison)도 자주 출제되고 있습니다.

Example

The supply of bread from a bakery to a supermarket   The process of generating electricity

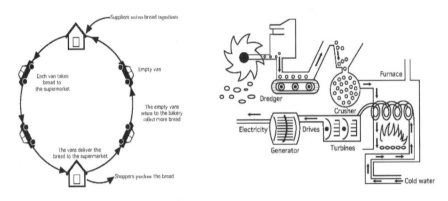

f) Complex(혼합) 유형

Line Graph 1 & Line Graph 2 조합 혹은 Bar Chart 1 & Bar Chart 2 조합 등과 같이 같은 유형의 Graph들이 하나의 문제로 함께 나오거나 Pie Chart & Line Graph 조합 혹은 Table & Line Graph 조합 등과 같이 전혀 다른 두 개의 Graph 유형이 함께 한 문제로 나오는 유형을 말합니다.

Example

Numbers of new immigrants in Korea

Continents of origin for new immigrants to Korea

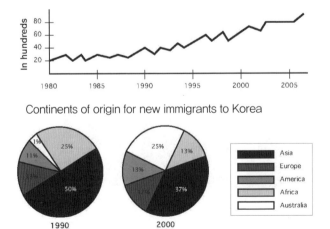

III. Writing Task 1 Structure 뽀개기

Structure란 '건물의 기본 골격'과 같은 기능을 합니다. 기본골조의 설계에 따라서 건물의 형태가 완성되듯이, Task 1 Writing도 Structure에 따라 글의 전개방식 및 형태가 만들어지게 됩니다. Writing Task 1 작성시 꼭 응용해야만 하는 특정 Structure는 없습니다. 즉, 주어진 문제의 그림을 Report 혹은 Lecture 형식으로 효과적이고 정확히 전달하는 구성이 가장 좋은 Structure입니다.

Writing Task 1 Structure 한눈에 보기

서론

그림 소개(Introduction)	Graph에 대한 간략한 소개
전반적인 경향(General Trend)	전반적인 Graph의 경향을 묘사(선택사항)

본론

문단 1 분석 후 세분화된 Detail 묘사 1
문단 2 분석 후 세분화된 Detail 묘사 2
문단 3 분석 후 세분화된 Detail 묘사 3(Optional)

결론

맺음말(Closing Statement)	전반적인 그림에 대한 경향 정리(서론에서 작성하지 않았을 경우)
	혹은 그림을 통해 알게 된 사실 or 예측 가능한 미래 묘사

Example

The number of cars per household

	1950	1970	1990	2010
USA	1.5	2	2.5	2
KOREA	0	0.2	1.0	1.3
INDONESIA	0.1	0.1	0.3	0.4
ANGOLA	0	0	0	0

서론   그림 소개(Introduction)

The table shows the number of cars per household in four different countries from 1950 to 2010.

어휘 household : 가정

해석 표는 1950년부터 2010년까지 4개의 다른 나라에서 각 가구당 자동차 댓수를 보여줍니다.

✓ 본론 문단 1 : 묘사(Detail) 미국, 앙골라

The most striking feature from the table is that the number of cars per household in Angola remained constant at zero across the five decades. In contrast, the USA started the period with the number of cars being 1.5 per household; however, this number rose dramatically over the four decades and reached its highest levels in 1990.

어휘 striking feature : 두드러진 특징　　constant : 변함없는　　in contrast : 그에 반해서　　dramatically : 극적으로　　decade : 십 년

해석 표에서 가장 놀라운 특징은 앙골라에서 가구당 자동차의 수가 0으로 50년간 변동이 없었다는 것입니다. 대조적으로 미국은 가구당 1.5대로 시작했습니다; 하지만 그 수는 40년에 걸쳐 급격하게 증가했으며 1990년에 최고의 수치에 도달했습니다.

✓ 본론 문단 2 : 묘사2(Detail) 한국, 인도네시아

In the case of Korea and Indonesia, both countries also saw an increase in car ownership, but the rate of increase varied substantially between the two countries. While in Korea the number increased by 1.3, in Indonesia there was a smaller increase of just 0.3.

어휘 in the case of : ~에 관하여　　ownership : 소유권　　substantially : 상당히

해석 한국과 인도네시아의 경우, 두 나라 모두에서 자동차 소유가 증가했습니다. 하지만 두 나라간의 증가율은 많은 차이를 보입니다. 한국이 1.3대까지 증가한 반면 인도네시아는 단지 0.3대라는 더 작은 증가가 있었습니다.

결론　　　　　　　　　　✓ 맺음말(Closing Statement)

In conclusion, while there was great variation in the level of growth in cars per household between the different countries, all countries saw some increase with the only exception being the nation of Angola.

어휘 variation : 변화　　growth : 성장　　exception : 예외

해석 결론적으로, 각 나라간의 가구당 자동차 증가 수준에 많은 차이가 있지만 앙골라를 제외한 모든 나라에서 증가가 있었습니다.

A. 서론

서론은 첫 번째 문장은 묘사할 그림에 대한 간략한 소개를 그리고 두 번째 문장은 전반적인 경향을 작성합니다. 단, 전반적인 경향은 서론이 아니라 종종 결론 문단에 작성하기도 합니다.

a. 그림 소개(introduction)
b. 전반적인 경향(general trend – 선택사항)

a) 그림 소개(introduction)

그래프가 무엇을 보여주고 있는지 6하 원칙에 의해 작성합니다.

Example

The bar chart shows (reveals, illustrates) the number of primary school students who walked to school in London in 2005, according to gender and age.

어휘 reveal : 밝히다　　illustrate : 설명하다　　primary school : 초등학교　　walk to school : 도보로 통학하다　　according to : ~에 따라서　　gender : 성별

해석 막대그래프는 성별과 나이에 따라, 2005년 런던에서 학교에 걸어서 등교하는 초등학교 학생의 수를 보여줍니다.

▶ 그림소개 문장을 작성하기 어렵다면 시험지에 주어진 문제의 내용을 다시 작성하면 됩니다. (paraphrasing) 단, 문제의 문장을 그대로 끌어다 쓰면 감점의 여지가 있습니다. 다른 어휘 및 표현을 사용해야 합니다

Example

Task 1 시험에 나온 문제가 다음과 같을 경우

문제 The pie charts compare the percentage of those people between jobs by sex and age in three selected cities over a period of 5 years (2006–2010).

해석 파이 그래프(원형 도표) 성별과 나이에 따라 2006년부터 2010년까지 5년의 기간 동안 3개의 선택된 도시에서의 실직자 비율을 비교합니다.

다음처럼 Paraphrasing하여 Introduction을 작성합니다.

The pie charts reveal the proportion of people unemployed in three cities between 2006 and 2010, according to gender and age.

어휘 proportion : 비율   unemployed : 실직한   according to : ~따라서

해석 파이 그래프(원형 도표)는 성별과 나이에 따라, 2006년과 2010년사이에 3개의 도시에서 직업이 없는 사람들의 비율을 보여줍니다.

John의 '콕 & 퀵' 한 수

Paraphrasing이란? 주어진 표현을 바꾸어 말해 작성하는 것을 말하는데 다른 단어나 문장 형태를 사용합니다. 일반적으로 서론을 쉽게 작성하기 위해 가장 많이 사용하는 방법입니다.

Paraphrase is a restatement of the meaning of a text or passage using other words.

b) 전반적인 경향 묘사(general trend) – 선택사항(optional)

일반적으로 서론에 작성하지만 때때로 결론의 맺음말로 작성하기도 합니다. 서론에 전반적인 경향을 묘사한 후 같은 내용으로 결론에서 요약 정리해 다시 작성한다면 반복(redundancy)된 표현으로 간주되어 작성된 글자수가 인정되지 않으므로 주의해야 합니다. 커다란 특징을 보여주는 수치를 제외하고는 자세한 수치(detailed figures)는 이곳에 작성하지 않습니다.

Example

Overall, the pie charts show that while household expenditure remained relatively stable, spending in other areas showed a greater variation.

어휘 overall : 전반적인   household : 가정   expenditure : 지출   relatively : 비교적   stable : 안정된, 안정적인   variation : 변화

해석 전반적으로, 본 파이 그래프는 비록 가구 지출은 비교적 안정적이었지만 다른 분야의 소비는 더 큰 다양성을 보였음을 나타냅니다.

John의 '콕 & 퀵' 한 수

'전반적인 경향 묘사 문장'은 일반적으로 as an overall trend(전반적인 추세로), in general(일반적으로), overall(전반적으로) 등의 표현으로 시작합니다.

B. 본론

본론 부분은 유형에 따라 다소 전개 방법이 다르지만 Graph를 세분화시켜 두세 개의 문단에 작성합니다. 비교되는 대상이 있다면 반드시 비교하며 묘사합니다. (각 유형별 분석 참조).

a) 주어진 Graph의 사실에 입각해 작성하는 Task 1의 특성상 절대로 무리하게 이유를 짜내서 작성하지 않도록 주의해야 합니다.

본론의 각 문장은 사실에 입각해 6하원칙에만 의거해 작성해야 합니다. 이유는 그래프에 이유가 직접적으로 명시되어 있을 경우에만 작성합니다. 하지만, 따로 이유가 Graph에 주어지지는 않았지만 누구든 쉽게 떠올릴 수 있는, 혹은 기본 상식에 입각해 생각해 낼 수 있는 이유라면 'Perhaps'를 사용하여 작성할 수 있습니다.

Example

Perhaps, a change in tourist preferences seems to be responsible for this dramatic turn around and the cause of the slump in growth.

어휘 preference : 선호   seem to : ~인 듯하다   responsible : 책임지고 있는   dramatic : 극적인   turn around : (큰) 전환   slump : 급감, 부진, 침체   growth : 성장

해석 아마도, 관광객들의 선호도의 변화가 이 극적인 변화 및 성장 침체의 원인에 책임이 있는 듯합니다.

b) 두 개 이상의 그림이 주어졌을 때에는 반드시 비교해 줍니다.

비교하는 방법은 접속사 but, however, while, whereas, 혹은 부사구 in contrast 등의 표현을 사용하거나 비교급 문장 (comparison)등을 사용하여 비교해 줍니다. 비교할 내용이 너무 많을 경우 가장 특징이 큰 내용 중심으로 비교합니다.

Example

There was a steep decline in viewing hours in Korea, hitting a low of 3 hours in 1995. In contrast, viewing time in Japan remained flat at 4 hours.

어휘 steep : 가파른   decline : 감소   in contrast : 그에 반해서   viewing time : 시청 시간   remain : 여전히 ~이다   flat : 평평한

해석 1995년에 3시간의 최저치에 도달하면서 한국에서의 시청시간에 급격한 감소가 있었습니다. 이와 대조적으로, 일본의 시청 시간은 4시간으로 변화가 없었습니다.   ,

John의 '콕 & 퀵' 한 수

> 본론은 looking at the detail(세부내용을 보면), turning to the details(세부내용으로), it can be observed that S V(S V가 관측됩니다), in detail(상세히), as can be seen in(~에서 볼 수 있듯이) 등의 표현으로 시작할 수 있습니다.

C. 결론

a) 전반적인 그래프의 경향을 정리하며 Writing을 마무리

때로는 그래프를 통해 알게 된 사실 혹은 예측 가능한 미래 묘사 등으로 마무리 해도 좋습니다.

b) 결론 제시하지 않아도 됨

이미 서론에서 그래프의 전반적인 경향을 정리했거나 혹은 그래프를 통해 종합적으로 내릴 뚜렷한 결론이 없다면 결론을

작성하지 않아도 괜찮습니다.

Example

Overall, it can be seen that the level of turnover is expected to increase across all companies with the exception of company E that is predicted to record a slight decrease.

어휘 turnover : 매출액　increase : 증가하다　exception : 예외　predict : 예측하다　slight : 약간의　decrease : 감소하다

해석 전반적으로, 약간 감소할 것이라고 예측된 회사 E를 제외하고 모든 회사에서 매출 수준의 증가가 있을 것으로 보입집니다.

John의 '콕 & 퀵' 한 수

> 결론은 to summarise(= to sum up, 요약정리한다면), overall(전반적으로) 등의 표현으로 시작하면 됩니다.

IV. Writing Task 1 필수 문법표현 – 0.5 Up

Task 1 작성시 다양한 표현력을 보여주는 것이 매우 중요합니다. Task 1에서 많이 쓰이는 문법 표현 및 관용구들을 자연스럽게 사용할 수 있을 때까지 반복적으로 익히는 것이 매우 중요합니다.

A. 분사

표현을 정확하고 자세하게 설명하는 것뿐만 아니라, 문장의 간결함을 위해 분사의 사용을 절대적으로 추천합니다. 분사는 관계대명사와 마찬가지로 형용사처럼 선행사를 꾸며주는 역할을 합니다. '~중'의 뜻으로 쓰이는 V + ing 형태의 현재분사와 '~된'의 뜻으로 쓰이는 pp형태인 과거분사로 구성되어 있습니다.

Example 1

In 2007, the percentage of young adults using wireless Internet in Korea was about 70%.

어휘 wireless : 무선의

해석 2007년도에 한국에서 무선인터넷을 사용하는 청소년의 비율은 약 70%였습니다.

▶ '~중'으로 쓰이는 V + ing 형인 using이 adults를 수식해 주고 있습니다.

Example 2

The pie chart shows the sources of power generated in Korea from 2001 to 2005.

어휘 generate : 발전시키다, 만들어 내다

해석 원형 그래프는 2001부터 2005년까지 한국에서 발전된 에너지원을 보여줍니다.

▶ '~된'으로 쓰이는 pp형인 generated가 power를 수식해 주고 있습니다.

B. 비교급

두 개 이상의 비교대상이(Map 포함) 나올 경우 반드시 비교해야 하며 비교하는 방법은 비교급(comparison)뿐만 아니라 접속사 but, however, while, whereas 등을 사용하는 다양한 방식이 있습니다.

비교를 표현하는 다양한 방식들

접속사 사용	but(하지만), while S V(반하여), whereas S V(반면에)
부사구 사용	in comparison with N(N과 비교해), compared to N(N과 비교해), in contrast(대조적으로)
비교급 사용	as ~ as, more ~ than, the most ~ of(in)
동사 사용	differ from(with) N(N과 다르다)
기타 표현	the same ~ as N, be equal to N(N과 같다)
	the biggest difference is found in N(가장 큰 차이점이 N에서 발견된다)

*S V : 주어 동사

Example 1

Over a period of 5 years, more men than women purchased books in Seoul.

해석 5년에 걸쳐, 여자보다 더 많은 남자가 서울에서 책을 구매했습니다.

Example 2

Average tuition fees of four year public universities in China rose just 2% last year, the smallest annual increase in more than two decades, due to the nation's slowing economy.

어휘 tuition fee : 수업료   annual : 매년의   increase : 증가하다   due to : ~때문에

해석 작년에 중국에 있는 4년제 공립대학의 평균 등록금이 국가 경기침체로 인해 20년만에 가장 적은 연간 증가율인 불과 2% 증가했습니다.

▶ 기타 비교하는 방식으로 'This is in stark contrast with the case of ~' (~의 경우와 완전히 대조적입니다), 'there is a difference in ~' (~에서 차이가 있습니다) 등의 표현을 사용하기도 합니다.

C. 관계대명사 및 관계부사

분사와 마찬가지로 꾸밈 받는 단어를 정확하고 자세히 설명하기 위해 사용합니다.

Example 1

The number of students who read books was smaller than those who watched movies.

해석 책을 읽는 학생의 수가 영화를 보는 수보다 적습니다.

Example 2

People in the USA spent over $100,000 on rock music albums, which is the highest figure in the graph.

해석 미국에서 사람들은 록음악 앨범에 십만 불 이상을 지출했습니다. 그리고 이것은 그래프에서 제일 높은 수치입니다.

▶ 앞의 내용 전부를 대신 받아 추가정보를 주는 역할을 하는 '콤마(,)와 함께 쓰는 which' 입니다.

Example 3

The greatest percentage increase was evident in the Ivy League schools of Harvard and Yale where there was a 23.3 percent and 37.1 percent increase respectively.

어휘 respectively : 각자, 각각

해석 가장 큰 비율의 증가는 각각 23.3%와 37.1%를 차지하고 있는 아이비리그 학교인 하버드대와 예일대에 있었습니다.

John의 '콕 & 퀵' 한 수

관계부사 where는 'in(at, on) which'로부터 시작해 where까지 만들어지는 전 과정을 억지로 공부하며 이해하는 것보다는 특정 장소 혹은 공간에서 어떠한 행위나 사건이 벌어질 경우 그 꾸밈 받는 장소 혹은 공간 뒤에다가 'where S + V'를 사용하여 완성한다고 생각하는 것이 더 쉽게 where를 이해하는 방법입니다. 즉, the place where he sleeps(그가 자는 장소), the shop where he met her(그가 그녀를 만난 장소) 그리고 the room where he lost his bag(그가 그의 가방을 잃어버렸던 방)처럼 자연스럽게 익히는 것이 훨씬 유리합니다.

D. 전치사

명사와 함께 부사구를 형성하는 전치사(부사구 = 〈전치사 + 명사〉)는 간결하게 자세히 Graph를 묘사하는데 결정적인 역할을 합니다.

Step 1. 기본 문장   He ate it.
Step 2. 전치사 with 사용   He ate it with her.
Step 3. 전치사 at 사용   He ate it with her at 7:30.

▶ 전치사와 명사의 조합인 부사구를 사용함으로써 전달하려는 내용이 더 자세히 묘사되고 있다는 것을 알 수 있습니다.

Example

The final step deals with the purification of the copper by mixing a chemical with air inside a cylinder.
어휘 purification : 정화, 정제   copper : 구리   chemical : 화학품   cylinder : 실린더, 원기둥
해석 최종단계는 실린더 안에서 공기와 함께 화학물질을 혼합하여 구리를 정제합니다.

E. 분사구문(부대상황)

여러 V + ing 중 두 개의 동작이 동시에 벌어지는 '부대상황'을 나타내는 표현의 정확성뿐만 아니라 표현의 다양성을 위해 중요합니다.

Example

John became the most successful swimmer in Korea, winning three gold medals in 2012.
해석 2012년에 3개의 금메달을 따면서 존은 한국에서 가장 성공적인 수영선수가 됐습니다.

F. 시제

Line Graph와 같이 시간대별 Data의 변화를 문장마다 작성해야 하는 경우 첫 문장부터 끝 문장까지 시제 사용에 주의하며 작성해야 합니다.

Example

In particular, there was a significant rise in the distance travelled by buses, increasing from 60 kilometers in 2002 to 80 kilometers in 2012.
어휘 in particular : 특히[특별히]   significant : 중요한   distance : 거리
해석 특히, 2002년 60킬로미터에서 2012년 80킬로미터로 증가하면서 버스를 타고 여행한 거리의 커다란 증가가 있었습니다.

미래 예측을 작성할 때 요긴한 표현

N be expected to V	N은 V할 것이라 예상됩니다
N be predicted to V	N은 V할 것이라 예측됩니다
It is estimated that S V	S V라고 추정됩니다
N be projected	N이 예측됩니다

Example 1

Benefits in 2030 are projected to grow to 10%.

어휘 benefit : 혜택   projected : 예상된

해석 2030년 수당이 10%로 인상할 것으로 예상됩니다.

Example 2

It is estimated that one in five female university graduates in Korea will be employed by the government by 2030.

어휘 estimate : 추산하다   graduate : 대학 졸업자   employ : 고용하다

해석 2030년까지 5명중 1명의 여성 대학졸업자들이 정부에 의해 고용될 것이라 예측됩니다.

G. 기타 수치를 보여주는 방법(figures)

Example 1 – Bar Chart

The United States of America has the highest number of businessmen that visited Korea at twenty thousand.

해석 미국은 2만명으로 한국을 방문한 제일 많은 수의 비즈니스맨을 가지고 있습니다.

Example 2 – Pie Chart

The largest proportion of students worked full time and they made up two fifths of the total population.

어휘 proportion : 비율   make up : ~을 이루다   population : 인구

해석 가장 큰 비율의 학생들이 풀타임으로 일했으며 그들은 전체 수의 2/5를 구성했습니다.

Percentage를 나타내는 다양한 표현

20% = one in five = one fifth
70% = seven out of ten = seven tenths

♠ the number of 는 '〜의 수는'의 뜻으로 셀 수 있는 복수 명사가 뒤에 옵니다.

　ex) the number of students : 학생의 수

♠ the amount of는 '〜의 양'의 뜻으로 셀 수 없는 명사의 경우에 사용합니다.

　ex) the amount of money : 돈의 액수

♠ the percentage(proportion) of의 경우는 '〜의 비율'의 뜻으로 100%가 최대치인 경우 사용합니다.

　ex) the percentage of women : 여자들의 비율

Writing Task 1 채점기준

■ Task Response	문제의 내용을 정확히 이해한 후 문제가 요구하는 답을 작성했는지를 채점
■ Coherence & Cohesion	글 전체 구조 및 문단 구성 그리고 문장과 문장, 문단과 문단 사이의 연결 등을 채점
■ Lexical Resource	어휘 선택의 다양성 및 문맥에서의 정확도를 채점
■ Grammatical Range & Accuracy	다양한 형태의 분상 사용 능력 여부 및 기본 분법 사용의 정확도를 채점

Writing Task 1 Structure

서론

그림 소개(Introduction)	Graph에 대한 간략한 소개
전반적인 경향(General Trend)	전반적인 Graph의 경향을 묘사(선택사항)

본론

문단 1 분석 후 세분화된 Detail 묘사 1
문단 2 분석 후 세분화된 Detail 묘사 2
문단 3 분석 후 세분화된 Detail 묘사 3(Optional)

결론

맺음말(Closing Statement)	전반적인 그림에 대한 경향 정리(서론에서 작성하지 않았을 경우) 혹은 그림을 통해 알게 된 사실 or 예측 가능한 미래 묘사

Day

2

All that
IELTS
스피드 완성

Writing Task 1
유형별 작성법 1

본 Chapter는 다른 Chapter에 비해 다소 분량이 많은 편입니다. 이틀에 걸쳐 공부하는 방법도 괜찮습니다.

I. Line Graph 유형 Essay 작성하기

Line Graph는 시간을 나타내는 가로축 및 단위를 나타내는 세로축을 기준으로 특정 기간 동안의 Data 변화를 한 눈에 보여줍니다.

A. Line Graph의 유형

Single Line 유형	하나의 Line을 시간대별로 나누어 묘사
Plural Line 유형	두 개 이상의 Line을 시간대별로 나누어 묘사하거나 시간대별로 나눌 수 없는 경우 각 Line을 다른 문단에다 따로 묘사

a) 단수 Line 유형 : 하나의 Line

The Number of Souvenir Shops

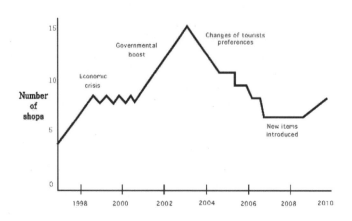

b) 복수의 Line 유형 : 두 개 이상의 Line

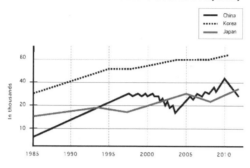

The Number of Overseas Students in Sydney

B. Line Graph 필수 표현

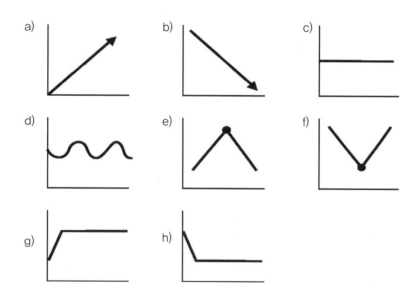

a) 증가를 나타내는 동사 표현

increase	증가하다	grow	성장하다
rise	상승하다	go up	증가하다
soar	급증하다	shoot up	급등하다

b) 감소를 나타내는 동사 표현

decrease	감소하다	decline	하락하다
fall	감소하다	go down	감소하다
drop	하락하다	plummet	수직 하강하다

increase(rise)는 동사뿐 아니라 명사형으로도 쓸 수 있습니다.

ex) 동사로 쓰일 경우 The number of students increased(rose, grew) …

명사로 쓰일 경우 There was an increase(rise, growth) in the number of students …

부사어 및 형용사와 함께 사용할 경우에는 문법에 특히 유의하며 작성해야 합니다.

Example increase가 명사로 쓰일 경우 : a significantly increase (x)

a significant increase (o)

increase가 동사로 쓰일 경우 : increase significantly (o)

c) 변동이 없을 때의 동사 표현 : remain 혹은 stay동사와 함께 사용합니다.

remain constant	변함없이 남아있다	stay constant	변함없이 남아있다
remain stable	안정적으로 남아있다	remain the same	그대로 남아있다

어휘 constant : 변함없는   stable : 안정된

d) 진동을 나타내는 동사 및 명사 표현

fluctuate	오르내리다	fluctuation	오르내림, 변동

e) 최고점 도달을 나타내는 표현

peak (at)	정점에 도달하다	reach a peak (of)	정점에 도달하다
reach a ceiling (of)	최고점에 도달하다	hit the highest point (of)	최고점에 도달하다

f) 최저점 도달을 나타내는 표현

bottom (out)	바닥에 닿다	reach the bottom (of)	최저점에 도달하다
reach a floor (of)	최저점에 도달하다	fall to the lowest point (of)	최저점에 떨어지다

g, h) 안정기에 도달할 때의 표현

reach a plateau (of)	안정기에 도달하다
level off, flatten off (at)	수평을 이루다

C. 시작과 끝을 보여주는 표현

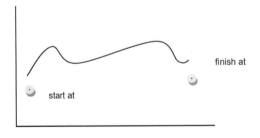

start at	~에서 시작하다	finish at	~에서 끝나다

D. Line Graph에서 유용한 부사 표현

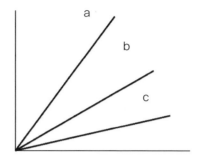

a1) significantly, considerably	많이, 상당히
a2) dramatically, sharply	급격히
b) moderately, gradually	적당하게, 점진적으로
c) slightly, slowly	약하게, 느리게
기타) roughly, approximately	대략

E. Line Graph에서 요긴한 형용사 표현

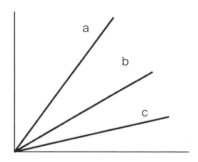

a1) significant, considerable	상당한, 굉장한
a2) dramatic, sharp, steep	극적인, 급격한, 가파른
b) gradual, steady	점진적인, 지속적인
c) modest, marginal, slow	적당한, 아주 적은, 완만한

F. Line Graph에서 요긴한 전치사 표현

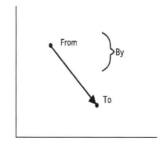

about, around	대략	Following 1998, the student population flattened off at <u>about</u> fifty thousand.
after	~다음에	<u>After</u> A, there was a decrease until B.
at	~에서	It peaked(started) <u>at</u> 300.
between	~사이에	It fluctuated <u>between</u> A and B.
by	~차로	It increased <u>by</u> 10.
in	~에서, ~에	It increased <u>in</u> Korea <u>in</u> 1997.
until	~까지	It decreased from A <u>until</u> B.

해석 1998년 이후 학생 인구는 대략 5만명으로 수평을 이루었습니다.

A이후 B까지 감소가 있었다.

300에서 정점에 도달했다. (시작했다)

그것은 A와 B사이에서 변동했다.

그것은 10만큼 증가했다.

그것은 1997년도 한국에서 증가했다.

그것은 A부터 B까지 감소했다.

*from A to B : A부터 B까지(기간의 변화), A에서 B로(수나 양의 변화)

with의 사용법 : ~와 함께, ~을 가지고

with fluctuation	변동과 함께
with a downturn	하락과 함께
with an upward trend	상승세와 함께
with an increase	인상과 함께

G. 단위를 나타내는 표현

the number of	~의 숫자
the amount of	~의 양
the level of	~의 수준
the production of	~의 생산
the sales of	~의 판매

H. 기타 유용한 표현

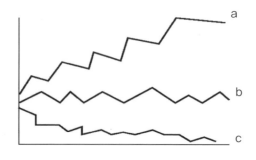

a) Basic

an upward trend(상승세), an increase with fluctuations(변동과 함께 증가)
fluctuation(변동), fluctuate(변동하다)

b) 고급 응용

There was a staggered increase in X
X increased following a staggered trend

해석 X에 변동하는 증가가 있었습니다.

　　　변동하는 추세 후 X는 증가했습니다.

▶ stagger, '휘청거리다' 라는 뜻으로 변동하는 경우에 사용합니다.

There was a staggered decrease in X
X decreased following a staggered trend

해석 X에 변동하는 감소가 있었습니다.

　　　변동하는 추세 후 X는 감소했습니다.

X fluctuated between A and B
There was a fluctuation in X
X remained flat following a staggered trend

해석 X는 A와 B사이에서 변동했습니다.

　　　X에 변동이 있었습니다.

　　　변동 후 X는 평행을 유지했습니다.

c) 분사

following : ～이후에(after) Following A, there was a decrease until B

해석 A이후에 B까지 감소가 있었습니다.

A. Single Line 문제 Exercise

The number of overseas students in Seoul

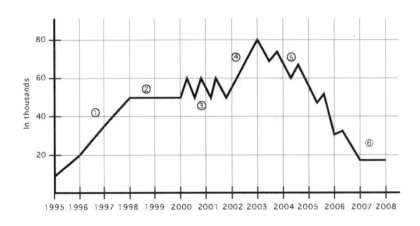

a) 문제 파악하기

배경정보 부분

한국에 있는 외국 유학생 수의 연도별 변화 Line 그래프

기본단위 정보 부분

그림 안의 해당 종목을 가리키는데 일반적으로 제목 혹은 문제에 주어집니다.

: 천명 단위의 유학생 수

Data 변화 및 비교 정보 부분

1998년까지 꾸준한 증가, 그리고 일정 기간의 변동 후 2003년에 정점에 도달함. 그 후
하락추세 보임

그림내용을 부분별로 세분화하기

1 increase 2 flattening 3 fluctuation 4 increase, peak 5 fall with fluctuations 6 level off

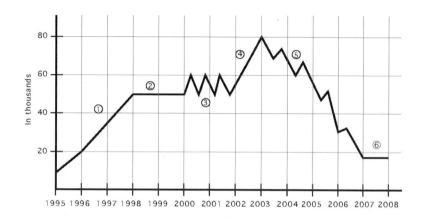

b) Graph 보고 답안지 작성하기 (7.5 & 6.0)

7.5 수준의 답

The line graph illustrates the number of foreign students living in Seoul between 1995 and 2008.

At first, the number of students rose steeply; however, following 1998 the student population flattened off at approximately fifty thousand. Over the three years from 2000 to 2002, the numbers fluctuated around fifty five thousand.

The next major change came following 2002, when the student body once again increased dramatically, reaching a peak of eighty thousand in 2003. From that point onwards, student numbers showed a significant fall, with periods of fluctuation. Finally, a levelling off of the numbers took place after 2007, with the student population at just under twenty thousand.

Overall, while it is clear that until 2003 there was a jump in overseas student numbers, this trend could not be sustained and from that point onwards student numbers witnessed a steady decline, until reaching levels on a par with the initial level of 1995.

어휘 steeply : 가파르게 flatten out : 오름세가 멈추다 approximately : 대략 student body : 학생 총수 reach a peak : 정상에 도달하다 overall : 전반적으로 jump : 급등 sustained : 지속된 steady : 꾸준한 on a par with : ~와 같은

해석 본 라인 그래프는 1995년과 2008년 사이에 서울에 살고 있는 외국 학생의 숫자를 보여줍니다. 처음에는, 학생 수가 가파르게 증가했습니다. 그러나, 1998년 이후 학생인구는 대략 5만명으로 유지되었습니다. 2000년 초반부터 2002년까지 3년에 걸쳐서 숫자는 약 5만 5천명 전후로 변동했습니다. 그 다음의 중요한 변화는 2002년 이후 학생 총수가 급격하게 다시 한번 증가할 때인 2003년에 8만명의 정점에 달했을 때였습니다. 그 이후부터, 학생의 수는 변동과 함께 상당한 하락을 보여주었습니다. 끝으로, 2007년 이후 2만명 약간 아래 수치에서 학생수의 안정세가 나타났습니다. 전반적으로, 2003년까지 유학생 수가 큰 폭으로 증가했던 것이 확실하지만 이 추세가 지속되지는 않았습니다. 그 이후부터 학생 수는 1995년의 초기와 같은 수준에 도달할 때까지 지속적으로 감소했습니다.

6.0 수준의 답

The line graph shows the number of overseas students in Seoul from 1995 to 2008.

In 1995, the number started at about 10,000, and then until 1998 it significantly increased to 50,000. After that, there was no change in the number; it remained level until the year 2000. From 2000 to 2002, the number fluctuated at around 55,000, and then until 2003 it grew and peaked at 80,000. However, the number of overseas students in Seoul fluctuated downwards. From 2007, it remained constant at just under 20,000.

Overall, it can be seen that the number of overseas students rose until 2003, but then declined until 2007, and remained at the same level after that year.

어휘 significantly : 크게   downwards : 아래쪽으로   level : 수평의   decline : 하락하다

해석 본 라인 그래프는 1995년에서 2008년까지 서울의 유학생 수를 보여줍니다. 1995년 그 숫자는 약 10,000명에서 시작했으며 그리고 나서 1998년까지 50,000명으로 대폭 증가했습니다. 그 이후에는 학생의 숫자에 변화가 없었습니다; 2000년까지 같은 수를 유지했습니다. 2000년부터 2002년까지, 그 수는 약 55,000명 정도로 변동했습니다. 그리고 난 다음 2003년에는 80,000명으로 정상에 도달할 정도로 증가했습니다. 그러나, 서울에서 유학생 수는 하향하며 변동했습니다. 2007년부터, 그것은 20,000명이 조금 안 되는 수로 안정되었습니다. 전반적으로, 유학생 수는 2003년까지 증가했지만, 그 이후로 2007년까지 감소했고 그 이후에는 같은 수를 유지했습니다.

Until vs Till 표현상의 차이

접속사 그리고 전치사인 until은 till 혹은 til과 같이 짧은 형태로 사용될 수 있습니다. 하지만 till과 til은 Formal Essay 에서는 사용하지 않습니다.

B. 복수 Line 문제 Exercise

a) 시간대별로 나누어 비교 가능한 경우

비교하는 Line들의 Data의 변화를 시간대별로 나누어 비교하면서 본론을 작성합니다.

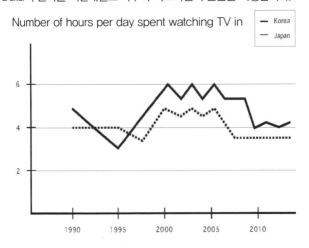

본론 작성 Steps – 이미 설명한 단계별 설명은 생략하고 세분화 Point만 정리해 보겠습니다.

Step 1	1995년 이전의 한국과 일본 기록을 먼저 비교한 후 1995년 이후 두 나라의 기록을 비교합니다.
Step 2	1995년부터 2000년까지의 두 나라의 변화를 비교합니다.
Step 3	이후 하나의 특정한 연도를 기준으로 두 나라의 변화를 함께 비교하기 어려우므로 먼저 2009년까지 한국의 변화를 작성하고 2007년까지 일본의 기록을 작성해 비교합니다.
Step 4	Step3의 연도들 이후 두 나라의 기록을 비교합니다.

7.5 수준의 답

The graph plots the number of hours viewers watched television in both Korea and Japan from 1990 to 2020.

Starting in 1990, there was a steep decline in viewing hours in Korea, with a low point of 3 hours being reached in 1995. In contrast, viewing time in Japan stayed flat at 4 hours, over the same period. The year 1995 marked a turning point for both countries. Korea increased dramatically, reaching its peak at 6 hours in 2000, while in Japan there was a slight decrease until around 1997 but a sharp increase to around 5 in 2000. The five years following 2000 saw Korean and Japanese viewing hours show similar amounts of variation; between 5.5 and 6 in Korea and 4.5 and 5 in Japan. The remaining years witnessed viewing numbers in the two nations falling, with a downward trend until 2009 in Korea and a steep decrease up to 2007 in Japan. Although at the end of the period the hours watched fluctuated slightly in Korea, Japanese audiences showed a constant viewing rate.

Overall, it can be said that Koreans in general tended to watch moderately more television than their Japanese counterparts.

어휘 plot : 좌표로 나타내다   contrast : 대조   moderately : 적당히   counterparts : 상대(방)

해석 그래프는 1990년부터 2020년까지 한국과 일본 양국에서 시청자들이 텔레비전을 시청한 시간의 수를 표시합니다. 1990년을 시작으로, 한국의 시청시간은 1995년에 3시간의 저점에 도달하면서 급격하게 감소했습니다. 대조적으로, 같은 기간 동안 일본의 시청시간은 4시간을 유지했습니다. 1995년에 두 나라 모두 중요한 전환점을 기록했습니다. 한국은 2000년에 6시간의 정점에 도달하면서 급격하게 증가했었고 반면에 일본은 약 1997년까지 조금 감소했지만, 2000년에 약 5시간으로 급격하게 증가했습니다. 2000년 이후에 5년동안 한국과 일본의 시청시간은 유사한 변동량을 보여주는 것을 알 수 있습니다; 한국은 5.5와 6시간 사이 그리고 일본은 4.5와 5시간 사이. 한국에서는 2009년까지 하향하는 추세를 그리고 일본에서는 2007년까지 급격한 감소를 하면서 나머지 연도 동안에 두 나라에서 감소가 있었습니다. 마지막 기간 동안 비록 한국에서는 시청시간이 약하게 진동했지만 일본에서는 꾸준한 시청률을 보여주었습니다. 전반적으로, 한국인이 상대인 일본인보다 조금 더 오래 텔레비전을 보는 경향이 있었다고 말할 수 있습니다.

6.0 수준의 답

The line graph shows the number of hours people watch television per day in Korea and Japan.

From 1990 until 1995, the number started declining in Korea, from 5 to 3 hours, while it remained constant in Japan, at 4 hours. From 1995, Korea saw a drastic increase and in 2000 it peaked at 6 hours. Yet, the number of hours in Japan decreased for a short time and then significantly rose to 5 hours until the year 2000. Following this, both countries experienced fluctuations at around 5.5 hours in Korea and 4.5 hours in Japan until 2005. In 2006, the number remained the same at about 5.3 hours in Korea and the number fell to 3.5 hours in Japan. Lastly, around 2008 the number of hours in Korea fell, and then from 2009 it fluctuated, but from 2007 in Japan the number flattened out at 3.5 hours.

Overall, it can be seen that both countries show similar trends but Korean viewers watch television for longer hours than those in Japan.

어휘 drastic : 과감한   fluctuate : 변동을 거듭하다   flattened out : 오름세가 멈추다   viewer : 시청자

해석 라인그래프는 한국과 일본에서 사람들이 하루에 텔레비전을 시청하는 시간을 보여줍니다. 1990년부터 1995년까지, 한국에서 그 수는 5시간에서 3시간으로 감소하기 시작했습니다. 반면에 일본에서는 4시간으로 유지되었습니다. 1995년부터 한국에서는 극적인 증가가 있었습니다. 그리고 2000년에 그것은 6시간으로 정상에 도달했습니다. 하지만, 일본에서는 잠시 시간의 하락이 있었고 그리고 난 후 2000년까지 대단한 상승을 했습니다. 이후 2005년까지, 한국에서는 약 5.5시간, 일본에서는 약 4.5시간 주변에서의 변동을 체험했습니다. 2006년에 그 수가 한국에서는 대략 5.3시간 주변에서 같은 수준으로 유지됐고 일본에서는 3.5시간으로 떨어졌습니다. 끝으로, 대략 2008년에 한국에서의 시청시간은 감소했으며 그리고 난 후 2009년부터 변동했습니다. 하지만 2007년부터 일본에서 그 수는 3.5시간을 유지했습니다. 전반적으로, 두 나라들은 유사한 경향을 보이지만, 한국 시청자가 일본의 시청자보다 더 긴 시간 동안 텔레비전을 본다고 할 수 있습니다.

b) 시간대별로 나누어 비교하지 못할 경우

복수의 Line을 시간대별로 나누어 비교할 수 없을 경우 각각의 Line을 각기 다른 본론 문단에 작성해도 괜찮습니다. 단 두 번째 Line 본론 문단은 in contrast with, however 혹은 similarly와 같은 표현을 사용하여 두 Line간의 차이점 혹은 유사한 점을 묘사하며 작성해줍니다.

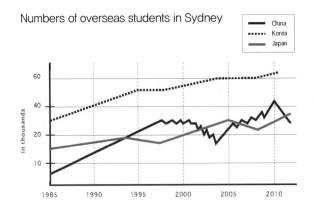

Numbers of overseas students in Sydney

본론 작성 Steps

Step 1	서로 다른 연도에서의 변화로 세 개의 Line을 동시에 구분해 비교할 수 없으므로 수치가 더 높은 한국을 본론 한 문단에 따로 작성하고 어느 정도 비슷한 수치를 가지고 있는 일본과 중국을 함께 묶어 다른 본론 문단에 작성합니다.
Step 2	한국은 연대별로 변화를 묘사해 주는 대신 1985년과 2010년의 기록을 서로 비교하면서 완성합니다.
Step 3	중국과 일본은 함께 묶어 비교해 주며 작성하며 글자수가 한정되어 있고 작성할 내용이 많으므로 Single Line만 나온 문제보다는 더 포괄적으로 작성해줍니다.

7.5 수준의 답

The line graph shows the change in international student numbers studying in Sydney from three different countries, starting in 1985 and ending in 2012.

Korea was the standout country, managing to achieve continuous growth for the years recorded. Korean student numbers rose dramatically, with almost two and a half times as many students in 2010, compared to the numbers in 1985.

This is in stark contrast with the case of not only Japan, but China as well. While it is true that both countries experienced substantial growth in student numbers, the path of growth proved to be quite unsteady. In particular, China initially showed a strong increase in numbers from 1985 until the late nineties, but then entered a stage of instability that lasted up to 2010. Japan showed a similar fluctuation in numbers but the level of variation was not as severe.

In summary, there was an overall rise in the number of overseas students that chose to study in Sydney. However, countries differed in terms of the path and extent of the change.

어휘 standout : 아주 뛰어난 사람(것)   achieve : 달성하다, 성취하다   continuous : 지속적인   dramatically : 극적으로   be in stark contrast with : ~와 극명한 대조를 보이다   substantial : 상당한   unsteady : 불안정한   initially : 처음에   instability : 불안정   variation : 변화   in summary : 요약하면   in terms of : ~면에서   extent : 정도, 범위

해석 라인그래프는 1985년부터 2012년까지 시드니에서 공부한 세 외국 출신의 국제학생수의 변화를 보여줍니다. 한국은 기록된 연도 동안 지속적인 증가를 보여준 눈에 띄는 국가였습니다. 한국 학생 수는 2010년에 1985년도의 수와 비교해서 대략 2.5배 급격하게 증가했습니다. 이것은 일본 그리고 중국의 경우와 극명한 차이를 보입니다. 두 나라가 학생 수에서 상당한 증가를 경험한 것은 사실이지만 증가하는 과정이 매우 불안정했다고 입증됐습니다. 특히, 중국은 1985년부터 90년대 후반까지 큰 폭의 증가를 처음에 보여주었습니다. 하지만 그후 2010년까지 지속되는 불안정한 단계로 들어갔습니다. 일본은 숫자에서 비슷한 변동을 보여주었지만, 변동의 수준은 그만큼 심각하지는 않았습니다. 요약하면, 전반적으로 공부를 위해 시드니를 선택한 외국인 학생 수는 증가했습니다. 그러나, 나라들의 과정과 변화의 정도는 달랐습니다.

6.0 수준의 답

The line graph shows the number of overseas students from three countries, Korea, China and Japan, who studied in Sydney between 1985 and 2012.

The number of Korean overseas students increased gradually to 50,000 until 1995 and then it showed a small upward trend until 2003. It finally peaked at over 60,000 in 2012.

However, China and Japan showed smaller numbers. First, the number of Chinese students rose sharply to 30,000 in 1997, and then fluctuated downwards from 30,000 to 17,000 in 2004, and then again fluctuated upwards until 2010. Japan showed a more stable trend compared with China. Its number increased with only slight fluctuations from 15,000 to 36,000 over the same period.

Overall, it can be seen that the number of overseas students in Sydney from the three countries all increased, and Korea had the highest number of overseas students, while the other countries showed less.

어휘 upward : 증가하는   trend : 경향   peak : 절정   downwards : 아래쪽으로

해석 본 라인 그래프는 1985년과 2012년 사이에 시드니에서 공부했던 세 나라, 한국, 중국, 일본 유학생 수를 보여줍니다. 한국 유학생 수는 1995년까지 50,000명으로 점진적으로 증가했습니다. 그리고 나서 2003년까지 작은 상승세의 경향을 보여주었습니다. 그것은 마침내 2012년에 60,000명으로 정점에 도달했습니다. 그러나, 중국과 일본은 더 작은 수를 보여줍니다. 먼저, 중국 학생 수는 1997년에 30,000명으로 급하게 증가했으며 2004년에 30,000에서 17,000으로 하향세를 보이며 변동했습니다. 그 후에 다시 2010년까지 상승세를 가지고 변동했습니다. 일본은 중국과 비교했을 때 더 안정적인 추세를 보여주었습니다. 그 숫자는 같은 기간 동안 15,000명에서 36,000명으로 약간의 변동을 보이며 증가했습니다. 전반적으로, 시드니에서 세 나라의 유학생 수가 모두 증가했고 한국이 가장 많은 높은 유학생 수를 가진 반면, 다른 나라들은 그보다 더 적은 수를 보여주었습니다.

II. Pie Chart 유형 Essay 작성하기

Pie Chart 유형은 Percentage를 기본 단위(%)로 주어진 항목들에 의해 Pie Chart를 서로 비교합니다. 문제에 나오는 Pie Chart의 개수는 한 개에서 다섯 개까지 나올 수 있습니다.

A. Pie Chart의 유형

단순 Pie Chart 유형	일반적으로 한 개 혹은 두 개의 Pie Charts가 나올 경우
복수 Pie Chart 유형	일반적으로 세 개 이상의 Pie Charts가 나올 경우

a) 단순 Pie Chart 유형 : 한 개 혹은 두 개의 Pie Charts가 나오는 경우

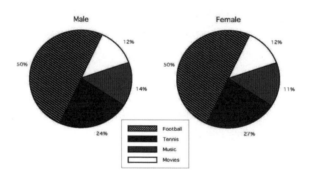

How men and women spend their free time

b) 복수 Pie Chart 유형 : 세 개 이상의 Pie Charts가 나오는 경우

Types of shoes sold and income of four different stores

shoe stores in 2010

Company A: Annual income $300.000

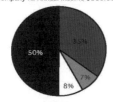

Company B: Annual income $305.000

Company C: Annual income $280.000

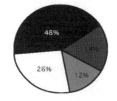

Company D: Annual income $201.000

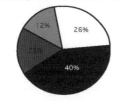

B. Pie Chart 필수 표현

a) 비교급

Pie Chart는 Chart내의 각 항목 비교뿐만 아니라 Chart간의 내용을 반드시 비교해야 합니다. 비교급 표현을 정확히 사용할 수 있도록 사전에 충분히 익혀야 합니다.

비교를 표현하는 다양한 방식

접속사 사용	but(하지만), while S V(반하여), whereas S V(반면에)
부사구 사용	in comparison with N(N과 비교해볼 때), compared to N(N과 비교해볼 때), in contrast, (대조적으로)
비교급 사용	as … as, more … than, the most … of (in)
동사 사용	differ from (with) N(N과 다르다)
기타 표현	the same ～ as N, be equal to N(N과 같다)
	the biggest difference is found in N(가장 큰 차이점이 N에서 발견된다)

*S V : 주어 동사

Example 비교급 more than 사용

Women are slightly more interested in sport than men, with women surpassing men by five percent.

어휘 slightly : 약간, 조금   surpassing : 능가하는

해석 여성들은 남성보다 5% 더 많은 비율로 스포츠에 관심을 가지고 있습니다.

Example compared to 사용

Compared to other areas of spending, food spending remained relatively stable, ranging from 30 percent in 2010 to 40 percent in 2014.

어휘 spending : 지출   relatively : 비교적   stable : 안정적인   range from to : (범위가) …부터 ～에 이르다

해석 지출의 다른 부문과 비교해 음식에 대한 지출은 2010년 30%에서 2014년의 40%에 이르면서 비교적 안정적이었습니다.

Example 최상급 사용

The largest proportion of students worked full time and they made up two fifths of the total population.

어휘 proportion : 비율　make up : ~을 이루다

해석 학생의 가장 큰 비율이 풀 타임으로 일을 했고 전체의 2/5를 구성했습니다.

b) Pie Chart에 사용할 수 있는 기타 표현 모음

비교급 외에도 Pie Chart에서 사용할 수 있는 여러 표현이 있습니다. 익숙해 질 때까지 계속 암기 및 응용하는 것이 매우 중요합니다.

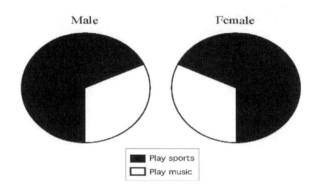

Male

i. Two-thirds of males play sport(2/3의 남성이 스포츠를 한다) / approximately sixty-six percent of males play sport(약 66%의 남성이 스포츠를 한다)
ii. One-third of males play music(1/3의 남성이 음악을 연주한다) / approximately thirty-three percent of males play sport(약 33%의 남성이 스포츠를 한다)
iii. The majority of males play sport(과반수의 남성이 스포츠를 한다) / the minority of males play music(소수의 남성이 음악을 연주한다)
iv. The most popular activity is sport(가장 인기 있는 활동은 스포츠이다) / the least popular activity is music(가장 인기가 적은 활동은 음악이다)

Female

i. Two-thirds of females play sport(2/3의 여성이 스포츠를 한다) / approximately sixty-six percent of females play sport(약 66%의 여성이 스포츠를 한다)
ii. One-third of females play music(1/3의 여성이 음악을 연주한다) / approximately thirty-three percent of females play music(약 33%의 여성이 음악을 연주한다)
iii. The majority of females play sport(과반수의 여성이 스포츠를 한다) / the minority of females play music(소수의 여성이 음악을 연주한다)
iv. The most popular activity is sport(가장 인기 있는 활동은 스포츠이다) / the least popular activity is music(가장 인기가 적은 활동은 음악이다)

c) 수치(figure)를 나타낼 때 사용할 수 있는 표현

represent	보여주다	make up	구성하다	account for	차지하다
occupy	차지하다	constitute	구성하다	be responsible for	책임지다

Example

Chinese students make up 30%.

Chinese students are responsible for 30%.

Chinese students account for 30%.

해석 중국 학생들은 30퍼센트를 차지합니다.

d) 유용한 패턴 표현틀

자신이 자주 사용하는 표현을 다음과 같이 Chart로 만들어 익히는 방법도 좋습니다.

Example

Men made up the greatest proportion of the population at approximately sixty percent.

해석 남자는 약 60 퍼센트로 가장 큰 비율의 인구를 구성했습니다.

Men	make(made) up	the greatest	proportion of X	at	approximately	Y percent.
	represent(ed)	the most significant	percentage of		around	half
	constitute(d)	the largest			roughly	a third(1/3) two thirds(2/3)
	account(ed) for	the biggest			close to	a quarter(1/4) three quarters(3/4)
	equate(d) to	the most sizable			about	one tenth(1/10)
	compose(d)	the smallest			just over	
	comprise(d)	the least significant			just under	
		the most insignificant			stand at	
		the lowest				

49

(해석)

남자 는	구성하다	가장 큰	X의 비율	로	대략	Y 퍼센트
	나타내다	가장(중요한)	∼의 비율		대략	반
	구성하다	가장 큰			대략	3분의 1
						3분의 2
	차지하다	가장 큰			∼에 가깝게	4분의 1
						4분의 3
	∼와 같다	가장 큰			대략	10분의 1
	구성하다	가장 적은			바로 위	
	이루다	가장 적은(사소한)			바로 밑	
		가장 하찮은			∼에 있다	
		가장 낮은				

실전 문제풀이 공략법

A. Single Pie Chart 문제 Exercise

Percentages of Working Students at James Cook University in 2010

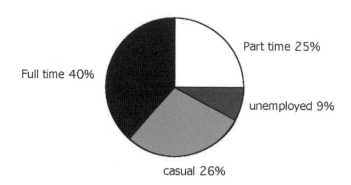

a) 문제 파악하기

배경정보 부분

James Cook University 재학생들의 Work Type을 비교하는 Pie Chart

기본단위 정보 부분

각 Work Type가 차지하는 Percentage

Data 변화 및 비교 정보 부분

Full time이 가장 많으며 일을 하지 않는 학생들이 제일 적음

그림내용을 부분별로 세분화하기
Full time 가장 높은 비율을 가지고 있음
Casual이 두 번째이나 Part time과는 1%만 차이가 남
Unemployed가 가장 적으며 Full time과 비교해 큰 차이가 남

b) Graph 유형 Essay 작성하기(7.5 & 6.0)

7.5 수준의 답

The pie graph shows the distribution of students from James Cook University and their current work situation in 2010.

Students with full time jobs accounted for the largest percentage of the working population, equalling the exact value of forty percent. Second to this group were those working on a casual basis and they composed twenty-six percent of the population; however, it should be noted that there was only a one percent difference between this group and the percentage of students working part time.
At the other extreme were those who identified themselves as unemployed. At a mere nine percent, the size of this group was approximately four times smaller than the full time group and roughly one third the size of the other two groups.

In summary, the largest proportion of the student population was employed full time, while the majority of students either found themselves unemployed or working less than the average full time worker.

어휘 distribution : 분포   current : 현재의   situation : 상황   at the other extreme : 다른 쪽 극단으로는   identified : 확인된
　　 unemployed : 실직한   mere : 겨우

해석 원형 도표는 2010년 제임스쿡 대학 학생분포와 그들의 현재 취업현황을 보여줍니다. 풀타임으로 일하는 학생들이 정확히 40%에 해당하
　　 며 근로인구의 가장 많은 비율을 차지하고 있습니다. 두 번째는 임시직으로 일하고 있는 학생들의 그룹이며 그들이 26%를 구성하고 있습
　　 니다; 그러나, 이 그룹과 파트타임으로 일하는 학생간의 비율의 차이는 겨우 1%로 매우 적다는 것을 주목해야 합니다. 학생인구 집단에서
　　 무직 부분에 속하는 학생들은 다른 극단적인 비율을 보여줍니다. 겨우 9% 정도로, 풀 타임으로 일하는 그룹보다 약 4배가 적고 다른 두 그
　　 룹에 비해 대략 1/3 수준입니다. 결론적으로, 가장 많은 비율의 학생수가 풀 타임으로 일하는 반면에, 학생의 과반수는 직업이 없거나 보통
　　 의 풀 타임 학생들보다 적게 일을 한다는 것을 알 수 있습니다.

6.0 수준의 답

The pie chart shows the percentage of working students at James Cook University in 2010.

It was the students who had full time jobs, which accounted for the largest percentage of the working population. They represented the exact value of 40%. The second largest percentage belonged to the students who worked casually at 26%. The next largest percentage was those who had a part time job, at 25% but there was only a one percent difference between part time and casual workers.

Lastly, it is not difficult to see that only 9% of the university students did not work. The percentage was more than four times less than the full time percentage. As you can see, it was also about three times less than those who worked part time and as casuals.

Overall, most of the students in James Cook University worked in 2010 but the percentage of full time jobs was less than half.

어휘 account for : 설명하다, 차지하다   represent : 대표하다   difference : 차이   casual worker : 임시노동자

해석 원형 도표는 2010년도에 제임스쿡 대학의 일하는 학생의 비율을 보여줍니다. 풀타임으로 일하는 학생들이 취업 인구의 가장 큰 비율을 차지했습니다. 그들은 정확히 40%를 대표했습니다. 두 번째로 큰 비율은 26%로 캐주얼로 일하는 학생들에게 해당 됐습니다. 그 다음으로 가장 큰 비율은 25%로 파트타임 일을 하는 학생들에게 해당됐습니다. 그러 ㅏ, 캐주얼과 파트타임 취업자들 사이에는 단지 1 퍼센트의 차이만 있었습니다. 끝으로, 9%의 대학생들만이 대학에서 일을 하지 않는다고 보는 것은 어렵지 않습니다. 그 비율은 풀타임의 비율보다 4배가 적습니다. 보시다시피, 파트타임과 임시직으로 일을 했던 사람들보다 약 3배가 더 적습니다. 전반적으로, 제임스쿡 대학에 재학중인 대부분의 학생들은 2010년에 일을 했지만 풀타임의 비율은 절반보다 더 적었습니다.

B. 복수 Pie Charts 문제 Exercise

a) 두 개의 Pie Chart가 나온 경우

가장 큰 비율을 가지고 있는 항목순으로 비교해 나갑니다. 비교할 항목이 너무 많을 경우 큰 특징이 없는 항목들은 함께 묶거나 생략하며 작성합니다.

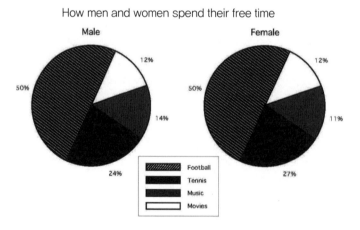

How men and women spend their free time

본론 작성 Steps

Step 1	가장 큰 비율을 보여주는 축구 그리고 두 번째로 큰 테니스 순으로 남녀를 비교합니다.
Step 2	Step1 이외의 다른 특징 혹은 예외에 해당되는 내용을 작성합니다.
Step 3	가장 비율이 적은 음악과 영화의 남녀 비율을 비교합니다.
Step 4	Step 3 이외의 또 다른 특징 혹은 예외에 해당되는 내용을 작성합니다.

7.5 수준의 답

The two pie charts show the distribution of time spent on the leisure activities of football, tennis, music and movies for both men and women.

Football is shown to be the hobby that is most popular, with both men and women, at approximately half of men and women participating in the activity. Tennis is the second most popular sport for both genders; however, women are slightly more interested in the sport as twenty-seven percent of women nominated their preference for the sport, and this is compared to twenty-four percent of men.
Music and movies are the two least popular hobbies and this may be connected to the fact that the two pursuits require little physical activity. In the case of movies, preferences are exactly the same between the genders. This is in contrast to music, where men have a greater interest in this type of amusement.

To sum up, it appears that that there is very little difference in preferences when it comes to leisure time activities between genders, and most individuals prefer hobbies that require some degree of physical activity.

어휘 distribution : 분포　　participate : 참가하다　　genders : 성별　　nominate : 지명하다　prove : 증명하다　preference : 선호　　compare to : ~와 비교하다　pastime : 취미　interested in : ~에 관심 있는　be connected to : ~와 연결되다　　pursuit : 추구　physical : 육체의　in the case of : ~의 경우에는　to sum up : 요약해서 말하면

해석 두 개의 원형 그래프는 남녀 모두의 축구, 테니스, 음악 그리고 영화의 여가활동에 사용한 시간의 분포를 보여줍니다. 남성과 여성의 절반 정도가 축구를 하기 때문에 축구는 남녀 모두에게 가장 인기 있는 취미로 보입니다. 테니스는 두 번째로 인기가 있는 운동입니다; 그러나, 여성이 더 많은 관심을 가지고 있습니다. 남성의 24%와 비교해 테니스를 선호하는 여성이 27%의 비율로 좀 더 많았습니다. 음악과 영화는 가장 인기 없는 취미인데 아마도 이 두 활동이 신체적 활동을 가장 적게 요구하는 사실과 연관이 있을 듯합니다. 영화의 경우, 성별 사이에서의 선호도가 정확히 같습니다. 이것은 남자들이 더 관심을 보이는 음악과 대조적입니다. 요약하면, 레저시간 활동에 관한 한 남녀간의 선호도에는 아주 작은 차이만이 보이며 대부분의 사람들이 어느 정도의 신체적 활동을 요구하는 취미를 선호하는 것으로 보입니다.

6.0 수준의 답

The two pie charts reveal the percentage of activities done in the free time of men and women, according to 4 categories, football, tennis, music and movies.

The most popular free time activity is football; both males and females choose this activity at 50% each. Tennis is the second most popular among both genders and the percentage of women is greater than that of men; males account for 24% and females 27%.
It is not difficult to see that the least popular activities are related to music and movies. In the case of music, males love it more than females do; 14% and 11% each. However, both genders equally enjoy movies at 12%.

Overall, it appears that among people more active hobbies are popular, and in terms of preference for free time activities, there is not much difference, with both men and women showing almost the same interest.

어휘 reveal : 드러내다　　free time : 자유 시간　　according to : ~에 의하면　　least : 가장 적은　　related to : ~와 관련 있는　　in the case of : ~의 경우에는　　in terms of : ~관점에서

53

해석 두 원형 그래프는 축구, 테니스, 음악과 영화 4개의 분류에 따라 남성과 여성이 여가시간에 하는 활동들의 비율을 보여줍니다. 가장 인기 있는 여가시간 활동은 축구입니다; 남성과 여성 둘 다 각각 50%로 이 활동을 선택합니다. 테니스는 두 성별 사이에 두 번째로 인기가 있으며 여성의 비율이 남성의 비율보다 더 큽니다. 남성은 24%를 여성은 27%를 차지합니다. 가장 적게 인기 있는 활동은 음악과 영화입니다. 음악의 경우에, 남성이 여성보다 더 좋아합니다; 각각 14%와 11%입니다. 하지만, 두 성별은 12%로 똑같이 영화를 즐깁니다. 전반적으로, 사람들에게 더 활동적인 취미가 인기가 있다는 것이 보여집니다. 그리고 여가 활동에 대한 선호도와 관련, 남자와 여자 모두 거의 같은 관심을 보여주고 있기 때문에 남녀 사이에는 별로 차이점이 없습니다.

b) 두 개를 초과한 Pie Chart가 나온 경우

주어진 Pie Chart에서 가장 큰 혹은 작은 비율을 가지고 있거나, 혹은 Pie Chart간 비율에 가장 큰 차이를 보여주는 특징적인 항목을 선택한 후 Pie Chart를 옮겨가며 순차적으로 비교해 나갑니다. 특징이 없는 항목들은 함께 묶어 작성하거나 모두 표현하기 어려울 경우에는 생략합니다.

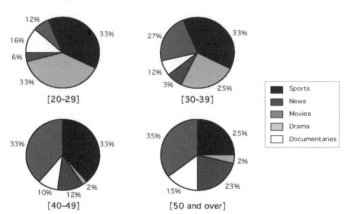

TV Programs Watched by Four Different Groups

본론 작성 Steps

Step 1	연령층이 올라갈수록 시청률이 증가하는 뉴스와 영화를 함께 묶어주며 이중 가장 많이 증가하는 영화의 변화를 작성합니다.
Step 2	연령이 올라감에 따라서 감소하는 드라마를 작성합니다.
Step 3	증감이 매우 복잡한 스포츠와 다큐멘터리를 함께 묶어주며 역시 특징적인 내용을 작성합니다.
Step 4	기록할 내용이 매우 많으므로 기타의 내용은 생략합니다.

7.5 수준의 답

The four pie graphs survey the popularity of particular television programs among four different age brackets.

Turning to the details, interest in news and movies rises as the age of the viewers increases. People in their twenties show limited enthusiasm for movies, but this soon changes as people enter their next year of life. The proportion of interest surges dramatically up to roughly a third of the viewer population.

However, there is a steep fall in those who watch dramas as the age goes up. Starting at approximately a third for the twenties age group, this plummets to two percent for the over fifties.

The trend for the remaining programs is complex. Sports viewers remain relatively constant at thirty two percent; yet, the last age group witnesses a slight decline. On the other hand, the popularity of documentaries first diminishes in the middle years, but subsequently returns to popularity in the elderly.
Overall, there is an increase in the popularity of news and movies, with other programs either declining in popularity or remaining relatively constant.

어휘 popularity : 인기   age brackets : 연령층   enthusiasm : 열광; 열정   respect : 점, 사항   steep : 급격한   fall : 하락   plummet : 곤두박질치다   complex : 복잡한   diminish : 줄어들다   in the middle : 가운데에   subsequently : 그 뒤에   elderly : 연세가 드신   increase : 증가하다   declining : 기우는, 쇠퇴하는   constant : 고정적인

해석 4개의 원형 도표는 4개의 연령층에서 특정 텔레비전 프로그램의 인기를 보여줍니다. 세부적으로, 뉴스와 영화의 관심은 시청자의 나이가 증가함에 따라서 함께 증가합니다. 20대는 영화에 제한적 관심을 보여줍니다. 하지만 다음세대로 이동함에 따라서 곧 다른 모습을 보여줍니다. 관심 비율이 시청인구의 대략 1/3 정도로 급격하게 증가합니다. 그러나, 드라마를 시청하는 사람들의 비율은 나이대가 증가함에 따라서 급격하게 감소합니다. 20대에서 대략 1/3의 비율로 시작해서 50대에는 겨우 2%로 급격하게 떨어집니다. 나머지 프로그램에 대한 추세는 복잡합니다. 스포츠 시청자는 32%에서 상대적으로 안정된 상태를 유지합니다. 하지만 마지막 연령그룹에서는 약간 떨어집니다. 또한편, 다큐멘터리의 인기는 중간 연령층에서는 처음에 감소했으나 이후에서는 그 인기를 회복합니다. 전반적으로 뉴스와 영화는 다른 프로그램들이 인기가 떨어지거나 상대적으로 같은 상태를 유지할 때 인기가 증가합니다.

6.0 수준의 답

The four pie charts show the percentage of television programs viewed by age, according to the five categories of sports, news, movies, drama and documentaries.

Turning to the details, first among those in their 20s, the categories of drama and sports are most watched; both account for 33%. However, in the 30-39 group, while sports are still the most popular, drama is less popular than movies, with movies representing 27%, while drama 24%.
In the age group of 40-49, both movies and sports are chosen most but drama is the least popular among this age group. Lastly, among those in their 50s and over, movies are the most popular, while drama is the least popular.

Overall, it can be seen that sports is the most popular program, except for the 50 and over group, and news gains in popularity as the viewers get older.

어휘 view : 시청하다   represent : 대표하다   popular : 인기 있는   viewer : 시청자

해석 4개의 원형 도표는 연령별로 스포츠, 뉴스, 영화, 드라마 그리고 다큐멘터리의 5개의 항목에 따라 시청된 텔레비전 프로그램의 비율을 보여줍니다. 세부적으로, 먼저 20대는 드라마와 스포츠의 항목을 가장 많이 시청합니다; 둘 다 33%를 차지합니다. 하지만, 30-39세의 그룹에서는 스포츠가 여전히 가장 인기가 있는 반면에 드라마는 영화보다 덜 인기가 있습니다. 영화가 27%인 반면에 드라마는 24%를 나타냅니다. 40~49세의 연령층에서, 영화와 스포츠 둘 모두가 가장 많이 선택되었지만 드라마는 이 나이 그룹에서 가장 적은 인기가 있습니다. 끝으로, 50대 이상에게는, 영화는 가장 인기가 있는 반면 드라마는 가장 인기가 없습니다. 전반적으로, 스포츠는 50대 이상을 제외하고 가장 인기 있는 프로그램이며 시청자들이 나이가 들어감에 따라 뉴스가 더욱 인기를 얻고 있습니다.

Quick 핵심 Point Review

비교를 표현하는 방식

접속사 사용	but(하지만), while S V(반하여), whereas S V(반면에)
부사구 사용	in comparison with N(N과 비교해볼 때), compared to N(N과 비교해볼 때), in contrast, (대조적으로.)
비교급 사용	as … as, more … than, the most … of (in)
동사 사용	differ from (with) N(N과 다르다)
기타 표현	the same ~ as N, be equal to N(N과 같다)
	the biggest difference is found in N(가장 큰 차이점이 N에서 발견된다)

유용한 패턴 틀

Men	make(made) up	the greatest	proportion of X	at	approximately	Y percent.
	represent(ed)	the most significant	percentage of		around	half
	constitute(d)	the largest			roughly	a third(1/3) two thirds(2/3)
	account(ed) for	the biggest			close to	a quarter(1/4) three quarters(3/4)
	equate(d) to	the most sizable			about	one tenth(1/10)
	compose(d)	the smallest			just over	
	comprise(d)	the least significant			just under	
		the most insignificant			stand at	
		the lowest				

Day

3

All that
IELTS
스피드 완성

Writing Task 1
유형별 작성법 2

I. Table 출제유형 Essay 작성하기

Table은 Data의 양과 항목이 많아 일반적으로 Line Graph, Pie Chart 혹은 Bar Chart만으로는 충분히 표현할 수 없을 때 주로 사용됩니다. Table 상의 많은 항목과 Data를 150단어로 모두 표현하기에는 어렵고 복잡하므로 일반적으로 특징 있는 중요한 Point가 되는 항목만 따로 모아 작성합니다.

A. Table의 유형

Table(도표) 유형은 대개 상호 비교를 하기 쉬우므로 정확한 수치의 차이를 파악하는 것이 요구됩니다. 무엇보다 도표를 보고 수치의 변화에 주목하여 답안을 작성하면 됩니다.

Data가 많지 않은 Table	유사한 특징 혹은 수치를 가지고 있는 항목끼리 묶어 작성
Data가 많은 Table	모든 항목을 전부 자세히 표현할 수 없으므로 특징 있는 중요한 항목만 선택해 작성

a) Data가 많지 않은 Table 유형

Percentages of Female Workforce

	Percentage of women working at the factories	Percentage of women working at the shops
United States	42%	28%
Egypt	37%	36%
Korea	30%	41%
Indonesia	31%	40%
Australia	21%	37%

b) Data가 많은 Table 유형

Purposes of Internet Use

	17-25		26-35		36-48		49and over	
	M	F	M	F	M	F	M	F
Information search	18%	25%	30%	31%	40%	42%	65%	60%
Entertainment	40%	30%	43%	36%	30%	33%	12%	15%
E-mail	25%	30%	20%	19%	16%	17%	8%	7%
Education	15%	14%	3%	5%	1%	2%	None	None
Others	2%	1%	4%	9%	13%	6%	15%	18%

B. Table 필수 표현

John의 '콕 & 퀵' 한 수

이미 Line Graph와 Pie Chart에서 익힌 많은 표현이 Table에서도 또한 사용되므로 Table 작성시 Line Graph 및 Pie Chart의 필수 표현을 함께 사용하십시오.

Number of students taking two subjects

구 분	English	Physics
Class A	10	25
Class B	15	14
Class C	30	50

a) 범위를 말할 때

The range in student numbers is between 7 and 50.
해석 학생수의 범위는 7에서 50 사이입니다.

b) 다수 혹은 소수를 표현할 때

The largest group of students took Physics in class A.

The greatest number of students took Physics in class A.

The smallest group of students took Physics in class B.

The least number of students took Physics in class B.

해석 A반에서 가장 큰 그룹의 학생이 물리를 선택했습니다.

A반에서 가장 큰 수의 학생들이 물리를 선택했습니다.

B반에서 가장 적은 그룹의 학생들이 물리를 선택했습니다.

B반에서 가장 적은 수의 학생들이 물리를 선택했습니다.

c) 배수를 표현할 때

There are twice the number of students taking Physics in class C than class A. / Twice as many students take Physics in class C as class A.
There are half the number of students taking English in class B than class C. / Half as many students take English in class B as class C.

해석 C반에서 물리를 선택하는 학생의 수는 A반의 2배이다.

B반에서 영어를 선택하는 학생의 수는 C반의 반이다.

d) 기타 비교급을 사용해 표현할 때

A smaller number of students in class B studied Physics compared to English.
A greater number of students in class C studied Physics compared to English.
The number of students in class B studying English is marginally/slightly higher compared to students studying Physics.
The number of students in class B studying Physics is significantly lower compared to students studying Physics in class C.

어휘 marginally / slightly : 약간, 다소

해석 영어와 비교해 더 적은 수의 학생들이 B반에서 물리를 공부했습니다.

영어와 비교해 더 많은 수의 학생들이 C반에서 물리를 공부했습니다.

B반에서 영어를 공부하는 학생수는 물리를 공부하는 학생수와 비교해서 약간 많습니다.

물리를 공부하는 B반의 학생수는 물리를 공부하는 C반 학생들과 비교해서 매우 낮습니다.

e) 순서를 표현할 때

A comes first, followed by B.

해석 A가 첫 번째이며 그 뒤를 B가 따릅니다.

John의 '콕 & 퀵' 한 수

Table상의 Data가 모두 작성하기에 너무 많을 경우, '그 아이는 과묵하고 특이해(묵특예)' 공식을 사용합니다. 즉, "먼저 항목별로 Data들을 Group화시켜 묶은 후 Group 속의 Data에 특징을 가지고 있는 항목을 먼저 작성하고 또한 그 그룹의 Data에 주목할만한 예외가 있다면 그 다음에 작성한다."는 방법입니다.

A. Table의 Data가 많지 않은 문제유형

Percentages of Female Workforce

	Percentage of women working at the factories	Percentage of women working at the shops
United States	42%	28%
Egypt	37%	36%
Korea	30%	41%
Indonesia	31%	40%
Australia	21%	37%

a) 문제 파악하기

배경정보 부분
다섯 나라에서 공장과 상점에서 일하는 여성비율

기본단위 정보 부분
그림 안의 해당 종목을 가리키는데 일반적으로 제목 혹은 문제에 주어집니다.
Percentage 단위의 국가별 비율

Data 변화 및 비교 정보 부분
세 나라의 상점에서 더 많은 여성들이 일하며 두 나라의 공장에서 더 많은 여성들이 일하고 있음.
호주가 두 직종간에 가장 큰 차이를 보이며 이집트가 가장 적은 차이를 보임.

그림내용을 부분별로 세분화하기
Korea, Indonesia and Australia 여성들이 공장보다는 상점에서 더 많이 일을 함.

3개국 중 공장과 상점간의 Percentage 차이는 호주에서 가장 큼.

United States와 Egypt에서는 여성들이 공장에서 더 많이 일함.

Egypt에서는 1%만의 차이가 나지만 United States에서는 많은 차이가 있음.

b) Table 유형 Essay 작성하기 (7.5 & 6.0)

7.5 수준의 답

The table outlines the percentage of women working in shops and factories across 5 countries: United States, Egypt, Korea, Indonesia and Australia.

There are a smaller number of women working in factories compared to shops in the nations of Korea, Indonesia and Australia. The difference is most pronounced in Australia where there are just over twice the number of women working in shops as opposed to factories.

On the other hand, in both the United States and Egypt, the situation is reversed, whereby there are more women working in factories than in shops.

However, the circumstances of Egypt and the United States are substantially different, as the disparity between the two jobs is even greater in the United States than in Egypt.

The data suggests that there is considerable variation between the different countries with regards to work. While in the United States and Egypt factories are more popular, for the remaining three countries the opposite is true.

어휘 compared to : ~와 비교하여   difference : 차이   pronounced : 확연한   as opposed to : ~에 정반대로   on the other
  hand : 다른 한편으로는   situation : 상황   reversed : 거꾸로 된   whereby : 그것에 의하여 ~하는   circumstance : 상황
  substantially : 상당히   disparity : 차이   data : 자료   suggest : 제안하다   opposite : 반대

해석 도표는 5개국 미국, 이집트, 한국, 인도네시아, 호주의 상점과 공장에서 일하는 여성의 비율을 표시합니다. 한국, 인도네시아, 호주에서는
  공장에서 일하는 여성의 수가 상점에서보다 적습니다. 차이점은 공장보다 상점에서 두 배의 여성들이 일을 하는 호주에서 가장 뚜렷합니
  다. 반면에, 미국과 이집트에서는 반대 상황이 전개되는데 그곳에서는 상점보다 공장에서 더 많은 여성들이 일하고 있습니다. 하지만, 이
  집트와 미국의 상황은 본질적으로 다릅니다. 왜냐하면 두 직업간의 차이가 이집트보다 미국에서 훨씬 더 크기 때문입니다. 도표 데이터는
  노동과 관련해 테이블에 있는 나라들 사이에서 큰 차이가 있다는 것을 보여줍니다. 미국과 이집트에서는 여성 노동자들에게 공장이 더 인
  기가 있고 다른 세 나라에서는 반대상황이 사실입니다.

John의 '콕 & 퀵' 한 수

6.0 Sample을 '그 아이는 과묵하고 특이해' 공식을 적용해보면 다음과 같습니다.
- Korea, Indonesia and Australia 묶어주기
- 3개국 중 공장과 상점간의 Percentage 차이가 가장 큰 호주를 특징으로 작성
- United States와 Egypt 묶어주기
- Egypt의 적은 차이 그리고 United States에서의 큰 차이를 특징으로 작성

특이한 예외사항이 없었기 때문에 작성하지 않았습니다.

6.0 수준의 답

The table shows the percentage of females working in shops and factories over 5 countries: United States, Egypt, Korea, Indonesia and Australia.

In Korea, Indonesia and Australia, more women work in shops than in factories. The biggest difference is found in Australia; shop workers account for 37%, while factory workers only 21%, which is almost twice the amount.

However, in Egypt and the United states, the reverse is true. There is only a one percent difference between the two groups in Egypt, but the United States has a large difference; 42% in factories and 28% in shops.

Overall, shop work is popular in Korea, Indonesia and Australia, while more women love to work at factories in Egypt and the United states.

어휘 account for : 차지하다   reverse : 뒤바꾸다   difference: 차이   overall : 전반적으로

해석 본 도표는 미국, 이집트, 한국, 인도네시아 그리고 호주 5개의 나라에 걸쳐서 상점과 공장에서 일하는 여성들의 비율을 보여줍니다. 한국, 인도네시아 그리고 호주에서는 더 많은 여성들이 공장보다 상점에서 일을 합니다. 가장 큰 차이는 호주에서 발견 되는데 상점 근로자들은 37%를 차지하는 반면 공장 근로자들은 불과 21%로 거의 2배 차이가 납니다. 그러나, 이집트와 미국에서는 그 반대 상황이 벌어집니다. 이집트에서는 두 그룹 사이에 단지 1퍼센트의 차이만 있지만, 미국은 큰 차이가 있습니다; 공장은 42% 그리고 상점은 28%입니다. 전반적으로, 이집트와 미국에서 더 많은 여성들이 공장에서 일하는 것을 좋아하는 반면에 상점 일은 한국, 인도네시아 그리고 호주에서 인기가 있습니다.

B. Table의 Data가 Total 및 Change와 함께 나온 문제유형

MBA Graduates from Five Universities

	Graduates number 2005	Graduates number 2008	Change(%)
Harvard	150	185	23.3%
Yale	132	181	37.1%
New York	210	190	-9.5%
Ohaio State	88	102	16%
California	65	66	1.5%
Total	645	724	12.2%

기존의 방식과 마찬가지로 묶은 후 큰 특징 혹은 예외를 말하는 방식으로 전개합니다.

본론 작성 Steps

Step 1	가장 큰 증가를 보여주는 대학들을 묶어 설명합니다.(Harvard and Yale University)
Step 2	Step 1의 대학들의 특징을 묘사해줍니다.
Step 3	가장 적게 증가했거나 감소하는 대학들을 묶어줍니다.(Ohio State University, California University, New York University)
Step 4	Step 3에서 묶은 대학들의 특징 내용을 작성합니다.
Step 5	평균의 변화를 결론으로 대신해 작성합니다.

7.5 수준의 답

The table shows the change in the number of MBA graduates from five different American universities between the years of 2005 and 2008.

The greatest percentage increase was evident in the Ivy League schools of Harvard and Yale, where there was a 23.3 and 37.1 percent increase respectively. Both universities had the second and third highest number of graduates in 2005, following New York University.

In contrast, the smaller universities of Ohio State and California showed lower levels of growth than the larger schools; however, Ohio State posted a notable rise of 16 percent. New York University was the only university to record a decline in graduate numbers at rate of approximately 10 percent.

On average, the total MBA graduate numbers increased by 12.2 percent; nevertheless, there was significant variation between the different universities. In particular, it is noticeable that there was a significant divergence between Ivy League universities and smaller tertiary institutes.

어휘 graduate : 대학 졸업자　　increase : 증가하다　　respectively : 각각　　in contrast : 그에 반해서　　post : 발표하다　　notable : 주목할 만한　　decline : 감소　　on average : 평균적으로　　nevertheless : 그렇기는 하지만　　significant : 중요한　　variation : 변화　　in particular : 특히　　noticeable : 뚜렷한　　divergence : 차이　　divergence : 차이　　tertiary : 제3의

해석 본 도표는 2005년과 2008년에 5개의 미국 대학교에서 MBA를 졸업한 학생수의 변화를 보여줍니다. 가장 큰 비율 증가는 각각 23.3 %와 37.1%로 Harvard대와 Yale대의 Ivy League(명문) 대학에서 가장 뚜렷했습니다. 양 대학은 뉴욕대학의 뒤를 이어 두번째와 세번째로 높은 졸업생수를 2005년에 배출했습니다. 대조적으로, 더 작은 Ohio주립대학과 California대학은 더 큰 학교들보다는 더 낮은 수준의 성장을 보여주었습니다; 하지만 Ohio주립대는 16%의 주목할만한 증가를 보여주었습니다. 뉴욕대학교는 거의 10%의 비율로 졸업생 수의 감소를 기록한 유일한 대학이었습니다. 평균적으로 전체 MBA 졸업생수는 12.2% 증가했습니다; 그럼에도 불구하고 대학간에는 커다란 차이가 있었습니다. 특히, Ivy리그 대학과 상대적으로 작은 규모의 직업전문학교들 사이에서 큰 차이가 있었던 것이 주목할 만합니다.

6.0 수준의 답

The table shows the change in the number of MBA graduate students across 5 universities between 2005 and 2008.

In Harvard and Yale University, there was a greater change in the number of students; Harvard University increased by 23.3%, while Yale by 37.1%. However, they were second and third in 2005, following New York University.

In contrast, Ohio State and California showed a smaller increase than Harvard and Yale University. In terms of the exact numbers, Ohio State increased by 16% and California by 1.5%. However, in New York, the reverse was true. There was a 9.5% decrease in the number of MBA graduates between 2005 and 2008.

Overall, the number of MBA graduates increased by 12.2% between 2005 and 2008 but there were big variations in the rates. In particular, New York University numbers decreased.

어휘 in contrast : 대조적으로   in particular : 특히   reverse : 역, 정반대   decrease : 감소하다   graduate : 대학 졸업자   variation : 변화

해석 본 도표 2005년과 2008년 사이에 5개 대학의 MBA 졸업생 수의 변화를 보여줍니다. 하버드와 예일 대학에서 학생 수에 더 큰 변화가 있었습니다; 예일은 37.1%가 증가한 반면에 하버드 대학은 23.3%가 증가했습니다. 그러나, 이 대학들은 2005년에 뉴욕대학에 이어 두 번째와 세 번째였습니다. 대조적으로, 오하이오 주립대와 캘리포니아 대학은 하버드 대학과 예일 대학보다 더 작은 증가를 보여주었습니다. 정확히 본다면 오하이오 주립대는 16%가 증가했으며 켈리포니아 대학은 1.5% 증가했습니다. 그러나, 뉴욕 대학에서는 그 반대의 상황이 벌어졌습니다. 2005년과 2008년 사이에 MBA졸업자의 수가 9.5% 감소했습니다. 전반적으로, MBA 졸업생의 수는 2005년과 2008년 사이에 12.2% 증가했지만 그 비율에서는 큰 차이가 있었습니다. 특히 뉴욕 대학에서는 감소했습니다.

C. Table의 Data가 많이 나온 문제유형

Purposes of Internet Use

	17-25		26-35		36-48		49and over	
	M	F	M	F	M	F	M	F
Information **search**	18%	25%	30%	31%	40%	42%	65%	60%
Entertainment	40%	30%	43%	36%	30%	33%	12%	15%
E-mail	25%	30%	20%	19%	16%	17%	8%	7%
Education	15%	14%	3%	5%	1%	2%	None	None
Others	2%	1%	4%	9%	13%	6%	15%	18%

본론 작성 Steps

Step 1	전체 Data 내용을 다 표현하기 힘들므로 나이가 증가함에 따른 인터넷 사용이 주목할만큼 증가 혹은 감소하는 항목만을 설명해줍니다. 즉, 나이가 증가함에 따른 인터넷 사용 증가가 'information search'에서 가장 두드러지게 나타나므로 그 내용을 먼저 작성합니다.
Step 2	나이의 증가에 따라 하락하는 이유들만 따로 묶어 작성해 줍니다 (entertainment와 email). 그 항목들의 예외 사항이 있으므로 그 내용도 작성합니다.
Step 3	남자와 여자 비율의 특징 및 차이점을 작성해야 하지만 설명하기에 Data의 양이 너무 많을 때는 큰 특징 항목의 비율만을 작성해주고 나머지 설명은 생략합니다.

완성된 Essay (7.5)

The table summarizes how both men and women of different ages make use of the Internet for such activities as information search, entertainment, e-mail, education and others.

As people age, the variety of popular uses of the Internet decreases. This is particularly evident in those who are forty nine and over, in that a substantial number of males (65 percent) and females (60 percent) use the internet mainly for information searching.

In terms of the remaining reasons for using the Internet, with increasing age, all the areas see a collapse in interest, except the area of others. For example, the proportion of entertainment enthusiasts decreases gradually until the thirty-sixth to forty-eighth age bracket, but the number falls dramatically from that point on. Similarly, email usage shows a sharp decline but this starts with the younger age group of twenty six to thirty five year olds.

The overall trend for both males and females is that with increasing age they both spend more time using the Internet to search for information and other activities.

어휘 summarize : 요약하다   activity : 행사   search : 검색   variety : 다양성   popular : 인기 있는   particularly : 특히   evident : 분명한   substantial : 상당한   male : 남성   female : 여성   mainly : 주로   with regard to : ~과 관련하여   reason : 이유   collapse : 붕괴하다   proportion : 부분, 비율   enthusiast : 열광적인 팬   gradually : 서서히   evident : 분명한   bracket : 계층   dramatically : 극적으로   similarly : 비슷하게   sharp : 급격한   decline : 감소   start with : ~로 출발하다   trend : 동향

해석 도표는 어떻게 다양한 연령층의 남성과 여성들이 정보 검색, 오락, 이메일, 교육 그리고 기타 활동을 위해 인터넷을 사용했는지를 요약정리합니다. 사람들이 나이가 들면서 인터넷을 다양하게 사용하는 성향이 일반적으로 감소했습니다. 이것은 특히 49세 이상의 사람들에게 두드려졌습니다. 이는 남자(65%) 및 여자(60%)의 상당수가 인터넷을 정보검색 목적으로 주로 사용하기 때문입니다. 인터넷을 사용하는 나머지 이유에서 나이가 증가함에 따라서 기타목적을 제외하고 모든 부문에서 급격히 감소합니다. 예를 들어 오락 목적 사용자의 비율은 36세에서 48세 연령층까지 점진적으로 줄었지만 그 이후부터는 급격하게 감소했습니다. 이와 유사하게, 이메일 사용도 급격한 감소를 보여주는데 하지만 이것은 26~35세의 더 젊은 연령집단에서 시작했습니다. 나이가 증가하면서 남자와 여자 모두가 정보검색 및 기타 활동을 위해서 인터넷에 더 많은 시간을 사용하는 것이 전반적인 추세입니다.

완성된 Essay (6.0)

The table shows the reason why people use the Internet, by gender, across four age groups.

As both males and females become older, they use the Internet more for information search and others; information search increases from 18% to 65% in men and 25% to 60% in women.

However, the other three reasons, entertainment, e-mail and education show a decrease. In the case of entertainment, in both genders there is an increase from the age group of 17~25 to 26~35, but after that there is a steady decrease. Also the age group of 49 and over do not use the Internet for education.

Overall, it can be seen that both male and female older people use the Internet most for information search and others, while younger people are more likely to use it for entertainment, e-mail and education.

어휘 gender : 성, 성별　　by gender : 성별로　　in the case of : ~의 경우에　　steady : 꾸준한　　overall : 종합으로

해석 본 도표는 성별과 4개의 연령대에 걸쳐 왜 사람들이 인터넷을 사용하는지에 대한 이유를 보여줍니다. 남성과 여성들 모두 나이가 들어감에 따라 정보검색과 기타 목적을 위해 인터넷을 더 많이 사용합니다. 나이가 증가함에 따라, 정보 검색의 경우 남자는 18%에서 65%로 증가했고 여성은 25%에서 60%로 증가합니다. 그러나, 오락, 이메일 그리고 교육 등의 다른 세가지 이유들의 감소를 보여줍니다. 오락의 경우, 두 성별 모두에서 17-25세부터 26-35세 연령층까지 증가가 합니다. 하지만, 그 이후에는 꾸준한 감소가 있습니다. 또한, 49세 이상의 연령층에서는 교육용으로 인터넷을 사용하지 않습니다. 전반적으로, 장년층 남성과 여성 모두는 정보 검색과 기타 목적을 위해 인터넷을 가장 많이 사용하는 반면, 청년층은 오락, 이메일 그리고 교육을 위해 인터넷을 사용하는 것이 보입니다.

II. Bar Chart 출제유형 Essay 작성하기

Bar Chart 유형은 가로 및 세로축을 사용하는 점에서는 Line Graph와 유사하며 비교를 하는 점에서는 Pie Chart와 그리고 중요한 Point만을 묘사하는 점에서는 Table 유형과 유사하기 때문에 Line Graph, Pie Chart 그리고 Table유형의 종합형이라고 말하기도 합니다.

A. Bar Chart의 유형

Data가 많지 않은 Bar Chart 유형	유사한 특징 혹은 수치를 가지고 있는 항목끼리 묶어 표현하는 Bar Chart
Data가 많은 Bar Chart 유형	모든 항목을 표현할 수 없어 특징적인 중요한 항목만 따로 모아 묘사하는 형태

a) Data가 많지 않은 Bar Chart 유형

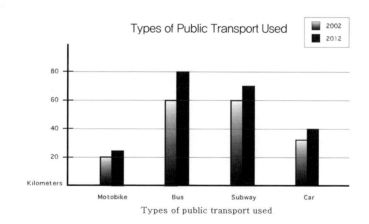

67

b) Data가 많은 Bar Chart 유형

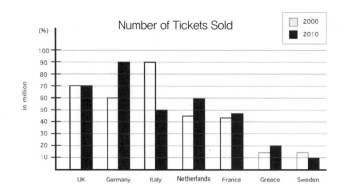

B. Bar Chart 필수 표현

Line Graph, Pie Chart 그리고 Table에 사용되는 표현과 Bar Chart의 필수 표현이 대부분 일치합니다. 그러므로 이곳에서는 다른 형태의 표현만 설명하겠습니다.

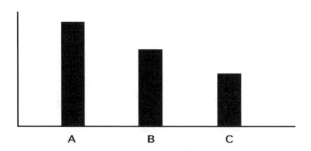

a) 최상급 표현법

The highest percentage of X is A. / The lowest percentage of X is C.
해석 X의 가장 높은 비율은 A이다. / X의 가장 낮은 비율은 C이다.

b) 비교급 표현법

There is a greater percentage of A than B and C. / There is a smaller percentage of C than B and A.
해석 A의 비율이 B와 C보다 크다. / C의 비율은 B와 A보다 작다.

c) 순서를 표현하는 방법

The greatest percentage of X is A followed by B and lastly C.
해석 X의 가장 큰 비율은 A이고 그 다음은 B 그리고 마지막으로 C이다.

d) 배수를 표현해 비교하는 방법

There are <u>three times</u> as many A as C. / There is <u>one third of</u> C compared to A.
There are <u>twice</u> as many B as C. / There is <u>one half of</u> C compared to B.
All groups are greater than <u>half</u>, except for group C.

해석 A는 C의 3배이다. / C는 A와 비교해서 1/30이다.

B는 C의 약 2배이다. / 대략 C는 B와 비교해서 1/20이다.

모든 그룹이 C그룹을 제외하고 절반보다 크다.

e) 수치(figure)를 나타낼 때 사용할 수 있는 표현

represent	보여주다	make up	구성하다	account for	차지하다
occupy	차지하다	constitute	구성하다	be responsible for	책임지다

f) 기타 The ratio of A to B(B에 대한 A의 비율)

The ratio of men to women in the office is 7:10.
The gender ratio is 7 men for every 10 women in the office.
There are 7 men to every 10 women in the office.

해석 그 사무실에서의 남자 대 여자의 비율은 7대10입니다.

그 사무실에서의 성 비율은 남자 7대 여성 10입니다.

그 사무실에는 10명의 여자당 7명의 남자가 있습니다.

A. Bar Chart의 Data가 많지 않은 문제유형

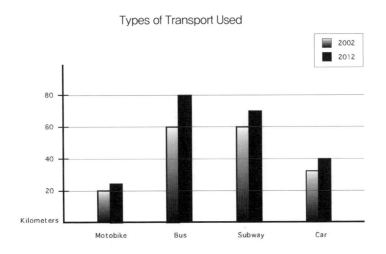

a) 문제 파악하기

배경정보 부분
2002년과 2012년 각 교통수단의 사용거리 비교

기본단위 정보 부분
일반적으로 제목 혹은 문제의 그림에 주어집니다.
Kilometres단위로 네 개의 교통수단의 주행거리 비교

Data 변화 및 비교 정보 부분
Bus와 Subway가 큰 차이를 보인 반면에 Motorbike와 Car는 상대적으로 작은 증가를 보여줌

그림내용을 부분별로 세분화하기
가장 많이 사용되고 있는 Bus와 Subway가 가장 큰 증가를 보여줌
두 수단 중 Bus가 더 큰 증가율을 보임
Motorbike와 Car가 상대적으로 적은 증가를 보여줌
가장 적게 사용되고 있는 Motorbike가 최저 증가율을 보임

b) Graph 유형 Essay 작성하기

완성된 7.5 수준의 답

The bar graph compares the average number of kilometres travelled using four different types of transport in 2002 and 2012.

The most dramatic increase was found in the distance travelled by the two most used types of public transport, buses and the subway. In particular, there was a significant rise in the distance travelled by buses, climbing from 60 kilometres in 2002 to 80 kilometres in 2012.

On the other hand, although there was still an increase in the kilometres travelled by private vehicles, the change was modest. In the case of motorbikes there was a slight rise in the order of 4 kilometers, while it is true that there was a greater surge in the car usage compared to motorbikes; nevertheless, the increase was only a minor one.

Overall, the average distance travelled grew for all types of transportation. However, there was a greater increase in the demand for public transport as compared to private vehicles.

어휘 compare : 비교하다　　average : 평균의　　travel : 여행하다　　different : 다른　　public transport : 대중교통　　dramatic : 극적인　　significant : 중요한　　modest : 적당한, 미약한　　on the other hand : 다른 한편으로는　　although : 비록 ~이긴 하지만　　modest : 보통의　　surge : 급등하다　　usage : 사용　　nevertheless : 그렇기는 하지만　　minor : 작은　　average : 평균의　　distance : 거리　　transport : 수송　　public : 대중의　　vehicle : 운송수단　　increase : 증가하다　　demand : 요구　　compare to : ~와 비교하다　　private : 개인의

해석 막대그래프는 2002년과 2012년에 4개의 다른 교통수단을 이용하여 이동한 이동한 킬로미터의 평균 수치를 비교합니다. 가장 많은 증가는 가장 많이 이용된 두 개의 대중교통인 버스와 지하철로 이동한 거리에서 발견됐습니다. 특히 버스로 이동한 거리가 2002년도에 60킬로미터에서 2012년도에 80킬로미터까지 올라가면서 많이 증가했습니다. 또 한편으로는, 비록 개인차량을 타고 여행한 킬로미터에서도 증가가 있었지만 미약한 수준이었습니다. 오토바이의 경우는 4킬로미터 정도로 약간의 증가가 있었습니다. 반면에 자동차의 경우, 사용량에 있어서 오토바이에 비교해 더 큰 증가가 있었습니다; 하지만 그 증가는 대단치 않았습니다. 전반적으로, 여행한 평균거리는 모든 교통수단에서 증가했지만 대중교통의 수요가 개인 차량에 비교해서 훨씬 더 크게 증가했습니다.

완성된 6.0 수준의 답

The bar chart shows the average number of kilometres travelled according to four different transport means in 2002 and 2012.

The greatest increase was found in the bus and subway. In the case of the bus, the number increased from 60 to 80, over the period, which was the biggest increase. The number of subways showed the second highest increase from 60 to 70.

On the other hand, it is not difficult to observe that motorbikes and cars also showed an increase in number but they went up slightly. In particular, the number of those commuters who used motorbikes increased the least from 20 to about 23.

Overall, the number of commuters increased in Korea from 2002 to 2012, and the use of public transport such as the bus and subway showed a bigger increase than the other two transport options.

어휘 according to : ~에 따르면   different : 다른   transport : 교통수단   in the case : ~에 관하여   observe : 관찰하다   go up : 올라가다   slightly : 약간   in particular : 특히   commuter : 통근자   least : 가장 적은   option : 선택

해석 본 막대그래프는 2002년과 2012년에 여행한 평균 킬로미터의 수를 4개의 다른 운송 수단에 따라 보여줍니다. 가장 큰 증가는 버스와 지하철에서 발견되었습니다. 버스의 경우 그 수가 그 기간에 60에서 80으로 증가했으며 가장 큰 증가였습니다. 지하철의 수는 60에서 70으로 두 번째로 높은 증가를 보였습니다. 다른 한편으로, 오토바이와 차의 수에서도 또한 증가가 있었다는 것을 발견하기가 어렵지 않았습니다, 하지만 그것들은 약간 상승했을 뿐입니다. 특히, 오토바이를 사용하는 통근자의 수는 가장 적게 20에서 약 23으로 증가했습니다. 전반적으로, 통근자의 수는 2002년에서 2012년까지 한국에서 증가했습니다. 그리고 버스와 지하철과 같은 대중교통의 사용은 다른 두 개의 교통 수단보다 더 큰 증가를 보여주었습니다.

B. Bar Chart의 Data가 많은 문제유형

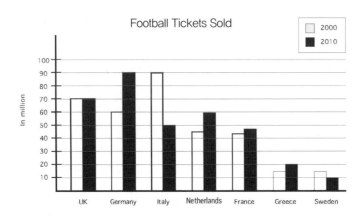

본론 작성 Steps – 이미 설명한 단계별 설명은 생략하고 세분화 Point만 정리해 보겠습니다.

Step 1	모든 나라를 표현하기 어려우니 증가를 보이는 나라와 감소를 보이는 나라 그리고 변화가 없는 나라로 구별하며 차례로 전개합니다.
Step 2	증가를 보이는 나라 중에서 증가폭이 가장 큰 Germany의 Data수치를 보여줍니다. 가장 작은 증가를 보여주는 France도 언급해줍니다.
Step 3	다음에는 감소하는 나라인 Italy와 Sweden을 묶어줍니다. 단, Italy의 판매가 증가를 보이는 France보다 더 크다는 것을 보여줍니다.
Step 4	증가 및 감소가 없었던 UK를 간략히 언급해줍니다.

완성된 7.5 수준의 답

The chart shows the number of professional football tickets sold in millions across seven countries in both 2000 and 2010.

There was an increase in ticket sales in the four countries of Germany, the Netherlands, France and Greece. Among these countries, Germany showed the most dramatic jump in sales, rising in the order of 30 million. At the other end of the scale was France which saw only a minor rise in sales.

However, there were two countries that saw a decrease in sales and these included Italy and Sweden. The size of the reduction in purchases in Italy was on a scale greater than the rise in sales in France, with it almost halving over the ten year period. The UK remains the exception in that there was neither a decrease nor increase in tickets sold, and the number remained constant at 70 million.

Overall, there was significant variation in terms of sales between the different nations. Some countries recorded a rise, while others a decline, and in one country there was no change.

어휘 professional : 전문적인   included : 포함된   reduction : 감소   purchase : 구매   exception: 예외   neither A nor B : A와 B둘 다 아닌   constant : 끊임없는   significant : 중요한   variation : 변화   in terms of : ~ 면에서   record : 기록하다   rise : 증가   decline : 줄어들다

해석 그래프는 2000년 그리고 2010년에 7개 국가에서 판매된 프로축구 입장 티켓 수를 백만 단위로 보여줍니다. 독일, 네덜란드, 프랑스, 그리고 그리스 4개 국가의 티켓 판매는 증가했습니다. 이들 국가 중 독일은 약 3천만이 증가하면서 가장 큰 판매의 증가를 보여주었습니다. 프랑스는 가장 미약한 판매 증가를 보여주었습니다. 하지만, 이탈리아와 스웨덴 두 나라에서는 판매 감소를 보여주었습니다. 이탈리아의 구매 감소 크기는 10년에 걸쳐 거의 반으로 줄었음에도 스케일상 프랑스의 증가 수 보다는 더 큽니다. 영국은 예외적으로 티켓 판매의 감소 또는 증가가 없었으나 지속적으로 7천만을 유지했습니다. 전반적으로 각 나라 사이에서는 판매에서 커다란 차이가 있었습니다. 어떤 나라들에서는 표 판매가 증가했고, 다른 나라들에서는 감소했습니다. 그리고 한 나라에서는 변화가 없었습니다.

완성된 6.0 수준의 답

The bar chart shows the number of professional football game tickets sold in millions, according to 7 countries in 2000 and 2010.

In four countries, Germany, Netherlands, France and Greece, there was an increase in the number of tickets sold. Among the countries, Germany showed the greatest increase by 30 million, from 60 million to 90 million. However, France had the smallest increase, about 3 million.

On the other hand, two countries, Italy and Sweden saw a decrease. Italy decreased 8 times more than Sweden, from 90 million to 50 million. The UK remained constant at 70 million.

Overall, the 7 countries showed variations in the number of tickets sold. Some countries enjoyed an increase, while the other countries either decreased or remained stable.

어휘 decrease : 줄다   increase : 증가하다   stable : 안정된

해석 막대그래프는 2000년과 2010년에 7개의 나라에서 판매된 프로 축구게임 티켓의 수를 백만 장 단위로 보여줍니다. 독일, 네덜란드, 프랑스, 그리스 4개의 나라에서 판매된 티켓의 수에 증가가 있었습니다. 그 나라들 중에서 독일은 6천만에서 9천만으로 3천만의 가장 큰 증가를 보여주었습니다. 그러나, 프랑스는 약 3백만 정도로 가장 적은 증가를 보여주었습니다. 다른 한편으로, 이탈리아와 스웨덴에서는 감소가 있었습니다. 이탈리아는 9천만에서 5천만으로 스웨덴보다 8배나 더 감소했습니다. 영국은 7천만을 유지했습니다. 전반적으로, 일곱 나라들은 판매된 티켓 수의 다양성을 보여주었습니다. 몇몇 나라들은 증가를 누렸지만, 다른 나라들은 감소했거나 현상을 유지했습니다.

C. Bar Chart의 가로축이 시간대인 문제유형

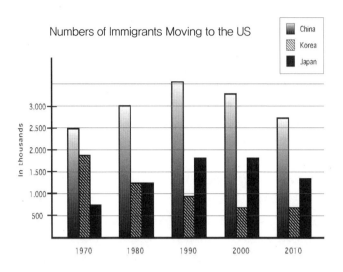

Numbers of Immigrants Moving to the US

본론 작성 Steps – 이미 설명한 단계별 설명은 생략하고 세분화 Point만 정리해 보겠습니다.

Step 1	시간의 흐름에 따라 Data의 변화를 보여주는 Line Graph처럼 묘사합니다.
Step 2	먼저 같은 흐름을 보여주는 China와 Japan을 같은 문단에 묶어 1990년까지 증가 및 그 이후의 감소를 작성합니다. 또한 두 나라의 차이점을 찾아 작성해줍니다.
Step 3	2000년까지 계속 감소를 보이는 Korea를 다른 문단에서 작성해줍니다.

완성된 Essay (7.5)

The bar chart shows the number of migrants from three different countries, China, Korea and Japan, that chose to live in the US over a four decade period from 1970 to 2010.

Both China and Japan witnessed a similar trend across the years. Whilst migrant numbers in the two countries initially rose gradually, a peak was reached in 1990 at just above 3 million for China and 170 thousands for Japan. The remaining years saw an equally gradual decline in those who decided to immigrate. The only difference between the two nations was that substantially more Chinese nationals than Japanese nationals chose to make the move.

On the other hand, Korea went against the trend. It saw at first a dramatic, then a moderate decline in migrant numbers until the year 2000. Finally, migrant numbers levelled off at roughly 700 thousand people. The chart seems to indicate that even though overall migrant numbers were strong in the earlier decades, the number started to decrease as time progressed.

어휘 migrant : 이민자   decade : 10년   initially : 처음에   gradually : 점차적으로   equally : 똑같이   gradual : 점진적인   decline : 감소   immigrate : 이주해 오다   substantially : 상당히   national : 국가의   make the move : ~로 옮기다   on the other hand : 다른 한편으로는   against : ~에 맞서   trend : 동향   at first : 처음에는   moderate : 보통의   decline : 감소   level off : 안정되다   indicate : 나타내다   even though : 비록 ~일지라도   reduction : 축소

해석 막대그래프는 1970년에서 2010년까지 40년 동안 미국 거주를 선택한 중국, 한국, 일본 세 나라출신의 이민자수를 보여줍니다. 중국과 일

본 두 나라는 그 기간 동안에 비슷한 추세를 보여주었습니다. 처음에 두 나라의 이민자 수는 점진적으로 증가하다가 1990년에 중국 300만 바로 위 그리고 일본 170만명으로 최고점에 도달했습니다. 남은 기간 동안에는 이민을 결정한 사람들의 수가 비슷하게 점차적으로 감소했습니다. 유일하게 다른 점은 중국인이 일본인보다 더 많이 이민을 선택했다는 것입니다. 그 반면에, 한국은 그 반대의 추세를 보여주었습니다. 처음에는 이민자의 수가 급격하게 그리고 후에는 점차적으로 2000년까지 감소하는 것을 볼 수 있었습니다. 결국에는, 한국인 이민자들의 수는 대략 7십만명으로 수평을 유지했습니다. 본 차트는 초기 몇 십 년 동안에는 이민자의 숫자가 많았지만 시간이 지나면서 줄기 시작했다는 것을 보여주는 듯합니다.

완성된 Essay (6.0)

The bar chart shows the number of people who migrated from three different countries to the USA in thousands from 1970 to 2010.

Both China and Japan showed a similar trend. In the case of China, until 1990 the number increased to just above 35,000, and then until 2010 it continued to decline. Also until 1990 Japan saw an increase and then stayed constant until 2000 at about 1800.

On the other hand, Korea showed a more drastic difference compared with the two countries. In 1970, Korea started at approximately 1,800 but until 2000 it decreased all the way. From 2000 to 2010 it levelled off at 700.

Overall, the number of Chinese and Japanese migrants to the USA both grew and decreased over the period, while Korea saw a continued decline in the number of migrants.

어휘 similar : 비슷한　　trend : 동향　　in the case : ~의 경우에는　　drastic : 과감한　　difference : 차이　　compare with : ~와 비교하다　　on the other hand : 다른 한편으로는　　approximately : 대략　　all the way : 계속해서　　migrant : 이민자

해석 막대그래프는 1970년부터 2010년까지 세 개의 다른 나라로부터 미국으로 이주했던 사람들의 수를 천 단위로 보여줍니다. 중국과 일본 두 나라는 유사한 경향을 보여주었습니다. 중국의 경우 1990년까지 그 수가 350만 명을 약간 넘게 증가했으며 그리고 난 다음 2010년까지 계속해서 하락했습니다. 또한 1990년까지 일본은 증가를 했으며 2000년까지 약 180만 명으로 같은 수를 유지했습니다. 다른 한편으로, 한국은 두 나라와 비교했을 때 더 극적인 차이를 보여주었습니다. 1970년에 한국은 대략 1,800에서 시작했지만, 2000년까지 줄곧 감소했습니다. 2000년부터 2010년까지는 70만으로 같은 수를 유지했습니다. 전반적으로, 미국으로 간 중국과 일본인 이민자 수는 모두 이 기간에 걸쳐 증가와 감소했지만, 한국은 이민자 수의 지속적인 감소를 보였습니다.

Table 출제유형

Data가 많지 않은 Table	유사한 특징 혹은 수치를 가지고 있는 항목끼리 묶어 작성
Data가 많은 Table	모든 항목을 전부 자세히 표현할 수 없으므로 특징 있는 중요한 항목만 선택해 작성

Bar Chart 출제유형

Data가 많지 않은 Bar Chart 유형	유사한 특징 혹은 수치를 가지고 있는 항목끼리 묶어 표현하는 Bar Chart
Data가 많은 Bar Chart 유형	모든 항목을 표현할 수 없어 특징적인 중요한 항목만 따로 모아 묘사하는 형태

Day

4

All that
IELTS
스피드 완성

Writing Task 1
문제유형별 작성법 3

I. 기타 출제유형 알아보기

A. Diagram 유형

Diagram은 사물의 외모, 구조 그리고 작동 및 상호관계를 요약 정리한 그림을 순차어(sequencing words) 혹은 연결어를 적절히 사용하여 작성하는 유형입니다. 작성할 내용이 많을 경우 다른 유형과 마찬가지로 모두 다 표현하는 것이 아니라 특징 및 변화에 주목해 작성하면 됩니다.

The Carbon Cycle

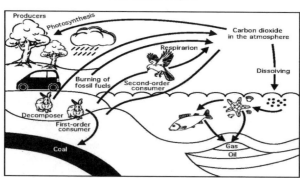

B. Map Comparison 유형

일반적으로 출제 빈도가 낮은 편이었으나 최근에 자주 출제되고 있습니다. 한 개의 Map이 단독으로 출제되기보다는 두 개의 Map을 동시에 제시하여 상호 비교를 요구하는 문제가 주로 출제됩니다.

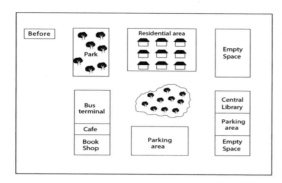

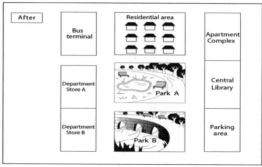

C. Complex 유형

Complex는 두 개 이상의 Graph(그림)가 함께 나오는 문제유형이며 '짬뽕형'이라 불리기도 합니다. 즉, 같은 유형 두 개의 그림이 함께 나오거나 서로 다른 유형 두 개가 한 문제로 나오는 유형입니다. 일반적으로 본론 두 번째 문단에 두 그래프 간의 비교 및 관련된 내용을 작성해주지만 각 Graph의 성격상 비교 및 관련된 내용을 작성하기 쉽지 않을 경우 결론에 두 유형의 비교 혹은 연관된 내용을 간략하게 언급해 작성하면 됩니다.

Complex 유형의 종류

Complex 유형 1	같은 유형의 Graph가 함께 나오는 유형
Complex 유형 2	서로 다른 유형의 Graph가 함께 나오는 유형

a) Complex 유형 1

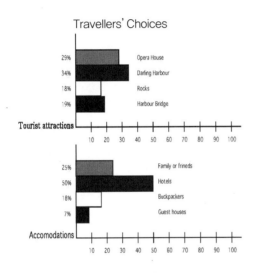

b) Complex 유형 2

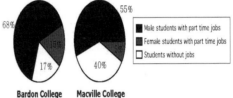

D. 기타 유형 필수 표현 및 문법

a) 순서를 나타낼 때 사용하는 필수 표현(sequencing words)

first of all, to begin with, initially	제일 먼저
the next stage in the process	다음 과정은
the last stage of the process	마지막 과정은
firstly, then, finally	첫째로, 그 이후에, 끝으로
last but not least	마지막이지만 이전 말한 것 못지 않게 중요한

b) Map의 필수 표현

across	～를 가로질러서
next to	～바로 옆
behind	～의 뒤의
opposite	정반대의
run from A to B	A에서 B까지 걸쳐 있다
be surrounded by	～에 둘러싸이다
in front of	～의 앞에
be located in	～에 위치된
in the town of	～마을에서
south(north, west, east) of	～의 남쪽 (북쪽, 서쪽, 동쪽)
south-east(north-west, south-west) of	～의 남동쪽 (북서쪽, 남서쪽)
on the other side of	～의 다른 편에
on the left(right) side of	～의 왼쪽(오른쪽)에
on the shores of	～의 기슭에

c) 분사(N + V ing / N + pp)와 관계대명사 표현

Diagram, Flowchart 그리고 Map 유형은 그림을 간결하면서도 다양하게 묘사해야 하기 때문에 분사와 같은 문법 표현의 사용은 고득점 획득에 분명히 Plus로 작용할 것입니다. 이미 설명했듯이 관계대명사와 분사는 형용사처럼 앞의 선행사를 자세히 설명하기 위해 사용합니다. 특히 '～중'의 뜻으로 쓰이는 V + ing 그리고 '～된'의 뜻으로 쓰이는 pp의 적절한 사용을 조언합니다.

i) 분사 사용

Example

Water used by those living in cities exists in a cyclical relationship with water treatment facilities.

어휘 exist : 존재하다　　cyclical : 순환하는　　relationship : 관계　　water treatment facility : 상수 처리 설비

해석 도시에서 살고 있는 사람들에 의해 사용되는 물은 물 처리 시설과 순환관계에 있습니다.

ii) 관계대명사(부사) 표현

Example 1

For instance, nitrogen that is found in the earth is transformed into nitrogen bacteria.

어휘 for instance : 예를 들어　　nitrogen : 질소　　transform : 변형시키다

해석 예를 들어, 땅속에서 발견되는 질소는 질소 박테리아로 변형됩니다.

Example 2

First, the supplier receives the ingredients to make bread, at which point the ingredients are turned into bread products.

어휘 supplier : 공급자   receive : 받다   ingredient : 재료   make bread : 빵을 만들다   turn into : ~으로 변하다

해석 첫째로 공급자는 빵을 만들기 위해 재료를 받습니다. 그리고 이 지점에서 그 재료가 빵 제품으로 만들어집니다.

d) 능동태 VS 수동태 표현

일반적으로 자연적인 과정일 때는 능동태를 사용하고 제조되거나 만들어지는 과정일 때는 수동태를 권장합니다.

Example

능동형	Three trees stood next to the church, blocking the wind from the lake.
수동형	Some bricks are specially made to build factories rather than apartments.

어휘 brick : 벽돌   A rather than B : B보다는 A

해석 세 그루의 나무는 호수로부터의 바람을 막으면서 교회 바로 옆에 서 있었습니다.

　　　어떤 벽돌들은 아파트보다는 공장을 짓기 위해 특별히 만들어집니다.

e) 그림에 나온 단어의 동의어(synonym)를 사용하는 표현

그대로 사용해야 하는 핵심단어를 제외하고는 그림에 나온 단어와 다른 단어로 작성하는 것을 추천합니다. 만약 그림에 residential area가 나왔다면 a housing estate 등의 표현으로 바꾸어 준다든지 female applicants가 나왔다면 female candidates 등으로 바꾸어줍니다.

II. Diagram 출제유형 Essay 작성하기

빈도수가 매우 낮은 Flow Chart 작성은 생략하겠습니다.

Water Recycling

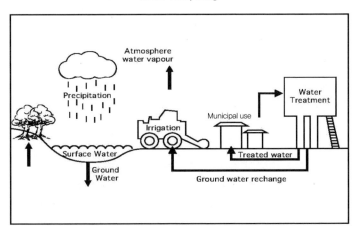

1. 무엇이 Diagram의 주체이며 과정인지를 파악합니다.

2. Diagram이 여러 단계로 나뉘어질 수 있다면 각 단계의 특징을 파악한 후 구분선을 그은 후 각 단계를 나누어 세 분화합니다.

3. 묘사할 내용이 너무 많다면 큰 특징 및 예외적인 사항만을 작성합니다.

a) 문제 파악하기

배경정보 파악하기
자연과 도시에서 물이 Recycling되는 과정

그림내용을 세분화하기
자연에서의 Recycling : trees, irrigation, vapourising, cloud, rain
도시에서의 Recycling : water use and retreatment cycle, ground water

b) Diagram 유형 Essay 작성하기

John의 '콕 & 퀵' 한 수

일반적으로 대부분의 Diagram 문제는 출발점의 위치가 표시되어 있거나 출발점의 위치를 쉽게 파악할 수 있습니다. 하지만 순환(circle) 그림과 같이 출발점이 분명치 않은 경우에는 임의대로 가장 중심이 된다고 생각되는 곳을 출발점으로 정해 시작하면 됩니다.

완성된 Essay (7.5)

The diagram illustrates the process involved in the recycling of water, from the point where water is extracted from the ground to its treatment and use within cities.

Initially, water is drawn to the surface from the ground water that is lying underneath the earth. This is done either through a natural process, such as through the roots of the trees or by people using irrigation to remove the water. Some of the water may escape as vapour into the air; however, the vapour inevitably returns to the earth due to precipitation.

Water used by those living in municipal cities exists in a cyclical relationship with water treatment facilities. People make use of water that has been cleaned in water treatment plants, but the cyclical nature of the process means that the water is eventually returned to the same plants afterwards. Furthermore, water from the plant may enter the ground, becoming ground water. If irrigators extract the water from the ground, it can be used once again.

어휘 diagram : 도표   illustrate : 설명하다   recycling of water : 용수 재생   extract : 추출하다   ground : 땅바닥   treatment : 처리

initially : 처음에   surface : 표면   underneath : ~의 밑   natural process : 자연과정   remove : 내보내다   vapour : 수증기

inevitably : 필연적으로   precipitation : 강우(량), 강설   municipal : 지방 자치제의, 시의   exist : 존재하다   water treatment plant : 정수처리장   eventually : 결국   cyclical : 순환하는   make use of : ~을 이용하다   irrigator : 관개시설

해석 그림은 땅에서 물이 추출되는 곳에서부터 그것의 처리와 도시에서의 사용까지의 재사용 과정을 보여줍니다. 먼저, 물은 땅 아래에 있는 지하수로부터 지표면으로 끌어 올려집니다. 이것은 나무의 뿌리와 같은 자연과정을 통하거나 물을 이동시키는 관개기술을 사용하는 사람들에 의해 이루어집니다. 일부 물은 수증기의 형태로 대기로 빠져 나갑니다; 그러나, 수증기는 필연적으로 강수로 인해 다시 지면으로 돌아갑니다. 도시에 살고 있는 사람들에 의해 사용되는 물은 물의 재처리시설과 함께 순환관계로 존재합니다. 사람들은 정수처리장에서 정수된 물을 사용합니다. 하지만, 그 과정의 순환적 성질로 인해 그 물은 같은 처리장으로 다시 돌아옵니다. 게다가, 처리장으로부터의 물은 지하수가 되어 땅으로 들어갈 수도 있습니다. 만약 관개시설이 지면에서 물을 끌어올리면, 그것은 또 다시 사용될 수 있습니다.

완성된 Essay (6.0)

The diagram shows the recycling process of water, from rain to vapour, and from water treatment to city use.

On the left side of the diagram, firstly water is supplied by means of rain to the earth. Some water exits into the river or lake and other water goes into the ground. The water in the ground is used by trees or irrigation. Finally, the water goes back into the sky as vapour.

On the other side of the diagram, the first stage of the process starts from the water treatment place. It treats water from houses and factories of a city and supplies it back to the city. Thanks to the supply, those who live in the city enjoy clean water. At the same time, some water from the treatment place sinks into the ground and then is used for irrigation. Like other water, some of it returns back to the sky as vapour.

어휘 vapour : 수증기   water treatment : 물 처리   irrigation : 관개   thanks to : ~의 덕분에

해석 그림은 비에서 수증기로 그리고 정수처리에서 도시사용까지의 물의 순환과정을 보여줍니다. 그림의 왼쪽을 보면, 먼저 물이 땅에 비를 통해 공급됩니다. 일부의 물은 강 또는 호수 안으로 들어가 존재하게 되고 다른 물은 땅속으로 들어갑니다. 땅속에서의 물은 나무와 관개용으로 사용됩니다. 최종적으로 물은 수증기 형태로 하늘로 되돌아갑니다. 그림의 또 다른 쪽을 보면, 과정의 첫 번째 단계는 정수처리장에서부터 시작합니다. 그것은 도시의 공장과 주택에서 나온 물을 처리하고 다시 도시로 공급합니다. 그 공급 덕분에, 도시 거주자들은 깨끗한 물을 즐깁니다. 이와 동시에, 처리장에서 일부의 물은 땅으로 흡수된 후에 관개용으로 사용됩니다. 다른 물과 마찬가지로 그 일부는 수증기의 형태로 하늘로 되돌아 갑니다.

III. Map Comparison 출제유형 Essay 작성하기

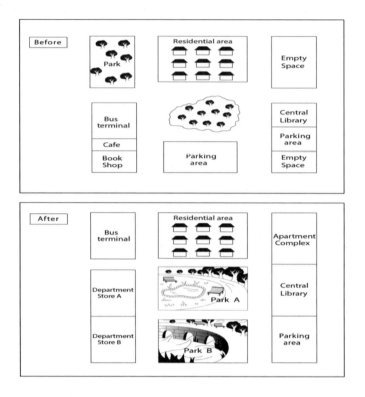

New town development in McDonalds Town

Map Comparison 유형에서는 그림이 무엇을 묘사하고 있으며 그림의 전후에 특징적으로 무엇이 변했고 변화하지 않았는지 먼저 파악 한 후 Structure를 구성하는 것이 중요합니다.

John의 '콕 & 퀵' 작성 전 Guideline

1. 변화 전인 첫 번째 그림에서 어떤 특징을 가지고 있는지 파악합니다.
2. 변화 후인 두 번째 그림에서 특징적으로 변한 것 그리고 변하지 않은 것을 파악합니다.

a) 그림 파악하기

배경정보 파악하기

McDonalds Town의 town development 전후 비교

그림내용을 부분별로 세분화해 묘사하기

개발 전 : 주택지를 중심으로 각 건물 묘사

개발 후 : 많은 변화를 가진 장소와 전혀 변화가 없는 장소의 묘사

b) Map 유형 Essay 작성하기

완성된 Essay (7.5)

The two maps compare how a piece of real estate looked before and after town development took place in McDonald's Town.

Turning first to the initial layout of the area, it can be seen that a housing estate dominates the top, middle part of the land. This is flanked by two parks that are located directly opposite the houses in both a westerly and southerly direction. Other community facilities, empty space and parking areas, complete the picture of what existed before the development.

In the map of the post-development, it can be seen that not only has the area been transformed in many ways, but some of the area has not changed at all. For instance, the housing complex, parks and parking areas continue to be a feature of the area. However, new department stores, an apartment complex and redeveloped parks have been constructed in the intervening years. Furthermore, some facilities have moved or expanded. For example, the bus station has moved upwards and the library has also expanded in size.

어휘 real estate : 부동산   development : 발달   town development : 도시 개발   complete : 완료하다   layout : 배치   dominate : 지배하다   directly : 바로   opposite : 반대   westerly : 서쪽의(으로)   southerly : 남쪽의(으로)   transform : 변형시키다   in many ways : 여러모로   housing : 주택   intervening : 사이에 오는   expand : 확장하다   upwards : 위쪽으로

해석 두 지도는 맥도날드 타운에서 한 구획의 부동산이 마을 개발 이전과 개발 이후에 어떻게 나타나는지를 비교합니다. 먼저 이 지역의 초기 지형을 보면, 거주지가 가장 위쪽 중간을 차지하는 것을 볼 수 있었습니다. 이 거주지는 서쪽 및 남쪽으로 맞은편에 있는 두 개의 공원 측면에 있습니다. 다른 편의 시설들, 공터 그리고 주차구역들이 개발 전의 도면을 구성합니다. 개발 후 도면에서는 그 지역이 많은 방식으로 변했다는 것뿐만 아니라 일부는 전혀 변하지 않았다는 것을 알 수 있습니다. 예를 들어, 주택단지, 공원 그리고 주차구역은 그 지역의 특색으로 계속 남아 있습니다. 하지만 새로운 백화점, 아파트단지 그리고 재개발 공원이 개발기간 동안에 건설되었습니다. 게다가, 일부 시설들은 넓어졌거나 옮겨졌습니다. 즉, 버스 정류장은 위로 이동했으며 도서관은 크기를 확장했습니다.

완성된 Essay (6.0)

The two maps show the differences in a town called McDonald Town before and after its development.

Before the development, there was a residential area in the middle of the upper part of the town and there was a park and empty space on both sides of the residential area. A park existed just below the residential area in the center. In a separate building on the left side, there were community facilities, and on the other side of the park there was a Central Library, parking area and empty space.

After the development, there are some changes which can be seen. The first major change is that two comfortable parks have been built, replacing an old park and parking area. Another significant change is that the community facilities have become two department stores. However, the residential area remains the same, even after its development.

어휘 difference : 차이　residential : 주택지의　separate : 분리된　community facilities : 지역 시설　comfortable : 편안한　replace
　 : 교체하다　residential area : 주택가

해석 두 개의 지도는 맥도날드 타운이라 불리는 마을에서의 개발 전후의 차이점을 보여줍니다. 개발 전, 마을의 위쪽 부분의 중간 부분에 거주
　 지역이 있고, 거주지역의 양쪽에는 공원과 공터가 있었습니다. 공원은 거주지역 바로 아래 중심부에 있었습니다. 왼쪽의 별도 건물에서는
　 지역 사회 시설들이 있었고 공원의 다른 쪽에는 중앙 도서관, 주차장, 그리고 공터가 있었습니다. 개발 후, 몇가지 변화가 보입니다. 첫 번
　 째 큰 변화는 오래된 공원과 주차장을 대신하여 두 개의 쾌적한 공원이 지어졌습니다. 또 다른 주요 변화는 지역사회 시설이 두 개의 백
　 화점이 됐습니다. 그러나, 거주지역은 개발 후에도 전혀 변하지 않았습니다.

IV. Complex 출제유형 Essay 작성하기

John의 '콕 & 퀵' 작성 전 필수 숙지사항

각각의 Graph가 무엇에 관한 것인지 그리고 두 개의 Graph가 어떤 연관내용이 있는지 빠르게 파악하는 것이 중
요합니다.

A. Complex 유형 1

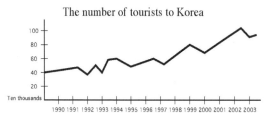

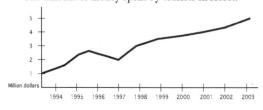

a) 문제 파악하기

배경정보 부분
한국을 방문하는 관광객 수와 그들이 쓰는 돈의 액수 변화를 보여주는 Line 그래프 1, 2

기본단위 정보 부분
만 명 단위의 관광객 수와 백만 불 단위의 관광객 지출액

Data 변화 및 비교 정보 부분
변동을 하며 증가하는 관광객 수(Graph 1) 및 96~97년도의 감소를 제외하고는 꾸준히
증가하는 관광객의 지출액(Graph 2)

그림내용을 부분별로 세분화하기

First Graph
전반적으로 심한 변동성을 가지고 증가하는 모습을 보여줌
특히 90년대 초는 약 4만명 전후로 심하게 변동을 하고 있음

Second Graph
전반적으로 첫 번째 Graph에 비해 완만한 증가를 보여줌
95년 중반부터 97년까지 하향세가 있었으나 이후에는 지속적인 상향을 보여줌

b) Graph 유형 Essay 작성하기

완성된 Essay (7.5)

The two line graphs illustrate not only the number of visitors travelling to Korea but also the sum of money visitors spent during their stay. The first graph tracks the years 1990 to 2003, while the second graph starts later just before 1994.

The first graph paints a picture of tourist numbers that were highly volatile, despite the overall increase. In particular, the period of the early nineties was a time of significant fluctuation around the 40,000 people mark.

However, total expenditures by visitors saw a smoother upward trend. The only exception was that there was a gradual decline in money spent from the middle of 1995 to 1997, where the amount reached a low point of two million. Following this the growth in tourist expenditure returned to trend.

Overall, both graphs are similar in that they show an upward trend, with the only difference in the level of stability of the increasing trend.

어휘 not only A but (also) B : A뿐만 아니라 B도 sum : 액수 visitor : 방문객   track : 추적하다   highly : 크게 volatile : 변덕스러운
despite : ~에도 불구하고 in particular : 특히   significant : 중요한 fluctuation : 변동 total expenditure : 총지출 smooth : 매끈
한, 잔잔한 upward trend : 상승추세 exception : 예외 gradual : 점진적인 decline : 감소 amount : 총액   a low point : 최저의 상태
stability : 안정성   increasing trend : 증가하는 추세

해석 두 선 그래프는 한국을 여행하는 방문객수뿐만 아니라 그들이 머무는 동안에 소비한 돈의 양을 보여줍니다. 첫 번째 그래프는 1990년부
터 2003년까지를 다루고 있으며, 반면에 두 번째 그래프는 그 이후인 1994년 직전부터 시작하고 있습니다. 첫번째 그래프는 전반적인 증
가에도 불구하고 방문객의 수의 상당한 불안정성을 보여줍니다. 특히, 90년대초는 약 40만명을 전후로 심하게 변동했던 기간이었습니다.
하지만, 방문객들의 전체 지출액은 더 완만한 상승세를 보였습니다. 유일한 예외는 1995년 중반부터 2백만 불의 최저점에 도달하는 1997
년까지 돈의 지출에 완만한 감소가 있었다는 점입니다. 이 이후에는 방문객의 지출이 다시 성장하는 추세로 돌아왔습니다. 전반적으로 두
라인 그래프는 증가추세의 안정도만이 다를 뿐 상향하는 추세를 보여주기 때문에 비슷합니다.

완성된 Essay (6.0)

The first line graph shows the number of tourists who visited Korea in the tens of thousands from 1989 until 2004, and the second line graph illustrates the amount of money they spent in millions of dollars from 1993 until 2003.

The first line graph shows that there was an increase in the number of tourists with fluctuations. Until early 1991, the number increased slightly from 40 to about 46 and then it decreased. In the middle of 2002 the number peaked at just above 100.

However, the amount of money spent by tourists in Korea gradually rose from one million to 5 million and increased continually, with the exception of the period from mid-1995 to 1997. In 2003, it peaked at 5 million, demonstrating although the number of tourists decreased, individual tourists spent more than ever.

Overall, both graphs show an increase, but the increasing trend of the graph in terms of tourist numbers is much less stable compared with that of the graph that illustrates the money spent by tourists.

어휘 tourist : 관광객 illustrate : 보여주다 amount : 총액 fluctuation : 변동 slightly : 약간 in the middle : 가운데에 gradually : 서서
히 continually : 계속해서 exception : 예외 peak : 절정 demonstrate : 입증하다 although : 비록 ~이긴 하지만 decrease : 줄
다 much less : 훨씬 더 적은 stable : 안정된 compared with : ~과 비교하여

해석 첫 번째 선 그래프는 1989년에서부터 2004년까지 한국을 방문한 여행객의 수를 만 명의 단위로 보여줍니다 그리고 두 번째 그래프는
1993년부터 2003년까지 그들이 쓴 돈의 양을 백만 달러의 단위로 보여줍니다. 첫 번째 그래프는 관광객의 수가 변동하며 증가했다는 것
을 보여줍니다. 1991년 초까지 그 수는 40만에서 약 46만으로 약간 증가했고 그 후에는 감소했습니다. 2002년 중반에 그 수는 100만을
초과하며 정상에 도달했습니다. 그러나, 한국에서 여행객들에 의해 쓰여진 액수는 1백만에서 5백만 불까지 점차 올랐고 1995년 중반과
1997년까지 기간을 제외하고 계속해서 증가했습니다. 비록 여행객 수가 감소했음에도 불구하고, 그 어느 때보다 개인 여행객들이 돈을 더
많이 소비했다는 것을 입증하면서 2003년에 5백만 불으로 정상에 도달했습니다. 전반적으로, 두 개의 그래프 모두가 증가를 보여주지만
여행객수 관점의 그래프 증가 경향은 여행객들에 의해 쓰여진 돈을 설명하는 그래프의 경향과 비교했을 때 훨씬 덜 안정적입니다.

B. Complex 유형 2

The number of students according to subject at ABC high school

Physics	Chemistry	Biology	Geology	Total
25	35	27	5	92

The science subjects chosen by boys and girls in year12

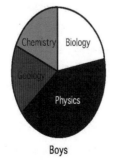

Boys

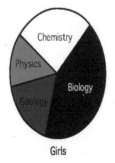

Girls

a) 문제파악하기

배경정보 부분
ABC고등학교의 과목별 학생 수를 보여주는 Table 및 남녀별 과학 과목 선택비율을 보여주는 Pie Chart

기본단위 정보 부분
학생 수 및 Percentage 단위의 비율

Data 변화 및 비교 정보 부분
과목별 등록 수와 남녀의 과학과목 선택 비율 비교

그림내용을 부분별로 세분화해 묘사하기
Table
전반적으로 Geology를 제외한 나머지 과목들이 균등하게 선택되는 것을 보여줌
Geology를 제외한 나머지 과목을 대략 전체 수의 1/3에 해당되는 학생들이 선택하고 있음

Pie Chart
비율이 일반적으로 고른 Table의 수치와 매우 다른 양상의 내용을 보여줌
남자는 Physics를 여자는 Biology과목에 집중하고 있음

b) Graph 유형 Essay 작성하기

완성된 Essay (7.5)
The table presents the number of students enrolled in different subjects and the two pie graphs show the distribution of subject selection according to gender.

In the case of geology, only one in twenty students studies the subject. In contrast, 87 of the total 92 sized student body elect to study the remaining three science classes.

Turning to the pie charts, there is significant variation between the genders when it comes to subject selection. While boys show a strong bias towards the subject of physics, girls demonstrate an equally strong tendency towards choosing the subject of biology.

In brief, with the exception of geology, all subjects are relativity similar in terms of their level of popularity. However, there is a difference between the genders in terms of subject preference, as a higher proportion of boys select physics and girls prefer biology.

어휘 enrol : 등록하다   distribution : 분배, 분포   selection : 선택   according to : ~에 의하면   gender : 성별

demonstrate : 증명하다   sole : 유일한   exception : 예외   geology : 지질학   in the case of : ~의 경우에는   in contrast :

대조적으로   remaining : 남아 있는   significant : 중요한   variation : 변화   selection : 선택   bias : 편견   physics : 물리학

equally : 똑같이　tendency : 성향　towards : ~쪽으로　biology : 생물학　in brief : 간단히 말해서　exception : 예외　relativity : 상대성　similar : 비슷한　popularity : 인기　preference : 선호　proportion : 비율　prefer : ~을 더 좋아하다

해석 도표는 다양한 과목에 등록된 학생들의 숫자를 보여주고 두 개의 원형 그래프는 성별에 따른 과목선택의 분포를 보여줍니다. 테이블은 지질학을 제외한 대부분의 과목이 학생들에게 인기가 있다는 것을 보여줍니다. 지질학의 경우에는 겨우 20명중 1명꼴로 공부합니다. 대조적으로, 전체 92명 학생집단의 87명이 남은 3개의 과학과목을 선택합니다. 원형 그래프를 보면, 과목을 선택할 때 성별에 따라 큰 차이가 있다는 것을 알 수 있습니다. 남자들은 물리학을 강하게 선호하는 반면에, 여자들은 같은 수준의 선호도로 생물학 과목을 선택하는 경향이 있습니다. 요약적으로, 지질학을 제외한 모든 과목들이 인기 면에서 상대적으로 비슷합니다. 그러나, 과목의 선호도 관점에서는 성별의 차이가 있습니다. 왜냐하면 높은 비율의 남자들이 물리학을 선택하는 반면에 여자들은 생물학을 더 좋아하기 때문입니다.

완성된 Essay (6.0)

The table shows student numbers as distributed across 4 science classes at ABC high school, while the two pie charts illustrate the percentage of students by gender, taking each subject.

Turning to the first table, the popularity of the subjects is relatively similar, with the only exception being the subject of Geology. This course of study is the least popular; only 5 out of 92 students study Geology at the high school.

However, in the case of the second two pie charts, there is greater variation, compared with the first table. Boys love to study Physics, 42%, while girls prefer Biology, 45%. Yet, both genders take Geology with the same percentage.

Overall, at ABC high school, students take science subjects in fairly equal numbers, while boys are in favour of Physics and girls like Biology.

어휘 distribute : 분포하다　popularity : 인기　relatively : 비교적　exception : 예외　geology : 지질학　variation : 변화　compared with : ~과 비교하여　physics : 물리학　biology : 생물학　fairly : 상당히　equal : 동일한　favour : 선호하다

해석 본 도표는 ABC 고등학교에서 4개의 과학수업에 분포된 학생수를 보여줍니다. 반면에 두 개의 원형 그래프는 각 과목을 수강하는 학생들의 비율을 성별에 따라 보여줍니다. 첫 번째 도표를 보면, 과목들의 인기는 지질학만을 제외하고 상대적으로 비슷합니다. 이 과목은 가장 인기가 적습니다. 92명의 학생 중 단지 5명이 이 고등학교에서 이 과목을 공부합니다. 그러나, 두 번째의 두 원형 그래프의 경우는 첫 번째 도표와 비교해 더 큰 변화가 있습니다. 여자들은 45%로 생물학을 선호하는 반면 남자들은 42%로 물리학을 공부하는 것을 좋아합니다. 반면에, 남녀 모두 같은 비율로 지질학을 공부합니다. 전반적으로, ABC 고등학교에서 남학생들은 물리학을 선호하고 여학생들은 생물학을 좋아하는 반면에, 학생들은 매우 동등한 수로 과학과목을 수강합니다.

순서 관련 출제유형 필수 표현

first of all, to begin with, initially	제일 먼저
the next stage in the process	다음 과정은
the last stage of the process	마지막 과정은
firstly, then, finally	첫째로, 그 이후에, 끝으로
last but not least	마지막이지만 이전 말한 것 못지 않게 중요한

Map의 필수 표현

across	～를 가로질러서
next to	～바로 옆
behind	～의 뒤의
opposite	정반대의
run from A to B	A에서 B까지 걸쳐 있다
be surrounded by	～에 둘러싸이다
in front of	～의 앞에
be located in	～에 위치된
in the town of	～마을에서
south(north, west, east) of	～의 남쪽 (북쪽, 서쪽, 동쪽)
south–east(north–west, south–west) of	～의 남동쪽 (북서쪽, 남서쪽)
on the other side of	～의 다른 편에
on the left(right) side of	～의 왼쪽(오른쪽)에
on the shores of	～의 기슭에

IELTS Writing Task 2
Essay

Day

5

All that IELTS 스피드 완성

**Writing Task 2
7.0 Essay Essentials**

본 Chapter는 IELTS Writing Task 2 Essay의 기본적인 지식을 전달하는데 초점을 맞추어 작성했습니다. 이미 IELTS Writing Task 2 Essay의 문제유형, 채점기준 등에 대한 사전 지식을 가지고 있는 분들께서는 본 Chapter를 건너 뛰어 다음 Chapter로 가셔도 괜찮습니다.^^

I. Writing Task 2 Essay란?

한 시간이 주어지는 IELTS Writing은 Task 1 그리고 Task 2라 불리는 두 개의 문제로 구성되어 있습니다. 두 번째 문제인 Task 2에서 응시자는 본인의 생각(idea) 및 주장(argument)을 설득력 있게 피력하며 최소한 250자 이상의 Essay를 약 40분 동안 작성해야 합니다.

WRITING TASK 2 시험문제지 Sample

You should spend about 40 minutes on this task. ⟵ 작성을 위해 주어진 시간을 알려줌

Write about the following topic:

⟋ 작성해야 할 Essay의 문제가 주어짐

A few major languages are increasingly spoken in different countries, while the usage of others is rapidly decreasing. Is this a positive or negative development?

Give reasons for your answer and include any relevant examples from your own knowledge or experience.

↖ 이유 및 예 등을 작성하여 주장의 근거를 제시하라고 알려줌

Write at least 250 words. ⟵ 글자수 제한을 알려줌

해석 이 에세이 작성에 당신은 약 40분을 사용해야 합니다. 다음의 토픽에 관해 작성하시오.

몇 몇의 주요 언어들이 다른 나라에서 점점 더 사용되고 있습니다. 반면에 그 외의 언어의 사용은 급격히 줄어 들고 있습니다. 이것은 긍정적인 발전입니까 아니면 부정적인 발전입니까? 답변에 대한 이유를 제시하고 자신의 지식이나 경험으로부터의 관련된 예를 함께 작성하시오. 최소한 250자 이상으로 작성하시오.

문제지 구성 핵심 Point

■ 약 40분 동안 Essay를 작성하는 것이 권장됩니다.
■ 문제의 주어진 Box안에 제시된 Topic에 관해 작성해야 합니다.
■ 이유 및 적절한 예의 작성이 필요합니다.
■ 최소 250자 이상으로 작성해야 합니다.

II. Writing Task 2 Essay 출제유형 파악하기

Essay 문제의 종류는 크게 4가지로 나누어지는데 먼저 Agree – Disagree 유형을 비롯하여 Both Views 유형, Cause – Effect 유형, 그리고 두 개의 유형이 함께 나오는 복합형(complex)이 있습니다.

Essay 출제유형

■ Agree or Disagree 문제	동의 혹은 반대하는 주장을 작성하거나 양쪽 주장 모두를 작성
■ Both Views 문제	찬성 그리고 반대 / Advantage 그리고 Disadvantage 양쪽 모두를 작성
■ Cause and Effect 문제	원인(혹은 문제) 그리고 효과(혹은 해결책)을 동시에 작성
■ Complex 문제	소위 '짬뽕형'이라 불리기도 하며 각기 다른 유형의 문제 두 개가 함께 나온 질문에 대한 답을 작성

A. Agree or Disagree 유형

동의하는지 혹은 반대하는지에 대한 답을 작성하며 한쪽만을 지지하거나 혹은 양쪽 의견 모두를 지지하는 등의 다양한 방식으로 작성합니다.

Example

Q1. Do you agree or disagree?
Q2. Do you think it is right/correct/true that S + V?
Q3. Is this a positive or negative development?
Q4. To what extent do you agree or disagree?

어휘 to what extent : 얼마만큼

해석 Q1. 당신은 동의합니까 혹은 반대합니까?

Q2. 당신은 …이 옳다(맞다, 사실이라)고 생각합니까?

Q3. 이것은 긍정적인 발전입니까 아니면 부정적인 발전입니까?

Q4. 어느 정도까지 동의 혹은 반대합니까?

Example

Q. The country is a better place for children to grow up in compared to a large city. To what extent do you agree or disagree?

해석 시골이 큰 도시보다 아이들이 성장하기에 더 좋은 장소입니다. 어느 정도까지 당신은 동의 혹은 반대합니까?

Q. Discuss whether public money spent on the arts and culture is a waste of government resources.

해석 공공자금을 예술과 문화에 사용하는 것이 정부자원의 낭비인지를 논하시오.

B. Both Views 유형

Advantage 그리고 Disadvantage 혹은 찬성쪽(pros) 그리고 반대쪽(cons) 모두를 작성합니다.

Example

Q1. Discuss the advantages and disadvantages of ···.
Q2. What are the benefits and drawbacks of ···?
Q3. Discuss both views and give your opinion.
Q4. Are there more advantages than disadvantages?
Q5. Do you think A is better than B?
Q6. What are the effects of ···? (긍정적 & 부정적)

어휘 drawback : 결점, 문제점

해석 Q1. ···의 장점과 단점을 논하시오.

Q2. ···의 혜택과 문제점은 무엇입니까?

Q3. 양쪽의 의견을 모두 논하고 당신의 의견을 제시하시오.

Q4. 장점이 단점보다 더 많습니까?

Q5. 당신은 A가 B보다 더 낫다고 생각합니까?

Q6. ···의 영향은 무엇입니까?

Example

Q. Some parents and teachers believe that children's behaviour should be strictly controlled while others think children should be allowed to grow in their own way. Discuss both views and give your opinion.

어휘 behaviour : 행동   strictly : 엄격히   be allowed to : ~하는 것이 허락되다

해석 어떤 사람들은 (아이들이) 그들 자신의 방식으로 성장하게끔 용납되어야 한다고 생각하는 반면에 어떤 부모님들과 선생님들은 아이들의 행동은 엄격히 통제되어야 한다고 믿습니다. 양쪽의 의견을 모두 논하고 당신의 의견을 제시하시오.

Q. Discuss the advantages and disadvantages of the growth in tourism around the world.

해석 세계 곳곳에서 관광이 성장하는 것의 장점과 단점을 논하시오.

C. Cause and Effect 유형

문제점(혹은 원인)과 영향(혹은 해결책)을 동시에 작성합니다.

(참조 - Day 14. Cause and Effect)

Q1. Discuss the causes of⋯ and the solutions to ⋯.
Q2. What are the problems of⋯ and the effects of ⋯?

해석 Q1. ⋯의 원인과 ⋯의 해결책을 논하시오.

　　Q2. ⋯의 문제점과 ⋯의 효과는 무엇입니까?

Example

Q. What are the causes of pollution problems in big cities, and what are the solutions to these problems?

해석 대도시에서 공해의 원인은 무엇입니까? 그리고 그 문제점의 해결책은 무엇입니까?

Q. What are the problems connected with the increase in the average weight of the population and decline in the level of health and fitness, and what measures could be taken to solve these problems?

해석 사람들의 평균 몸무게의 증가 그리고 건강 및 휘트니스 수준의 감소와 관련된 문제점은 무엇입니까? 그리고 그들의 건강과 휘트니스 수준이 나빠질 때 이러한 문제점들을 해결하기 위해 어떤 조치가 취해져야 합니까?

D. 복합형 유형

소위 '짬뽕형'이라 불리기도 하며 질문 두 개가 함께 나오는 Essay의 유형입니다. 출제 빈도수가 다른 유형에 비해 적지만 꾸준하게 출제되고 있습니다. Essay에 대한 전반적인 이해 없이 한 유형만의 Essay틀만 외워 시험을 준비하는 수험생들에게는 절대적으로 불리한 유형입니다. (참조 – Day 16. 복합형)

Q1. Discuss the causes of ⋯. Do you think it is positive ⋯?
Q2. What are the problems of ⋯ and do you agree ⋯?

해석 Q1. ⋯의 원인을 논하시오. 당신은 그것이 긍정적이라 생각합니까?

　　Q2. ⋯의 문제점은 무엇입니까? 그리고 당신은 ⋯에 동의합니까?

Example

Q. How does competitiveness affect individuals? Is competitiveness a positive or negative quality?

어휘 competitiveness : 경쟁력, 경쟁　　affect : 영향을 주다　　individual : 개인

해석 어떻게 경쟁력은 개개인들에게 영향을 줍니까? 그것은 긍정적인 특성입니까 아니면 부정적인 특성입니까?

Q. All university students have to compete to gain entry into the top companies. What characteristics of a university student make for a good potential employee? How important is study compared to other life skills?

어휘 compete : 경쟁하다　　characteristics : 특질　　employee : 종업원, 고용인

해석 모든 대학생들은 일류 회사에 들어가기 위해 경쟁을 해야 합니다. 대학생의 어떤 특성이 좋은 회사의 직원으로 뽑힐 수 있도록 만듭니까? 다른 생활기술과 비교해서 공부는 얼마나 중요합니까?

Did you know? 뒤에 to를 함께 쓰는 명사들

access, answer, approach, exception, damage,
solution, reply, return

III. 채점기준을 통한 Essay 이해하기

IELTS Writing은 Task Response, Coherence & Cohesion, Lexical Resource 그리고 Grammatical Range & Accuracy 4가지 채점기준에 의해 평가됩니다.

John의 '콕 & 퀵' 핵심정리

Four Essay 채점기준

■ Task Response	문제의 내용을 정확히 이해한 후 문제가 요구하는 답을 작성했는지를 채점
■ Coherence & Cohesion	전달하려는 논리가 효율적이고 일관적으로 전개되고 있는지를 채점
■ Lexical Resource	어휘 선택의 다양성 및 문장에서의 정확한 사용여부를 채점
■ Grammatical Range & Accuracy	다양한 형태의 문장 사용능력 및 문법의 정확성을 채점

A. Task Response(첫 번째 채점기준)

문제의 내용을 정확히 이해한 후 문제가 요구하는 답을 적절하게 작성했는지를 채점합니다.

Example

There are many types of music in the world today. Why do you think we need music? Do you think the traditional music of a country is more important than the international music?

해석 오늘날 세계에는 많은 종류의 음악들이 있습니다. 왜 우리에게 음악이 필요하다고 생각합니까? 당신은 국제음악보다 한 나라의 전통음악
이 더 중요하다고 생각합니까?

"Why do you think …?", "Do you think …?" 두 개 의 문제에 대한 답을 모두 작성해야 합니다.
첫 번째 문제의 답은 '우리가 왜 음악이 필요한지'에 대해서 작성해야 하며 두 번째 문제의 답으로는 '한 나라의 전통음악
이 국제음악보다도 더 중요한지'에 대하여 논해야 합니다.

B. Coherence & Cohesion(두 번째 채점기준)

전달하려는 논리가 효율적이고 일관적으로 전개되고 있는지를 채점하는 기준을 말합니다.
크게 기능적 기준 및 논리적 기준 두 개의 항목으로 나눌 수 있습니다.

이론이 너무 복잡한가요? 채점기준을 너무 세세하게 익히기 보다는 전체적인 내용만 이해하셔도 됩니다.^^

기능적 기준	Essay 전체구조 및 (a) 문단간의 구성 및 연결, (b) 문단 내의 구성 및 연결, (c) 문장과 문장 사이의 연결상태를 채점합니다.
논리적 기준	(d) Idea 구상 및 이를 설득력 있게 논리적으로 전개하는 능력을 채점합니다.

a) 문단간의 연결

> **〈서론〉**
> This essay will examine both sides of the debate.

> **〈본론 1〉**
> To begin with, S + V
> **〈본론 2〉**
> In addition, S + V
> **〈본론 3〉**
> However, S + V

> **〈결론〉**
> My view is that S + V

Example 이미 말씀 드렸듯이 전체를 다 이해하지 않아도 됩니다. 밑줄 친 부분만 참조하세요.^^

문제 Each year many countries compete fiercely in an effort to be selected to host international sporting events. Discuss the advantages and disadvantages of hosting international sporting events.

어휘 fiercely : 사납게, 맹렬하게   in an effort to : ~을 해보려는 노력으로

해석 매년 많은 나라들이 국제스포츠 게임의 개최국으로 선정되기 위해 치열하게 경쟁을 합니다. 국제스포츠 게임을 주최하는 것에 대한 장점과 단점에 대해 논하시오.

Hosting international sporting events such as the Olympics or the FIFA World Cup is seen by the citizens of many nations to be the greatest honor that can be bestowed upon any country. (중간 생략) ***This essay will examine both sides of the debate.***

어휘 hosting : 주최하다   bestow : 수여하다   controversy : 논란

해석 올림픽과 피파 월드컵과 같은 국제스포츠 게임을 주최하는 것이 그 어떤 나라에게 주어질 수 있는 가장 커다란 영광이라고 많은 국가의 국민들에게 생각되고 있습니다. 이 에세이에서는 그 논쟁의 양면을 모두 검토해 보겠습니다.

To begin with, holding international sporting tournaments generates much needed revenue for the countries involved. For instance, (이하 중략)

어휘 tournament : 토너먼트   generate : 발생시키다   revenue : 수익

해석 먼저, 국제스포츠 게임을 유치하는 것은 참여 국가를 위해 많은 수익을 발생시킵니다. 예를 들어, …

In addition, the staging of international sporting events is an ideal opportunity for host countries to show off to the world the greatness of their country. For example, following the 2002 FIFA World Cup, (이하 중략)

어휘 show off : ~을 자랑하다   greatness : 위대함

해석 게다가, 국제스포츠 경기 개최는 주최국들이 그들 나라의 위대함을 전 세계에 보여줄 수 있는 이상적인 기회입니다. 예를 들어, 2002 피파 월드컵 이후, …

However, the negative impact of being a host country cannot be overlooked …, (이하 중략)

어휘 overlook : 간과하다

해석 그러나, 개최국이 되는 것의 부정적인 영향을 간과할 수 없습니다.

My view is that although there may be some drawbacks to hosting these international events, in the long term all citizens are likely to benefit from having such events staged in their country.

어휘 drawback : 결점   in the long term : 장기적으로   staged : 무대 위에 올려진

해석 나의 의견은, 비록 이러한 국제경기를 개최하는 것에는 몇몇의 문제점들이 있을지 모르겠지만, 길게 보았을 때 모든 국민들이 그들의 나라에서 그러한 행사가 개최되는 것으로부터 혜택을 받을 것입니다.

b) 문단 내에서의 연결

Transitional Words를 사용해 문단 내에서 전달하려는 논지를 더 논리적이고 체계적으로 만들 수 있습니다.

> Some argue that S + V
> *Firstly, S + V*
> *To elaborate, S + V*
> *In addition, S + V*
> *For example, S + V*

Example

Some argue that there are a number of factors that are at the root of the obesity crisis. *Firstly*, the modern Western lifestyle is one where cheap and processed food is readily available. *Also* people tend to be much more inactive these days. *For example*, jobs that existed in the past included manual labour occupations that forced workers to be active. Such jobs have since become obsolete, as technological advancements have meant that machines now do these jobs for us.

어휘 obesity : 비만   readily : 선뜻, 손쉽게   tend to : ~하는 경향이 있다   inactive : 활동하지 않는   manual : 손으로 하는, 육체노동의   forced : 강요된   obsolete : 더 이상 쓸모가 없는   technological : 과학 기술의   advancement : 발전

해석 어떤 사람들은 비만 위기의 근본적인 원인이 되는 많은 요소들이 있다고 주장합니다. 첫째로, 현대식 서구 라이프스타일이 값싼 가공처리 식품 쉽게 구할 수 있게 한다는 것입니다. 또한, 사람들은 요즘 훨씬 더 비활동적인 성향이 있습니다. 예를 들어, 과거에 존재했던 직업들은 노동자의 활동을 강요하는 육체적 노동직업이었습니다. 그러한 직업들은 더 이상 쓸모가 없게 되었습니다. 왜냐하면, 기술의 발전덕분에 지금은 기계가 우리를 위해 이러한 일들을 하고 있기 때문입니다.

John의 '콕 & 퀵' 조언

> 접속사(conjunctions) 혹은 전이어(transitional words)는 Essay의 매끄럽고 효율적인 논리 전개만을 위해 사용해야 합니다.
>
> #### Example
>
> These days, many teenagers attending school or university also have part-time jobs. ~~As a result,~~ this is a growing trend and there is some debate as to whether this is a good development or not.

c) 문장과 문장, 절과 절 연결

문장과 문장을 연결 (S + V). As such (S + V).

절과 절을 연결 (S + V as S + V).

Example

Teenagers should primarily focus on their education, rather than the small sums of money they can earn from part–time jobs. It is thought that teenagers are not mature enough to realise the long term benefits of studying. ***As such***, many consider it irresponsible for adults to encourage young students to work, as they are likely to be easily persuaded by the short term monetary incentives.

어휘 primarily : 주로   focus on : ~에 주력하다   rather than : ~보다는   mature : 분별 있는   irresponsible : 무책임한
consider : 사려하다   encourage : 격려하다   easily : 쉽게   persuade : 설득하다   monetary : 통화의   incentive : 어떤
행동을 장려하기 위한 장려책

해석 십대들은 아르바이트에서 벌 수 있는 소량의 돈보다는 그들의 교육에 우선적으로 초점을 맞추어야 합니다. 십대들은 공부의 장기적 이점
을 깨닫기에는 아직 충분히 성숙하지 않다고 생각됩니다. 그러므로, 많은 사람들은 어른들이 어린 학생들에게 일을 하라고 장려하는 것은
무책임한 것이라고 생각합니다. 왜냐하면 그들은 단기간의 금전적인 이득에 쉽게 설득 당할 수 있기 때문입니다.

'as such' 및 'as'를 통해 전달하려는 논리가 더 매끄럽고 자세하게 전달되고 있습니다.

Example 1 : 문장과 문장을 연결 (S + V). + (S + V).
"It is thought that teenagers are not mature enough to realise the long term benefits of studying. As such, many consider it. …"
▶ as such : 그러므로

Example 2 : 절과 절을 연결 (S + V + S + V).
"… to encourage young students to work, as they are likely to be easily persuaded …"
as : 때문에

103

유용한 Transitional Words

Table 속의 모든 표현을 다 외우는 것보다는 각 상황 중 한 두 개만의 표현을 집중적으로 익힌 후 Essay에 사용하세요. 논리적인 작성을 위해 많은 도움이 될 것입니다.

주어진 상황이나 조건	Transitional Words	우리말 해석
강조할 때	Certainly, S V	분명히
	Indeed, S V	사실은, 실제로
	Of course, S V	물론, 당연히
결론을 내릴 때	In a word, S V	요컨대
	In short, S V	요약하면
	My view is that + S V	나의 견해는 S V이다
	To sum up, S V	결론적으로
원인과 결과를 나타낼 때	Therefore, S V	그러므로
	As a result, S V	결과적으로
	As such	그럼으로써
	Consequently, S V	그 결과로써
	Under those circumstances, S V	그러한 상황하에서
	For this reason, S V	이러한 이유로
	Hence, S V	따라서, 그러므로
반대 혹은 대조를 나타낼 때	However, S V	하지만
	Yet, S V	그러나
	In contrast, S V	이와는 반대로
	Conversely, S V	반대로, 역으로
	Nevertheless, S V	그럼에도 불구하고
	Nonetheless, S V	그럼에도 불구하고
	On the other hand, S V	반면에
양보할 때	Even though S V	비록 S V일지라도
	Although S V	비록 S V이지만
	In spite of N	~에도 불구하고
	Despite N	~에도 불구하고
순차적으로 추가할 때	After that, S V	그리고 나서, 그 다음에
	Also, S V	또한
	Another key point is that S V	또 다른 주요 포인트는 S V이다
	Besides, S V	게다가
	Furthermore, S V	게다가
	In addition, S V	이외에도
	Moreover, S V	더욱이
	What's more, S V	게다가

더 부연 설명할 때	By the same token, S V	마찬가지로
	For this reason, S V	이러한 이유로
	In like manner, S V	마찬가지로
	In other words, S V	즉
	In fact, S V	사실상
	In this respect, S V	이러한 점에서
	Likewise, S V	마찬가지로
	Similarly, S V	마찬가지로
	That is (to say), S V	즉
	To put it another way, S V	달리 말하면
	What I mean is that + S V	내 말은 S V라는 것이다
예를 나타낼 때	As an example, S V	한 예로
	As an illustration, S V	실 예로써
	For example, S V	예를 들면
	Specifically, S V	구체적으로 말하면
	To illustrate, S V	예를 들어 설명한다면
이유를 나타낼 때	As + S V	S V하므로
	Because + S V	S V 때문에
	Because of + N	N 때문에
	Due to + N	N 때문에
시간을 나타낼 때	As soon as + S V	S V하자마자
	By the time + S V	S V쯤이면
	Since + S V	S V 이래로
	For now, S V	현재는
	Prior to + N	N 보다 먼저
	Whenever + S V	S V할 때마다
	While + S V	S V하는 동안에
목적을 나타낼 때	For the purpose of N	N의 목적으로
	In order to V	V하기 위해서
순서를 나타낼 때	In the first place, S V	우선
	Secondly, S V	두 번째로
	Moreover, S V	또한
	Lastly, S V	끝으로
가정 및 희망을 나타낼 때	If + S V	만약 S V라면
	Given that + S V	S V를 감안할 때
	Provided that + S V	만일 S V이라면
	In the event that + S V	만약 S V인 경우에는
	In the hope of N	N을 바라고

동시에 발생할 때	At the same time, S V	동시에
	In the meantime, S V	그러는 사이
	Meanwhile, S V	한편
	Simultaneously, S V	동시에
	With this in mind, S V	이를 염두에 두고

* Note : N : 명사, S : 주어, V : 동사

d) Brainstorming을 통해 논리적 Coherence 향상시키기

기능어를 잘 사용하는 작문능력(앞의 a, b, c) 뿐만 아니라 논리적인 Idea 구상도 Coherence를 위해 중요합니다. 이를 위해 각 주제 및 문제별 idea를 정리해 보는 것이 효과적입니다.

(참조 - 부록 Ⅲ John의 Essay Brainstorming)

Benefits

1. The community benefits from having students volunteer.
2. Students learn important skills they will need in the working world.

어휘 volunteer : 봉사하다   working world : 직장세계

해석 1. 자원봉사하는 학생들로 인해 지역사회가 혜택을 받는다.

　　2. 학생들은 직장에서 그들이 필요로 할 중요한 기술들을 배운다.

Drawbacks

1. Students spend less time studying.
2. Obtaining paid work experience would be more beneficial.

어휘 obtain : 얻다   work experience: 근무 경력   beneficial : 유익한, 이로운

해석 1. 학생들이 공부하는데 더 적은 시간을 쓴다.

　　2. 유급직업에 대한 경험을 갖는 것이 더 이로울 것이다.

C. Lexical Resource(세 번째 채점기준)

어휘 선택의 다양성 및 정확한 사용 여부를 채점합니다.

Case 1 : 단어 사용 능력에 따른 점수 차이

Example

(6.0 수준) Tourism can give an answer to our questions, while helping us to grow up mentally and better understand other cultures.

(8.0 수준) Tourism can satisfy our sense of curiosity, whilst broadening our horizons, and enhancing our understanding and acceptance of different cultures.

어휘 mentally : 정신적으로   curiosity : 호기심   broadening : 폭 넓히기   horizons : 범위, 한계   enhance : 향상시키다

　　understanding : 이해   acceptance : 받아들임

해석 관광은 우리가 지적으로 성장하고 다른 문화를 이해하도록 도와주면서 우리의 질문들에 대한 답을 줄 수 있습니다.

해석 관광은 우리의 시야를 넓히고 다른 문화에 대한 우리의 이해심과 수용력을 고양시키면서 우리의 호기심을 만족시킬 수 있습니다.

Case 2 : 단어 및 문장력 수준에 따른 점수 차이

Example

(6.0수준) Travellers think that tourism is popular with people as they can take a break and get some new experience.

(8.0 수준) From the traveller's perspective, tourism is a popular leisure activity that allows people to take a break from everyday life and explore new places.

어휘 take a break : 잠시 휴식을 취하다   explore : 답사하다

해석 관광객들은 그들이 휴식을 취하고 새로운 경험을 할 수 있기 때문에 사람들에게 관광이 인기가 있다고 생각합니다.

해석 관광객의 관점에서, 관광은 일상으로부터 휴식을 취할 수 있게 하고 새로운 장소를 탐험할 수 있게 하는 인기 있는 여가활동입니다

6.0답은 어휘 선택이 단순한 반면에 8.0 답은 어휘 선택뿐만 아니라 이를 뒷받침해주는 좋은 문장력이 병행되고 있습니다.

John의 '콕 & 퀵' 한 수

고급단어를 외웠지만 적절히 사용하지 못한다면 좋은 점수를 보장받을 수 없습니다. 처음에는 본인에게 익숙한 단어들을 적절히 사용하는 것에 초점을 맞추다가 점진적으로 그 수준을 높이는 것이 목표점수를 받는데 더 유리합니다. 또한 일반적으로 a lot of, very, something 혹은 good과 같은 informal하거나 막연한 표현은 사용하지 않는 것이 좋습니다.

*Essay에서 어떤 단어 및 숙어를 사용해야 하는지에 어려움을 겪고 있는 수험생들에게 적극 권장하는 표현입니다. 단 하나의 표현도 놓치지 말고 모두 외워 사용하십시오.

표 현	뜻	표 현	뜻
achieve	~을 성취하다	have an effect on	~에 영향을 미치다
address	(문제를) 다고심하다	have an impact on	(강한) ~에 영향을 미치다
affect	~에 영향을 미치다	have more opportunities to	더 많은 ~할 기회를 갖다
allocate	~을 할당하다	help 목적어 (to)	~히는 것을 돕다
a number of	다수의	lead to	~을 초래(야기)시키다
as such	그럼으로써	make 목적어 Verb	목적어를 Verb하게 만들다
a variety of	다양한	not only A but also B	A 뿐만 아니라 B도 역시
avoid	~을 피하다	obtain	(노력 끝에) 얻다
ban	~을 금지하다	outweigh	~보다 더 크다
be allowed to	~을 하도록 허락되다	participate in	~에 참여하다
be considered	~로 관주되다	preserve	~을 보존하다
be encouraged to	~을 하도록 격려되다	prefer A to B	A를 B보다 선호하다
be entitled to	~할 자격이 있다	prevent	~을 예방하다
be exposed to	~에 노출되다	prior to	~에 앞서
be involved in	~에 연루되다	protect	~을 보호하다
be (more) likely to	(더) ~할 것 같다	provide	~을 제공(공급)하다
be responsible for	~에 책임을 지다	play an important role in	~에서 중요한 역할을 하다
be supposed to	~하기로 되어 있다	rely on	~에 의존하다
by + V ing	~함으로써	replace	~을 교체하다
come up with	~을 고안하다	seem to	~하는 듯하다
contribute to	~에 기여하다	suffer from	~로 고통 받다
cope with	~에 대처하다	take advantage of	~을 기회로 활용하다
despite	~에 불구하고	tend to	~하는 경향이 있다
due to	~때문에	those who	~하는 사람들
face	~에 직면하다	, which is because	그것은 왜냐하면

D. Grammatical Range & Accuracy(네 번째 채점기준)

다양한 형태의 문장사용 및 문법의 정확성을 채점하는 항목으로서 7.0 이상의 고득점을 받는데 있어서 가장 중요한 채점 기준입니다.

a) Accuracy – 절대로 틀리면 안 되는 5대 기본문법

i) 단복수를 반드시 지킨다!

Example

University enrolments <u>has</u> increased exponentially over the last five to ten years, with more high school <u>graduate</u> than ever before electing to continue their education at university. (X)

어휘 exponentially : 전형적으로, 기하급수적으로

해석 대학에서 계속 공부하기를 원하는 그 어느 때보다 많은 고등학교 졸업생들로 인해 대학등록이 지난 5년, 10년에 걸쳐 기하급수적으로 증가했습니다.

▶수정된 문법 : university enrolments have, with more high school graduates

ii) 주어 동사를 일치시킨다!
Example

University can be seen as an important foundation equipping students for the workforce, as it not only <u>teach</u> them technical skills which are in fact prerequisites in many fields, but also life skills, such as communication, organisation, and time–management. (X)

어휘 foundation : 토대   equip : (장비를) 갖추다   workforce : 노동력   in fact : 사실은   prerequisite : 전제 조건   time–management : 시간 관리

해석 대학은 노동력을 위해 학생들을 교육하는 중요한 기반으로 생각될 수 있습니다. 왜냐하면, 대학은 그들에게 많은 분야에서 사전에 필요한 전문적 기술뿐만 아니라 의사소통, 조직력, 시간관리와 같은 실생활 기술도 가르치기 때문입니다.

▶수정된 문법 : it not only teaches

동사 '3단현 S Rule' (3인칭 단수 현재에 붙이는 S)를 절대로 잊지 마세요.

iii) 시제를 혼동해 사용하지 않는다!
Example

For example, following the 2002 FIFA World Cup, which <u>is</u> held in Korea, there was a marked increase in the number of international tourists. (X)

해석 예를 들어, 한국에서 개최되었던 2002 피파 월드컵 이후, 국제관광객 수의 주목할 만한 증가가 있었습니다.

▶ 수정된 문법 : was held

Fact를 논하는 Essay에서 쓰이는 동사의 시제는 95%가 현재형입니다. 하지만, 과거의 예를 작성한다면 동사는 과거형을 사용해야 합니다.

iv) 미완성 문장(fragments) No!
Example

While the benefits of such expenditure have long been recognised by governments. (X)

어휘 expenditure : 지출, 경비   critical : 비판적인

해석 그러한 지출의 혜택은 정부에 의해 오랜 기간 동안 인식되어온 반면 어떤 사람들은 이 실행에 대해 비판적입니다.

▶ 수정된 문법 : While the benefits of such expenditure have long been recognised by governments, some people are critical of this practice.

일반적으로 미완성 문장은 시험장에서 너무 급하게 작성하다가 생기는 Error입니다. 꼼꼼한 Check가 절대적으로 필요합니다.

v) 대명사 오류 No!
Example

Although the media can have some guiding influence, it is ultimately up to the individual and his own mental processes to determine the extent to which the media influences his thoughts and ideas. (X)

어휘 although : (비록) ~이긴 하지만   guiding : 인도하는   influence : 영향   ultimately : 궁극적으로   determine : 결정하다

해석 비록 미디어가 중요한 영향을 줄 수는 있겠지만, 미디어가 개인의 사고와 생각에 어느 정도 영향을 미치는가는 궁극적으로 개인의 심리상태에 달려 있습니다.

▶ 수정된 문법 : their own mental processes … their thoughts and ideas.

〈the + 형용사〉일 때는 복수 명사로 취급합니다.   the individual = 개인들

Did you know?   the + 형용사

the + 형용사를 복수의 '사람들' 혹은 '추상명사'로 사용할 수 있습니다.
Ex) the rich = rich people(부자들, rich people), the good(선, goodness)

b) Varied Grammar Use(다양한 문법표현 사용)

7.0 점수를 받기 위해 Accuracy에 버금가게 중요한 필수 문법지식은 다양한 문법구사(varied grammar use) 능력입니다. 특히 시험관에게 Appeal할 수 있는 '관계 대명사', '분사', '부사구', '5형식 5번째 문장', '특수구문', '물주구문' 그리고 '비교급' 등의 적극적인 사용이 필요합니다.

Example – 관계대명사 사용

Nowadays, most people have physically undemanding office jobs, and activities that require little movement such as watching television or surfing the Internet have become the most popular pastimes.

어휘 nowadays : 요즘에는   physically : 신체적으로   undemanding : 지난친 요구를 하지 않은   pastime : 취미

해석 요즘에는, 대부분의 사람들이 육체적 움직임을 덜 요구하는 사무 직업을 가지고 있습니다. 그리고 텔레비전 시청이나 인터넷 서핑과 같이
   적은 움직임만을 요구하는 활동들이 가장 인기가 있는 여가 활동이 되었습니다.

Example – 앞의 언급된 내용 전체를 받는 관계대명사 사용

Supporters of this opinion also indicate that taking the journey to a certain museum, in a different country, and interacting with others along the way, is an experience in itself, which is not possible with the Internet.

어휘 supporter : 지지자   indicate : 나타내다   interact : 소통하다[교류하다]

해석 이 의견을 지지하는 사람들은 다른 나라의 특정 박물관으로 여행을 가는 것과 그 과정에서 사람들과 교류하는 것 그 자체가 인터넷으로는
   가능하지 않은 경험이라고 또한 인식하고 있습니다.

▶ which 이하의 해석은 '그런데 이것은 인터넷으로는 가능하지 않다'이며 which는 앞에서 언급된 내용 전체를 말하고
   있습니다.

Example – 현재분사(V + ing) 및 과거분사(PP) 사용

The increasing numbers of visitors coming to an area can upset the natural balance in many ways.

어휘 upset : 뒤엎다   natural balance : 자연 균형

해석 특정지역으로 오는 방문자수의 증가는 많은 방식으로 자연의 균형을 뒤흔들 수 있습니다.

Example – 분사구문 사용

They will become more accepting of other cultures and people, creating memories that will stay with them for a lifetime.

어휘 accept : 받아들이다   lifetime : 일생

해석 일생 동안 남을 추억을 만들면서 그들은 다른 문화와 사람들을 더 포용하게 될 것입니다.

IV. Writing Band Score 이해하기

Essay 시험의 채점은 0.5단위로 0점부터 9점까지 입니다.

점수	평가 기준
8점	어휘 및 표현력에서 Native 수준의 글을 작성합니다. 전달하려는 Message도 충분히 설득력이 있게 발전(developing)시켜 논리적으로 전개합니다. 단, 극소수이지만 다소 의아한 표현 및 깔끔하지 않은 부분이 있습니다.
7점	6점보다는 훨씬 전달하려는 내용이 깊고 더 논리적으로 발전(well developed)되어 있으며 비록 전달하려는 논지의 핵심이 일부에서 다소 불완전하게 전개되는 경우가 있지만 구체적인 증거 및 예로 충분히 주장이 잘 전달되는 경우입니다. 문장의 수준도 다양한 수준의 표현력으로 정확성과 간결성을 잘 유지하며 전달되고 있고 단어실수 및 문법 쓰임의 오류가 극히 적은 경우에 해당됩니다.
6점	Essay에 본인 주장을 관철시키기 위해 접속사 및 관계대명사를 이용한 복잡한 문장구사 및 비교적 다양한 표현을 간헐적으로 사용하나 전반적으로 어색하거나 완전하지 못하며 일부의 문법적인 오류로 인해 내용전개가 한눈에 이해되기 힘든 경우입니다. 또한 콩글리시(Konglish)가 많이 있어 주장하는 내용이 전체적으로 잘 전달되지 못하는 문제점을 노출할 경우에 받는 점수입니다.
5점	Essay의 기본구조에 맞추어 글을 전개하며 Essay에서 사용하는 기본적인 표현은 간혹 보여주고는 있으나, 주장하려는 내용이 충분히 전개되지 않아 전체적인 Essay의 내용을 이해하기 어려울 때 받는 점수입니다. 단문중심의 문장구사 능력뿐만 아니라 곳곳에서 다수의 문법적인 실수가 발견되며 사용하는 표현 및 단어의 선택도 매우 제한되어 있거나 부적절한 경우도 이에 해당됩니다. 즉, 5.0의 Essay는 최소한의 소통(communication)만이 가능한 Essay로 보면 될 것입니다.

이 책의 목표점수에 부합하지 않는 9점에 대한 설명은 넣지 않았습니다.

다음 Page부터 동일한 문제를 가지고 8.0에서 5.0까지 점수대별 Essay를 작성해 보았습니다. 모두 이해하겠다는 생각보다는 점수대별 Essay 수준의 차이를 각 지문을 통해 전반적으로 이해하시기 바랍니다.

Example

문제 Young people should move out after graduating from high school. Do you agree or disagree with this statement?

어휘 move out : 이사를 나가다   graduate : 졸업하다   statement : 진술

해석 청년들은 고등학교 졸업 후에 독립을 해야 합니다. 당신은 이 진술에 동의합니까 아니면 반대합니까?

훌륭합니다! 8.0 수 (본론) – 채점된 점수는 0.5정도의 차이가 있을 수 있습니다.

One view is that if a person is mature enough to gain full-time employment and start earning money, they are certainly mature enough to learn how to manage their own household. Those who agree with this idea think that the only way young people can learn how to be self-sufficient is by having to face life's challenges on their own. In addition, having their children move out can also give parents some space and time to recover from the financial cost of their child's many years of dependency.

However, 1) <u>those against the idea of having them leave home</u> at such an early age argue that life's hardships and pressures are too much for these young adults to handle on their own. People who leave home too early are prone to making bad life choices, 2) which has a big impact on their future and also leads to problems that could have been avoided if they had stayed at home. (159 Words)

어휘 mature : 어른스러운, 분별 있는   household : 가정   self-sufficient : 자급자족할 수 있는   move out : 이사를 나가다   recover : 회복되다   dependency : 의존, 종속   hardship : 어려움   prone : 하기 쉬운   impact : 영향   avoid : 방지하다

해석 만약 어떤 사람이 풀타임 직업을 갖고 돈을 버는 것을 시작하기에 충분히 성숙하다면 틀림없이 자신의 가정을 어떻게 꾸려나갈지를 배우기에 충분히 성숙하다라는 것이 한 쪽의 의견입니다. 이 의견에 동의하는 사람들은 젊은이들이 자급자족하는 방법을 배우는 유일한 방법은 그들 혼자의 힘으로 삶을 도전해 보는 것이라고 생각합니다. 게다가, 아이를 독립하게 하는 것은 그들의 자녀가 부모에게 오랜 기간 동안 의존해 생기는 재정적인 비용으로부터 회복할 수 있는 여지와 시간을 줍니다. 하지만, 그렇게 어린 나이에 젊은이들이 집을 떠나는 것에 대해 반대하는 사람들은 젊은이들이 그들 혼자서 대처하기에는 인생의 어려움과 압박이 너무 크다고 주장합니다. 집을 너무 일찍 떠난 사람들은 잘못된 삶의 선택을 하는 경향이 있습니다. 이러한 것은 그들의 미래에 커다란 영향을 미치며 만약 그들이 집에 머물러 있었다면 피할 수 있었던 문제들을 야기시킵니다.

John의 '콕 & 퀵' 평가

Native 수준의 문장력 및 논리력을 가지고 있습니다. 단 아주 적은 수지만 다소 어색한 표현이 있습니다.

1) Those against the idea of having them leave home at such an early age

새로운 문단이 시작하면서 명확하지 않은 'them'을 사용하는 것보다 'teenagers'로 바꾸어주는 것이 나을 듯합니다. 하지만 전혀 틀리거나 잘못된 Writing은 아닙니다.

2) which has a big impact on their future and also leads to problems

'which has a big impact' 그리고 'leads to problems'라고 사실로 단정하는 것보다는 조동사 'may'를 사용해 가능성으로 표현하는 것이 나을 듯합니다. 즉, 'which may have a big impact on their future and also may lead to problems …'로 바꾸는 것이 나을 듯합니다.

아주 잘했어요! 7.0 우 (본론)

Some argue that high school graduates are mature enough to start making their own living, and thus should not have to continue relying on their parents. They also point out that by moving out of home, these young people relieve their parents of a great financial burden, as 1) their parents no longer will have to support their living expenses.

However, there are others who feel that 2) certain pressures in modern society make it difficult or painful for young adults to live on their own. For example, 3) basic costs of living such as food, transport and clothing are much higher than they have ever been due to inflation and the growing economy. As such, many graduates simply cannot afford to move out of the family home. In addition, many of these graduates still have much to learn from their parents, such as planning and controlling finances, and managing their own households, 4) before they are truly ready to live alone. (156 Words)

어휘 relieve : 덜어주다   burden : 부담   living expenses : 생활비   due to : ~때문에   inflation : 통화 팽창   households : 가계   truly : 정말로

해석 어떤 사람들은 고등학교 졸업생들이 그들 자신의 생계를 꾸리는 것을 시작하기에 충분히 성숙하며 그러므로 그들의 부모에게 더 이상 의존하지 말아야 한다고 주장합니다. 그들은 집을 떠나면서 이러한 젊은이들이 부모에게 재정적인 부담을 크게 덜어준다고 또한 말합니다. 왜냐하면, 그들의 부모는 더 이상 그들의 생활비를 지원할 필요가 없기 때문입니다. 그러나, 현대사회에서 특정한 압박들이 젊은이들이 그

들의 힘으로 혼자 살아가기에 힘들거나 고통스럽게 만든다고 생각하는 사람들이 있습니다. 예를 들어, 음식, 교통 그리고 옷과 같은 기본적인 삶의 비용들이 물가폭등과 경제성장 때문에 그 어느 때보다 훨씬 높습니다. 이에 따라 많은 졸업생들은 집을 떠날 처지가 전혀 아닙니다. 게다가, 많은 졸업생들은 그들이 진정으로 혼자 힘으로 살 준비가 되기 이전에 재정을 계획하고 통제하는 것 그리고 그들 자신의 살림을 꾸리는 것과 같은 많은 것들을 여전히 부모로부터 배워야 합니다.

John의 '콕 & 퀵' 평가

> 적정 수준의 문장력 및 안정된 논리력을 가지고 있으나 8.0 수준과 비교해 논리전개가 단순하며 너무 많은 Idea를 하나의 문단 안에 넣고 있어 심화된 논리력이 다소 떨어지는 편입니다. 역시 아주 적은 수이지만 다음과 같이 어색한 표현이 있습니다.

1) their parents no longer will have to support their living expenses.
미래시제보다는 현재시제로 작성하는 것이 옳습니다.

2) certain pressures in modern society make it difficult or painful for young adults
문맥상 difficult라는 단어는 문제가 없으나 혼자 힘으로 사는 것이 아픔을 줄 정도의 압박은 분명히 아닙니다. 그러므로 'painful'이라는 너무 과한 단어가 선택되었습니다. 'unfeasible', '실현 가능성이 적은' 정도의 단어로 교체해주는 것이 적절할 듯 보입니다.

3) due to inflation and growing economy
문맥상 성장하는 경제라는 뜻의 'growing economy' 때문에 '생활비가 높다'라는 말은 논리적으로 맞지 않습니다.

4) before they are truly ready to live alone
문맥상 집을 나가 '혼자 산다'라는 내용이 아닌 '혼자의 힘'으로 산다는 뜻이므로 'alone' 대신 'on their own'으로 바꾸는 것이 옳습니다.

잘했어요. 할 수 있습니다! 6.0 미 (본론)

Those who advocate that young people should move out say that they can be more independent. This is because, when they live away from their family 1) they have to make all the decisions for themselves, such as living and buying, without the help of their parents and 2) they have to earn money for live, without 3) the support of the parents.

However, there are many, including myself who believe that it is wrong for them to move out 4) because they still are very immature to live alone. To elaborate, if 5) they decide on many important things on their own, they can make a serious mistake in their life. This is because they do not have enough experience and 6) they are strangers and do not know in the new society. Besides, 7) it is certain that a lot of living cost is a big problem. 8) For example, in Seoul the rental price is very expensive, so the young people cannot pay to it. Furthermore, public transportation fees for trains and buses are too expensive, 9) So many young people should have two or three job. (178 Words)

어휘 advocate : 지지하다   immature : 미숙한   elaborate : 상세히 말하다   furthermore : 뿐만 아니라, 더욱이

해석 젊은이들이 집을 나가야 한다고 옹호하는 사람들은 그들이 독립심을 더 갖게 될 수 있다고 말합니다. 왜냐하면, 그들이 그들의 가족으로부터 떨어져 살 때, 그들은 그들 스스로의 생활 및 구매등과 같은 모든 결정을 부모님의 도움 없이 스스로 해야 하기 때문입니다. 그리고 부

모님의 지원 없이 그들은 생계를 위해 돈을 벌어야 합니다. 그러나, 나를 비롯한 많은 사람들은 그들은 여전히 혼자 살기에 매우 미성숙하기 때문에 집을 나가는 것이 잘못된 것이라고 믿습니다. 자세히 말하자면, 만약 그들이 혼자의 힘으로 많은 중요한 것들을 결정한다면, 그들은 그들의 삶 속에서 심각한 실수를 할 수 있습니다. 왜냐하면, 그들은 충분한 경험이 없고, 새로운 사회에 대해서 낯설고 잘 알지 못하기 때문입니다. 게다가, 많은 생활비는 큰 문제임에 틀림없습니다. 예를 들어, 서울은 임대료가 매우 비쌉니다 그래서 젊은이들은 그것을 지불할 수가 없습니다. 게다가, 지하철과 버스와 같은 대중교통 요금이 너무 비쌉니다. 그래서 많은 젊은이들은 두 세 개의 직업을 가져야만 합니다.

John의 '콕 & 퀵' 평가

본인의 주장이 비교적 쉬운 문장으로 잘 기술되어 있으며 복잡한 문장 사용을 여러 번 시도하고 있습니다. 하지만, 완전하지 못한 표현 및 문법적인 오류가 자주 보이며 특히 콩글리쉬(Konglish) 등의 여러 오류가 많이 발견됩니다.

1) they have to make all the decisions for themselves, such as living and buying, without the help of
⇨ they have to make all decisions by themselves, such as where to live or what to buy, without the advice of …,

2) they have to earn money for live
⇨ they even have to earn money to live

3) the support of the parents
⇨ the support of their parents

4) because they still are very immature to live alone
⇨ because they are still too immature to live alone

5) they should decide on many important things
⇨ they have to decide about many important issues alone

6) they are strangers and do not know in the new society
⇨ everything in society would probably seem totally new to them

7) it is certain that a lot of living cost is a big problem
⇨ it is certain that living costs are a major problem

8) For example, in Seoul the rental price is very expensive, so the young people cannot pay to it
⇨ For example, in Seoul the rental price is too high, so young people cannot afford it

9) So many young people should have two or three job
⇨ so many young people have to have two or three jobs

할 수 있습니다! 5.0 양 (본론)

Those advocating that young adult should be move out after graduation said that they will having much opportunitys for have independence. The reason is that when they live by alone they should make decide by no help and they should be responsibility for their decide. As result, they likely to become growen up very much quick and be prepare the future very well compared with those people who are gets help by his parents.

However, there are also some people and they believe that a young adults may not be success after they move out, because the high living costs. For example, today's lent prices are very high and other living cost such as transporting and food and entertainments are also a big pressure to them ⋯ (126 Words)

해석 젊은 사람들이 졸업 후에 집에서 이사를 나가는 것을 옹호하는 사람들은 그들이 더 독립적으로 되는 더 많은 기회를 가질 것이라고 말합니다. 그 이유는 그들이 혼자 살 때, 그들은 도움 없이 결정을 해야 하고 그들의 결정에 대해 책임져야 하기 때문입니다. 결과적으로, 그들은 더 빨리 성장할 것이고 그들의 부모에게 도움을 받는 사람들과 비교해 더 나은 미래를 준비할 수 있을 것입니다. 그러나, 또한 어떤 사람들은 젊은 사람들이 집에서 독립한 후에 높은 생활비 때문에 성공하지 못할 것이라고 믿습니다. 예를 들어, 오늘날의 임대료는 매우 비싸며 교통, 음식, 그리고 엔터테인먼트와 같은 다른 생활비가 그들에게 또한 매우 큰 압박이 될 것입니다.

John의 '콕 & 퀵' 평가

> 문장력에 많은 결함이 있으며 전달하려는 주장도 종종 이해하기 어렵습니다. Spelling 그리고 단복수 일치, 시제 일치 그리고 주어 동사 일치 등의 기본적인 문법의 정확성(accuracy)에 결함이 자주 발견되고 있습니다. 하지만 전 반적으로, 적정 수준의 어휘를 가지고 본인의 논리를 전개하고 있습니다.

6.5수준으로 교정해 보겠습니다.

Those who advocate that young adults should move out after graduating say that they will have more opportunities to become independent. The reason for this is that when they live alone they have to make decisions without the influence of parents and they should be responsible for the decisions that they have made. As a result, they are more likely to become mature sooner and be better prepared for their future compared to those who rely on their parents.

However, there are also some who believe that young adults may not prosper after moving out, due to the high living costs. For example, rental prices are extremely high and other living costs are also a major burden for them ⋯

어휘 prosper : 번영하다   extremely : 극도로   burden : 짐

해석 젊은 사람들이 졸업 후에 집에서 이사를 나가는 것을 옹호하는 사람들은 그들이 더 독립적으로 되는 더 많은 기회를 가질 것이라고 말합니다. 이유는 그들이 혼자 살 때 그들은 부모님의 영향 없이 결정을 해야 하고 그들의 결정에 대해 책임져야 하기 때문입니다. 결과적으로, 그들의 부모에 의해 도움 받는 사람들과 비교해 더 빨리 성숙해질 것이며 더 나은 미래를 준비할 수 있을 것입니다. 그러나, 또한 어떤 사람들은 젊은 사람들이 그들의 집에서 독립한 후 높은 생활비 때문에 성공하지 못할 것이라고 믿습니다. 예를 들어, 임대료가 매우 비싸며 교통, 음식, 그리고 엔터테인먼트와 같은 다른 생활비가 그들에게 매우 큰 짐이 될 것입니다.

Quick 핵심 Point Review

문제지 구성 핵심 Point

- ■ 40분 사용이 권장됩니다.
- ■ 문제의 주어진 Box안에 제시된 Topic에 관해 작성해야 합니다.
- ■ 이유 및 적절한 예의 작성이 필요합니다.
- ■ 최소 250자 이상으로 작성해야 합니다.

Essay 출제유형

■ Agree or Disagree 문제	동의하는지 혹은 반대하는지 작성
■ Both Views 문제	찬성 그리고 반대 혹은 Advantage 그리고 Disadvantage 양쪽 모두를 작성
■ Cause and Effect 문제	원인(혹은 문제) 그리고 효과(혹은 해결책)을 동시에 작성
■ Complex 문제	소위 '짬뽕형'이라 불리기도 하며 두 개의 질문에 대한 답을 작성

Four Essay 채점기준

■ Task Response	문제의 내용을 정확히 이해한 후 문제가 요구하는 답을 작성했는지를 채점
■ Coherence & Cohesion	전달하려는 논리가 효율적이고 일관적으로 전개되고 있는지를 채점
■ Lexical Resource	어휘 선택의 다양성 및 문장에서의 정확한 사용여부를 채점
■ Grammatical Range & Accuracy	다양한 형태의 문장 사용능력 및 문법의 정확성을 채점

Day

6

All that
IELTS
스피드 완성

Writing Task 2
Essay의 Structure

I. Writing Task 2 Essay의 구조란?

Essay의 Structure란 '건물의 기본골격'과 같은 기능을 합니다. 기본골조의 설계에 따라서 건물의 형태가 완성되듯, Essay도 Structure에 따라 글의 전개방식 및 형태가 만들어지게 됩니다. 하지만 많은 수험생들이 어떤 Structure를 언제, 어떤 방식으로 사용해야 하는지 종종 혼동하고 있습니다. 아마도 참고하는 Essay관련 서적들이 Structure에 대한 이해 및 평가에 차이를 보이며 다르게 설명하고 있기 때문일 것입니다. 이는 반대로 "어느 특정한 Structure만이 모범 정답은 아니다"라는 것을 뜻합니다. 즉, 시험에 나온 문제의 요지에 입각해 명확하고 설득력 있게 Essay를 작성한다면 어떤 Structure를 사용해도 괜찮다는 것을 의미합니다.

Essay Structure 한눈에 보기

서론 문단의 구성

도입문장(general statement)	시험문제 Topic Key Word(s)에 관련된 Trend 혹은 Fact의 내용
일반 지지문장(general support statement)	도입문장의 이유 혹은 예 등의 배경(선택사항)
Essay Issue 도출문장	시험문제 Paraphrasing
주제어(thesis statement)	Issue에 대한 입장과 본론의 Essay가 어떠한 방향으로 전개될지 기술(선택사항)

본론 찬성문단의 구성

문단 주제어(topic sentence 1 or 2)	Advantage or 한쪽 의견의 Point
Supporting Sentences	예, 이유, 부연설명, 효과 등으로 Topic Sentence를 합리화시킴

본론 반대문단의 구성

문단 주제어(topic sentence 1 or 2)	Disadvantage or 또 다른 쪽 의견의 Point
Supporting Sentences	예, 이유, 부연설명, 효과 등으로 Topic Sentence를 합리화시킴

결론 문단의 구성

Final Opinion and Summary or Closing Statement	자신의 의견을 피력하며 본론 내용을 다시 작성하여 요약 정리(final opinion and summary)

II. Writing Task 2 Essay Structure 박사되기

Essay Structure를 구성하는 서론(introduction), 본론(body) 그리고 결론(conclusion)에 대해 알아보겠습니다.
각 문제유형별 Structure는 'Day 10 Agree or Disagree' Chapter에서부터 설명되며 본 Chapter에서는 문제의 유형에 상관없이 Task 2 Essay의 전반적인 Structure에 대해 알아보겠습니다.

A. 서론(introduction)

서론은 Essay의 첫 번째 문단입니다. 즉, 앞으로 Essay가 다룰 Topic이 무엇이고 그 Topic을 본론에서 어떤 방식으로 논할 것인지 소개하는 곳입니다. 일반적으로 약 50자 전후로 작성합니다.

서론 문단 작성 한눈에 보기

Step 1 : 문제유형 및 내용 파악하기   ↙ 아이들을 대상으로 하는 광고를 금지하자는 생각에 Agree or Disagree 하는지에 대한 문제

문제 Some people believe that advertisements targeting children may have negative effects on them, and suggest banning such advertisements as a solution. To what extent do you agree or disagree?

해석 어떤 사람들은 어린이를 대상으로 하는 광고가 아이들에게 부정적인 영향을 미친다고 생각합니다 그리고 해결책으로 그러한 광고를 금지시켜야 한다고 제안합니다. 당신은 어느 정도까지 동의 혹은 반대합니까?

Step 2 : Structure에 맞추어 내용 작성하기   ↙ General Statement : 아이들을 대상으로 하는 광고의 증가 추세 작성

There is an increasing number of advertisements directed at children, promoting a wide range of products such as toys, electronics, clothing, as well as food and drink.
Children are considered 'soft' targets by many companies, and tend to be more susceptible to marketing than adults. Many parents are worried that such targeted advertising is having negative effects on children, and have suggested banning these advertisements as a solution. This essay will discuss whether such a ban is justifiable.

General Support Statement : 어린이를 대상으로 하는 광고의 이유 작성

Essay Issue 도출문장 : (시험문제 Paraphrasing) : 아이들을 대상으로 하는 광고를 금지하자는 주장의 내용을 작성

Thesis Statement : 본론에서 아이들을 대상으로 하는 광고의 금지에 대한 찬반을 논할 것이라고 작성

해석 아이들을 대상으로 장난감, 전자제품, 옷, 음식 및 음료수와 같이 다양한 상품들을 홍보하는 광고들이 점점 증가하고 있습니다. 아이들은 많은 회사들에 의해 '쉽게' 설득될 수 있는 대상으로 생각되며 어른들보다 마케팅에 영향을 받기 쉬운 경향이 있습니다. 많은 부모들은 그런 타깃광고가 아이들에게 부정적인 영향을 미치는 것에 대해 우려하고 있으며 이러한 광고를 금지하는 것을 하나의 방법으로 제안합니다. 이 에세이는 그러한 금지가 정당한지에 대해 논의할 것입니다.

John의 '콕 & 퀵' 서론 핵심정리

도입문장 (general statement)	일반적으로 Essay Topic(문제 내용)의 Key Word(s) 혹은 관련된 어휘를 사용하여 Essay를 시작하는 문장으로서 보편적이고 일반적인 Trend 혹은 Fact의 내용 작성
일반 지지문장 (general support statement)	도입문장의 배경(이유) 혹은 예를 보여주는 내용으로 작성(선택사항)
Essay Issue 도출문장	일반적으로 시험문제를 Paraphrasing하며 Issue를 작성
주제어문장 (thesis statement)	Issue에 대한 자신의 입장 혹은 Essay 본론이 어떤 방향으로 전개될지를 기술 (선택사항)

a) 서론 도입문장(general statement) – 서론의 첫 번째 문장

시험문제의 Topic Key Word(s) 혹은 그것의 관련된 어휘를 언급하며 시작하는 문장입니다. 모순 혹은 논란이 되는 문장보다는 모든 사람들이 공감하는 보편적인(general) 내용으로 작성하는 것이 좋으며 흥미로운 내용, 즉 독자의 관심을 끄는 내용(hook)으로 작성하는 것이 좋은 방법 중 하나입니다. 최근의 경향(trend), 사실(fact or definition), 그리고 기원 및 역사(history) 중 하나를 선택하여 전개하면 되는데 그 중 Fact와 Trend를 함께 작성하는 방법이 가장 많이 권장되고 있습니다.

Example 1 : 사실(fact)과 경향(trend)을 함께 작성

Water is a basic necessity of life. Although it covers seventy five percent of the earth's surface, many cities around the world are experiencing serious water shortages.

어휘 surface : 표면   shortage : 부족

해석 물은 생명체에게 기본적인 필수품입니다. 비록 지구 표면의 75%를 덮고 있지만 전세계의 많은 도시들이 심각한 물 부족을 경험하고 있습니다.

▶ Essay Topic Key Word, water를 언급해 주며 Essay Topic이 water에 관련된 것이라고 소개합니다.

Example 2 : 사실(fact)을 작성

▶ Smoking causes numerous diseases both in smokers and non-smokers who inhale second-hand smoke.

어휘 numerous : 많은   disease : 질병   inhale : 숨을 들이마시다   second hand smoke : 간접 흡연

해석 흡연은 흡연자와 간접흡연을 하는 비흡연자 모두에게 수많은 질병을 야기시킵니다.

▶ Essay Topic Key Word, smoking을 언급해 주며 Essay Topic이 smoking에 관련된 것이라고 소개합니다.

Example 3 : 현상 혹은 경향(trend)을 작성

These days, after graduating from high school, many people choose to stay at home with their parents while they continue to study or start their careers.

해석 요즘, 많은 사람들이 고등학교 졸업 후 학업을 계속하거나 혹은 취업을 하는 동안 그들의 부모와 함께 머무르기를 선택합니다.

▶ Essay Topic Key Words, 'after graduating'과 'choose to stay at home'을 언급해 주며 Essay Topic이 졸업 후 독립해 나가 사는 것에 관련된 것이라고 소개합니다.

앞으로 본서에서 언급되는 'Essay Topic Key Word(s)'란 문제에 주어진 Essay Topic내용 중 가장 핵심이 되는 말을 의미합니다. 즉, 앞의 General Statement 예문들 작성시 언급된 'water', 'smoking' 그리고 'after graduating'과 'choose to stay at home' 등이 Topic Key Word(s)입니다.

b) 일반 지지문장(general support statement) – 서론의 두 번째 문장

일반 지지문장(general support statement)은 서론의 첫 번째 문장인 도입문장의 배경(이유) 혹은 예를 보여주는 문장입니다. 단, 앞의 도입문장과 관련 없는 내용을 작성하면 감점의 대상이 된다는 것에 유의하십시오.

Example 1 : 예를 들며 작성한 일반 지지문장

In Korea, smoking is now prohibited in not only all indoor venues such as restaurants and shopping centres but also in outdoor areas, such as beaches, parks and open–air cafes.

어휘 prohibit : 금지하다   venue : 장소   open–air : 옥외의

해석 한국에서는 식당과 쇼핑센터와 같은 모든 실내구역뿐만 아니라, 해변, 주차장, 야외 카페와 같은 외부지역에서도 현재 흡연이 금지됐습니다.

▶ 만약 서론 도입문장이 다음과 같다면, "In recent years, governments have started to ban smoking in public places."(최근 몇 년 동안, 정부는 공공 장소에서 흡연을 금지시켰습니다.), 위와 같이 우리나라의 예를 들며 일반 지지문장을 작성할 수 있습니다.

Example 2 : 이유를 들며 작성한 일반 지지문장

This is because young children spend most of their early life around their parents.

해석 이것은 어린 아이들이 그들의 어린 시절의 대부분을 그들 부모 곁에서 보내기 때문입니다.

▶ 만약 서론도입문장이 다음과 같다면 "There is no doubt that parents play an extremely influential role in the life of their children."(부모가 아이들의 삶 속에서 큰 영향력 있는 역할을 한다는 점에는 의심할 여지가 없습니다.) 위와 같이 이유를 일반 지지문장으로 작성할 수 있습니다.

많은 수험생들이 서론의 첫 문장인 '도입문장'을 쓰고 난 후 이 부분을 건너뛰어 바로 'Essay Issue 도출문장'으로 직행하는 경향이 있습니다. 이는 간혹 기계적으로 서론을 작성하는 듯한 인상을 주어 감점을 받을 수 있습니다. 이유 혹은 예와 같은 '일반 지지문장'을 꼭 작성하시길 조언 드립니다. 'IELTS Essay는 단순히 영작된 문장의 나열이 아니라 Literary Composition이라는 점과 각 문장들의 적절한 조합으로 서론이 매끄럽게 작성되어야 한다는 것'을 잊지 마십시오.

c) Essay Issue 도출문장(일반적으로 시험문제에 해당됨) – 서론의 세 번째 문장

서론 앞부분(서론도입문장, 일반지지문장)에서 언급된 Essay Topic Key Word(s)가 어떻게 Issue화되고 있는가를 보여주는 문장입니다. 빠른 작성을 위해 시험문제의 내용을 다시 작성하는(paraphrasing) 방법이 유리합니다.

John의 '콕 & 퀵' 한 수

> Paraphrase[pǽrəfrèɪz] is a restatement of the meaning of a text or passage using other words.
> 즉, 질문의 내용을 다른 단어 및 표현 방식을 사용하여 바꾸어 작성하라는 것을 말합니다.

Example 1 : 문제를 Paraphrasing해서 작성한 Essay Issue 도출문장

문제 Some people are of the opinion that it is best to bring up children in the city. Others, however, believe that children would benefit more from being brought up in the country. Discuss both views.

어휘 bring up : 양육하다   view : 의견

해석 어떤 사람들은 도시에서 아이를 키우는 것이 최고라는 의견을 가지고 있습니다. 그러나, 다른 사람들은 아이들이 시골에서 양육되는 것으로부터 더 많은 혜택을 누린다고 믿습니다. 두 의견 모두를 논하시오.

Some argue that the city is a better choice as it has many more advantages and opportunities, whilst others believe the countryside provides a more desirable place for their child's upbringing.

어휘 upbringing : 교육, 양육

해석 어떤 사람은 도시가 더 나은 선택이라고 주장합니다. 왜냐하면 그것은 더 많은 장점과 기회를 주기 때문입니다. 반면에 다른 사람들은 시골이 그들의 자녀를 교육하기에 더 바람직한 장소를 제공한다고 믿습니다.

Example 2 :

문제 Fast food is now universally available in most countries and is becoming increasingly popular. Is this a positive trend?

해석 패스트푸드는 대부분의 나라에서 널리 판매되고 있습니다. 그리고 그것의 인기도 갈수록 높아지고 있습니다. 이것이 긍정적인 현상입니까?

Some people feel that this is a positive trend, pointing to the convenience of fast food and its relatively low expense, whilst others are much more critical.

어휘 relatively : 비교적   critical : 비판적인

해석 어떤 사람들은 패스트푸드의 편리함과 상대적으로 낮은 가격을 가리키면서 이것이 긍정적인 현상이라고 생각하는 반면에, 다른 사람들은 훨씬 더 비판적입니다.

John의 '콕 & 퀵' 한 수

> Example 1, 2의 'Essay Issue 도출문장'에 찬성하는 이유 혹은 반대하는 이유를 간단하게 작성했습니다. 하지만 'Essay Issue 도출문장'에 꼭 찬성 혹은 반대하는 이유를 반드시 작성해야만 하는 것은 아닙니다. 여러 방법 중 하나일 뿐입니다. 다음의 Example 3처럼 이유를 작성하지 않아도 됩니다.

Example 3 : 주장의 이유제시 없이 문제를 Paraphrasing해서 작성한 Essay Issue 도출문장

문제 Some people think historical buildings should be replaced with modern buildings to provide more space. To what extent do you agree or disagree?

어휘 replace : 대신하다   historical : 역사적인

해석 어떤 사람들은 오래된 건물이 현대식 건물로 교체되어야 한다고 생각합니다. 어느 정도까지 동의 혹은 반대합니까?

One solution has been for old buildings to be replaced with newer buildings but this option is not without its critics.

해석 한가지 해결책은 오래된 건물을 새 건물로 대체하자는 것이었습니다. 하지만 이 선택에 비판이 없는 것은 아닙니다.

John의 '콕 & 퀵' 조언

> 이외에도 매우 다양한 방식으로 Essay Issue 도출문장을 작성할 수 있습니다. 시험문제의 질문을 Paraphrasing 하여 다음과 같은 질문으로 작성하는 방법도 있습니다.

The increase of global trade and travel has led to a loss of cultural diversity and the number of spoken languages is decreasing. A number of less common languages have been lost, or are on the verge of extinction. Meanwhile, languages such as English, Spanish and Mandarin are more widely spoken. Is this a tragic loss of cultural diversity or a positive sign of an emerging global community? This essay will explore this question. (참조 – 부록 II 실전 Writing Task 2 모음 1번)

해석 국제무역과 여행의 증가는 문화 다양성의 상실로 이어졌고 쓰이는 언어의 숫자는 감소하고 있습니다. 덜 보편적인 언어의 상당수가 사라지거나 소멸직전에 있습니다. 반면에, 영어, 스페인어, 중국어(만다린)와 같은 언어들은 더 널리 쓰이고 있습니다. 이는 문화 다양성의 비극적 소멸입니까 아니면 새롭게 발생하는 세계 공동체의 긍정적 신호입니까? 이 에세이는 이 질문에 대해 알아보겠습니다.

d) Essay 주제어문장(thesis statement) – Optional

주제어문장에 문제의 Issue에 대한 본인의 입장과 본론이 어떤 방향으로 전개될지 기술합니다. 하지만, 입장표명을 반드시 주제어문장에 기술을 해야만 하는 것은 아닙니다. 또한 이전 문장에서 Essay 본론의 내용이 어떻게 전개될지 충분히 제시되었다면 굳이 주제어를 작성하지 않아도 무방합니다.

Example 1 : 본인의 입장표명 없이 Essay의 방향만을 작성한 주제어들

방법 I	This essay will discuss both positions and I will conclude with my personal opinion.
방법 II	This essay will explore possible causes of this problem, as well as some measures that could be taken to solve it.
방법 III	Even though it may appear that opposing opinions can be maintained at the same time, they still have to be scrutinised.

해석 I. 본 에세이는 양쪽 의견을 논할 것입니다. 그리고 나의 개인적인 의견으로 결론을 내리겠습니다.

II. 본 에세이는 이 문제의 가능한 원인뿐만 아니라 그것을 해결하기 위해 취할 수 있는 대책에 대해 알아보겠습니다.

III. 비록 대립하는 의견들이 동시에 주장될 수 있겠지만 그들은 여전히 면밀하게 조사되어야 합니다.

Example 2 : 본인의 주장(입장)을 작성하는 주제어

However, in my opinion, this is no longer the case, as there are many examples of countries that have successfully grown their economy, whilst protecting their environment at the same time.

해석 그러나 나의 생각으로는, 이것이 더 이상 사실이 아닙니다. 왜냐하면, 환경을 보호하면서 동시에 그들의 경제를 성공적으로 성장시킨 많은 나라의 사례가 있기 때문입니다.

▶ 문제가 "경제 발전을 위해 환경을 희생해야만 하는가에 대한 찬반"을 묻는 경우

Example 3 : 본론에서 논할 내용을 미리 요약해 작성하는 주제어

방법 I. In my opinion, smoking should be banned in all public places, both to discourage smoking and to protect the public from the health risks of passive smoking.

어휘 discourage : 말리다   passive smoking : 간접흡연

해석 나의 의견으로는, 흡연을 억제시키고 간접흡연의 건강위협으로부터 대중을 보호하기 위해 흡연은 모든 공공장소에서 금지되어야 합니다.

▶ 문제가 "공공장소에서 흡연을 금지시켜야 하는가에 대한 찬반"을 묻는 경우

방법 II. Cities around the world are now experiencing a scarcity in water supply, due to problems associated with the expansion of industrialisation and global warming.

어휘 scarcity : 부족, 결핍   associated with : ～와 관련된   expansion : 확대, 팽창   industrialisation : 산업화   global warming : 지구 온난화

해석 전세계 도시들이 산업화의 확대 및 지구온난화 관련된 문제들 때문에 현재 물 공급 부족을 경험하고 있습니다.

▶ 문제가 "물 부족에 대한 원인"을 묻는 경우

John의 '콕 & 퀵' 조언 앞에 설명된 방법 이외에도 다양한 조합방식으로 서론을 작성할 수 있습니다.

Example : 일반 지지문장(general support statement)을 쓰지 않고 서론 도입문장(general statement)과 Essay Issue 도출문장(시험문제)을 한 문장으로 함께 쓰는 방법

문제 Many historic buildings are being destroyed to make way for modern buildings. In your opinion, is newer better?

서론 : Today, it is not difficult to see many new buildings replacing old buildings all over the world, giving the impression that newer is better. However, I think it is important to preserve old buildings to ensure that the history and culture of our cities and towns is maintained.

해석 문제 : 많은 역사적 건물들이 현대건물을 만들기 위해 훼손되고 있습니다. 당신의 의견으로 새로운 것이 더 낫다고 생각합니까?

서론 : 오늘날, 전세계에 걸쳐서 새로운 것이 더 낫다는 인상을 심어주면서 많은 새로운 건물들이 옛날 건물들을 대체하고 있는 것을 쉽게 목격할 수 있습니다. 하지만, 나는 우리 도시와 마을의 역사와 문화가 유지되게 하기 위해 옛날 건물을 보존하는 것이 중요하다고 생각합니다.

본서에서 설명된 방법만이 서론 작성의 유일한 방식이 아닙니다. 서론의 각 문장의 기능을 개별적으로만 이해하지 마시고 서론의 목적 그리고 전체의 내용을 머릿속에 그리면서 함께 익히시기를 당부 드립니다. Day 10부터 설명되는 각 유형별 Essay의 서론 예문들 그리고 부록에 실려있는 실전모음의 서론 예문들을 여러 번 반복해 읽으십시오. 반드시 도움이 될 것입니다.

John의 '콕 & 퀵' 한 수

서론 작성이 너무 어렵다고 느끼는 경우 다음과 같이 서론틀을 만들어 사용할 수 있습니다.

Example

These days, (Essay Topic Key Word(s)) seems to catch our attention more so than ever, along with the rapid changes in our society. However, recently (Essay Topic Key Word(s)) has surfaced as an issue that has caused strong debate; some say that (한 쪽의 의견) while others think otherwise. Even though it may appear that opposing opinions can be maintained at the same time, they still have to be scrutinised.

해석 요즈음, 우리 사회에서는 급격한 변화와 함께 (메인 단어)가 우리의 관심을 그 어느 때 보다 더 많이 끌고 있습니다. 하지만 (메인 단어)는 강한 논쟁을 야기시킨 이슈로 부각되었습니다. 어떤 사람들은 (한 쪽의 의견)라고 말하지만 다른 사람들은 다르게 생각합니다. 비록 대립하는 의견들이 동시에 주장될 수 있겠지만 그들은 여전히 면밀하게 조사되어야 합니다.

하지만 무조건 외워 사용하는 서론은 오히려 감점의 요인이 될 수도 있음에 주의해야 합니다.
더 많은 서론틀이 'Day 17 Essay틀 외우기'에 있습니다. 참조하세요.

B. 본론(body)

본론 문단 작성 한눈에 보기

Step 1 : 문제유형 및 내용 파악하기 ← 아이들을 도시에서 혹은 시골에서 키우는 것이 더 나은지에 대한 문제

문제 Some people are of the opinion that it is better to bring up children in the city than the country. To what extent do you agree or disagree? ← Agree or Disagree 유형

해석 어떤 사람들은 도시에서 아이들을 키우는 것이 시골에서보다 더 좋다라는 의견을 가지고 있습니다. 어느 정도 동의 혹은 반대합니까?

Step 2 : Brainstorming을 통한 논리 발전시키기

For : City life offers better education and career opportunities – such advantages are extremely important in today's competitive environment. ← 찬성 : education and career 혜택

Against :Children are exposed to many more health and safety concerns, such as dangerous levels of city pollution. ← 반대 : health and safety 문제

해석 찬성 : 도시생활은 더 나은 교육과 직업의 기회를 제공한다 – 그러한 장점은 오늘날의 경쟁환경에서 매우 중요합니다.

반대 : 아이들은 위험수준의 도시공해와 같은 더 많은 건강과 안전문제에 노출됩니다.

Step 3 : 찬성과 반대하는 문단 작성하기   ← 찬성 의견 Topic Sentence 1 : 교육과 직업의 기회

<u>Firstly, it is widely known that a city life offers better education and career opportunities</u>, which suggests that such an environment is a better option for children. Children raised in cities have more choices when it comes to schools, colleges and universities. They are taught by more experienced teachers, and enjoy a far wider range of employment opportunities later in life. ← 지지문장 1과 2 : Topic Sentence 풀어주기

해석 첫째로, 도시의 생활이 좋은 교육과 직업의 기회를 제공한다고 널리 알려져 있으며 이는 그러한 환경이 아이들을 위해 더 나은 선택이라
는 것을 의미합니다. 도시에서 양육된 아이들은 학교를 갈 때 더 많은 선택들을 할 수 있습니다. 그들은 더 많은 경험을 가지고 있는 선생
님들에 의해 가르침을 받으며 후에는 훨씬 더 넓은 범위의 취업기회를 가질 수 있습니다.

반대 의견 : Topic Sentence 1 : 건강 및 안전 문제 ↘

Despite the many advantages children enjoy by growing up in cities, <u>there are a number of negative aspects</u> that cannot be ignored. <u>Children are exposed to many more health and safety</u> concerns than in the countryside. For example, the dangerous levels of pollution to be found in cities can cause serious health problems for young children, whose immune systems are not developed enough to protect their vulnerable bodies.   지지문장 : Topic Sentence의 예

해석 도시에서 성장함으로써 아이들이 즐기는 많은 장점에도 불구하고 무시할 수 없는 다수의 부정적인 측면들이 있습니다. 도시에 사는 아이
들은 시골에 사는 아이들보다 건강과 안전문제에 더 많이 노출됩니다. 예를 들어, 도시에서 발견되는 위험한 수준의 공해는 면역체계가 취
약한 몸을 보호하기에는 충분하게 발전되어 있지 않은 아이들에게 심각한 건강문제를 야기시킬 수 있습니다.

← 반대 의견 Topic Sentence 2 : 놀곳이 없다, 지지문장 생략

<u>Additionally, cities are crowded with so many buildings, cars and roads that there is nowhere for children to enjoy outdoor actives</u> which are vital if children are to grow into strong, healthy adults.

해석 게다가, 도시는 매우 많은 건물, 자동차 그리고 도로로 혼잡하기 때문에 아이들이 강하고 건강한 성인으로 성장하기 위해 꼭 필요한 야외
활동을 즐길만한 장소를 가지고 있지 않습니다.

a) 본론 문단 작성 방법

일반적으로 150자 이상으로 두 개 혹은 세 개의 문단으로 구성하는 본론(body)은 서론에서 언급했던 Issue에 대한 양쪽
의 주장 (혹은 원인, 해결책 등)을 아주 구체적으로 그리고 일정 수준의 증거를 제시하며 작성합니다. 본론의 각 문단 내 구성
은 본론 문단 구성 1과 본론 문단 구성 2 방법으로 나눌 수 있습니다.

John의 '콕 & 퀵' 본론 문단 구성 핵심정리

본론 문단 구성 1 (본론이 세 개의 문단으로 구성될 경우)

Topic Sentence	Agree or Disagree일 경우 지지하거나 반대하는 Point 작성 Cause and Effect일 경우 Cause 혹은 Effect Point 작성
Supporting Sentence 1	예, 이유, 부연설명, 효과 등으로 Topic Sentence를 합리화시킴
Supporting Sentence 2	이전 부분의 논리 및 글자수에 따라 작성 유무를 결정하는 선택 사항이며 Supporting Sentence 1에 추가 혹은 심화된 내용 등으로 전개

본론 문단 구성 2 (본론이 두 개의 문단으로 구성될 경우)

Topic Sentence 1(Main Point 1)	Agree or Disagree일 경우 지지하거나 반대하는 Point 1 작성
	Cause and Effect일 경우 Cause 혹은 Effect Point 1 작성
Supporting Sentence	예, 이유, 부연설명, 효과 등으로 Topic Sentence 1을 합리화시킴
Topic Sentence 2(Main Point 2)	Agree or Disagree일 경우 지지하거나 반대하는 Point 2 작성
	Cause and Effect일 경우 Cause 혹은 Effect Point 2 작성
Supporting Sentence	예, 이유, 부연설명, 효과 등으로 Topic Sentence 2를 합리화시킴

본론 문단 구성 방법 1

방법 1의 경우에는 본론을 세 개의 문단으로 구성할 경우 각 문단을 작성하는 방법입니다. 각 문단은 첫 번째 문장에 찬성 혹은 반대하는 (혹은 원인, 해결책 등) Main Point의 문단 주제어(topic sentence)를 작성하며 이 의견을 정당화 혹은 합리화시키기 위해 두 번째 문장부터 Explanation, Evidence, Example(s) 혹은 기타 Details 등의 내용을 가지고 있는 지지문장 (supporting sentence(s))을 작성하여 완성합니다.

▶ 유형별 문단구성 방법은 각 유형별 Essay Chapter에서 따로 설명하겠습니다.

본론 문단 구성 방법 1–일반적인 구조

Topic Sentence 혹은 Main Argument

1st Supporting Sentence(s) – (자신의 지식 혹은 경험을 바탕으로 explanation, evidence, example(s) 및 기타 details 중 택일해 작성)

2nd Supporting Sentence(s) – 선택사항(optional)

본론 문단 구성 방법 2

문단구성 2의 경우는 본론을 두 개의 문단으로 구성할 때 각 문단을 작성하는 방법입니다. 일반적으로 문단 첫 번째 문장에 찬성 혹은 반대하는 첫 번째 Main Point의 문단 주제어(topic sentence)를 작성하며 이 의견을 정당화 혹은 합리화시키기 위해 두 번째 문장부터 Explanation, Evidence, Example(s) 혹은 기타 Details 등의 내용으로 구성된 지지문장 (supporting sentence(s))을 작성합니다. 그리고 같은 방법으로 두 번째 Main Point를 그리고 이 의견을 정당화 혹은 합리화시키기 위한 지지문장(supporting sentence(s))을 작성하여 완성합니다.

본론 문단 구성 방법 2–일반적인 구조

Topic Sentence 1(Main Argument 1)

1st Supporting Sentence(s) – (자신의 지식 혹은 경험을 바탕으로 explanation, evidence, example(s) 및 기타 details 중 택일해 작성)

2nd Supporting Sentence(s) – 선택사항(optional)

Topic Sentence 2(Main Argument 2)

1st Supporting Sentence(s) – (자신의 지식 혹은 경험을 바탕으로 explanation, evidence, example(s) 및 기타 details 중 택일해 작성)

2nd Supporting Sentence(s) – 선택사항(optional)

▶ 각 방법의 구체적인 예문은 다음 항목인 'b) 본론예문 살펴보기'에서 설명됩니다.

John의 '콕 & 퀵' 한 수

문단의 첫 번째 문장에 꼭 Topic Sentence 혹은 Main Point가 나와야 하는 것은 아닙니다. 때로는 Topic Sentence 없이 문단의 Point가 문단의 처음부터 끝부분에 걸쳐 내포되어 표현될 수도 있으며 간혹 Topic Sentence가 문단의 끝 부분에 작성될 수도 있습니다. 본서에서는 쉽고 빠른 작성을 위해 Topic Sentence를 문단의 맨 앞에 작성하는 방식을 기본으로 설명하겠습니다.

John의 '콕 & 퀵' 한 수

주장하는 Topic Sentence를 합리화시키기 위해 Explanation, Evidence, Example(s) 및 기타 Details을 작성하는 Supporting Sentences는 '에이불효'(부모님께 전화 자주 드리세요^^) 공식을 사용하여 쉽게 작성할 수 있습니다. 즉, Supporting Sentence를 '예', '이유',' 풀어 설명하기' 그리고 '긍정적(혹은 부정적) 효과' 등을 자신의 지식 혹은 경험내용을 바탕으로 작성하면 됩니다.

John의 '콕 & 퀵' 한 수

이미 Day 5에서 간략하게 알아보았듯이 Writing Task 2문제지에 다음과 같은 지시사항이 명시되어 있습니다.

"Give reasons for your answer and include any relevant examples from your own knowledge or experience."

해석 "답변에 대한 이유를 제시하고 자신의 지식이나 경험으로부터 관련 있는 예를 함께 작성하십시오."

WRITING TASK 2 시험문제 Sample

> You should spend about 40 minutes on this task.
> Write about the following topic:
>
> > A few major languages are increasingly spoken in different countries, while the usage of others is rapidly decreasing. Is this positive or negative?
>
> Give reasons for your answer and include any relevant examples from your own knowledge or experience.
>
> Write at least 250 words.

1. 주장의 이유(Point)를 제시하고 본인의 지식 혹은 경험에 기초를 둔 관련된 예를 포함하라 지시하고 있습니다. 이는 앞에서 배운 '에이불효' 공식과 매우 상통한 내용입니다. 단, 개인의 경험과 지식이라 하여 받아들이기에는 '너무 괴변적인 주장' 혹은 '너무 편협하거나 주관적인 합리화'는 보편적 논리를 갖고 있어야 하는 Essay의 기능을 다하지 못하기 때문에 점수를 받지 못합니다.

2. 본론의 Supporting Sentence의 예를 아주 구체적으로 제시하기 위해 '고유명사' 그리고 '근거가 있는 숫자'를 사용하는 것도 매우 좋은 방법입니다. 즉, "The Queen Victoria Building in Sydney is a good example of a traditional building that has been renovated to suit our modern lifestyle."에서 'The Queen Victoria Building in

Sydney'를 작성하는 것이 본론의 주장 내용(main point)을 더욱 설득력 있게 만들고 있습니다. (Day 10부터 더 자세히 설명하겠습니다.)

b) 본론예문 살펴보기

지금까지 설명한 본론의 내용을 총 종합해 Topic 'Tourism'에 대해 본론을 작성해 보겠습니다.
(본론 문단구성 방법 2)
▶ 세 개의 문단으로 구성되어 있는 본론 구성방법은 Day 10에서 집중적으로 설명하겠습니다.

문제 Discuss the advantages and disadvantages of the growth in tourism around the world.
해석 전세계에 걸쳐 관광의 성장에 대한 장점과 단점을 논하시오.

본론 1 : Tourism growth의 긍정적인 측면 (7.5 수준의 답)

> From the traveller's perspective, tourism is a popular leisure activity that allows people to take a break from everyday life and explore new places. That is, tourism can satisfy our sense of curiosity, whilst broadening our horizons, and enhancing our understanding and acceptance of different cultures. In addition, it can also be a great source of income for local communities. Indeed, many popular tourist destinations are dependent on tourism to sustain their economy.

어휘 perspective : 관점, 시각   curiosity : 호기심   broadening : 폭을 넓히다   enhance : 향상시키다   acceptance : 받아들임
Indeed : 정말   sustain : 지탱하다

해석 여행자의 관점에서, 관광은 사람들이 일상으로부터 휴식을 취하고 새로운 장소를 탐험할 수 있게 하는 인기 있는 여가 활동입니다. 즉, 관광은 우리의 시야를 넓히고, 다른 문화에 대한 이해력과 포용력을 강화시키면서 우리의 호기심을 만족시킵니다. 게다가 이것은 지역사회에 큰 수익의 원천이 될 수도 있습니다. 실제로, 많은 유명 여행지들이 그들의 경제를 유지하기 위해 관광에 의존합니다.

문단 Point 1 (Topic Sentence 1)

From the traveller's perspective, tourism is a popular leisure activity that allows people to take a break from everyday life and explore new places.

문단 Point 2 (Topic Sentence 2)

In addition, it can also be a great source of income for local communities.

▶ Brainstorming Idea Point를 문장화시켜 Topic Sentence를 작성합니다.

이를 합리화 및 뒷받침해주기 위해 자신의 지식을 바탕으로 한 지지문장(supporting sentence)을 한 개씩 작성해 주었습니다. 'that is'과 'Indeed' 등의 Transitional Words를 사용하여 부연설명 및 예를 들어주고 있습니다.

본론 2 : Tourism growth에 부정적인 측면

> However, there are also a number of drawbacks. The increasing numbers of visitors coming to an area can upset the natural balance in many ways. For example, the construction of buildings and other amenities to accommodate the influx of tourists can destroy natural habitats and spoil landscapes. Where there are more people, there is also more pollution and waste, which further degrades the natural environment. As the tourism industry grows, local cultural traditions may become diluted, or lost entirely.

어휘 drawback : 결점, 문제점   increasing : 증대하는   amenities : 오락시설   influx : 밀어닥침   landscape: 풍경   degrade : 비하
하다, 저하시키다   diluted : 희박화된   entirely : 전적으로

해석 그러나, 여기엔 다수의 문제점 또한 있습니다. 특정지역으로 오는 방문자수의 증가는 많은 방식으로 자연의 균형을 깰 수가 있습니다. 예
를 들어, 건물 및 유입되는 여행객들을 숙박할 수 있게 하는 기타 사회시설의 건축이 자연서식지를 파괴하고 경관을 망칠 수 있습니다. 더
많은 사람들이 있는 장소일수록, 더 많은 공해 및 쓰레기가 있고 이러한 것은 자연 환경을 더욱 저하시킵니다. 관광 산업이 성장함으로써,
지역 문화전통들이 희석되거나 완전히 소실될 수 있습니다.

문단 Point 1 (Topic Sentence 1)

The increasing numbers of visitors coming to an area can upset the natural balance in many ways.

문단 Point 2 (Topic Sentence 2)

As the tourism industry grows, local cultural traditions may become diluted, or lost entirely.

본론 1과 달리 본론 2에서는 전체 문단을 하나로 묶어주는 전체 Topic Sentence를 Transitional Word, 'however'를
사용하며 시작합니다. "However, there are also a number of drawbacks."

▶ 역시 이곳도 Brainstorming에서 생각한 Idea Point를 문장(topic sentence)화시켜 작성합니다.

Point를 합리화 및 뒷받침해주기 위해 지지문장(supporting sentences)을 작성해 줍니다. 첫 번째 Point Topic Sentence
는 Transitional Words, 'for example'를 사용하여 예를 들어주고 있지만 두 번째 Point Topic Sentence는 지지문장
을 작성하지 않았습니다. 앞의 내용들로 논리가 충분히 전달됐다면 두 번째 Point Topic Sentence의 지지문장을 작성
하지 않아도 됩니다.

> **Did you know?** when & as (~일 때)
> when (다음의 뜻) : When you get older, you become wiser.
> 나이가 들고 난 다음에 더 지혜롭게 된다는 뜻.
> as (동시에 발생한다는 뜻) : As you get older, you become wiser.
> 나이가 드는 것과 현명하게 되는 것이 동시에 발생한다는 뜻.

C. 결론(conclusion)

Step 1 : 문제유형 및 내용 파악하기   정부는 읽고 쓰지 못하는 어른들을 위한 교육에 돈을 아이들의 교육보다 더 많이 써야 한다.

문제 Education of young people is a high priority in many countries. However educating adults who cannot write or read is even more important, and governments should spend more money on this. To what extent do you agree or disagree?

해석 많은 나라에서 어린 학생들의 교육은 최우선 순위입니다. 그러나 읽기와 쓰기를 못하는 어른들을 교육하는 것이 훨씬 더 중요하며 정부는 이를 위해 더 많은 돈을 지출해야 합니다. 당신은 어느 정도까지 동의 혹은 반대합니까?

Step 2 : 결론 문단 작성하기   최종 의견 정리 : 돈을 써야 하지만 아이들 교육보다 우선이 되면 안된다.

As such, I believe that governments should spend more money to support the small percentage of adults who were not able to follow the conventional educational path, but their education should not be prioritised over educating young people.

어휘 conventional: 관습(관례)적인

해석 그러므로, 나는 정부가 일반적인 교육을 받을 수 없었던 소수의 어른들을 지원하기 위해 더 많은 돈을 투자해야 한다고 생각합니다. 하지만 그들의 교육이 어린 아이들을 교육하는 것보다 더 우선순위가 되어서는 안 됩니다.

John의 '콕 & 퀵' 결론 핵심정리

결론 방법 1	자신의 의견을 피력하며 본론 내용을 다시 작성하여 요약 정리하는 방법(final opinion and summary)
결론 방법 2	자신의 의견 및 이유를 간략히 피력한 후 문제의 Issue에 대한 해결책(closing statement)을 제시하는 방법

결론 문단의 구성

40자에서 60자 사이로 작성하는 결론(conclusion)은 자신의 최종 의견(viewpoint)과 함께 본론에서 논한 Main Points 등을 요약 정리하여 완성하는 방법(final opinion and summary) 그리고 자신의 최종 의견과 함께 문제의 Issue에 대한 해결책(advice)을 제시하는 방법 등 다양하게 작성될 수 있습니다.

Example 1 : 자신의 의견을 요약 정리하는 결론

일반적으로 최종 의견을 피력하며 전체 Essay 내용을 요약 정리하는 것이 좋습니다. 요약 정리로 결론의 첫 부분을 시작하는 경우 자칫 서론 혹은 본론에서 작성했던 문장을 다시 쓰는 경우가 있는데 반드시 다른 문장(prephrasing)으로 작성해야 합니다.

문제 The spread of mobile phone usage has meant that many are now concerned that the technology is distracting students away from their studies in the classroom. However, there are also those who do not share this view. Discuss both these views and give your own opinion.

어휘 distracting : 마음을 산란케 하는

해석 핸드폰 사용의 확산은 학생들이 교실에서 수업에 집중을 하지 못하게 하므로 매우 염려스럽습니다. 그러나, 이 의견에 공감하지 않는 사람들 또한 있습니다. 이 두 의견을 모두 논하고 당신의 의견을 제시하시오.

After considering both sides of the debate, it is my opinion that whilst mobile phones have become an indispensable tool in modern society, there should be some restrictions on their usage by children when they are in the classroom. Students attend school to learn, and if students become distracted by their phones, then this may interfere with their studies, leading to poor academic outcomes.

어휘 consider : ~을 고려하다   debate : 토론   indispensable : 없어서는 안 될, 필수적인   restrictions : 제한   interfere : 간섭하다   outcome : 결과

해석 논쟁의 양쪽 측면을 고려한 후에 나의 이견은 핸드폰이 현대사회에서 필수적인 도구가 되고 있지만 교실에서의 핸드폰 사용은 제한되어야 한다는 것입니다. 학생들은 배우기 위해 학교를 다녀야 하며, 만약 학생들이 그들의 핸드폰으로 인해 산만해 진다면, 이것은 나쁜 학습 결과를 초래하면서 그들의 학업을 방해할 것입니다.

Example 2 : 자신의 의견과 교훈성 맺음말로 마무리하는 결론

또한 자신의 의견을 간략하게 서술한 후 간단한 해결책 혹은 교훈성의 맺음말(closing statement)로 완성시키는 방법이 있습니다. 주로 정부 혹은 부모를 인용해 해결책을 찾기도 합니다. 하지만, 또 다른 Essay가 마치 시작되는 듯한 논란의 내용을 작성하는 것은 지양되어야 합니다.

문제 Children should learn how to use the computer at an early age. To what extent do you agree or disagree?

해석 아이들은 이른 나이에 컴퓨터 사용을 배워야 합니다. 어느 정도까지 이에 동의 혹은 반대합니까?

After analysing both arguments, I believe that although it is important for children to become familiar with computer technology, they should be taught to use it in moderation. It is up to parents and teachers to inform children of how computers can be beneficial for their future, but also how they can be detrimental to their health.

어휘 analyse : 분석하다   argument : 논쟁   moderation : 적당함   inform : 알리다   beneficial : 유익한   detrimental : 해로운

해석 양쪽 주장의 분석 후, 나는 비록 아이들이 컴퓨터 기술에 익숙해 지는 것은 중요하지만 그것을 적당하게 사용하는 것을 배워야 한다고 믿습니다. 컴퓨터가 어떻게 그들의 미래에 이익이 될지에 대한 것뿐만 아니라, 그들의 건강에 치명적일 수도 있다는 것을 아이들에게 알리는 것은 부모와 선생님의 역할에 달려있습니다.

▶ 주의점 : 본론에서 충분히 설명되지 않은 부분을 추가적으로 결론에 작성하는 방법도 있지만 많은 연습이 없다면 오히려 Essay를 혼란스럽게 만들 수 있기 때문에 일반적으로 권장되지 않습니다.

John의 '콕 & 퀵' 한 수

결론을 내리기에 시간이 너무 없다고 느낀다면 다음과 같은 결론의 틀을 만들어 사용할 수 있습니다.
(참조 - Day 17 Essay틀 외우기)

Example

It is my view that although both views have good supporting evidence, it is still difficult for me to embrace the idea of (메인 소재) as the better opinion as there are definite problems that are not easily resolved. Thus, (짧은 해결책).

어휘 embrace : 포옹하다   definite : 확실한, 확고한   easily : 쉽게, 용이하게   resolved : 굳게 결심한

해석 비록 양쪽 의견 모두가 충분히 지지하는 증거를 가지고 있지만 쉽게 해결될 수 없는 명백한 문제점들이 있기 때문에 나에게는 (메인 소재)에 대한 생각이 더 나은 선택이라고 받아 들이기에 아직 어렵습니다. 그러므로 (짧은 해결책) …

서론 문단의 구성

도입문장(general statement)	일반적으로 Essay Topic(문제 내용)의 Key Word(s) 혹은 관련된 어휘를 사용하여 Essay를 시작하는 문장으로서 보편적이고 일반적인 Trend 혹은 Fact의 내용 작성
일반 지지문장(general support statement)	도입문장의 배경(이유) 혹은 예를 보여주는 내용으로 작성(선택사항)
Essay Issue 도출문장	일반적으로 시험문제의 토픽내용을 Paraphrasing하며 Issue를 작성
주제어(thesis statement)	Issue에 대한 자신의 입장 혹은 본론의 Essay가 어떠한 방향으로 전개될지를 기술(선택사항)

본론 문단 구성 1 (본론을 세 개의 문단으로 구성을 할 경우)

Topic Sentence	Agree or Disagree일 경우 지지하거나 반대하는 Point 작성 Cause and Effect일 경우 Cause 혹은 Effect Point 작성
Supporting Sentence 1	예, 이유, 부연설명, 효과 등으로 Topic Sentence를 합리화시킴
Supporting Sentence 2	이전 부분의 논리 및 글자수에 따라 작성유무를 결정하는 선택 사항이며 Supporting Sentence 1에 추가 혹은 심화된 내용 등으로 전개

본론 문단 구성 2 (본론을 두 개의 문단으로 구성을 할 경우)

Topic Sentence 1(Main Point 1)	Agree or Disagree일 경우 지지하거나 반대하는 Point 1 작성 Cause and Effect일 경우 Cause 혹은 Effect Point 1 작성
Supporting Sentence	예, 이유, 부연설명, 효과 등으로 Topic Sentence 1을 합리화시킴
Topic Sentence 2(Main Point 2)	Agree or Disagree일 경우 지지하거나 반대하는 Point 2 작성 Cause and Effect일 경우 Cause 혹은 Effect Point 2 작성
Supporting Sentence	예, 이유, 부연설명, 효과 등으로 Topic Sentence 2를 합리화시킴

결론 문단의 구성

결론 방법 1	자신의 의견을 피력하며 본론 내용을 다시 작성하며 요약 정리하는 방법 (final opinion and summary)
결론 방법 2	자신의 의견 및 이유를 간략히 피력한 후 문제의 Issue에 대한 해결책 (closing statement)을 제시하는 방법

Day

7

Writing Task 2 Essay
작성 Essential Tips 1

I. Writing Task 2 Essay 작성 전의 Tips

John의 '콕 & 퀵' 핵심정리

구 성	시 간	시험 내용
문제파악	20초	주요 단어들(key words)을 밑줄 치면서 앞으로 Essay에서 Main Topic이 무엇인지 그리고 질문은 무엇을 묻고 있는지 충분히 이해한다.
Brainstorming	1~2분	전개할 내용을 Point별 Idea로 정리한다.
Organising	20초	문단(paragraph) 속 어느 위치에 어떤 Ideas를 어떻게 전개하며 작성할 것인지 그림을 그려본다.

A. 문제를 내 손바닥 보듯 파악하자

이미 Day 5의 Task Response에서 강조했듯이 Essay문제를 읽을 때는 반드시 주요 단어들(key words)에 밑줄 치면서 앞으로 Essay에서 다룰 Main Topic이 무엇인지 그리고 질문이 구체적으로 무엇을 묻고 있는지 충분히 파악해야 합니다. 시간이 없다고 문제 읽는 것을 생략하거나 대충 읽고 작성하기 시작하면 안됩니다.

Example 1

문제 Some people believe that advertisements targeting children may have negative effects on them, and suggest banning such advertisements as a solution. To what extent do you agree or disagree?

어휘 have negative effect on : ~에 부정적인 영향을 미치다

해석 어떤 사람들은 어린이를 타켓으로 하는 광고가 그들에게 부정적인 영향을 미칠 것이라고 믿습니다. 그리고 해결 방안으로서 그러한 광고의 금지를 해결책으로 제안하고 있습니다. 어느 정도까지 당신은 동의 혹은 반대합니까?

Key Points 밑줄치기 : Some people believe that advertisements targeting children may have negative effects on them, and suggest banning such advertisements as a solution. To what extent do you agree or disagree?

▶ Essay는 광고가 아이들에게 부정적인 영향을 미치기 때문에 그러한 광고를 금지해야 하는지 여부를 묻고 있는 찬반 유형입니다.

▶ Essay의 범위는 일반 소비자가 아니라 아이들입니다.

Example 2

문제 Some people think old buildings should be destroyed and replaced with modern buildings. To what extent do you agree or disagree?

어휘 destroy : 파괴하다, 존재하지 않게 하다

해석 어떤 사람들은 오래된 건물이 현대 건물로 교체되어야 한다고 생각합니다. 어느 정도까지 당신은 동의 혹은 반대합니까?

Key Points 밑줄치기 : Some people think <u>old buildings should be destroyed and replaced with modern buildings</u>. To what extent do you agree or disagree?

▶ Essay는 old buildings을 modern buildings로 교체하는 것의 찬반을 묻고 있습니다.

▶ Essay는 old buildings의 장단점만을 작성하는 것이 아니라 modern buildings의 장단점도 비교하며 작성해야 합니다.

B. Point별 Brainstorming은 필수

일반적으로 Essay Brainstorming의 범위는 나, 가족, 지역사회, 국가 그리고 인류 순으로 생각해 보며 작성할 Idea를 결정하면 됩니다. 너무 추상적인 내용보다는 간결하고 합리적인 Point로 정리하는 것이 좋습니다. 주제에서 벗어나지 않게 (off the topic) 문제의 내용과 일치하는 Brainstorming이 되어야 합니다.

Example

문제 Celebrities are overpaid and action needs to be taken to ensure that they receive a fairer income. To what extent do you agree or disagree?

어휘 celebrities : 연예인   overpay : 초과 지급하다   fair : 공평한, 온당한

해석 유명인사들이 지나치게 많은 보수를 받고 있습니다. 그들이 적당한 수입을 벌도록 하기 위한 조치를 취할 필요가 있습니다. 어느 정도까지 동의 혹은 반대합니까?

잘못된 Brainstorming (X)

■ Agree

– Celebrities should be respected for their devotion to society.

– Celebrities can be good mentors to children.

해석 연예인은 그들의 사회에 대한 헌신 때문에 존경받아야 합니다.

　　　연예인은 아이들에게 정신적인 지주가 될 수 있습니다.

■ Disagree

– Celebrities are not different to average people.

– Most celebrities are uneducated.

해석 연예인은 보통사람과 다르지 않습니다.

　　　대부분의 연예인들은 교육을 받지 않았습니다.

▶ 고안해낸 Idea들이 '연예인들의 고소득에 대한 찬반'이 아니라 '그들에 대한 존경심을 가져야 할지' 여부에 대해 말하고 있어 출제문제와 거리가 있습니다.

모범 답의 Brainstorming (O)

■ Agree

– Other people also work hard and are not paid a lot.

– Celebrities waste money paying for things they do not need.

해석 다른 사람들도 역시 힘들게 일하지만 받는 돈은 많지 않습니다.

　　연예인들은 불필요한 것에 돈을 낭비합니다.

■ Disagree

– In order to maintain their image, celebrities need to spend large sums of money.

– Celebrities use their money to establish charities and help others.

어휘 ensure : 확실하게 하다, 보장하다　fair : 공평한, 타당한　income : 수입　waste : 낭비하다　maintain : 유지하다　large sums of

　　money : 큰돈　establish : 설립하다

해석 그들의 이미지를 유지하기 위해서, 연예인들은 많은 양의 돈의 지출이 필요합니다.

　　연예인들은 자선단체를 설립하거나 다른 이들을 돕기 위해 그들의 돈을 씁니다.

John의 '콕 & 퀵' 한 수

> 저자는 강의 중에 Writing을 작성할 때마다 유난히 시간이 부족해 고생하는 학생들에게 서론을 일단 먼저 빠르게 작성한 후 Shortcut Brainstorming을 하라고 조언합니다. 즉, Brainstorming의 Idea를 '경건교인자안스다' ("경건교(?^^)라는 종교가 인자하지 않습니다"의 제주도 사투리(?)) 공식을 응용해 빠르게 Idea를 생각해 보라고 말합니다. 즉, 작성하는 내용의 Idea를 "경제적인가?, 건강에 영향은 어떤가?, 교육적인가(혹은 학업에 도움이 되는가)?, 인권침해는 없는가?, 자연에 미치는 영향(혹은 공해를 유발하는가)은 긍정적인가?, 안전에는 문제가 없는가? 그리고 스트레스에 긍정적 혹은 부정적인 영향이 있는가?, 다음세대(혹은 다른 사람과의 관계)에 어떤 영향을 미치는가?" 등의 관점에서 장단점을 파악해 Idea를 찾으라고 가르칩니다. 모든 Essay에 적용되는 것은 아니지만 Idea를 빠르게 생각해 내지 못하는 학생들이 매우 요긴하게 사용할 수 있는 방법입니다.

C. Organising은 점수 획득의 핵심사항

Essay Brainstorming이 완성됐다면 본론에 몇 개의 문단을 사용할 것이고 어느 문단(paragraph)에다가 어떤 Idea를 작성할 것인지 약 20초 정도 그림을 그리며 간단하게 Organising 하는 것이 좋습니다. Brainstorming을 통해 좋은 idea가 나왔음에도 조직적이지 못한 Essay 전개방식 때문에 논리적인 내용을 전달하지 못한다면 6.0이상의 점수를 받기가 어렵습니다. 이미 Day 6에서 강조했듯이 서론, 본론, 결론 모두를 포함해 4개 혹은 5개의 문단(paragraph)으로 Essay를 작성하는 방식을 추천합니다. 본론을 '찬 + 반' 두 개의 문단으로 구성하는 것보다 세 개 즉, '찬 + 찬 + 반(원인 + 원인 + 해결책)' 혹은 '찬 + 반 + 반(원인 + 해결책 + 해결책)'으로 구성하는 것이 일부 시험관들에 의해 선호되는 경우도 있습니다.

Example 1

문제 Social networking sites have improved the level of communication between individuals but at the same time have also led to a number of problems. What problems have social networking sites caused and what can be done to reduce the extent of these problems?

어휘 extent : 정도

해석 소셜네트워킹 사이트는 개인간 의사소통의 수준을 향상시켰습니다. 그러나 동시에 많은 사회문제를 초래했습니다. 소셜네트워킹 사이트가 어떤 문제를 야기시켰으며, 이러한 문제를 감소시키기 위해 무엇이 해결책입니까?

Case 1 : 세 개의 문단으로 본론 작성(or 문제점 1문단 그리고 해결책 2 문단)

문단 1 Problem -   wasting time

문단 2 Solution 1 - increase the penalty for bullying

문단 3 Solution 2 - limit the time spent on such sites

해석 시간낭비

　　　(집단) 괴롭힘에 대한 형벌 강화

　　　이러한 사이트의 사용 시간 제한

Case 2 : 두 개의 문단으로 본론 작성(or 문제점들 1문단 그리고 해결책들 1 문단)

문단 1 Problems -bullying

　　　　　　　　 - wasting time

문단 2 Solutions - increase the penalty for bullying

　　　　　　　　 - limit the time spent on such sites

해석 (집단) 괴롭힘, 시간낭비

　　　(집단) 괴롭힘에 대한 형벌강화

　　　이러한 사이트의 사용시간 제한

Example 2

문제 In many countries students are forced to participate in community service activities. Discuss the benefits and drawbacks of forcing students to take part in compulsory community service.

어휘 force : 강제로 하게하다   community service : 지역봉사활동   working world : 직장   get paid : 월급 받다   beneficial : 혜택적인

해석 많은 나라에서 학생들이 사회봉사활동 참여에 강요되고 있습니다. 의무적인 사회봉사활동 참여에 학생들을 강요하는 것의 장점과 문제점을 논하시오.

Case 1 : 세 개의 문단으로 본론 작성(혜택 2문단 그리고 문제점 1 문단)

문단 1 Benefit 1 - The community benefits from having students volunteer.

문단 2 Benefit 2 - Students learn important skills they will need in the working world.

문단 3 Drawback - However, students spend less time studying.

해석 지역사회는 학생봉사로 이익을 얻는다.

　　　학생들은 직장에서 필요로 하는 중요한 기술을 배운다.

　　　그러나, 학생들은 공부하는데 시간을 적게 쓴다.

Case 2 : 두 개의 문단으로 본론 작성(혜택들 1문단 그리고 문제점들 1 문단)

문단 1 Benefits − The community benefits from having students volunteer.

　　　　　　　− Students learn important skills they will need in the working world.

문단 2 Drawbacks − Spend less time studying.

　　　　　　　− Getting paid work experience would be more beneficial.

해석 지역사회는 학생봉사로부터 이익을 얻는다.

　　　학생들은 직장에서 필요로 하는 중요한 기술을 배운다.

　　　공부하는데 시간을 적게 쓴다.

　　　유급직장의 경험이 (봉사활동보다) 더 이익이 될 것이다.

II. Writing Task 2 Essay 작성할 때의 Tips

John의 '콕 & 퀵' 작성 중 필수 Tips 핵심정리

A. 문단별 필수 도입문장 암기하기	속도 있는 영작을 위해 각 문단별 도입문장을 유형별로 정리 및 암기해 작성하는 것이 유리하다. (참조 – Day 8 Writing Task 2. Essay 작성 Essential Tips 2)
B. 필수단어 추려 암기하기	Essay에서 많이 쓰는 자신만의 필수단어 및 숙어 List를 만들어 문장과 함께 외우는 습관이 필요하다.
C. 나만의 필수 문법표현 무조건 0.5 Up	관계대명사, 접속사(when S V S V because S V), N –ing, N pp, 분사구문 등을 적극적으로 사용하여 작성하는 것이 필요하다. (참조 – Day 9 Quick 필수 Essay 영작문법)
D. 구체적인 예(details) 작성 필수	답변은 지식 및 경험을 기반으로 구체적으로 작성해야 한다.
E. 비교하기	'while', 'but', 'however', 'more than', 'in contrast' 등의 표현을 사용하여 중요한 point별로 비교되는 대상을 직간접적으로 비교하며 작성한다.
F. 흥미를 끄는 내용으로 논리를 전개하자	상투적인 내용으로 작성하는 것보다 정보를 주는(informative) 혹은 흥미를 끄는(interesting) 내용 중심으로 작성한다.
G. Spoken English 사용하지 않기	일반적으로 글의 수준은 Formal한 문어체(formal written English)로 작성해야 하며 대화체, 은어, 비속어 등은 지양한다.
H. 구두점을 잘 사용하자	정확하지 않은 구두점의 사용은 감점을 받을 수 있다. 구두점의 적절한 사용은 전달하려는 내용을 매우 효과적으로 전달한다.

A. 문단별 필수 도입문장 외워 작성하기

필수문장의 중요도를 감안하여 'Day 8 Essay 작성 Essential Tips 2'에 많은 표현을 작성해 놓았습니다. 이곳에서는 간단한 예만 보여드립니다.

a) 서론 도입문장으로 사용 하거나 혹은 도입문장 바로 다음에 사용 할 수 있는 표현

N is one of the hot issues and has dominated the media in recent times.
Much debate has arisen as to whether N is in fact beneficial for M.

어휘 dominate : 지배하다　in recent times : 근대에 있어서　debate : 토론　in fact : 사실은　beneficial : 유익한, 이로운

해석 N은 가장 뜨거운 이슈 중 하나이며 최근에 대중매체의 강력한 주목을 받아 오고 있습니다.

N이 M에게 실제로 혜택이 되는지에 대한 많은 논쟁이 발생했습니다.

b1) 장점 혹은 혜택 내용을 본론 문단 첫 부분에 작성할 때 요긴한 표현

On the one hand, the benefits of N are numerous.
On the one hand, N has brought an overwhelming number of benefits to M.
Those who consider N to be beneficial for M argue that S V.

어휘 on the one hand : 한편으로는　numerous : 많은　overwhelming : 압도적인　argue : 주장을 하다

해석 한편으로, N의 혜택이 많이 있습니다.

한편으로, N이 M에게 압도적인 숫자의 혜택을 가지고 왔습니다.

N이 M에게 이롭다고 생각하는 사람들은 S V하다고 주장합니다.

b2) 단점 혹은 문제점 내용을 본론 문단 첫 부분에 작성할 때 요긴한 표현

However, the positive effects of this are now being realised by many people. The first and greatest effect is that S V.
However, there are also a number of drawbacks.
On the other hand, some believe that N has done more harm than good. They argue that S V.

해석 하지만 이것의 긍정적인 효과가 많은 사람들에 의해 입증되고 있습니다. 가장 큰 첫 번째 효과는 S V입니다.

하지만 다수의 문제점이 또한 있습니다.

또 한편으로 어떤 사람들은 N이 이점보다는 해를 더 끼친다고 믿습니다. 그들은 S V라고 주장합니다.

c) 장점 혹은 단점을 지지하며 결론을 작성할 때

It is my opinion that these negative long term effects greatly outweigh the short term benefits that N can bring to our everyday life.

어휘 greatly : 대단히, 크게　outweigh : ～보다 더 크다

해석 이러한 장기적인 부정적 효과가 N이 우리의 일상에 가지고 오는 단기적인 혜택보다 더 많다는 것이 나의 의견입니다.

B. 자신만의 필수표현 사용하기

Day 4에서 공부했던 'Writing 필수 기초표현 50'과 함께 본인이 평소에 많이 사용하는 단어 혹은 숙어들의 List를 만들어 예문과 함께 습관적으로 외우는 것도 시험장에서 매우 도움이 됩니다.

John의 '콕 & 퀵' 한 수

Right Wording Choice : 시험장에서는 정확하지 않은 어려운 단어를 쓰는 것보다는 적절한 단어로 작성하는 것이 더 바람직합니다.

Example

Young people who leave home too early are prone to making bad life choices, which may have a big interference on their future.

해석 집을 너무 일찍 떠나는 젊은이들은 잘못된 삶의 선택을 하기 쉬우며 이것은 그들의 미래에 커다란 영향을 미칠 수 있습니다.

'간섭, 방해'의 뜻인 interference보다는 '영향 혹은 효과'의 뜻을 가지고 있는 impact를 사용하는 것이 적절합니다.

자신만의 필수표현 정리

단어 및 숙어	예 문
be likely to V V하기 쉽다	As people travel to more places, they **are likely to** have a greater understanding of the world at large. 해석 사람들이 더 많은 장소로 여행을 함으로써 그들은 전반적으로 세계에 대한 더 큰 이해심을 갖게 됩니다.
contribute to N N에 공헌하다	Consequently, their children may perform poorly at school, and be unable to **contribute to** society. 어휘 consequently : 그 결과 poorly : 좋지 못하게 contribute : 기여하다, 이바지하다 해석 결과적으로, 그들의 아이들은 학교에서 성적이 좋지 못할 수 있으며 그리고 사회에 기여를 하지 못할 수도 있습니다.
not only A but also B A뿐만이 아니라 B 또한	University can be seen as an important foundation equipping students for the workforce, as it **not only** teaches them technical skills **but also** life skills, such as communication and time-management. 어휘 대학은 노동력을 위해 학생들을 준비시키는 중요한 기반으로 생각될 수 있습니다. 왜냐하면, 대학은 그들에게 전문적인 기술뿐만 아니라 의사소통, 조직력, 시간관리와 같은 생활 기술도 가르치기 때문입니다.
a wide range of 광범위한	Arts and culture encompasses **a wide range of** activities that enrich our nation's cultural heritage. 어휘 encompass : 포함하다, 아우르다 enrich : 질을 높이다 cultural heritage : 문화 유산 해석 예술과 문화는 우리 나라의 문화적 유산의 질을 높이는 광범위한 활동을 포함합니다.

allow O to V O가 V하는 것을 허락하다	The tourism industry **allows people to travel** to new and exotic places in order to enjoy experiences that may not be available to them in their own place of residence. 해석 관광산업은 자신의 거주지역에서는 얻을 수 없는 경험을 만끽하기 위해 새롭고 이국적인 장소에 사람들이 여행하는 것을 가능하게 합니다.
as a result of N N의 결과로	In my view, the long term benefits to the host country seem to outweigh the disadvantages that may arise **as a result of** hosting international sporting events. 해석 나의 견해로는, 국제스포츠 대회 개최의 결과로 발생하는 개최국으로의 장기적 혜택이 단점보다 더 크다고 생각합니다.
a great amount of 많은 양의	Governments spend **a great amount of** money on artistic projects such as paintings and sculptures. 해석 정부는 그림이나 조각 같은 예술 프로젝트에 많은 양의 돈을 씁니다.
provide 제공하다	The government should seek to **provide** its citizens with an acceptable standard of living although it has a limited budget. 어휘 seek : 구하다, 추구하다 acceptable : 받아들일 수 있는 해석 정부는 한정된 예산을 가지고 있다고 하더라도 만족할만한 생활수준을 국민들에게 제공해야 합니다.
due to N N 때문에	**Due to** their young age and tender mindset, minors cannot be expected to differentiate between right and wrong at the same level as adults. 어휘 tender : 허약한 mindset : 사고방식 minor : 미성년자 differentiate : 구별하다 해석 어린 나이와 연약한 사고방식 때문에, 미성년자는 성인과 같은 수준으로 옳고 그름을 구별할 것이라고 기대되지는 않습니다.
have an opportunity to V V할 기회를 가지다	Children must **have the opportunity to** mature sufficiently, and their caregivers are responsible for providing them with direction. 어휘 sufficiently : 충분히 caregiver : 돌보는 사람 direction : 방향 해석 아이들은 충분히 발달할 수 있는 기회를 반드시 가져야 하며 그들의 보호자들은 그들에게 방향을 제공할 책임이 있습니다.
by V ing V함으로써	**By controlling** children's behaviour, adults can teach them valuable life lessons. 어휘 valuable : 소중한, 귀중한 해석 아이들의 행동을 조절함으로써, 성인들은 그들에게 값진 삶의 교훈을 줄 수 있습니다.
improve 향상시키다	Public smoking bans have significantly **improved** the health, well-being and cleanliness of countries around the world. 어휘 ban : 금지하다 significantly : 상당히 well-being : 복지, 행복 cleanliness : 청결 해석 공공장소에서의 금연은 전세계 나라들의 건강, 복지 그리고 청결함을 현저하게 향상시켰습니다.
be encouraged to V V하도록 장려되다	A : I believe that students should **be encouraged to** work, provided that it does not significantly interfere with their studies. B : Without doubt a sense of competition encourages children to try harder and do better. 어휘 interfere : 간섭하다 without doubt : 의심할 바 없이 해석 A : 나는 만약 공부에 현저하게 방해 받지 않는다면 학생들은 일하게끔 장려되어야 한다고 믿습니다. 　　B : 경쟁심은 의심할 여지 없이 아이들은 더 노력하고 더 잘하게 격려합니다.

those who V V하는 사람들	**Those who** prefer raising their children in the city would argue that access to fundamental services such as education, transportation and communication is essential to their children's future success as adults, in terms of work and career progression. **어휘** fundamental : 근본적인 in terms of : ～면에서 progression : 진행 **해석** 아이들을 도시에서 키우는 것을 선호하는 사람들은 교육, 교통 그리고 통신과 같은 기본적인 서비스로의 접근성이 그들의 아이들이 성인이 되었을 때인 미래의 성공을 위해 필수라고 주장할 것입니다.
have an effect on N N에 효과를 미치다	They argue that it **had a negative effect on** human right and people are increasingly being isolated from those around them. **어휘** increasingly : 점점 디 isolated : 외별어진 **해석** 그들은 그것이 사람들의 사회화에 부정적인 영향을 주었으며 사람들은 그들 주변의 사람들로부터 점차적으로 고립되고 있다고 주장합니다.
lead to ～로 이어지다	Although there are some advantages of children owning mobile phones, allowing them to use these phones may **lead to** undesirable outcomes. **어휘** undesirable : 원하지 않는 outcome : 결과 **해석** 비록 아이들이 핸드폰을 소유하는 것에 장점이 있다고 하지만 그들이 핸드폰을 소유하는 것을 허락하는 것은 바람직하지 않은 결과를 야기시킬 수도 있습니다.
provided that S V 만일 S V라면	Students should be free to use their own phones if they choose to, **provided that** it does not disturb other students. **어휘** disturb : 방해하다 **해석** 만약 다른 학생들을 방해하지 않는다면 학생들은 그들의 선택에 따라 자신의 핸드폰을 자유롭게 사용할 수 있어야 합니다.
be exposed to N N에 노출되다	Heart disease, strokes and several forms of cancer can also affect non-smokers, as they **are** often **exposed to** second-hand smoke. **어휘** heart disease : 심장병 stroke : 뇌졸중 non-smoker : 비흡연가 second-hand smoke : 간접흡연 **해석** 비흡연자들이 간접흡연에 자주 노출될 때 그들은 심장병, 뇌졸중 그리고 여러 형태의 암에 걸릴 수 있습니다.

C. 나만의 필수문법 사용하기 (무조건 0.5 Up!)

단기간에 7.0 이상의 점수를 올리는데 가장 효과적인 방법 중 하나는 중요한 문법표현을 익혀 Essay 작성시 적절히 응용하는 것입니다.

i) 복합 문장(when(if) S V, S V as(because) S V)
하나 혹은 두 개의 접속사를 사용하여 절을 연결합니다.

Example

For example, when parents have trouble reading and writing, their children are more likely to struggle academically, as parents are important role models for their children.

어휘 more likely to : 좀더 ~할 것 같은   struggle : 고투하다, 몸부림치다   academically : 학술적으로   role model : 모범이 되는 사람

해석 예를 들어, 부모가 읽고 쓰는 것에 문제를 가지고 있을 때, 그들의 아이들은 학업적으 어려움을 겪기 쉽습니다. 왜냐하면, 부모는 그들의
　　자식들에게 중요한 롤모델이기 때문입니다.

▶ 'when S V, S V as S V' 형태로 연결, 'S V할 때, S V하기 때문에 S V합니다'

ii) 관계대명사의 목적격(N (that) S V)
주어(S) 동사(V)가 앞의 명사(N)를 꾸며줍니다.
'the book (that) I read', '내가 읽었던 책'
'the car (that) she drove', '그녀가 운전했던 차'

Example

Non-smokers should be protected from the numerous diseases that inhaling smoke causes.

어휘 inhaling : 숨을 들이마시다   cause : 야기시키다

해석 비흡연자는 담배연기를 흡입하는 것이 초래하는 다수의 질병으로부터 보호받아야 합니다.

▶ inhaling smoke causes가 the numerous diseases를 수식해줌

iii) 과거분사(pp)
pp가 '~된'의 뜻을 가지고 앞에 나온 명사를 꾸며줍니다.
'the house built in 1950', '1950년에 지어진 집'
'the lady hired by him', '그 남자에 의해 고용된 그 여자'

Example

They believe that the scientific benefits do not justify the suffering caused to animals, and that more humane methods of research should be developed.

어휘 justify : 정당화시키다   humane : 인도적인   method : 방법

해석 그들은 과학적인 혜택이 동물들에게 주는 고통을 정당화시킬 수 없으며 고통을 덜 주는 연구방법이 개발되어야 한다고 믿습니다.

▶ caused가 the suffering을 수식해줌

iv) 현재분사(V ing)

V ing가 '~중인'의 뜻을 가지고 앞에 나온 명사를 꾸며줍니다.

the girl crying under the bridge '다리 밑에서 울고 있는 그 소녀'

a restaurant offering a nice service '훌륭한 서비스를 제공하는 식당'

Example

There has been a marked increase in the number of international tourists visiting the country to find out more about Korean culture and history.

해석 한국의 문화와 역사에 대하여 더 알기 위해 한국을 방문하는 국제관광객의 수에 현저한 증가가 있어왔습니다.

▶ visiting the country가 앞에 나온 international tourists를 수식해줌

v) 분사구문

때(when), 이유(why), 양보(although), 부대상황 등의 추가정보를 분사구문을 통해 표현할 수 있습니다. 하지만 구분이 애매할 경우가 많아 Essay에서는 이 중 동시에 발생하는 동작을 추가 설명하는 '부대상황 분사구문' 사용만을 추천합니다. 즉, "그는 그의 팔을 뻗으며 하품을 했다."를 다음처럼 작성할 수 있습니다.

"He yawned, stretching his arms."

Example

Mobile phones can be a distraction for children, resulting in disappointing school performance.

어휘 distraction : 집중을 방해하는 것   result in : 그 결과 ~가 되다   disappointing : 실망스러운   school performance : 학교 성취

해석 핸드폰은 실망스러운 학교 성적의 결과를 초래하면서 아이들에게 방해가 될 수 있습니다.

▶ 부대상황이 아닌 결과로 볼 수도 있습니다. 이럴 경우에는 앞 뒤의 문맥을 통해 구별하면 됩니다.
좀 더 체계적이고 자세한 공부를 위해 Day 9 Chapter 'Quick 필수 Essay 영작문법'을 참조하십시오. 단기간에 고득점을 목표하는 수험생들에게 절대적으로 필요합니다.

D. 본론의 문단은 항상 구체적으로 작성

답변은 지식 및 경험을 기반으로 구체적으로 작성하는 것이 좋습니다.

Example

For example, Vincent Van Gogh is considered one of the most talented and successful artists of all time, yet he did not sell a single painting during his lifetime.

어휘 of all time : 역대

해석 예를 들어, 빈센트 반 고흐는 모든 시대에서 가장 훌륭하고 성공적인 예술가로 간주됩니다. 그러나 그는 그의 일생 동안 단 한 점의 그림도 팔지 않았습니다.

▶ 'Vincent Van Gogh'를 인용하면서 논리를 구체적이고 설득력 있게 전개합니다.

E. 비교하기(comparison)

문제에 'compare'라는 말이 직접적으로 나오지 않았다고 하더라도 문제의 내용상 비교하며 논해야 할 때 'while', 'but', 'however', 'more than', 'in contrast' 등의 표현을 사용하여 직·간접적으로 비교하며 작성해야 합니다.

문제 The country is a better place for children to grow up than a large city.
해석 아이들이 성장하기에 시골이 큰 도시보다 더 나은 장소입니다.

Children who grow up in big cities are surrounded by many more opportunities, and are likely to be more motivated to have a successful career than those who have only lived in the country.
어휘 surrounded : 둘러싸인   motivated : 자극 받은, 동기가 부여된
해석 큰 도시에서 성장하는 아이들에게 더 많은 기회가 부여됩니다. 그리고 그 아이들은 오직 시골에서만 살아온 아이들보다 훌륭한 직업을 가지게끔 더 많이 동기부여가 되기 쉽습니다.

F. 흥미를 끄는 내용으로 논리를 전개하자

문단 속의 각 문장은 충분히 자기역할을 해야 합니다. 즉, Essay의 그 어떤 문장도 단지 글자수를 채우는 듯한 인상을 주거나 진부한 내용으로 작성하는 것이 아니라 정보를 주는(informative) 문장 혹은 흥미를 끄는(interesting) 내용으로 작성하는 것이 좋습니다.

For example, 'green' initiatives, such as recycling, the subsidised installation of solar panels and carbon taxes, are starting to have an impact on new economic developments.
어휘 initiative : 계획   subside : 지원하다   installation : 설치   solar panel : 태양 전지판   carbon taxes : 탄소세(온실 효과를 가져오는 이산화탄소 배출에 대한 세금)   have an impact on : ~에 영향을 주다   economic development : 경제발전
해석 예를 들어, 재활용, 태양패널설치의 보조금 그리고 탄소세와 같은 그린사업은 새로운 경제발전에 영향을 미치고 있는 중입니다.

▶ 현재 일부 선진국에서 환경보전을 위해 실행되는 정책들을 예로 열거하면서 주장하는 논리에 전문성을 더하고 있습니다.

> **Did you know?** Such as & Like
> 'such as'는 앞에서 언급한 내용의 예를 열거할 때 사용하며 일반적으로 앞에 콤마를 사용합니다.
> 반면 'such as' 유사한 'like'는 일반적으로 less formal하며 Writing에서는 'such as'보다는 덜 사용됩니다.

G. 삼가해야 할 Spoken English

일반적으로 Essay는 Formal한 문어체(formal written English) 표현으로 작성해야 하며 대화체, 은어, 비속어 등은 사용하면 안됩니다. 또한 추가설명이 생략된 채로 something, anything 혹은 nothing과 같은 막연한 부정대명사는 사용하지 않는 것이 좋습니다.

〈수정 전〉

I think we really must not sell or buy any cigarettes at shops 'cause it's gonna get rid of any will to smoke and help the public stay away from it.

어휘 get rid of : 제거하다   stay away from : ∼로부터 가까이하지 않다

▶ 지나치게 대화체 형식으로 작성했습니다.

〈수정 후〉

In my opinion, smoking should be banned in all public places, both to discourage smoking and to protect the public from the health risks of passive smoking.

어휘 passive smoking : 간접 흡연

해석 내 의견으로는, 흡연을 억제하고 간접흡연의 위험으로부터 대중을 보호하기 위해 공공장소에서 흡연은 금지되어야 합니다.

〈수정 전〉

Most parents are not trained teachers, and may lack something required to teach children effectively.

어휘 lack : 부족, 결핍   effectively : 효과적으로

▶ 'something'과 같은 막연한 단어보다는 'the skills and knowledge'로 바꾸어 구체적으로 쓰는 것이 좋습니다.

〈수정 후〉

Most parents are not trained teachers, and may lack the skills and knowledge required to teach children effectively.

해석 대부분의 부모는 훈련된 교사가 아닙니다. 그리고 자녀를 효과적으로 가르치기 위해 요구되는 기술과 지식이 부족할지 모릅니다.

H. 구두점(punctuation)은 신사의 구두

구두점을 정확하게 사용하지 않으면 아무리 수준 높은 문장이라도 부실하게 보입니다. 역으로 적절히 사용한다면 전달하려는 내용이 매우 효과적이고 정확하게 전달될 수 있습니다.

a) 마침표(.)를 문장의 끝에 꼭 사용하세요.

Water shortages are a serious problem that affects everybody. (X)
해석 물 부족은 모든 사람에게 영향을 주는 심각한 문제입니다.

b) 콤마(,)는 복잡하거나 혼동하기 쉬운 문장을 더 명확하게 만드는 역할을 합니다. 즉, 표현이 너무 길거나 복잡하다고 느낄 때 해당 문장을 교통정리 한다는 생각으로 콤마를 사용하면 됩니다.

As a whole, it is clear that public smoking bans are very good and effective government policies. They have significantly improved the health, well-being and cleanliness of countries around the world, and should be considered by every government.

해석 총괄적으로, 흡연금지는 훌륭하고 효과적인 정부정책이라는 것이 확실합니다. 그것은 전세계에 걸쳐 국가의 건강, 복지 그리고 청결함을 고무적으로 향상시켰습니다. 그리고 모든 정부에 의해 검토되어야 합니다.

열거하는 A, B and C에서 and 앞에도 콤마를 넣을 수도 있으나 일반적으로 and가 그 기능을 하고 있음으로 사용하지 않아도 됩니다.

Research shows that smoking causes heart disease, strokes and several forms of cancer.

해석 연구조사는 담배가 심장병, 뇌졸증, 그리고 여러 형태의 암을 유발시킨다고 보여줍니다

▶ heart disease strokes and several forms of cancer

c) 세미 콜론(;)은 두 개의 절이 밀접한 관계를 가지고 있거나 작성한 절에 추가적으로 부연설명이 필요할 때 사용합니다. 꼭 사용하십시오.

Companies have benefited greatly from the invention of television; as it has been used as an effective vehicle of advertising which brings products directly to the attention of consumers.

어휘 consumer : 소비자

해석 기업들은 텔레비전의 발명으로부터 큰 혜택을 받아왔습니다. 왜냐하면, 텔레비전은 상품이 소비자의 주의를 끌게끔 효과적인 광고매개물로 사용되어 왔기 때문입니다.

Television has benefited society in many ways; it is a reliable source of news and entertainment.

어휘 benefit : 혜택   reliable : 믿을 수 있는

해석 텔레비전은 사회에 많은 방식으로 혜택을 주었습니다. 그것은 신뢰할만한 뉴스와 오락의 원천입니다.

d) 아포스트로피(')는 Tom's clothes와 같은 소유격에서는 사용하지만 축약을 위해서는 사용하지 않습니다.

It's clear that the media is a powerful tool that can be used to great effect. (X)

해석 대중매체가 매우 효과적으로 사용될 수 있는 힘있는 도구라는 것은 분명한 사실입니다.

▶ 축약 형태인 it's가 아니라 it is로 작성해야 합니다.

e) 기타 '-' 나 괄호'( )'와 같은 informal한 기호는 사용하지 않는 것이 좋습니다.

Any solution adopted to address this complex issue must involve a concerted effort by all key stakeholder groups - individuals, governments and industries. (X)

어휘 concerted : 합심한   stakeholder : 이해 당사자

해석 이 복잡한 문제를 해결하기 위해 채택된 해결책은 개인, 정부 그리고 산업 등 모든 주요 이해관계자들의 협동의 노력을 반드시 포함하고 있어야 합니다.

▶ '–' 대신에 'such as'를 사용하는 것이 적절합니다.

III. Writing Task 2 Essay 작성 후의 Tips

일반적으로 시험장에서 약 3분 정도를 남기고 Task 1 그리고 Task 2 모두를 완성하는 것이 좋습니다. 나머지 3분동안에는 0.5에서 1점의 차이를 만들 수 있는 마무리 Check를 꼭 하십시오.

Final Check가 매우 중요하기 때문에 '마지막 3분 Checklist'를 부록에 준비했습니다.
꼭 참조하세요.

마무리 Checklist 기본 10계명

1. 시제가 바르게 사용되었는가?
2. 동사 특히 'be'동사를 두 번 사용하거나 빼먹지는 않았는가?
3. 명사 앞의 관사를 제대로 사용했는가? (명사 단복수 구별 포함)
4. 주어와 동사가 일치했는가? (3인칭 단수 현재 동사 뒤에 's'사용 포함)
5. 전치사가 적절히 사용되었는가?
6. 자동사와 타동사를 혼동하여 사용하지 않았는가?
7. 수동태와 능동태가 구별되었는가?
8. 접속사를 부적절하게 사용했거나 빼먹지는 않았는가?
9. 바른 철자법 사용 및 대소문자를 구별했는가?
10. 적절한 마침표를 사용했는가?

Example (서론 및 본론)

문제 Some believe that a sense of competition should be encouraged in school children. To what extent do you agree or disagree?

해석 어떤 사람들은 경쟁하는 것이 학교학생들에게 장려되어야 한다고 믿습니다. 당신은 어느 정도까지 동의하거나 혹은 반대합니까?

Answer Check (5.5 수준)

It is true that competition is everywhere, from a (a 생략 – 3. 명사 앞의 관사를 제대로 사용했는가?) sporting events to the business world. Meanwhile, some saying (say – 4. 주어와 동사가 일치했는가?) that we should encorage (encourage – 9. 바른 철자법 및 대소문자를 구별했는가?) school children to compete in school, but there are also many, including myself, who disagree with this argument. This essay will explor (explore – 9. 바른 철자법 및 대소문자를 구별했는가?) both views.

해석 스포츠경기부터 비즈니스분야까지 어디에나 경쟁이 있다는 것은 사실입니다. 이러는 와중에. 어떤 이들은 학교 아이들이 학교에서 경쟁하는 것을 장려해야 한다고 말합니다. 그러나 또한 나를 포함한 많은 사람들이 이 주장에 반대합니다. 이 에세이는 양쪽의 입장 모두를 살펴볼 것입니다.

On one hand, some may be (be 생략 – 2. 동사 특히 'be'동사를 두 번 사용하거나 빼먹지는 않았는가?) argue that a sense of competition helps children to perform better at school. This is because, when school children compete against one another, they tend to read and write more and focus on their class. Consequently, those who compete at school is (are – 3. 명사의 단복수를 구별했는가?) better able to survive in society when they have grow (grown – 1. 시제가 바르게 사용되었는가?) up, because of (of 생략 – 8. 접속사를 부적절하게 사용했거나 빼먹지는 않았는가?) they have learned how to survive in competitve (competitive – 9. 바른 철자법 및 대소문자를 구별했는가?) society.

해석 한편으로, 어떤 이들은 경쟁심이 학생이 학교에서 공부를 더 잘하도록 도와줄 것이라고 주장할 지 모릅니다. 왜냐하면, 학교 학생들이 서로 경쟁할 때, 그들은 더 읽고 쓰며 그들의 수업에 집중하는 경향이 있기 때문입니다. 결과적으로, 학교에서 경쟁하는 아이들은 그들이 성장했을 때 사회에서 더 잘 생존해 나갈 것 입니다. 왜냐하면 그들은 경쟁사회에서 어떻게 생존해야 하는지를 배웠기 때문입니다.

However, it is certain that children will suffering (suffer – 1. 시제가 바르게 사용되었는가?) from significant amounts of stress. In other word (words – 3. 명사의 단복수를 구별했는가?), if a (a 생략 – 3. 명사 앞의 관사를 제대로 사용했는가?) young children just compete like a machine they will break down soon because of they cannot cope with the pressure like adults. Beside, (Besides – 9. 바른 철자법 및 대소문자를 구별했는가?) it is also a fact that children may become less social when competing. For example, many research (researches – 3. 명사의 단복수를 구별했는가?) has (have – 4. 주어와 동사가 일치했는가?) demonstrated that those school children who compete excessively in school are more likely to develop problems in thir (their – 9. 바른 철자법 및 대소문자를 구별했는가?) relationships with their school mates and this may has (have – 4. 주어와 동사가 일치했는가?) a negative impact in (on – 5. 전치사가 적절히 사용되었는가?) their future mental state as they grew (grow – 1. 시제가 바르게 사용되었는가?) into adulthood.

해석 그러나, 아이들이 큰 정신적인 스트레스 때문에 고통을 받을 것이라는 것에는 의심의 여지가 없습니다. 즉, 어린아이가 단지 기계처럼 경쟁만 한다면 그들은 성인처럼 압박에 대처하지 못하기 때문에 곧 지쳐 쓰러질 것입니다. 게다가, 경쟁을 할 때 아이들이 덜 사교적이 될 수 있다는 점 또한 사실입니다. 예를 들자면, 많은 학자들은 학교에서 과도하게 경쟁하는 아이들은 그들의 학우들과의 관계에서 문제를 만들 가능성이 높다는 것과 이것이 그들이 성인이 되면서 미래의 정신상태에 부정적인 영향을 미칠 수 있다고 증명해 오고 있습니다.

Quick 핵심 Point Review

작성 전 필수 Tips

문제파악	주요 단어들(key words)을 밑줄 치면서 앞으로 Essay에서 Main Topic이 무엇인지 그리고 질문은 무엇을 묻고 있는지 충분히 이해한다.
Brainstorming	전개할 Idea를 Point별로 정리한다.
Organising	어느 문단(paragraph)에 어떤 Idea를 작성할 것인지 그림을 그려본다.

작성 중 필수 Tips

A. 문단별 필수 도입문장 암기하기	속도 있는 Essay 작성을 위해 각 문단별 도입 문장을 미리 암기해 작성하는 것이 유리하다.
B. 필수단어 추려 암기하기	Essay에서 많이 쓰이는 필수단어 및 숙어 List를 만들어 문장과 함께 외우는 습관이 필요하다.
C. 나만의 필수문법 무조건 0.5 Up	관계대명사, 접속사(when S V, S V because S V), N –ing, N pp, 분사구문을 적극적으로 사용해 작성한다.
D. 구체적인 예(details) 작성 필수	답변은 지식 및 경험을 기반으로 구체적으로 작성한다.
E. 비교하기	비교를 요구하는 경우 'while', 'but', 'however', 'more than', 'in contrast' 등의 표현을 사용하여 중요한 point별로 비교되는 대상을 직 간접적으로 비교하며 작성한다.
F. 흥미를 끄는 내용으로 논리를 전개하자	진부한 내용으로 작성하는 것보다 정보를 주는 문장(informative) 혹은 흥미를 끄는(interesting) 문장 중심으로 작성한다.
G. Spoken English 사용하지 않기	일반적으로 글의 수준은 Formal한 문어체(formal written English)로 작성해야 하며 대화체, 은어, 비속어 등은 지양한다.
H. 구두점을 잘 사용하자	정확하지 않은 구두점의 사용은 감점을 받을 수 있다. 적절한 구두점 사용은 전달하려는 내용을 매우 효과적으로 전달한다.

작성 후 필수 Tips

1. 시제가 바르게 사용되었는가?
2. 동사 특히 'be'동사를 두 번 사용하거나 빼먹지는 않았는가?
3. 명사 앞의 관사를 제대로 사용했는가? (명사 단복수 구별 포함)
4. 주어와 동사가 일치했는가? (3인칭 단수 현재 동사 뒤에 's'사용 포함)
5. 전치사가 적절히 사용되었는가?
6. 자동사와 타동사를 혼동하여 사용하지 않는가?
7. 수동태와 능동태가 구별되었는가?
8. 접속사를 부적절하게 사용했거나 빼먹지는 않았는가?
9. 바른 철자법 사용 및 대소문자를 구별했는가?
10. 적절한 마침표를 사용했는가?

Day

8

All that
IELTS
스피드 완성

**Writing Task 2 Essay
작성 Essential Tips 2**

문단의 첫 문장을 시작하는데 어려움을 느끼는 수험생들을 위해 암기해 사용하면 유리한 표현을 모아 보았습니다. 단 과도한 사용은 글자수만을 채워 넣는다는 인상을 주어 점수에 역효과로 작용될 수도 있으므로 각 문단에 적정한 수만을 사용하는 것이 바람직합니다.

I. 서론도입에 사용되는 표현

A. 서론의 도입문장으로 혹은 도입문장 다음에 사용할 수 있는 표현

N is one of today's hot issues that has dominated the media in recent times.
The controversy about whether or not S V is a matter of hot debate in modern society.
Much debate has arisen as to whether N is in fact beneficial for M.
People are divided on the issue of N.

어휘 dominate : 지배하다   controversy : 논란   arise : 발생하다   beneficial : 이로운   divide : 분열시키다

해석 N은 최근 대중매체의 강한 주목을 받고 있는 뜨거운 이슈 중 하나입니다.

S V인지 아닌지 하는 논란이 현대사회에서 뜨거운 논쟁이 되고 있습니다.

N이 M에게 실제로 혜택이 되는지에 대한 많은 논쟁이 발생했습니다.

사람들은 N에 대한 이슈에 관하여 (다른 의견을 가지고) 나뉘어집니다.

B. 주제어문장 앞에 사용할 수 있는 표현 1

While some consider it advantageous to V, there are many who believe that it is detrimental for N.
Some people feel that this is a positive trend whilst others are much more critical.
There are some who believe that S V, whilst others disagree and argue that S V.
Although it may lead to many rich rewards, there are also numerous drawbacks.

어휘 advantageous : 이로운, 유리한   detrimental : 해로운   although : 비록 ~이긴 하지만   reward : 보상, 사례   numerous : 많은

drawback : 결점, 문제점

해석 어떤 사람들은 V하는 것이 유리하다고 생각하지만 그것이 N에게 해롭다고 믿는 사람들이 있습니다.

어떤 사람들은 훨씬 더 비관적인 반면에 어떤 사람들은 이것이 긍정적인 현상이라고 생각합니다.

S V라고 믿는 사람들이 있습니다. 반면에 다른 사람들은 반대하며 S V라고 주장합니다.

비록 그것이 많은 장점으로 이어질 수 있지만 다수의 단점 또한 존재합니다.

C. 주제어문장 앞에 사용할 수 있는 표현 2

Opinions differ when it comes to whether S V is a positive trend, or…

Whether S V is often disputed and opinions vary as to whether it is beneficial or harmful for N.

어휘 dispute : 분쟁   beneficial : 유익한   harmful : 해로운

해석 S V가 긍정적인 현상인지 혹은 ~인지에 관해서 의견이 분분합니다.

S V인지가 종종 논쟁되고 있으며 그것이 N을 위해 이로운지 아니면 해로운지에 관해 의견이 분분합니다.

D. 주제어문장으로 사용할 수 있는 표현

This essay will discuss both positions, and I will conclude with my personal opinion.

This essay will consider both perspectives.

This has been an on-going issue that is often debated in our society.

This issue has been a matter of constant debate.

어휘 conclude : 결론을 내리다   perspective : 관점, 시각   on-going : 계속 진행 중인   constant : 끊임없는

해석 이 에세이는 양쪽 입장에 대해 논할 것이며 나는 나의 개인적인 의견으로 결론을 내리겠습니다.

이 에세이는 양쪽의 견해를 검토할 것입니다.

이것은 우리 사회에서 자주 논쟁되고 있는 지속적인 이슈가 되어왔습니다.

이 이슈는 계속되는 논쟁의 쟁점이 되어왔습니다.

응용 Exercise

While some consider it advantageous to V, there are many who believe that it is detrimental for N.

해석 어떤 사람들은 V하는 것이 유리하다고 생각하지만 그것이 N에게 해롭다고 믿는 많은 사람들이 있습니다.

▶ to 다음에 동사 'host'를 그리고 for 다음에 명사형 'the host country and its residents'를 사용해 다음처럼 완성합니다.

While some consider it advantageous to host such events, there are many who believe that it is detrimental for the host country and its residents.

어휘 while : 비록 ~일지라도(문장 앞에서는 although처럼 해석됩니다.)   consider : 사려하다   advantageous : 이로운, 유리한
detrimental : 해로운   resident : 거주자

해석 비록 어떤 사람들은 그러한 이벤트를 개최하는 것이 유리하다고 생각하지만 그것이 개최국가 및 국민들에게 해롭다고 믿는 많은 사람들이 있습니다.

> **Did you know?** 문장 앞에 위치하는 While
> 문장 앞의 while은 일반적으로 although의 뜻으로 해석합니다.

John의 '콕 & 퀵' 한 수

a, b, c, d 표현을 조합해 다음과 같은 서론틀을 만들 수 있습니다. (참조 Day 17인생역전 찍기틀) 단, 이러한 틀은 요령
중심으로 작성되었다는 인상을 주어 감점을 받을 수 있으니 주의깊게 사용되어야 합니다.

N is one of the hot issues and has dominated the media in recent times. Some people feel that this is
a positive trend, whilst others are much more critical. This essay will discuss both positions, and I will
conclude with my personal opinion.

해석 N은 최근 대중매체를 장악한 가장 뜨거운 이슈중의 하나입니다. 어떤 사람들은 훨씬 더 비관적인 반면에 다른 사람들은 이것이 매
우 긍정적인 추세라고 생각합니다. 이 에세이는 양쪽의 의견에 대해 논할 것이며 나는 나의 의견으로 결론을 내리겠습니다.

John의 '콕 & 퀵' 한 수

암기한 문장과 시험장에서 본인이 직접 작성하는 표현은 같은 수준을 유지하면서 자연스럽게 연결되어야 합니다.
즉, 암기해 작성한 문장의 수준이 Advance이지만 이에 연결 혹은 삽입되는 문장들의 표현이 매우 제한되어 있거
나 문법적으로 다수의 결함을 가지고 있다면 점수에 부정적인 영향을 줄 가능성이 높습니다.

Example

This essay will show that the minor drawback of N is of only small significance when compared to the
greater merits of (both) N.

어휘 significance : 중요성, 중대성   compared to : ~와 비교하여

해석 이 에세이는 ~라는(N) 작은 단점이 ~라는(N) 더 큰 장점과 비교해 전혀 중요하지 (크지) 않다는 것을 보여줄 것입니다.

틀과 삽입된 표현과 수준차이가 없게 작성한 예

This essay will show that the minor drawback of the invasion of privacy is of only small significance
when compared to the greater merits of both a safer world and less anxious citizens.

어휘 invasion : 침략   significance : 중요성   citizen : 시민

해석 이 에세이는 사생활 침해라는 작은 단점이 더 안전한 세상 그리고 국민들의 줄어든 근심이라는 더 큰 장점과 비교해 전혀 크지 않
다는 것을 보여줄 것입니다.

▶ 'the invasion of privacy', 'a safer world and less anxious citizens'의 수준과 틀의 수준에 큰 차이가 없이
자연스럽게 연결되고 있습니다.

Did you know? 소유격 's" VS of'
– 사람일 경우 : 's
– 무생물일 경우 : 'of' 무생물 중 시간, 거리, 가격 등에 사용하거나 무생물을 의인화 했을 때 's의 소유격 사용이
가능합니다.

II. 본론 시작을 이끌어주는 매직표현

A. 찬성 도입표현

장점 혹은 혜택 문단 첫 부분을 작성할 때 요긴한 표현

On the one hand, the benefits of N are numerous.
On the one hand, N has brought an overwhelming number of benefits to M.
Those who consider N to be beneficial for M argue that S V.
Perhaps the most important benefit of N is K or S V.
One of the most important benefits of N is that S V.

해석 한편으로, N의 혜택이 많습니다.

한편으로, N이 M에게 압도적인 숫자의 혜택을 가지고 왔습니다.

N이 M에게 이롭다고 생각하는 사람들은 S V라고 주장합니다.

아마도 N의 가장 중요한 혜택은 K 혹은 S V일것입니다.

N의 가장 중요한 혜택중의 하나는 S V라는 점입니다.

찬성문단 첫 부분을 작성할 때 요긴한 표현

People in favour of this practice argue that it is better for N to V.
The obvious argument in its favor is that S V.
Advocates of this believe that S V.
Supporters of the first opinion argue that S V.
There are many reasons why N should V and the first one is that S V.

어휘 obvious : 분명한   argument : 논쟁   advocate : 지지하다   supporter : 지지자

해석 이 실행을 지지하는 사람들은 V하는 것이 N을 위해 더 좋다고 주장합니다.

그것을 지지하는 명백한 주장은 S V라는 점입니다.

이것의 지지자들은 S V라고 주장합니다.

첫 번째 의견의 지지자들은 S V라고 주장합니다.

왜 N이 V를 해야 하는지에 대한 많은 이유가 있으며 첫 번째 이유는 S V입니다.

한 쪽의 주장을 문단 첫 부분에 작성할 때 요긴한 표현

On one side of the debate it has been argued that S V.
Those who V argue that S V as S2 V2.
Those who believe S V cite N as N2.

해석 논쟁의 한편으로, S V하다고 주장되어 왔습니다.

V하는 사람들은 S2 V2하기 때문에 S V하다고 주장합니다.

S V하다고 믿는 사람들은 N이 N2라고 인용합니다.

응용 Exercise

Those who V argue that S V as S V.

Those who smoke argue that the government's support should continue, as they also have a fundamental right as citizens to be protected by the government.

해석 흡연자들은 그들 또한 시민으로서 정부로부터 보호받을 기본적인 권리를 가지고 있기 때문에 정부의 지원은 계속되어야 한다고 주장합니다.

B. 반대 도입표현

단점 혹은 문제점 문단 첫 부분을 작성할 때 요긴한 표현

However, the positive effects of this are now being realised by many people. The first and greatest effect is that S V.
However, there are also a number of drawbacks.
However, the negative impact of N cannot be overlooked.
On the other hand, some believe that N has done more harm than good. They argue that S V.
Despite the drawbacks of N, S V, as S2 V2.
Despite many advantages of N, there are a number of negative aspects that cannot be ignored.

어휘 negative : 부정적인   impact : 영향   overlook : 간과하다   despite : ~에도 불구하고   aspect : 측면   ignore : 무시하다

해석 하지만 이것의 긍정적인 효과가 많은 사람들에 의해 입증되고 있습니다. 가장 큰 첫 번째 효과는 S V입니다.

하지만, 다수의 문제점이 또한 있습니다.

하지만, N의 부정적인 효과가 무시될 수 없습니다.

또 한편으로, 어떤 사람들은 N이 이점보다는 해를 더 끼친다고 믿습니다. 그들은 S V라고 주장합니다.

N의 문제점에도 불구하고 S2 V2하기 때문에 S V합니다.

N의 많은 장점에도 불구하고 무시될 수 없는 다수의 부정적 측면들이 있습니다.

반대문단 첫 부분에 작성할 때 요긴한 표현 1

However, these arguments miss an important point.
Those against the idea of N argue that S V.
Those tending toward the second opinion say that S V.
Opponents to this push for N have argued that S V.
On the other hand, those opposed to the idea of N feel that S V.
On the other hand, many people raise objections to N.
On the other hand, critics who are opposed to N argue that S V.

해석 하지만 이러한 주장들은 중요한 포인트를 놓치고 있습니다.

N의 생각에 반대하는 사람들은 S V라고 주장합니다.

두 번째 의견을 지지하는 사람들은 S V라고 말합니다.

N을 지지하는 주장에 반대하는 사람들은 S V라고 주장합니다.

또 한편으로, N의 의견에 반대하는 사람들은 S V라고 생각합니다.

또 한편으로, 많은 사람들은 N에 반대합니다.

또 한편으로, N에 반대하는 비평가들은 S V라고 주장합니다.

반대문단 첫 부분에 작성할 때 요긴한 표현 2

However, the reverse is also true.
However, some may argue that S V.
However, there are also many people who place more value on N.
On the other hand, those who prefer N would argue that S V.

해석 하지만, 반대의 경우 또한 사실입니다.

하지만, 어떤 사람들은 S V라고 주장할지 모릅니다.

하지만, N에 더 많은 가치를 두는 많은 사람들이 또한 있습니다.

또 한편으로, N을 선호하는 사람들은 S V라고 주장할 것입니다.

응용 Exercise 1

Those against the idea of N argue that S V.

▶ 전치사 다음에는 명사형만이 올 수 있으므로 of 다음에는 명사를 쓰거나 동명사만을 사용할 수 있습니다.

Those against the idea of having teenagers leave home at such an early age argue that life's hardships and pressures are too much for these young adults to handle on their own.

어휘 hardship : 어려움   pressure : 압박

해석 10대들이 그렇게 이른 나이에 집을 떠나는 것에 반대하는 사람들은 삶의 어려움과 압박이 이러한 젊은이들 혼자 다루기에는 너무 가혹하다고 주장합니다.

응용 Exercise 2

Despite the many advantages S V, there are a number of negative aspects that cannot be ignored.

해석 S V하는 많은 장점에도 불구하고, 무시하지 못할 많은 다수의 부정적인 측면들이 있습니다.

Despite the many advantages children enjoy by growing up in the countryside, there are a number of negative aspects that cannot be ignored.

해석 시골에서 성장함으로써 아이들이 누리는 그 많은 장점에도 불구하고 무시할 수 없는 다수의 단점이 있습니다.

▶ S V에 'children enjoy'를 넣었으며 'advantages'를 꾸미고 있습니다.

C. 본론 해결책 및 이유 도입표현 (Cause and Effect 표현)

To find a solution to this problem, it is important that S V.
Another important solution is that S V.
A number of programs exist to solve the problem.
One reason why S V is that S2 V2.
The second reason why S V is that S2 V2.

해석 이 문제점의 해결책을 찾기 위해 S V는 중요합니다.

또 다른 중요한 해결책은 S V입니다.

그 문제를 해결하기 위해 다수의 프로그램이 존재합니다.

왜 S V인 한 이유는 S2 V2입니다.

왜 S V인 두 번째 이유는 S2 V2입니다.

응용 Exercise

> One reason why S V is that S V.

One reason why children should be introduced to computers at a young age is that if children want to function in today's high-tech society, then it is essential for them to have gained a certain familiarity with technology by the time they reach adulthood.

어휘 familiarity : 익숙함, 낯익음   adulthood : 성인

해석 아이들이 컴퓨터를 어린 나이에 배워야 하는 첫 번째 이유는 만약 아이들이 오늘날의 첨단 기술사회에서 제 역할을 하기를 원한다면 그들이 성인이 될 즈음에 테크놀로지와 분명히 친숙해져 있어야 하는 것이 필수이기 때문입니다.

D. 기타 Advance 도입표현

> The general perception is that one of the central causes of this current problem can be traced back to N.
>
> Yet, another cause of the dramatic rise in M could be as a result of N.
>
> The advocates of the proposition that S V insist that there is N.
>
> There are those who are short sighted enough to be under the false impression that S V.
>
> While this may be a true statement for a small pocket of the population, to claim that this is true for everyone is simple paranoia.
>
> Last of all it has to be recognized how people are now less anxious due in large part to N.

어휘 general perception : 지각   trace back to : ～의 기원이 ～까지 거슬러 올라가다   proposition : 제의   sighted : 앞을 볼 수 있는   paranoia : 편집증

해석 일반적인 생각은 이 현문제의 주(중심이 되는)원인의 하나가 N으로 거슬러 올라갈 수 있다는 것입니다.

하지만, M의 극적인 증가의 또 다른 원인은 N의 결과일 수 있습니다.

S V한다는 잘못된 생각에 사로잡힌 근시안적인 사람들이 있습니다.

이것이 적은 수의 사람들에게는 사실일 수 있겠지만 모든 이들에게 적용된다는 생각은 단순한 피해망상에 불과합니다.

끝으로, N 덕택에 사람들이 현재 얼마나 더 안심하며 사는지를 인정해야 합니다.

Advance 도입표현 나쁜 응용 예

There are those who are short sighted enough to be under the false impression that the governments looks at everyone's secret and life of the country. While this may be a true statement for a small pocket of the population, to claim that this is true for everyone is simple paranoia. (X)

어휘 paranoia : 편집증

Advance 도입표현 좋은 응용 예

There are those who are short sighted enough to be under the false impression that governments have an evil scheme to spy on every citizen in the country. While this may be a true statement for a small pocket of the population, to claim that this is true for everyone is simple paranoia.

어휘 scheme : 계획   spy on : ～을 감시하다   statement : 진술   simple : 간단한

해석 정부가 국가의 모든 국민들을 감시하려는 악의적인 음모를 가지고 있다고 생각하는 근시안적인 사람들이 있습니다. 이것이 적은 수의 사

람들에게는 사실일 수 있겠지만 모든 이들에게 적용된다는 생각은 단순한 피해망상에 불과합니다.

III. 결론에 활용되는 표현

A. 장점 혹은 단점을 지지하며 결론을 작성할 때

It is my opinion that these negative long term effects greatly outweigh the short term benefits that N can bring to our everyday life.
In my opinion, the benefits that N has brought to modern society outweigh the harmful effects.

어휘 effect : 영향   greatly : 대단히   outweigh : ～보다 더 크다   harmful : 해로운

해석 이러한 장기적인 부정적 효과가 N이 우리의 일상에 가지고 오는 단기적 혜택보다 더 많다는 것이 나의 의견입니다.

내 의견으로는, N이 현대 사회에게로 가져오는 혜택들이 해로운 영향들보다 더 많습니다.

B. 양쪽 의견 중 한쪽을 지지하며 결론을 작성할 때

After considering both arguments, it is my opinion that S V.
After analysing these arguments, I believe that although S V, S2 V2.
After consideration of both sides of the debate, it is my opinion that S V.
Considering these arguments, my view is that S V.
Looking at these arguments together, it is my opinion that even though S V, S2 V2.

해석 양쪽의견을 다 고려한 후, S V라는 것이 나의 의견입니다.

이러한 의견들을 다 분석한 후, 나는 비록 S V일지라도 S2 V2라고 믿습니다.

이 논쟁의 양쪽 모두를 고려한 후, S V라는 것이 나의 의견입니다.

이러한 의견들을 고려한 후, 나의 생각은 S V입니다.

함께 이러한 의견들을 보고 난 후, 비록 S V일지라도 S2 V2라는 것이 나의 의견입니다.

C. 자기의 의견을 내며 결론을 작성할 때

As such, I believe that S V.
In my opinion, I believe that S V.
Overall, it is my view that S V.
In my view, although it is not wrong for N to V, S should V.

해석 그러므로 나는 S V라고 믿습니다.

나의 의견으로는, S V라고 믿습니다.

종합적으로 말해서, S V라는 것이 나의 주장입니다.

내 생각으로는, N이 V하는 것이 잘못된 것은 아니지만 S는 V를 해야 합니다.

D. 양쪽 모두를 지지하며 결론을 작성할 때

| In conclusion, it is clear that N has both advantages and disadvantages. |
| It is difficult to conclude which side is superior. In my opinion, S V. |

해석 결론적으로, N은 장점과 단점 모두를 가지고 있다는 것이 명확합니다.

　어떤 주장이 더 낫다고 결론 내리기는 어렵지만, 나의 의견은 S V입니다.

E. 정부의 대책을 촉구하며 결론을 맺을 때

| As such, governments should seek to strike an appropriate balance by ensuring that S V. |

해석 이에 따라, 정부는 S V를 확실하게 함으로써 적절한 균형을 유지하는 것을 모색해야 합니다.

응용 Exercise

| After analysing both arguments, I believe that although S V, S2 V2. |

After analysing both arguments, I believe that although it is important for children to become familiar with computer technology, they should be taught to use it in moderation.

어휘 analyse : 분석하다　　although : 비록 ∼이긴 하지만　　moderation : 적당함

해석 양쪽의 주장을 분석한 후, 나는 비록 아이들이 컴퓨터기술에 익숙해지는 것이 중요할지라도 그들은 그것을 적절하게 사용하는 것을 배워야 한다고 믿습니다.

IV. 기타 Essay에 유용한 표현

서론의 표현

In contemporary society	현대 사회에서
There have been immense advances in technology.	과학기술에서 커다란 발전이 있어왔다.
As a result of industries becoming more advanced	더 발전된 산업의 결과로

본론의 표현

To begin with ∼	우선 첫 번째로
Such being the case ∼	사정이 그러하므로
Last but not least ∼	끝으로 중요한 점으로서
In other words ∼	즉
No one would deny that S V.	누구도 S V을 부정할 수 없다.
It is undeniable that S V.	S V는 사실이다.
It is generally acknowledged that S V.	S V이 일반적으로 인정되어진다.
Economically / Socially / Politically / Culturally / Psychologically ∼	경제적으로, 사회적으로, 정치적으로, 문화적으로, 심리적으로
Play an important role ∼	중요한 역할을 하다.

On the one hand ~	한편으로는
On the other hand ~	반대로
It is also the case that S V.	S V이 또한 사실이다.
Not everyone takes such an approach.	모든 사람들이 그러한 접근방식을 취하는 것은 아니다.
While this is a popular view ~	이것이 일반적인 견해이나
As is true of any ~, S V.	여느 ~에게 그러하듯, S V.

결론의 표현

Overall ~	종합적으로
To recapitulate ~	요약적으로
As such ~	따라서
Taking all into consideration ~	모든 것을 고려해 볼 때
A large body of evidence has proven that S V.	여러 증거들이 S V를 입증해 왔다.

Quick 핵심 Point Review

〈서론〉

서론의 도입문장으로 사용할 수 있는 표현

N is one of today's hot issues and has dominated the media in recent times.
The controversy about whether or not S V is a matter of hot debate in modern society.

주제어문장 앞에 사용할 수 있는 표현

Some people feel that this is a positive trend whilst others are much more critical.
There are some who believe that S V, whilst others disagree and argue that S V.

주제어로 대신 사용할 수 있는 표현

This essay will discuss both positions, and I will conclude with my personal opinion.
This essay will consider both perspectives.

〈본론〉

장점 혹은 혜택 내용 표현

On the one hand, N has brought an overwhelming number of benefits to M.
Perhaps the most important benefit of N is K or S V.

한 쪽을 지지하는 표현

People in favour of this practice argue that it is better for N to V
Advocates of this believe that S V

한 쪽 주장 표현

On one side of the debate it has been argued that S V.
Those who V argue that S V as S2 V2.

단점 혹은 문제점 표현

However, the positive effects of this are now being realised by many people. The first and greatest effect is that S V.
On the other hand, some believe that N has done more harm than good. They argue that S V.

또 다른 쪽을 지지하는 표현

However, these arguments miss an important point.
Those against the idea of N argue that S V.

본론 해결책 및 이유 표현 (Cause and Effect 표현)

To find a solution to this problem, it is important that S V.
Another important solution is that S V.

〈결론〉

장점 혹은 단점을 지지하며 결론을 작성할 때

It is my opinion that these negative long term effects greatly outweigh the short term benefits that N can bring to our everyday life.

In my opinion, the benefits that N has brought to modern society outweigh the harmful effects.

양쪽 의견 중 한쪽을 지지하며 결론을 작성할 때

After considering both arguments, it is my opinion that S V.

Looking at these arguments together, it is my opinion that even though S V, S2 V2.

자기의 의견을 내며 결론을 작성할 때

As such, I believe that S V.

In my view, although it is not wrong for N to V, S should V.

양쪽 모두를 지지하며 결론을 작성할 때

In conclusion, it is clear that N has both advantages and disadvantages.

It is difficult to conclude which side is superior. In my opinion, S V.

정부의 대책을 촉구하며 결론을 맺을 때

As such, governments should seek to strike an appropriate balance by ensuring that S V.

Day

9

All that
IELTS
스피드 완성

Writing Task 2 Essay
영작에 활용되는 영문법

문법에 자신이 있는 수험생들께서는 이론 부분을 건너뛰고 Exercise 연습문제만을 풀고 다음 Chapter로 직행하셔도 됩니다.

I. Writing 고수들만 아는 영문법

John의 '콕 & 퀵' 영작문법 핵심정리

관계대명사 (relatives)	관계대명사는 선행사를 형용사처럼 자세히 묘사해 주는 역할과 2~3 문장의 표현을 간결하게 한 문장으로 만드는 역할을 합니다.
관계대명사 2 (which)	앞의 내용 전부를 받아 추가정보를 전달할 때 콤마(,)와 함께 씁니다.
관계부사 (where)	'전치사 + 관계대명사' 형태인 관계부사는 선행사가 장소 혹은 공간의 성격을 가지고 있을 때 사용합니다.
분사 (N + V ing, N + pp)	선행사(N)를 현재분사(V + ing, '~중') 그리고 과거분사(pp, '~된')로 묘사해줍니다.
분사구문 (S V1, V2 ing)	'V2하면서 V1하다' 처럼 동시에 발생하는 행위를 표현할 때 사용합니다.
도치구문	도치되는 표현을 강조하기 위해, Not와 같은 부정어가 문장 앞에 올 때 혹은 장소를 나타내는 부사구가 문장 앞부분에 올 때에 사용합니다.
전치사 + 명사	전치사와 명사를 사용하여 표현을 더 자세히 그리고 구체적으로 합니다. –Before : He met her. –After : He met her with his brother at the shop.
5 형식 (S.V.O.OC)	문장의 5형식중 5번째 형식은 문장을 더 간결(compact) 하게 만듭니다.

이미 Day 6 Chapter에서 말씀 드렸듯이 작문용 문법을 익히는 것이 고득점을 위해 매우 중요합니다. 시험관에게 Appeal 할 수 있는 문법 항목은 '관계 대명사' '분사' '부사구' '5형식 문장 중 5번째 문장' '특수구문' 그리고 '물주구문' 등이 있습니다. 본 Chapter에서는 이중 물주구문을 제외한 모든 핵심 문법들을 정리해 보았습니다. 단기간의 고득점을 올리기 위해 절대적으로 필요한 내용들이니 하나도 빠짐없이 공부하십시오.

A. 관계대명사 1 (relatives)

관계대명사는 일반적으로 '접속사처럼 두 개의 절을 연결시켜 주며 동시에 대명사의 역할'을 한다고 알려져 있습니다. 하지만 이러한 기계적인 관계대명사에 대한 이해보다는 관계대명사는 "수식을 받는 선행사를 더 자세히 묘사해주기 위해 사용한다"라고 이해하는 것이 좋습니다. 즉, "There are many people"의 'many people'이 누구인지 관계대명사를 사용해 다음처럼 자세히 표현할 수 있습니다.

There are many people who place more value on their lives outside of the workplace.
해석 직장 밖의 삶에 더 가치를 두는 많은 사람들이 있습니다.

John의 '콕 & 퀵' 한 수

물론, 관계대명사 이외의 다양한 방식으로도 표현이 가능합니다.

"돈이 없는 사람들은 정부가 그들에게 음식, 교육, 주거 그리고 의료보호를 제공하는 것에 종종 의존하게 된다."

1. 관계대명사 'who' 사용 : Those who have little money are often forced to rely on the government to provide them with food, education, housing and medical care.

2. 소유의 뜻을 가지고 있는 전치사 'with' 사용 : Those with little money are often forced to rely on the government to provide them with food, education, housing and medical care.

3. 뉘앙스 차이를 다소 보이나 접속사 'when'을 사용 : When people have little money they are often forced to depend on the government to provide them with food, education, housing and medical care.

John의 '콕 & 퀵' 한 수

The thing which(~하는 것) 의 뜻을 가지고 있는 what를 사용하는 것도 분명 점수에 긍정적인 영향을 줄 것입니다. "What I want to know is …", "내가 알기를 원하는 것은 ~이다."

Example

What we see and hear in the mass media often affects our sense of style and musical tastes.
어휘 mass media : 대중 매체   musical taste : 음악 취향
해석 우리가 대중매체에서 보고 듣는 것은 우리의 스타일감각과 음악기호에 영향을 줍니다.

B. 관계대명사 2 (which)

Essay에서 요긴하게 사용할 수 있는 또 하나의 관계대명사는 앞의 내용 전부를 대신 받아 추가정보를 주는 역할을 하는 '콤마(,)와 함께 쓰는 which' 입니다.

Supporters of this opinion also indicate that taking the journey to a certain museum, in a different country, and interacting with others along the way, is an experience in itself, which is not possible with the Internet.

어휘 indicate : 나타내다   interact : 교류하다

해석 이 의견의 지지자들은 다른 나라에서 특정 박물관을 여행하는 것과 그 과정에서 다른 사람들과 교류하는 것은 인터넷에서는 가능하지 않은 그 자체로서의 경험이라고 말합니다.

▶ which는 앞에서 언급된 내용 전체를 말하고 있습니다.

"I rang her several times and this means that I am interested in her."를 which를 사용하여 "I rang her several times, which means that I am interested in her." 로 바꾸어 쓰면 됩니다.

C. 관계부사 (where)

'전치사 + 관계대명사' 형태인 관계부사 where는 '장소 혹은 공간'의 선행사를 자세히 묘사하기 위해 사용됩니다. 단 일반 관계대명사와 구별하여 주의 깊게 사용할 필요가 있습니다.

"이것은 수요가 없는 특정 분야에서 대학 졸업생들의 과잉공급 때문이다."를 영작했을 때 다음과 같이 where를 사용해 "This is due to the oversupply of university graduates in certain fields where there is no demand."라고 문장을 작성할 수 있습니다. 즉, '수요가 없는'(there is no demand)이 '특정 분야'(certain fields)가 무엇인지를 설명해 주고 있습니다.

또한 선행사가 굳이 장소가 아니더라도 공간의 성격으로 사용됐다면 where를 사용할 수 있습니다. 즉, "He will face a situation where he can lose all of his friends."로 작성해 묘사해 줄 수 있습니다.

Example

University can be seen as an important foundation for entering society where students learn not only technical skills but also life skills, such as communication, organisation, and time-management.

해석 대학은 학생들이 실질적인 기술뿐만 아니라 사회로 들어가기 위해 필요한 의사소통, 조직, 시간관리와 같은 생활기술을 배우는 중요한 기반으로 생각될 수 있습니다.

John의 '콕 & 퀵' 한 수

관계부사 where는 'in(at, on) which'로부터 시작해 where까지 만들어지는 전 과정을 억지로 공부하며 이해하는 것보다는 특정 장소 혹은 공간에서 어떠한 행위나 사건이 벌어질 경우 그 꾸밈 받는 장소 혹은 공간 뒤에다가 'where S + V'를 사용하여 완성한다고 생각하는 것이 더 쉽게 where를 이해하는 방법입니다. 즉, 'the place where he sleeps' (그가 잠자는 장소), 'the shop where he met her' (그가 그녀를 만난 장소) 그리고 'the room where he lost his bag' (그가 그의 가방을 잃어버렸던 방)처럼 자연스럽게 익히는 것이 훨씬 유리합니다.

D. 분사 (N + V ing, N + pp)

분사는 관계대명사와 마찬가지로 형용사처럼 선행사를 꾸며주는 역할을 합니다. '~중'의 뜻으로 쓰이는 V + ing 형태의 현재분사와 '~된'의 뜻으로 쓰이는 pp형태인 과거분사로 구성되어 있습니다.

a) 과거분사(ed)

Example a

Time spent in a tertiary institute is an investment that will pay dividends in the future.

어휘 tertiary institute : 교육 · 전문 직종과 관련된 기관 (대학 혹은 직업 학교)   dividend : 배당금

해석 고등교육기관에서 보낸 시간은 미래에 열매를 맺는 투자입니다.

b) 현재분사(V + ing)

Example b

The increasing numbers of visitors coming to an area can upset the natural balance in many ways.

해석 특정 지역으로 오는 방문자수의 증가는 많은 방식으로 자연의 균형을 파괴할 수 있습니다.

Example a)에서 'time'을 'spent'가 Example b)에선 'visitors'를 'coming'이 꾸며줍니다. 분사를 자유자제로 사용할 수 있다면 7.0 이상의 점수를 받는 것이 매우 용이하다고 단언합니다. 하지만 다음과 같이 과하게 사용하여 같은 뜻이 반복되는 문장을 만드는 오류는 피해야 합니다.

They spent the money, and the money spent by them was not little at all. (X)

▶ 굳이 'the money spent by them'이라 쓰지 않아도 'the money' 혹은 'it' 만으로도 '그들이 쓴 돈'이라는 것을 쉽게 알 수 있습니다.

E. 동시에 벌어지는 분사구문 (V + ing)

분사구문은 접속사(when, though, after, since, if)를 사용하지 않고 'V + ing'형으로 두 개의 절을 연결해주는 역할을 하는데 그 중 "…하면서 ~하다"의 동시행위를 표현하는 분사(부대구문)의 사용이 Essay에서 고득점을 받는데 절대적으로 유리합니다.

Example

They will become more accepting of other cultures and people, creating memories that will stay with them for a lifetime.

어휘 culture : 문화   lifetime : 일생

해석 일생 동안 남을만한 추억을 만들면서 그들은 다른 문화와 사람들을 더욱 포용하게 될 것입니다.

Example

The question is ultimately whether the government's fiscal policies are being properly implemented, ensuring that public money is allocated equitably for the well-being of the country as a whole.

어휘 ultimately : 궁극적으로   fiscal : 국가재정의   policy : 정책   properly : 제대로   implement : 시행하다   ensure : 보장하다

public money : 공금   allocate : 할당하다   equitably : 공정하게   well-being : 복지, 안녕

해석 의문점은 전반적인 국가복지를 위해 공적 자금이 형평성 있게 배분되게 하면서 정부의 재정정책이 궁극적으로 적절하게 실행되고 있느냐 는 것입니다.

Essay에서 자주 사용되고 있는 분사구문 관용 표현

Given that ∼	만약 ∼이라면 (if)
Such being the case ∼	그러한 실정이니, 그러한 사정이므로
Depending on ∼	∼에 따라서
Based on ∼	∼에 근거하여
Regarding ∼	∼에 관하여
Having said that ∼	그렇게 말했으니, 그렇기는 하더라도

F. 도치구문

7.0을 위한 또 다른 문법표현이 도치구문입니다. 도치구문의 사용은 '도치되는 표현을 강조하기 위해', 'Not와 같은 부정 어가 문장 앞에 올 때' 혹은 '장소의 부사구가 문장 앞에 올 때' 등 다양합니다.

Example

a. In the shop, I met her.   ▶ 'in the shop'을 강조
b. Never did I see you work hard.   ▶ 부정어 Not(never) 문장 앞에 사용
c. Under the bridge was the car.   ▶ 장소를 나타내는 부사구가 앞에 올 때

John의 '콕 & 퀵' 한 수

주어가 너무 길어 이해하는데 혼동을 줄 수 있거나 혹은 문장 후반부의 표현을 강조하기 위해서 be동사를 중앙에 위치시킨 후 양쪽의 내용을 도치해 쓰는 경우도 종종 있습니다.

Before : Recent policies adopted by many Australian universities, which have effectively lowered entry marks and uncapped enrolment numbers, are adding to this trend.

After : Adding to this trend are recent policies adopted by many Australian universities, which have effectively lowered entry marks and uncapped enrolment numbers.

어휘 adopt : 받아들이다   effectively : 효과적으로   uncap : ∼의 제한을 풀다   trend : 동향

해석 효과적으로 입학점수를 낮추고 등록 학생수의 제한을 푸는 등의 호주대학들에 의해 채택되고 있는 최근 정책들이 이러한 추세에 더해지고 있습니다.

G. 〈전치사 + 명사〉 표현의 꽃 (부사구)

Example 1

University enrolments have been increasing exponentially over the last five to ten years, with more high school graduates opting to continue their education through a tertiary institute in the hopes of obtaining better qualifications.

어휘 enrolment : 등록   increasing : 증대하는   exponentially : 기하급수적으로   obtain : 취득하다   qualification : 자격

해석 더 나은 자격을 얻으려는 희망 속에서 직업 교육기관을 통해 그들의 교육을 계속하는 것을 선택하는 더 많은 고등학교 졸업생들로 대학 등록이 지난 5년에서10년에 걸쳐 기하급수적으로 증가해왔습니다.

▶ 기본 문장 "University enrolments have been increasing."에 사용된 부사(구)
   −exponentially
   −over the last five to ten years
   −with more high school graduates
   −through a tertiary institute
   −in the hopes of obtaining better qualifications

Example 2

By exposing children to such an environment from an early age, they will be better prepared for life after they finish their studies.

해석 어린 나이부터 그러한 환경에 아이들을 노출시킴으로써, 그들은 그들 공부를 끝낸 후 그들의 삶을 더 잘 준비할 것입니다.

▶ 부사구는 문장 앞에 위치되어 강조용법으로 사용될 수도 있습니다.
   −by exposing children to such an environment
   −from an early age

Example 3

Those who in favour of this opinion think that the only way young people can learn how to be self−sufficient is by having to face life's challenges on their own.

해석 이 의견에 호의적인 사람들은 아이들이 자립하는 것을 배우는 유일한 방법은 그들 혼자의 힘으로 세상의 도전에 직면해야만 하는 것이라고 생각합니다.

▶ by V + ing : ∼함으로써 (관용 부사구)
  by having to face life's challenges on their own(혼자서 세상의 도전을 직면해야 함으로써)

Essay에서 자주 사용되는 부사구 성격의 분사 관용표현

by v + ing	∼함으로써
on v + ing	∼할 때에
in V + ing	∼하다가(∼하는 중에)
while v + ing	∼하는 동안에

H. 5번째 형식 (S.V.O.OC)

5개의 기본 문장구조(5형식) 중 5번째 형식의 사용은 문장을 간결하게 만드는 역할을 합니다. 즉, "I find that it is useful." 보다는 5번째 형식인 "I find it useful."가 더 간결(compact)합니다. 5번째 형식 중 특히 'allow + 목적어 + to' 종류의 표현(advise, ask, allow, enable, encourage, warn)을 Essay에서 자유자재로 쓸 수 있게 연습하십시오. 고득점 획득에 많이 유리할 것입니다.

advise O to V	O가 V하게 조언하다	enable O to V	O가 V하는 것을 가능하게 하다
ask O to V	O가 V라고 요청하다	encourage O to V	O가 V하게 격려하다
allow O to V	O가 V하는 것을 허락하다	warn O to V	O가 V하라고 경고하다

Example

A good mentor to a child should be someone who is more objective, and who does not allow their own emotions to get in the way.

어휘 mentor : 멘토   objective : 목표   emotion : 감정   in the way : 방해가 되어서

해석 아이들에게 좋은 멘토는 더 객관적이고 자신의 감정을 개입시키지 않는 사람이어야 합니다.

II. Writing Task 2 Essay 실전 공략법

John의 '콕 & 퀵' 한 수

일정 수준의 문장력으로 Essay를 빠른 시간 안에 작성하기 위해서는 평소에 많은 Essay를 읽고 쓰는 습관을 갖는 것이 중요합니다. 하지만 이는 시험이 임박한 상태에서 효율적이지 못할 수 있습니다. 시간이 없다면, Essay에서 꼭 필요한 문법 표현만을 응용하며 꾸준하게 반복적인 작문연습을 하는 것이 목표점수를 받는데 효과적일 수 있습니다.

각 문제 아래에 제시된 문법 Tip을 응용해 작성하십시오. Day 5부터 Day 8까지 이미 다루었던 일부 문장들도 중요도를 감안해 문제로 삽입했으며 전달하려는 문장구조의 중요성을 고려하여 한국어 문제를 다소 영어표현처럼 직역해 작성했습니다.

1. 관광은 즐거운 문화경험이며 또한 그것에 의존하는 곳에 절실한 수입을 가져다 준다.

(Tip) 관계대명사를 사용하세요.   절실한 수입 : needed income   ～에 의존하는 : be dependent on

2. 관광은 새로운 장소를 탐험하는 것을 가능하게 하고 호기심을 충족시켜 준다. 그것은 또한 지역사회의 주요 수입원이다.

(Tip) 5번째 문장구문을 사용하세요.   탐험하다 : explore   충족시키다 : satisfy   호기심 : sense of curiosity

3. 경험을 얻고 어른세상에 대한 체험을 하기 위해 학생들에게 일하는 것이 장려 되어야 한다. 일을 통해 그들은 더 성숙
해지며 돈에 대한 더 현명한 태도를 가질 수 있다.
(Tip) 수동태구문을 사용하세요.   격려하다 : encourage

---

4. 국제스포츠 경기를 개최하는 것은 개최국을 위해 경제 및 사회적 혜택을 창출한다.
(Tip) 동명사 그리고 물주구문을 사용하세요.

---

5. 아이들은 종종 많은 중압감을 받는다. 그들에게 더 엄격한 규칙을 적용시키는 것은 그들의 스트레스만 더 증가시킬 수
있다.
(Tip) 동명사를 사용하세요.

---

6. 패스트푸드의 과도한 소비는 주요 건강문제의 위험을 증가시키면서 극히 해롭다.
(Tip) 동시에 벌어지는 분사구문을 사용하세요.

---

7. 30대의 사람들이 더 안정적인 라이프 스타일 및 재정상태를 가지고 있으며 가족생활로부터의 스트레스를 더 잘 극복
할 수 있다.
(Tip) 비교급을 사용하세요.

---

8. 개인과 정부는 반드시 공조해야 한다. 개인들은 그들이 사용하는 물을 재활용해야 하며 정부는 더 엄격한 규율을 실행
하고 물 절약 인센티브를 제공해야 한다.
(Tip) 접속사, 관계대명사를 사용하세요.

---

9. 행복은 가족과 친구와의 개인관계를 실현시키거나 여행, 요리, 음악 그리고 글 쓰는 것과 같은 취미에 적극적으로 관여
하는 것과 같은 많은 방식을 통해 발견될 수 있다.
(Tip) in V + ing, by V + ing를 사용하세요.

---

10. 나의 종합적인 결론은 비록 직업만족이라는 것이 일반적으로 어떤 사람의 행복을 평가하는 관점에서는 중요할 수 있겠지만 이것이 특정 개인에게도 실제로 그러할지에 관해서는 명확한 답이 없을 수 있다는 것이다.

   (Tip) 접속사 although를 사용하세요.   ～에 관해서 : as to

---

11. 더 좋은 직업적 자격요건을 갖겠다며 전문직업학교에서 공부를 계속하기를 선택하는 (예전보다) 더 많은 고교 졸업생들에 의해 대학교 등록이 지난 5년에서 10년 사이에 기하급수적으로 증가해오고 있다.

   (Tip) have pp, 부사구, N + V + ing를 사용하세요.   전문 직업학교 : tertiary institute

---

12. 21세기에 사는 사람들은 그들의 아이 교육에 더 많이 집중하고 있다.

   (Tip) N + V + ing를 사용하세요.

---

13. 집 없는 사람의 수가 증가하고 있고 의료제도의 상태가 악화되고 있는 상황에서 예술과 문화에 돈을 쓰는 것은 정당화하기 어렵다.

   (Tip) to부정사를 사용하세요.

---

14. 1995년 온라인 쇼핑의 출현 이래로 소비자들은 점포를 직접 가야만 하는 대신에 더 많은 상품과 서비스를 인터넷 상에서 구매할 수 있어왔다.

   (Tip) since … have pp구문을 사용하세요.

---

15. 사람들은 더 많은 장소를 여행함에 따라서 세상에 대해 더 많은 이해심을 가지게 될 가능성이 많다. 그들은 일생 동안에 남을만한 추억을 만들며 다른 문화와 사람들을 더 많이 포용하게 될 것이다.

   (Tip) 접속사 as, 분사구문, 관계대명사를 사용하세요.

---

16. 아이들에게 엄격한 규칙을 따르게 강요하는 것은 늘 긍정적인 결과만을 만들어 내는 것은 아니다. 너무 많은 규칙들, 혹은 지키기에는 너무 스트레스를 주는 규칙들을 따라야만 하게 되면서 아이들은 역으로 반응하고 그것에 전적으로 반항할 수도 있다.

(Tip) too ~ to 구문, 동명사를 사용하세요.

---

17. 교양있는 부모는 좋은 본보기를 보이거나 그들 아이들의 학업적인 어려움을 도움으로서 그들의 아이들에게 교육의 가치를 전달할 가능성이 많다.

(Tip) by V + ing를 사용하세요.

---

18. 부유하지 못한 사람들은 종종 정부가 제공하는 음식, 교육 그리고 의료에 의존할 수밖에 없도록 강요된다.

(Tip) those who 관계대명사를 사용하세요.

---

19. 아이들을 향한 광고는 아이들이 현명한 소비자 선택을 하기에는 충분히 성숙하지 않고 회사들이 이러한 취약성을 부당하게 이용하기 때문에 추방되어야 한다.

(Tip) N + pp를 사용하세요.

---

20. 학생들이 교복을 입으면 안된다고 주장하는 사람들은 교복이 그들의 선택과 표현의 자유를 억제한다는 점을 지적한다.

(Tip) 관계대명사 those who 및 the way that S V를 사용하세요.

Answer 문장들을 모두 외우세요!! 7.0은 식은 죽먹기입니다!!

1. Tourism is an enjoyable cultural experience, which also often brings in much needed income to places that are dependent on it.

어휘 tourism : 관광, 관광사업   enjoyable : 즐거운   dependent : 의존하는

2. Tourism allows people to explore new places and satisfy their sense of curiosity. It is also an important source of income for local communities.

어휘 allow : 허락하다   satisfy : 만족시키다   curiosity : 호기심   income : 소득

3. Students should be encouraged to work in order to gain experience and exposure to the adult world. Through work, they can also develop a greater sense of maturity and wiser attitudes towards money.

어휘 encourage : 격려하다   exposure : 노출   maturity : 성숙함   wise : 지혜로운   attitude : 태도

4. Holding international sporting games creates economic and social benefits for the host country.

5. Children are often under a lot of pressure, and imposing further strict rules upon them may exacerbate their stress levels.

어휘 pressure : 압박   impose : 부과하다   strict rules : 엄한 규칙   exacerbate : 악화시키다   stress level : 스트레스 수준

6. Excessive consumption of fast food is extremely harmful, increasing the risk of major health problems.

어휘 excessive : 지나친   consumption : 소비   extremely : 극도로   harmful : 해로운   increasing : 증가하는

7. People in their thirties have more stable lifestyles, finances and are better able to cope with the stresses of family life.

어휘 stable : 안정된   cope : 대처하다

8. Individuals and governments must work together. The government can impose stricter regulations and provide water-saving incentives, while individuals can recycle the water they use.

어휘 Individual : 각각의   regulations : 규칙

9. Happiness can be found in many ways, such as in having fulfilling personal relationships with family and friends, or engaging in hobbies such as travelling, cooking, music and writing.

어휘 happiness : 행복   fulfilling : 실현시키는, 성취감을 주는   engage in : 참석하다, 관여하다

10. The overall conclusion is that although job satisfaction may be an important factor when it comes to assessing a person's well-being on a general level, there can be no definitive answer as to whether this will actually be the case for a particular individual.

어휘 overall : 종합적인   conclusion : 결론   satisfaction : 만족   factor : 요인   assess : 재다   well-being : 행복, 웰빙
definitive : 결정적인, 최종적인   particular : 특정한

11. University enrolments have been increasing exponentially over the last five to ten years, with more high school graduates opting to continue their education through a tertiary institute in the hopes of obtaining better job qualifications.

어휘 exponentially : 기하급수적으로　　qualification : 자격

12. Those living in the twenty first century focus more on their children's education.

13. It is difficult to justify money spent on arts and culture, in the face of rising numbers of homelessness and the deteriorating state of healthcare system.

어휘 justify : 타당함을 보여 주다　　homelessness : 집 없음　　deteriorating : 악화중인　　healthcare : 건강 관리

14. Since the advent of online shopping in 1995, consumers have been able to purchase an increasing number of goods and services over the Internet, instead of having to physically go to a store.

어휘 physically : 신체적으로

15. As people travel to more places, they are likely to have a greater understanding of the world. They will become more accepting of other cultures and people, creating memories that will stay with them for a lifetime.

어휘 understanding : 이해

16. Forcing children to follow strict rules does not always yield positive results. By having too many rules, or rules that are too stressful to follow, children may react adversely and rebel against them entirely.

어휘 yield : 산출하다　　positive : 긍정적인　　react : 반응하다　　adversely : 불리하게, 반대로　　entirely : 완전히

17. Literate parents are more likely to pass on the value of education to their own children, either by setting a good example, or by assisting their children with academic difficulties.

어휘 literate : 글을 읽고 쓸 줄 아는　　academic difficulty : 학문적 어려움

18. Those who have little money are often forced to rely on the government to provide them with food, education, housing and medical care.

어휘 rely on : ～에 의지하다　　housing : 주택　　medical care : 의료, 건강 관리

19. Advertisements directed at children should be banned because children are not mature enough to make wise consumer choices, and companies exploit this vulnerability

어휘 mature : 성숙한　　consumer : 소비자　　exploit : 이용하다　　vulnerability : 상처받기 쉬움

20. Those who argue that students should not wear uniforms, point to the way that uniforms inhibit their freedom of choice and expression.

어휘 argue : 언쟁을 하다　　inhibit : 억제하다

Quick 핵심 Point Review

관계대명사 (relatives)

관계대명사는 꾸밈을 받는 말을 형용사처럼 자세히 묘사해 주는 역할과 동시에 2~3문장으로 표현해야 하는 표현을 간결하게 한 문장으로 만드는 역할을 한다.

Nowadays, most people have physically undemanding office jobs, and activities that require little movement such as watching television or surfing the Internet have become the most popular pastimes.

관계대명사 2 (which)

앞에 내용 전부를 대신 받으며 콤마(,)와 함께 사용

Supporters of this opinion also indicate that taking the journey to a certain museum, in a different country, and interacting with others along the way, is an experience in itself, which is not possible with the Internet.

관계부사 (where)

'전치사 + 관계대명사' 형태인 관계부사는 선행사가 장소 혹은 공간의 성격일 때 사용

Firstly, the modern Western lifestyle is one where cheap and processed food is readily available. People also tend to be much more inactive these days.

분사 (N + V ing, N + pp)

형용사처럼 앞의 선행사를 꾸며주며 '~중'의 뜻으로 쓰이는 V + ing 형태의 현재분사와 '~된'의 뜻으로 쓰이는 pp 형태의 과거분사로 구성

Time spent in a tertiary institute is an investment that will pay dividends in the future.

The increasing numbers of visitors coming to an area can upset the natural balance in many ways.

동시에 벌어지는 분사구문 V + ing

"~하면서 …하다"처럼 동시동작을 표현

They will become more accepting of other cultures and people, creating memories that will stay with them for a lifetime.

도치구문

'도치되는 표현을 강조하기 위해', 'Not와 같은 부정어가 문장 앞에 올 때' 혹은 '장소를 나타내는 부사구가 앞에 올 때' 에 사용

a. In the shop, I met her. ▶ 'in the shop'을 강조

b. Never did I see you work hard. ▶ 부정어 Not(never) 문장 앞에

c. Under the bridge was the car. ▶ 장소를 나타내는 부사구가 앞에 올 때

전치사 + 명사

〈전치사 + 명사〉는 전치사구로써 부사의 역할을 한다.

Stage 1 : He met her.

Stage 2 : He met her with his brother.

Stage 3 : He met her with his brother in the shop.

5번째 형식 (S.V.O.OC)

5번째 형식은 문장을 더 간결(compact)) 하게 만든다.

A good mentor to a child should be someone who is more objective, and who does not <u>allow their own emotions to get</u> in the way.

IELTS Writing Task 2 Essay
실전 공략법

Day

10

All that
IELTS
스피드 완성

Agree or Disagree
출제유형

Essay 유형의 출발점인 본 Chapter 의 중요성을 감안하여 다른 Chapter보다 더 자세하게 그리고 더 많은 분량으로 구성해 보았습니다. 하지만 Day 6외 중복되는 부분은 생략했습니다.

I. Agree or Disagree Essay란?

IELTS Essay문제 중 가장 많이 나오는 유형이 Agree or Disagree입니다. 문제에 주어진 Issue에 대해 내가 지지하는 이유만을 본론에 작성해 완성하거나, 동의 그리고 반대하는 주장 모두를 본론에서 작성한 후 결론에서 나의 최종 주장을 작성해 완성하는 등의 다양한 방법이 있습니다.

a) 문제의 종류

다음과 같은 다양한 형태의 Agree or Disagree 유형의 문제들이 나올 수 있습니다.

Example

Q1. Do you agree or disagree …?
Q2. Do you think it is right/correct/true that S V?
Q3. Is this a positive or negative development?
Q4. To what extent do you agree or disagree?

어휘 to what extent : 어느 정도

해석 Q1. 당신은 …에 동의합니까 혹은 반대합니까?

Q2. 당신은 …이 옳다(맞다, 진실이라)고 생각합니까?

Q3. 이것은 긍정적인 발전입니까 아니면 부정적인 발전입니까?

Q4. 어느 정도까지 동의 혹은 반대합니까?

b) 문단 구성 (4개 혹은 5개)

서론, 본론, 결론 총 250자로 작성하며 본론은 일반적으로 두 개 혹은 세 개의 문단으로 구성하면 됩니다.

> A good mentor to a child is someone who can guide them on how to live a happy and successful life. Since young children spend most of their early life around their parents, there is no doubt that parents play an extremely influential role in their life. Some people consider parents to be the best mentors for their children, whilst others disagree.
>
> On the one hand, parents are excellent mentors to children because it is natural for them to want their children to live a happy and successful life. Parents want to impart as much wisdom to their child as they can, and the instinctive need to protect their offspring means that they would never give careless advice, nor deliberately lead their child astray.
>
> However, parents can also make bad mentors to their children, as the closeness of their personal relationship may cloud their judgment. For example, parents are often overprotective of their children, denying them the chance to pursue new or at times dangerous opportunities. In such cases the fears for the health and wellbeing of their children are unjustified. A good mentor to a child should be someone who is more objective, and who does not allow their own emotions to get in the way. As such, many people do not consider parents to be good mentors, due to their emotional attachment to their children.
>
> I believe that while parents only have good intentions for their child's future, it is not necessarily the case that they make good life mentors. Their emotional attachment can impede their judgment, and as such, it is my opinion that the best mentor for a child is someone who can be more objective.

문단 1 서론

문단 2 본론 1

문단 3 본론 2

문단 4 결론

Agree or Disagree Essay 한눈에 보기

Agree or Disagree Sample Essay (8.0 수준)

질문 : Issue에 대한 찬성 혹은 반대를 묻고 있음

Q. Teenage students should be allowed to participate in paid work. To what extent do you agree or disagree?

해석 십대 학생들이 유급노동을 하는 것이 허락되어야 합니다. 어느 정도까지 당신은 이 주장에 동의 혹은 반대합니까?

← Essay 서론 : Main Thesis 및 찬.반에 관한 Essay라고 기술함

Today, it is common for teenage students to participate in paid work, from serving customers to casual work involving simple office chores. However, whether adolescents should be allowed to participate in such work is often disputed. Opinions vary as to whether it is beneficial or harmful for these students.

← Essay 본론 : Issue의 찬성내용을 논리적으로 기술함   ✓ 찬성 첫 번째 Point

Paid work has a number of benefits. Firstly, a paid job certainly helps teenagers who are students to gain valuable work experience, provided that the job is lawful and does not expose them to any risk of physical harm. Gaining experience not only helps them build important skills, but also develops their maturity. With a paid job, teenagers can learn how to manage their own funds, which will allow them to understand what it means to live independently. This generally leads to these young workers being less reliant on their parents.

찬성 두 번째 Point

← Essay 본론 : Issue의 반대내용을 논리적으로 기술함   ↙ 반대 첫 번째 Point 번째 Point

Yet, some parents and teachers worry that teenagers who work will be at a disadvantage compared to their peers when it comes to academic performance. This is because young people who participate in paid work are easily distracted by the lure of financial gain, which may cause them to focus less on their studies. In extreme cases, some may even decide to drop out of school, thinking that their current paid job is more important than completing their studies. ↖ 반대 두 번째 Point 번째 Point

← Essay 결론 : 본인의 최종 의견 작성으로 마무리함

My view is that adolescents would benefit from participating in work and they should be given the choice to decide if having a job is in their best interests. The experience of working helps them to become more mature and gain a greater sense of responsibility for issues that they had previously taken for granted. However, they should understand where their priorities should lie and ensure that their studies always come first.

해석 오늘날, 고객접대의 일부터 간단한 사무실 잡일을 포함한 캐주얼 일까지 십대 학생들이 유급노동을 하는 것이 흔한 일입니다. 그러나, 청소년들이 이러한 일에 참여하는 것이 허락되어야 하는지가 종종 논쟁이 되고 있으며 이것이 학생들에게 이로운지 해로운지에 대해서 다양한 의견이 있습니다. 유급노동은 다수의 혜택을 가지고 있습니다. 첫째로, 만약 하는 일이 합법적이고 그들을 어떠한 신체적 위험으로 노출시키지 않는다면, 유급노동은 가치 있는 직장경험을 얻는데 확실히 도움을 줍니다. 경험을 얻는 것은 그들이 중요한 기술을 연마하는 것뿐만 아니라 그들의 성숙도를 발전시키는 것 또한 도와줍니다. 유급노동을 하면서 십대들은 그들의 자금을 잘 관리하는 방법을 배울 수 있으며 이것은 혼자의 힘으로 살아가는 것이 무엇을 의미하는지 이해하게끔 만들 것입니다. 이것은 일반적으로 그들이 부모에게 덜 의존하게 유도합니다. 그러나, 어떤 부모 그리고 교사들은 일하는 십대들이 그들의 동료학생들과 비교해서 학습능력 관점에서 불이익을 당할 것이라고 걱정합니다. 왜냐하면 유급노동에 참여하고 있는 청소년들은 돈 버는 유혹에 쉽게 빠질 수 있기 때문입니다. 그리고 이것은 그들이 수업에 덜 집중하게 만드는 원인이 될 수 있습니다. 극단적인 경우엔, 일부는 그들의 공부를 끝마치는 것보다 그들의 현재의 직업이 더 중요하다고 생각하면서 심지어 학교를 중퇴하기로 결심할 수도 있습니다. 나의 의견은 십대들은 일을 하는 것으로부터 혜택을 얻을 수 있으며 그들에게 일을 하는 것이 그들을 위해 최선인지를 결정할 수 있는 선택권이 주어져야 한다는 것입니다. 일하는 경험은 그들을 더 성숙하게 만들고 이전에 당연하게 여겼던 일에 대해 커다란 책임감을 갖게 돕습니다. 하지만 그들은 그들의 우선순위가 무엇인지 알아야 하며 그들의 공부가 항상 먼저라는 것을 명심해야 합니다.

II. Agree or Disagree 출제유형 해부하기

A. 서론 (40 ~ 60 Words)

John의 '콕 & 퀵' 서론 핵심정리

a. 도입문장 (general statement)	일반적으로 Essay Topic(문제 내용)의 Key Word(s) 혹은 관련된 어휘를 사용하여 Essay를 시작하는 문장으로서 보편적이고 일반적인 Trend 혹은 Fact의 내용 작성
b. 일반 지지문장 (general support statement)	도입문장의 배경(이유) 혹은 예를 보여주는 내용으로 작성(선택사항)
c. Essay Issue 도출문장	일반적으로 시험문제의 토픽내용을 Paraphrasing하며 Issue를 작성
d. 주제어문장 (thesis statement)	Issue에 대한 자신의 입장 혹은 본론의 Essay가 어떠한 방향으로 전개될지를 기술(선택사항)

이미 Day 6 Essay Structure에서 서론 문장들의 쓰임에 대해 설명했습니다. 각 문장별 예문은 'Day 6 Essay Structure 서론'을 참조하시면 됩니다.

Example 1
Q. fast food에 대한 Agree or Disagree 문제의 서론

a) Over the past few decades, fast food has become increasingly popular and widely available around the globe. c) Some people feel that this is a positive trend, pointing to the convenience of fast food and its relatively low expense, whilst others are much more critical. d) This essay will discuss both positions, and I will conclude with my personal opinion.

어휘 decade : 십 년   increasingly : 점점 더   widely : 널리   globe : 지구   convenience : 편리   relatively : 비교적
   low expense : 저비용   critical : 비판적인   conclude : 결론을 내리다

해석 지난 몇 십 년에 걸쳐, 패스트푸드는 점점 더 인기를 끌고 있으며 광범위하게 전세계에서 판매되고 있습니다. 어떤 사람들은 패스트푸드의
   편리함과 그것의 상대적으로 낮은 가격을 가리키며 이것이 긍정적인 현상이라고 생각하는 반면에, 다른 사람들은 훨씬 더 비판적입니다.
   이 에세이는 양쪽 측면 모두를 논할 것이고 나는 나의 의견을 가지고 결론을 내리겠습니다.

〈a + c + d 조합〉
a. General Statement : Fast Food가 증가적으로 전세계에서 인기를 얻고 있다는 Trend를 작성하면서 Fast Food가
   앞으로 Essay의 Key Word이거나 관련된 어휘라는 것을 알려줍니다.
c. Essay Issue 도출문장 : Fast Food의 인기현상은 편리함과 낮은 가격으로 인해 바람직하다는 한쪽의 의견과 이에
   반대하는 쪽의 입장을 동시에 보여주고 있습니다. 문제를 Paraphrasing해줍니다.
d. Essay 주제어문장 : Essay가 Topic에 대한 찬성 그리고 반대 양쪽 모두의 의견을 논할 것이며 본인의 입장을 결론에
   서 표명하겠다고 말합니다.

Example 2

Q. 정부의 Artistic Project에 많은 예산지출에 대한 Agree or Disagree 문제의 서론

a) Governments spend a great amount of money on artistic projects such as paintings and sculptures. c) While the benefits of such expenditure has long been recognised by governments, some people are critical of this practice, as they feel that such money is a waste, particularly when there are many other more urgent social problems that need to be addressed.

어휘 artistic : 예술의   painting : 그림   sculpture : 조각품   expenditure : 지출; 비용   recognize : 인식하다   critical : 비판적인

해석 정부가 그림과 조각상과 같은 예술 프로젝트에 많은 돈을 씁니다. 이러한 지출의 혜택이 정부에 의해 오랫동안 인식되어온 반면에, 어떤 사람들은 이 실행을 비판합니다. 왜냐하면 특히 해결되어야 할 많은 더 다급한 사회문제들이 있을 때 그렇게 쓰이는 돈은 낭비라고 생각하기 때문입니다.

〈a + c 조합〉

a. General Statement : '정부가 Artistic Project에 많은 돈을 쓰고 있다'라는 현재의 상황을 첫 문장으로 작성하면서 Essay의 Topic이 '정부의 Artistic Project에 대한 예산지출'에 관련된 내용이라는 것을 보여줍니다.

c. Essay Issue 도출문장 : 문제의 내용을 Paraphrasing하며 양쪽의 의견을 다 보여주고 있습니다.

▶ b와 d는 a + c 조합만으로 충분히 서론의 기능을 다하고 있으므로 생략했습니다.

John의 '콕 & 퀵' 한 수

이미 Day 6에서 설명했듯이 앞으로 Essay에서 다룰 Main Topic이 무엇이며 본론에서 그것을 어떻게 논할 것인지 서론에서 작성해 주면 됩니다. 즉, a + b + c + d의 조합 및 순서가 서론을 작성하는 유일한 방식만은 아닙니다. 필요하다면 새로운 조합 및 순서 등으로 다양하게 작성할 수 있습니다.

Example General Statement와 Essay Issue 도출문장(시험문제)을 한 문장에 함께 쓰는 방법

Q. Many historic buildings are being destroyed to make way for modern buildings. In your opinion, is newer better?

해석 많은 전통건물들이 현대건물을 짓기 위해 파괴되고 있습니다. 새로운 것이 더 좋은 것이라 생각합니까?

Today, it is not difficult to see many new buildings replacing historic buildings all over the world, giving the impression that newer is better. However, I think it is important to preserve old buildings to ensure that the history and culture of our cities and towns is maintained.

어휘 historic : 역사적으로 중요한   destroy : 파괴하다   replace : 교체하다   impression : 인상   preserve : 지키다

ensure : 반드시 ~하게 하다   maintain : 유지하다

해석 오늘날 새로운 것이 더 낫다는 인상을 주면서 전세계에 걸쳐 전통건물들이 많은 새 건물들로 교체되고 있는 것을 보는 것이 어렵지 않습니다. 하지만 나는 우리의 도시와 마을의 역사와 문화를 유지하기 위해 전통건물들을 보전하는 것이 중요하다고 생각합니다.

John의 '콕 & 퀵' 한 수

서론이 너무 어렵다고 느끼는 경우 다음과 같이 서론의 틀을 만들어 사용할 수 있습니다.

These days, (Essay Topic Key Word(s) 혹은 Essay Topic 관련어) seems to catch our attention more so than ever, along with the rapid changes in our society. Some say that (한 쪽의 의견) while others think otherwise. Even though it may appear that opposing opinions can be maintained at the same time, they still have to be scrutinised.

단, 외워 그대로 작성하는 서론은 문제의 내용과 일치하지 않아 오히려 감점의 요인이 될 수도 있습니다. 이보다는 이미 Day 6에서 설명했듯이 서론에서 자주 쓰는 문장들만을 추려 익힌 후 문제에 따라 적절히 조절해 작성하는 방법이 더 안전할 듯합니다.

(참조 – Day 17 Essay틀 외우기)

해석 요즘, (메인 소재)는 우리 사회에서의 급속한 변화와 함께 그 어느 때보다 우리의 이목을 집중시키고 있는 듯합니다. 어떤 사람들은 (한쪽의 의견)라고 말하는 반면에 다른 사람들은 다르게 생각합니다. 비록 대립하는 의견들이 동시에 주장될 수 있지만 그것들은 여전히 면밀하게 검토되어야 합니다.

B. 본론 (150~180 Words)

Agree or Disagree 본론(body)에서는 문제의 Issue에 대한 의견을 아주 구체적으로 그리고 일정 수준의 증거를 제시하며 작성합니다. 일반적으로 두 개 혹은 세 개의 문단으로 구성되어 있습니다.

i) Agree or Disagree 본론 각 문단 내의 구성

Day 6에서 이미 설명했던 내용들은 내용의 중복으로 인해 Point만 요약정리하겠습니다.

John의 '콕 & 퀵' 본론 핵심정리

본론 문단내 기본틀 1 (본론이 세 개의 문단으로 구성될 경우)

a. Topic Sentence	지지하거나 반대하는 Point 작성
b1. Supporting Sentence 1	예, 이유, 부연설명, 효과 등으로 Topic Sentence 합리화시킴
b2. Supporting Sentence 2	이전 부분의 논리 및 글자수에 따라 작성유무를 결정하는 선택 사항이며 Supporting Sentence 1에 추가 혹은 심화된 내용 등으로 전개

본론 문단내 기본틀 2 (본론이 두 개의 문단으로 구성될 경우)

a1. Topic Sentence 1(Main Point 1)	지지하거나 반대하는 Point 1 작성
b1. Supporting Sentence	예, 이유, 부연설명, 효과 등으로 Topic Sentence 1을 합리화시킴
a2. Topic Sentence 2(Main Point 2)	지지하거나 반대하는 Point 2 작성
b2. Supporting Sentence	예, 이유, 부연설명, 효과 등으로 Topic Sentence 2를 합리화시킴

John의 '콕 & 퀵' 조언

이미 Day 6에서 언급했듯이 일반적으로 작성하려는 내용에 순서가 있어 그것에 맞추어 본론 문단을 반드시 완성해야만 하는 것은 아닙니다. 단, 빠르게 Essay를 작성하기 위해 효과적으로 사용할 수 있는 방법으로, 첫 번째 문장에 지지하거나 반대하는 주장의 Point(topic sentence)를 작성하고 그 다음 문장들은 그 Point를 합리화시키기 위해 '이유(reason)', '부연설명 (explanation)', '예(example - 개인적인 경험의 예)', '지식(역사, 문학 그리고 과학의 예)' 그리고 '발생할 수 있는 결과(effect)' 등의 내용으로 완성하는 것입니다.

본론 Example 1 (a + b 조합)

Q. 정부의 Artistic Project에 많은 예산지출에 대한 Agree or Disagree 문제의 본론

a) To begin with, art is an industry in itself and can generate significant economic benefits. b) The Louvre Museum in Paris attracts millions of tourists every year, which shows that investing in sculptures and paintings can actually generate more money for the national economy. This in turn enables the government to use the money to better address other social issues.

어휘 to begin with : 우선 첫째로   generate : 발생시키다   significant : 중요한   attract : 마음을 끌다   sculpture : 조각품   painting : 그림   actually : 실제로   in turn : 차례차례   enable to : ~을 할 수 있게 하다   address : 문제를 다루다   social issue : 사회적 문제

해석 먼저, 예술은 그 자체로서 산업이며 중요한 경제적 이익을 발생시킬 수 있습니다. 파리의 루브르 박물관은 매년 수백만의 관광객이 방문합니다. 그리고 이것은 조각과 그림에 투자하는 것이 실제로 국가경제를 위해 많은 돈을 벌어들인다는 것을 보여줍니다. 이것은 결국 정부가 그 돈을 다른 사회문제에 더 잘 대처하기 위해 쓰는 것을 가능하게 합니다.

a) 주제어(topic sentence)

먼저 art가 많은 경제적인 혜택을 창조한다고 첫 번째 문장에 작성합니다.

b) 지지문장(supporting sentence - 예)

루브르 박물관을 예로 들며 주제어를 합리화시키고 있습니다.

본론 Example 2 (a + b1 + b2 조합)

Q. 10대들의 방과후 Job에 대한 Agree or Disagree 문제의 본론

a) Yet, some parents and teachers worry that teenagers who work will be at a disadvantage compared to their peers when it comes to academic performance. b1) This is because young people participating in paid work are easily distracted by the lure of financial gain, which may cause them to focus less on their studies. b2) In extreme cases, some may even decide to drop out of school, thinking that their current job is more important than completing their studies.

어휘 disadvantage : 불리한 점   peers : 또래   academic performance : 학문적 성과   participate : 참가하다   paid work : 유료 일   easily : 쉽게   distracted : 산만해진   lure : 꾀다   financial gain : 경제적 이익   drop out of : ~에서 중도 하차하다

해석 그러나, 어떤 부모들과 교사들은 일하는 십대들이 그들의 동료와 비교해서 학습능력에 있어서 불이익을 당할 것이라고 걱정합니다. 왜냐하면 유급노동에 참여하고 있는 청소년들이 돈 버는 유혹에 쉽게 빠질 수 있기 때문입니다. 그리고 이것은 그들이 수업에 덜 집중하게 되

는 원인이 될 수 있습니다. 극단적인 경우에, 일부는 그들의 공부를 마치는 것보다 그들의 현재 직업이 더 중요하다고 생각하면서 심지어 학교를 중퇴하기로 결정할 수도 있습니다.

a) 주제어(topic sentence)
방과 후 일을 하는 10대들의 학교성적이 좋지 않다며 반대한다는 입장의 주제어를 작성합니다.

b1) 지지문장 1(supporting sentence – 이유)
돈의 유혹 때문에 공부보다는 일에 덜 전념한다는 이유를 작성하여 주제어를 합리화시킵니다.

b2) 지지문장 2(supporting sentence – 예 + 효과)
이것이 악화될 경우 학교까지 중퇴하는 결과를 만들 수 있다는 내용으로 반대하는 주장을 더욱 뒷받침해 줍니다.

본론 Example 3 (a1 + a2 + a3 조합)
하나의 문단에 지지하거나 반대하는 주장의 주제어(topic sentence) 2~3개를 함께 작성해 본론 문단을 완성할 수도 있습니다. 한 문단에 여러 주제어만을 넣어 작성하는 방식을 일반적으로 추천하지는 않지만 각각의 주제어가 지지문장의 역할을 하는 절을 동반하고 있다면 괜찮습니다.

Q. Television에 대한 Agree or Disagree 문제의 본론

On the one hand, television has brought an overwhelming number of benefits to modern society. Firstly, a1) it is a reliable source of news, which keeps people updated about current affairs from all over the world. Secondly, a2) it is also an excellent source of entertainment, as many people enjoy spending their leisure time watching their favourite programs. Lastly, a3) companies have benefited greatly from the invention of television, as it has been used as an effective vehicle of advertising, which brings products directly to the attention of consumers, which in turn stimulates the world economy.

어휘 on the one hand : 한편으로는   overwhelming : 압도적인   benefit : 혜택, 이득   reliable : 믿을 수 있는   updated : 최신의   current affairs : 시사   lastly : 마지막으로   greatly : 대단히   invention : 발명품   effective : 효과적인   vehicle : 차량   stimulate : 자극하다

해석 한편으로는, 텔레비전은 현대사회에 수많은 혜택을 가져왔습니다. 첫째로, 그것은 사람들에게 전 세계로부터의 사건에 대한 최근 소식을 전달하는 신뢰할만한 뉴스의 원천입니다. 두 번째로, 많은 사람들이 그들의 여가시간을 그들이 가장 좋아하는 프로그램을 보면서 보내기 때문에 그것은 또한 훌륭한 오락의 원천입니다. 마지막으로, 기업들은 텔레비전의 발명으로부터 많은 혜택을 받아왔습니다; 왜냐하면 텔레비전은 상품이 소비자의 주의를 끌게 만드는 효과적인 광고 매개물로 사용되어왔기 때문입니다. 그리고 이것은 그 다음에 세계경제를 활발하게 만듭니다.

a1) 첫 번째 주제어(1st topic sentence)
신뢰할 수 있는 News Source

a2) 두 번째 주제어(2nd topic sentence)

훌륭한 오락 Source

a3) 세 번째 주제어(3rd topic sentence)

일반기업의 효과적인 광고 Source

ii) Agree or Disagree 본론 문단배열 구성

공부하는 관련 서적마다 제각각 다르게 설명하고 있어 수험생들이 가장 많이 혼란스럽게 생각하는 부분이 바로 본론 문단 배열구조일 것입니다. 가장 일반적인 구조만을 정리하면 다음과 같습니다.

Agree or Disagree 본론구조 A

내가 지지하는 주장만을 두 개의 문단 혹은 세 개의 문단에 기술하는 방법입니다.

2개 혹은 3개의 문단으로 본론 구성하기

문단 1 (내가 지지하는 주장 1)

문단 2 (내가 지지하는 주장 2)

or

문단 3 (내가 지지하는 주장 3)

Example

Q. It is wrong for governments to spend vast amounts of money on artistic projects such as paintings and sculptures. To what extent do you agree or disagree?

해석 정부가 그림과 조각 같은 예술 프로젝트에 막대한 돈을 쓰는 것은 잘못된 것입니다. 어느 정도까지 동의 혹은 반대합니까?

본론 1 (8.0 이상의 답)

Paintings and sculptures add colour and life to public places. Government funded artistic projects can be enjoyed by everyone, which increases overall levels of happiness within society. In fact, the positive effect of such artistic projects has been recognised by governments throughout the world, which is the reason why public funding for these projects has been a part of our society for such a long time.

어휘 public place : 공공장소   increase : 증가하다   overall : 전체의   effect : 영향   public funding : 공공의 임금

해석 그림과 조각은 공공장소에 색깔과 생기를 더합니다. 정부가 기금 지원한 예술 프로젝트는 모든 사람이 즐길 수 있으며 이것은 사회 내에서의 전반적인 행복수준을 높입니다. 사실, 이러한 예술 프로젝트의 긍정적인 영향은 전세계 정부들에 의해 인정되어 왔는데, 이것이 이러한 프로젝트들을 위한 공적자금 제공이 그렇게 오랜 세월 동안 우리 사회의 한 부분이 되어온 이유입니다.

본론 1 주제어(1st topic sentence)

⇨ 공공장소를 아름답게 만든다.

본론 2

Additionally, some paintings and sculptures form part of our history, and are a great source of pride, reminding us of our cultural roots. For example, the sculpture of 'King Sejong' in my country, South Korea, continues to remind Korean people of the king who was responsible for the creation of Hangeul, which is considered to be the most scientific alphabet in the world.

어휘 additionally : 게다가   scientific : 과학의

해석 게다가, 그림과 조각은 우리역사의 일부를 형성하면서 우리 문화의 뿌리를 기억하게 만드는 훌륭한 자부심의 원천입니다. 예를 들어, 한국에 있는 '세종 대왕' 조각상은, 한국 사람들에게 세계에서 가장 과학적인 문자로 생각되는 한글을 창조하는데 큰 공헌을 한 왕으로서 그를 계속 기억하게 만듭니다.

본론 2 주제어(2nd topic sentence)

⇨ 훌륭한 문화유산이다.

John의 '콕 & 퀵' 한 수

일반적으로 내가 주장하는 한 쪽만으로 본론을 작성하는 경우, 앞의 서론에서 자기가 어느 쪽을 주장한다고 말하며 시작하는 것이 추천됩니다. 즉, '공공장소에서 Smoking 금지 찬반'에 대한 문제가 출제되었다면, 다음처럼 서론을 작성하십시오.

서론 : The health dangers of smoking are well established. Smoking causes numerous diseases both in smokers and non-smokers who inhale second-hand smoke. As a result, many countries and jurisdictions have imposed restrictions on smoking in workplaces and some public places. In my opinion, these restrictions do not go far enough. Smoking should be banned in all public places, both to discourage smoking and to protect the public from the health risks of passive smoking.

어휘 smoking : 흡연   establish : 세우다   numerous : 많은   disease : 질병   non-smoker : 비흡연가
inhale : 숨을 들이마시다   as a result : 결과적으로   jurisdiction : 사법권   impose : 부과하다   restriction : 제한[규제]
workplace : 직장   discourage : 막다   passive smoking : 간접흡연

해석 흡연의 건강위험은 부정할 수 없습니다. 흡연은 흡연자 및 담배연기를 간접적으로 마시는 비흡연자 모두에게 많은 질병을 야기 시킵니다. 그 결과, 많은 나라와 관할구역에서는 직장과 몇몇의 공공장소에서의 흡연제한제도를 도입했습니다. 나의 의견으로는, 이러한 제한만으로는 충분하지 않습니다. 흡연은 모든 공공장소에서 금지되어야 합니다. 이는 흡연을 억제하고 간접흡연의 건강 위험으로부터 대중을 보호하기 위함입니다.

Agree or Disagree 본론구조 B

내가 지지하는 주장과 상대방이 지지하는 주장 모두를 본론에 나누어 작성하는 방법으로 Essay의 두 번째 유형인 Advantage – Disadvantage의 구조와 동일하며 일반적으로 본론구조 A보다 더 추천됩니다.

3개의 문단으로 본론을 구성할 경우

> 문단 1 (상대방이 지지하는 주장 1)

> 문단 2 (내가 지지하는 주장 1)

> 문단 3 (내가 지지하는 주장 2)

2개의 문단으로 본론을 구성할 경우

> 문단 1 (상대방이 지지하는 주장 (들))

> 문단 2 (내가 지지하는 주장 (들))

Agree or Disagree 본론구조 B-1(3개의 문단으로 본론 구성할 경우)

Example

Q. Fast food is now available in most countries and is becoming increasingly popular. Some feel that this is a positive trend, while others do not. What is your opinion on this issue?

해석 패스트푸드는 대부분의 나라에서 현재 판매되고 있으며 점점 더 인기가 높아지고 있습니다. 다른 사람들은 반대하지만 어떤 사람들은 이 것이 긍정적인 현상이라고 말합니다. 이 이슈에 대한 당신의 의견은 무엇입니까?

본론 1

On one side of the debate, it has been argued that the ready availability of fast food meets the modern hunger for anything that is seen to be more convenient. Time is a luxury for those who find that their professional or academic studies occupy most of their time. Fast food enables people to save time on cooking and preparing meals, so they can attend to more important matters.

어휘 debate : 논쟁   availability : 유용성   hunger : 배고픔   luxury : 고급스러운, 명품   enable to : ~하는 것을 가능하게 하다
attend to : ~을 돌보다

해석 한 쪽의 의견으로서, 패스트푸드의 즉석제공의 성격이 좀더 편리한 것에 대한 현대사회의 갈증을 해소시킨다고 주장되어 왔습니다. 일 혹 은 공부 때문에 시간이 없는 사람들에게 시간은 금과도 같습니다. 패스트푸드는 사람들이 요리하고 음식을 준비하는 시간을 아끼는 것을 가능하게 하여 이를 통해 그들이 더 중요한 일을 할 수 있게 합니다.

본론 2

However, there are many other ways to save time without having to rely on fast food. For example, cooking several meals at once or having groceries delivered to your home are all ways that can save time. They are activities which are not harmful to your health.

어휘 rely on : ~에 의존하다   deliver : 배달하다   harmful : 해로운

해석 하지만, 패스트푸드에 의존하지 않아도 시간을 아낄 수 있는 많은 다른 방법들이 있습니다. 예를 들어, 여러 음식을 한번에 요리한다든지

혹은 식료품을 집으로 배달시키는 것 등 모두가 시간을 아낄 수 있는 방법들입니다. 그것들은 건강에 해로운 활동이 아닙니다.

본론 3

The real problem with fast food is its lack of nutritional value. Its excessive consumption can lead to serious health conditions such as obesity, heart disease or diabetes. The World Health Organisation has warned that if fast food continues to be consumed at its present rate, public health systems will struggle to cope with the increasing number of people who fall ill as a result of bad eating habits.

어휘 lack : 부족, 결핍   nutritional value : 영양가   excessive : 지나친, 과도한   consumption : 소비   obesity : 비만   diabetes : 당뇨병   struggle : 투쟁하다   cope with : ~에 대처하다   fall ill : 병들다

해석 패스트푸드의 진짜 문제점은 영양가 부족입니다. 그것의 과도한 소비는 비만, 심장병 그리고 당뇨와 같은 심각한 건강상태를 초래할 수 있습니다. WHO 는 만약 패스트푸드가 현재의 속도로 계속 소비된다면 공중보건시스템이 나쁜 식습관으로 인한 환자수의 증가에 대처하느라 고전할 것이라 경고합니다.

본론 1 주제어(상대방 주장 1st topic sentence)
⇨ Fast food는 삶을 편리하게 만든다.

본론 2 주제어(나의 주장 1st topic sentence)
⇨ Fast food가 아니라도 시간을 절약할 수 있는 방법은 많다.

본론 3 주제어(나의 주장 2nd topic sentence)
⇨ Fast food는 건강에 해롭다.

Agree or Disagree 본론구조 B-2(2개의 문단으로 본론을 구성할 경우)

Example

Q. The country is a better place for children to grow up in as opposed to a large city. To what extent do you agree or disagree?

해석 시골이 아이들이 성장하기에 큰 도시보다 더 나은 장소입니다. 당신은 어느 정도까지 동의 혹은 반대합니까?

본론 1

On the one hand, children are able to enjoy an abundance of fresh, healthy and pollution-free air, which contributes to a healthy lifestyle and their physical development. Children growing up in the countryside are also more likely to consume more organic produce, as opposed to processed fast foods that are commonly found in developed city areas.

어휘 abundance : 풍부   pollution-free : 무공해의   contribute : 공헌하다   countryside : 시골 지역   consume : 소모하다   organic produce : 유기농 제품   oppose : ~을 반대하는   process : 처리하다   commonly : 보통   developed : 발달한

해석 먼저, 아이들이 신선하고 몸에 좋으며 공해가 없는 풍부한 공기를 만끽할 수 있습니다. 그리고 이것은 건강한 라이프스타일과 신체적 발달에 도움이 됩니다. 시골에서 자라는 아이들은 또한 대도시에서 흔히 볼 수 있는 가공처리된 패스트푸드가 아닌 유기농 식품을 소비할 가능성이 높습니다.

본론 2

On the other hand, parents who prefer raising their children in the city would argue that access to fundamental services such as education, transportation and communication are essential to their children's future success as adults, particularly in terms of work and career progression. Children who grow up in big cities are surrounded by many more opportunities and are likely to be more motivated to have a successful career than those who have only lived in the country.

어휘 prefer : ~을 더 좋아하다   fundamental : 근본적인   particularly : 특히   in terms of : 관점에서   progression : 진행
  motivated : 동기 부여된

해석 반면에, 그들의 자녀를 시티에서 양육시키는 것을 선호하는 부모들은 교육, 교통, 통신과 같은 근본적인 서비스를 이용할 수 있는 것이 특히 직업과 커리어 발전의 관점에서, 그들의 자녀들이 성인이 됐을 때 미래의 성공을 위해 필수라고 주장할 것입니다. 대도시에서 성장하는 아이들은 많은, 더 커다란 기회를 접하게 될 것이며 시골에서 산 아이들보다 성공적인 커리어를 위해 더 많이 동기부여가 될 가능성이 높습니다.

본론 1. the countryside를 지지하는 주장
⇨ 시골생활은 건강한 삶을 아이들에게 준다.

본론 2. the city를 지지하는 주장
⇨ 도시생활은 성공적인 Career 발전의 기회를 미래에 아이들에게 준다.

John의 '콕 & 퀵' 한 수

일반적으로 수험생에게는 다음과 같은 이유로 Agree or Disagree 본론구조 B(양쪽 주장)가 A(한쪽 주장)보다 작성하기에 유리합니다.

1. 본론구조 A로 본론을 완성하는 것이 소수의(2개 그리고 1개) 동의와 반대로 작성하는 본론구조 B보다 제한된 시간 내에서 다수의(3개) 찬성 혹은 다수의 반대하는 쪽의 Idea를 내야 하기 때문에 불리할 수 있습니다.

2. 본론구조 B의 구성은 Agree or Disagree 유형뿐만 아니라 Both Views 유형 작성을 위해서도 사용될 수 있기 때문에 하나의 Structure만의 이해로 두 개의 유형 모두를 작성할 수 있는 일석이조의 효과를 가질 수 있습니다. (참조 – Day 12. Both Views)

3. 본론구조 A는 상대방의 주장을 듣지 않고 일방적으로 나의 주장만을 전개하는 것 같아 한쪽으로 치우친 주장으로 보일 수도 있습니다. (단, Essay에서 한쪽의 주장만을 전개했다고 해서 객관성을 잃는다는 뜻은 아닙니다.)

반박하는 본론 문단구조

반박하는 Agree or Disagree 본론구조 C란

*본론구조 A, B보다 문단을 좀더 빠르게 그리고 시험관에게 어필하면서 작성할 수 있는 방법이 없을까요? 네 있습니다. 상대방의 주장이 약하거나 취약점을 가지고 있을 때 이를 반박(refute)하는 내용을 내가 주장하는 본론의 내용으로 작성하여 문단을 구성하는 방법입니다.

Agree or Disagree 본론구조 C-1 (찬 – 반 – 찬 구조)

나의 첫 번째 주장 혹은 Advantage를 첫 번째 문단(paragraph)에 위치시킵니다. 그리고 상대방의 주장 혹은 Disadvantage를 두 번째 문단에 작성하는데 여기에서 Essay가 끝나는 것이 아니라 세 번째 문단에서 바로 앞 문단(두 번째 문단)에 작성된 상대방의 내용 혹은 Disadvantage를 반박(refute)하는 방법입니다.

본론구조 C-1 (찬 – 반 – 찬 구조)

문단 1 (내가 지지하는 주장)

문단 2 (상대방이 지지하는 주장)

문단 3 (상대방을 반박하는 주장)

경우에 따라서 두 번째 문단과 세 번째 문단을 하나의 문단으로 묶어 함께 작성하는 경우도 있습니다.

Example

Q. Do you think the effect of tourism is positive on local communities?
해석 당신은 지역사회에 미치는 관광의 영향이 긍정적이라 생각합니까? .

본론 1 [찬]

One of the most important benefits of tourism is that it generates a steady flow of income for local communities. Not only do tourists spend money, but the demand for amenities such as hotels and souvenir stores also increases, which leads to new job opportunities for local residents.

어휘 generate : 발생시키다   steady : 꾸준한   flow : 흐름   local community : 지역 사회   demand : 요구   amenities : 생활 편의
시설   souvenir : 기념품   increase : 증가하다, 인상되다

해석 관광의 가장 중요한 이점 중 하나는 지역사회를 위한 꾸준한 수입의 흐름을 발생시킨다는 것입니다. 여행객들이 돈을 쓰는 것뿐만 아니라,
호텔과 기념품상점과 같은 생활편의시설의 수요 또한 증가합니다. 그리고 이것은 지역주민들을 위한 새로운 취업의 기회를 만듭니다.

본론 2 [반]

Of course, many environmentalists may argue that local tourism can bring with it serious environmental problems, particularly where tourists are drawn to places of natural beauty. The increasing number of tourists who seek out these places may mean that areas of natural beauty lose their uniqueness because of ecological damage caused by human carelessness.

어휘 environmentalist : 환경 운동가　　particularly : 특별히　　seek out : ~을 찾아내다　　uniqueness : 유일함　　ecological : 생
　　태계의　　damage : 손상　　carelessness : 부주의

해석 물론, 많은 환경론자들은 특별히 자연이 수려해 관광객들이 많이 방문하는 장소에서 지역관광이 심각한 환경문제를 일으킨다고 주장할지
　　모릅니다. 이러한 장소를 찾는 관광객수의 증가는 인간의 부주의에 의해 야기된 생태학적 손상 때문에 자연미를 가지고 있는 지역들이 그
　　들의 독특함을 잃는다는 것을 의미할 수 있습니다.

본론 3 [찬]

However, this argument misses an important point that tourism can be developed in ways that are environmentally sustainable. For example, government regulations can be introduced to control the number of tourists visiting certain areas, to ensure that the natural environment is not compromised. The efforts of Fernando de Noronha in Brazil is one such example of where the past beauty of the coral reef has been well preserved by introducing a nature conservation policy of the local government.

어휘 environmentally : 환경적으로　　sustainable : 지속 가능한　　government regulation : 정부 규정　　ensure : 반드시 ~하게 하다,
　　보장하다　　compromise : 타협하다　　preserved : 보존된　　nature conservation : 자연 보호

해석 그러나, 이 주장은 관광이 환경을 유지하면서도 개발될 수 있다는 중요한 포인트를 놓치고 있습니다. 예를 들어, 자연환경은 타협의 대상
　　이 아니라는 것을 분명하게 하기 위해 특정지역에 방문하는 관광객의 수를 제한하기 위한 정부규정이 도입될 수 있습니다. 브라질의 FDN
　　의 노력은 지방정부가 자연보호정책을 도입함으로써 예전 산호초의 아름다움이 잘 보존되어온 장소의 대표적인 예입니다.

본론 1 주제어(나의 주장 1st topic sentence)
⇨ Tourism은 지역사회의 경제에 도움이 된다.

본론 2 주제어(상대방 주장 1st topic sentence)
⇨ Tourism은 환경에 나쁘다.

본론 3 주제어(상대방 주장을 반박하며 만들어진 나의 주장 2nd topic sentence)
⇨ Tourism은 환경을 보전하면서도 얼마든지 발전할 수 있다.

Agree or Disagree 본론구조 C-2 (찬 – 반 – 반 구조)

이 Structure는 본론 첫 번째 문단에 상대방이 지지하는 내용을 먼저 작성하고 두 번째 문단에선 앞 문단에 작성된 상대
방 주장내용을 반박(refute)하는 문단을 작성하고 세 번째 문단에선 자기가 주장하는 내용을 추가적으로 작성하는 방법입
니다.

본론구조 C-2 (찬 – 반 – 반 구조)

문단 1 (상대방이 지지하는 주장 1)

문단 2 (상대방을 반박하는 주장)

Example

Q. Of all modern media inventions, television is the greatest. Do you agree or disagree?

해석 모든 현대 발명품들 중, 텔레비전이 가장 뛰어납니다. 당신은 동의합니까 혹은 반대합니까?

본론 1 [찬]

Some people argue that the invention of television revolutionised the consumption of media content and it has consistently provided a reliable source of information and entertainment since its creation.

어휘 invention : 발명품   revolutionise : ~에 대변화를 일으키다   consumption : 소비   content : 내용물   consistently : 지속적

으로   reliable : 믿을 수 있는   creation : 창조

해석 어떤 사람들은 텔레비전의 발명은 미디어 컨텐츠 소비에 대변화를 일으켰으며 그것은 그것의 창조이래로 신뢰할만한 정보 및 오락소스를

끊임없이 제공해오고 있다고 주장합니다.

본론 2 [반]

However, these arguments fail to consider the plethora of other media inventions that have contributed to society since television. The internet for example, is a far more versatile media source, which delivers information and updates to users at a much faster speed. In reality, modern media consumers are more likely to prefer the invention of the internet, as televisions have become somewhat outdated.

어휘 consider : 사려하다   plethora : 과다   versatile : 다재 다능한   deliver : 배달하다   update : 갱신하다   user : 이용자   in

reality : 실제로는   somewhat : 어느 정도   outdated : 구식인

해석 그러나, 이러한 주장들은 텔레비전이래로 사회에 공헌해오고 있는 다수의 다른 미디어들을 고려하지 못하고 있습니다. 예를 들어, 인터넷

은 보다 더 만능적인 미디어 소스입니다. 그리고 이것은 정보와 최신소식을 사용자에게 훨씬 더 빠른 속도로 전달합니다. 실제로, 현대 미

디어 소비자들은 인터넷의 발명을 더 선호합니다. 왜냐하면 텔레비전은 이미 다소 구식이 되어버렸기 때문입니다.

본론 3 [반]

In addition, many people are concerned about the negative effect that television content can have upon audiences. Young children in particular tend to be more susceptible to the graphic nature of television, especially when it comes to depictions of violent or other inappropriate material. As such, television is often blamed for causing violent behaviour in children.

어휘 negative effect : 부정적 효과   audience : 청중   particular : 특정한   tend to : ~하는 경향이 있다   susceptible : 민감한

depiction : 묘사   inappropriate : 부적절한   blame : ~을 탓하다

해석 게다가 많은 사람들은 텔레비전 컨텐츠가 시청자에게 미치는 부정적인 영향에 염려를 표합니다. 특히 폭력이나 다른 부적절한 내용의 묘

사 관점에 있어서 어린 아이들이 텔레비전의 그래픽에 더 쉽게 영향을 받는 경향이 있습니다. 그러므로 텔레비전은 아이들에게 나쁜 행동

을 유발시킨다고 종종 비난을 받아왔습니다.

본론 1 주제어(상대방 주장 1st topic sentence)

⇨ Television은 정보 및 오락의 기능을 제공한다.

본론 2 주제어(상대방 주장을 반박하는 나의 주장 1st topic sentence)

⇨ Television이 아닌 다른 Media가 최근엔 더 영향력이 있다.

본론 3 주제어(나의 주장 2nd topic sentence)
⇨ Television은 시청자에게 나쁜 영향을 준다.

물론 본론구조 C-1과 마찬가지로 본론구조 C-2도 첫 번째 문단과 두 번째 문단을 함께 묶을 수도 있습니다.

John의 '콕 & 퀵' 한 수

상대방을 반박하며 작성하는 Essay가 어렵게 느껴진다면 다음과 같은 틀로 상대방의 주장을 인용하며 반박하는 방법노 있습니나.

There are those who are short sighted enough to be under the false impression that (상대방의 주장 … 이 곳에). It has to be remembered though that while this may be a true statement for a small pocket of the population, to claim that this is true for everyone is simple paranoia.

해석 (상대방의 주장)의 잘못된 생각에 사로잡힌 근시안적인 사람들이 있습니다. 하지만, 이것은 소수에게는 사실일 수 있지만 모든 이들에게 적용된다고 주장하는 것은 단순한 피해망상에 불과하다고 기억되어야 합니다.

C. 결론 (40~50 Words)

Agree or Disagree의 결론(conclusion)은 다음과 같이 크게 두 개의 부분으로 나눌 수 있습니다.

• 첫 번째 부분(final opinion and summary) : 문제의 Issue에 대한 최종 의견과 더불어 지지하는 내용을 요약 정리하는 것이 좋으며 지지하는 모든 이유를 열거하는 것보다 가장 중요한 이유를 요약 정리하는 방법이 더 좋습니다. 단, 요약정리를 할 때는 이미 서론, 본론에서 사용한 표현과 다르게 작성하는 것을 권장합니다.

• 두 번째 부분(closing statement - 선택사항) : 간단한 해결책 혹은 교훈성의 맺음말로 완성시키면 됩니다. 글자수를 채우기 위해 정부(the government)를 인용해 해결책을 찾는 방법이 있는데 고득점 목표보다는 주로 6.0정도를 목표로 하는 Essay에서 사용하길 권하며 if statement를 사용하여 해결책을 찾기도 합니다. 단, 또 다른 Essay가 시작되는 듯한 논란의 내용은 지양되어야 합니다.

두 개의 부분을 다음과 같이 다양한 방식으로 조합하여 완성하면 됩니다.

i) 지지하는 이유를 요약정리하는 결론

Example 최종 의견 + 지지하는 이유 전체 요약정리
Q. fast food Agree or Disagree 문제의 결론

In short, my view is that the consumption of fast food should be discouraged as it not only threatens the health of individuals, but can also jeopardise the effectiveness of public health systems in general.

어휘 in short : 요약하면   consumption : 소비   threaten : 협박하다   jeopardise : 위태롭게 하다   effectiveness : 효과적임

not only A but also B : A뿐만 아니라 B도   in general : 보통

해석 간략하게 말해, 나의 의견은 패스트푸드의 소비는 개인의 건강을 위협할 뿐만 아니라, 또한 공중보건 시스템의 효율성을 위태롭게 하기 때문에 권장되지 말아야 한다는 것입니다.

ii) 지지하는 이유 중 가장 중요한 이유만으로 요약정리하는 결론

Example 최종 의견 + 지지하는 가장 중요한 이유 요약정리
Q. 인터넷이 박물관을 대체할 것인가에 Agree or Disagree문제의 결론

In conclusion, my opinion is that museums will never become obsolete and the internet is an inadequate replacement because museums are filled with art and cultural artefacts that simply cannot be appreciated to their full value and beauty, unless seen with one's own eyes.

어휘 in conclusion : 끝으로   conclusion : 결론   obsolete : 구식의   inadequate : 불충분한   replacement : 교체   be filled
with : ～로 가득 차다   cultural : 문화의   artefact : 인공물, 공예품

해석 결론으로, 나의 생각은 박물관은 결코 진부해지지 않을 것이며 인터넷은 그것을 대체할 수 없다는 것입니다. 왜냐하면 박물관은 직접 자신의 눈으로 보지 않으면 완전한 가치 및 아름다움을 감상할 수 없는 미술품과 문화유물들을 가지고 있기 때문입니다.

iii) 양쪽 모두를 지지하며 작성하는 결론

Example 1 최종 의견 + 양쪽 의견 모두를 지지하는 이유 정리
Q. 경쟁과 협동 중 선택하는 문제의 결론
My view is that it is important to promote both competition and cooperation between students. A healthy level of competition can bring out the best in a student whilst a cooperative nature, which is a highly sought after attribute in today's workforce, will teach them how to work in a team.

어휘 promote : 촉진하다   competition : 경쟁   cooperation: 협력   bring out : 드러나게 하다   cooperative : 협력하는   nature :
자연   highly : 크게   attribute : 탓으로 돌리다   workforce : 인력

해석 나는 학생들 사이에서의 경쟁 및 협동심 모두를 고양시키는 것이 중요하다고 생각합니다. 건전한 수준의 경쟁은 학생들로부터 최고의 능력을 끄집어낼 수 있습니다 반면에 오늘날 직장인들에게 많이 요구되고 있는 요소인 협동심은 그들이 팀에서 어떻게 일해야 할지를 가르칠 것입니다.

Example 2 최종 의견으로 한쪽의 의견을 지지하는 이유 정리 + 또 다른 쪽의 의견의 타당성도 함께 정리
Q. 시골이 도시보다 아이들이 자라기에 더 좋다는 것의 Agree or Disagree 문제의 결론

I personally believe that the country is an ideal place for young children to grow up, where they are able to enjoy a healthy lifestyle. However, as they become older, children should have the chance to experience city life as exposure to the types of opportunities that arise there may be critical to their future success and wellbeing.

어휘 personally : 개인적으로   healthy lifestyle : 건강한 생활양식   experience : 경험   exposure : 노출   opportunity : 기회
arise : 생기다   wellbeing : 행복, 웰빙

해석 나는 개인적으로 시골이 아이들이 건강한 생활방식을 보낼 수 있는, 아이들이 성장하기에 좋은 장소라고 믿습니다. 하지만, 아이들이 나

이가 들어감에 따라 그들은 도시생활을 경험할 수 있는 기회를 가져야 합니다 왜냐하면 그곳에서 생기는 기회를 접하는 것이 그들 미래의 성공과 행복을 위해 매우 중요하기 때문입니다.

iv) 지지하는 이유 및 해결책을 함께 작성하는 결론

Example 최종 의견 + 이유 요약정리 + 해결책

Q. 첫인상이 믿을만한지 Agree or Disagree에 관한 문제의 결론

After considering both arguments, it is my personal opinion that even though first impressions can give us a general idea of a person's character, they can often lead to the misjudgement of others. It is better to exercise caution and make sure you invest time in getting to know someone better.

어휘 considering : ~을 고려하면   argument : 논쟁   personal opinion : 개인 의견   even though : 비록 ~일지라도   impression : 인상   character : 성격   misjudge : 잘못 판단하다   exercise caution : 주의를 하다   invest : 투자하다

해석 양쪽의 의견 모두를 고려한 후, 비록 첫인상은 우리에게 어떤 사람의 성격에 관한 일반적인 아이디어를 줄 수는 있지만 그것은 다른 사람에 대한 잘못된 판단을 종종 야기시킬 수 있다는 것이 나의 개인적인 의견입니다. 다른 사람을 더 잘 알기 위해서 주의가 필요하며 시간을 두고 알아보는 것이 바람직합니다.

John의 '콕 & 퀵' 한 수

결론 작성에 어려움이 있는 분들께서는 다음과 같은 결론틀을 만들어 작성해도 됩니다.

After considering both sides of the argument, it is clear that there are both advantages and disadvantages of (Essay Topic Key Word(s)). In my view however, the overall benefits to (대상) seem to outweigh the disadvantages that may arise as a result of (Essay Topic Key Word(s)).

해석 논쟁의 양쪽 모두를 고려한 후 (메인 소재)에는 장단점 모두가 있다는 것이 명확합니다. 하지만 나의 견해로는 (대상)에 대한 전반적인 혜택이 (메인 소재)의 결과로 발생하는 단점보다 더 많은 것 같습니다.

John의 '콕 & 퀵' 한 수

'결론적으로' 혹은 '요약 정리한다면' 과 같은 표현은 다음 목록에서 선택하여 사용하십시오.

- 결론적으로 : To conclude / In conclusion
- 요약 정리하면 : To wrap up / To summarise / To sum up / To recapitulate / In summary
- 양쪽을 다 보고 난 후 : After considering both sides of the argument / After looking at both views

Quick 핵심 Point Review

Agree or Disagree 서론 문단의 구성

도입문장 (general statement)	일반적으로 Essay Topic(문제 내용)의 Key Word(s) 혹은 관련된 어휘를 사용하여 Essay를 시작하는 문장으로서 보편적이고 일반적인 Trend 혹은 Fact의 내용 작성
일반 지지문장 (general support statement)	도입문장의 배경(이유) 혹은 예를 보여주는 내용으로 작성(선택사항)
Essay Issue 도출문장	일반적으로 시험문제의 토픽 내용을 Paraphrasing하며 Issue를 작성
주제어문장 (thesis statement)	Issue에 대한 자신의 입장 혹은 본론의 Essay가 어떠한 방향으로 전개될지를 기술(선택사항)

Agree or Disagree 본론 각 문단 구성 1 (본론이 세 개의 문단으로 구성될 경우)

Topic Sentence	지지하거나 반대하는 Point 작성
Supporting Sentence 1	예, 이유, 부연설명, 효과 등으로 Topic Sentence 합리화시킴
Supporting Sentence 2	이전 부분의 논리 및 글자수에 따라 작성유무를 결정하는 선택 사항이며 Supporting Sentence 1에 추가 혹은 심화된 내용 등으로 전개

Agree or Disagree 본론 각 문단 구성 2 (본론이 두 개의 문단으로 구성될 경우)

Topic Sentence 1(Main Point 1)	지지하거나 반대하는 Point 1 작성
Supporting Sentence	예, 이유, 부연설명, 효과 등으로 Topic Sentence 1을 합리화시킴
Topic Sentence 2(Main Point 2)	지지하거나 반대하는 Point 2 작성
Supporting Sentence	예, 이유, 부연설명, 효과 등으로 Topic Sentence 2를 합리화시킴

Agree or Disagree 결론 문단의 구성

결론 방법 1	자신의 의견을 피력하며 본론 내용을 다시 작성하며 요약 정리하는 방법 (final opinion and summary)
결론 방법 2	자신의 의견 및 이유를 간략히 피력한 후 문제의 Issue에 대한 해결책 (closing statement)을 제시하는 방법

Agree or Disagree 본론구조 A

내가 지지하는 주장만을 두 개의 문단 혹은 세 개의 문단에 걸쳐 본론에 기술하는 방법

두 개 혹은 세 개의 문단으로 본론 구성하기

문단 1 (내가 지지하는 주장 1)
문단 2 (내가 지지하는 주장 2)
or
문단 3 (내가 지지하는 주장 3)

Agree or Disagree 본론구조 B

내가 지지하는 주장과 상대방이 지지하는 주장 모두를 본론에 각 문단에 나누어 작성하는 방법

3개의 문단으로 본론을 구성할 경우

문단 1 (상대방이 지지하는 주장 1)
문단 2 (내가 지지하는 주장 1)
문단 3 (내가 지지하는 주장 2)

2개의 문단으로 본론을 구성할 경우

문단 1 (상대방이 지지하는 주장 (들))
문단 2 (내가 지지하는 주장 (들))

Agree or Disagree 본론구조 C

상대방의 주장을 반박(refute)하는 내용으로 본론을 작성하는 방법

본론구조 C-1 (찬 - 반 - 찬 구조)

문단 1 (내가 지지하는 주장)
문단 2 (상대방이 지지하는 주장)
문단 3 (상대방을 반박하는 주장)

본론구조 C-2 (찬 - 반 - 반 구조)

문단 1 (상대방이 지지하는 주장 1)
문단 2 (상대방을 반박하는 주장)
문단 3 (내가 지지하는 주장 1)

Day

11

All that
IELTS
스피드 완성

Agree or Disagree
실전공략법

Day 10에서 다진 기본이론을 바탕으로 실전문제 Essay를 작성해 보겠습니다. 먼저 이해를 돕기 위해 6.0 수준의 쉬운 Essay를 작성한 후에 7.0 수준의 Essay를 작성해 보겠습니다.

I. Agree or Disagree 6.0 작성해보기

문제 Some believe that the number of cars operating in the city should be limited to a certain number as they cause many problems. To what extent do you agree or disagree?

해석 어떤 사람들은 차들이 많은 문제를 야기시키므로 시티에서 운행하고 있는 차의 수를 특정 숫자로 제한해야 한다고 믿습니다. 당신은 어느 정도로 이 의견에 동의 혹은 반대합니까?

1단계 : 문제파악을 잘하자

Some believe that (point 1) <u>the number of cars operating</u> (point 2) <u>in the city</u> should be limited to a certain number. To what extent (point 3) do you agree or disagree?

문제 Points 체크

Point 1. 자동차수를 제한하자고 합니다.
Point 2. 장소는 시내입니다.
Point 3. 문제의 종류는 4가지 유형 중 Agree or Disagree입니다.

2단계 : Idea를 내자(brainstorming)

찬성과 반대쪽의 Idea를 나 자신부터 시작해 가족, 사회, 국가 그리고 인류에게 미치는 긍정적 그리고 부정적 영향을 생각해 봅니다.

또한 'Day 7 Writing Task 2 Essay 작성 Essential Tips 1' 에서 이미 다루었던 '경건교인자안스다' ('경건교라는 종교가 인자하지 않습니다'의 제주도 사투리(?)) 공식을 응용해 빠르게 Idea를 생각해 봅니다. 즉, 작성하는 내용의 Idea를 "경제적인가?, 건강에 영향은 어떤가?, 교육적인가?, 인권침해는 없는가?, 자연에 미치는 영향은 긍정적인가?, 안전에는 문제가 없는가?, 스트레스에 긍정적 혹은 부정적인 영향이 있는가?, 그리고 다음세대 혹은 다른 사람들에게 어떤 영향을 미치는가?" 등의 관점에서 생각해 봅니다.

<찬성하는 이유>
교통체증의 문제 (traffic congestion)

<반대하는 이유>
개인권리의 침해 (take away [deprive] the right to travel)
자동차 수를 제한하지 않아도 활용할 수 있는 더 좋은 방법들이 존재함
(there are many other better ways, such as increasing parking fees and introducing better public transport.)

3단계 : 서론 작성

Brainstorming이 끝난 후 Essay Key Word인 '자동차'를 중심으로 서론을 두 세 문장으로 작성합니다. ab + c + d 형태를 사용합니다.

a) General Statement

There is no doubt that the number of cars is always increasing.
▶ 자동차수에 대한 최근의 추세를 작성하면서 자동차에 관련된 내용이 Essay Topic이라는 것을 보여줍니다.

b) General Support Statement(서론 두 번째 내용)

This has caused a number of problems in the city such as pollution and traffic congestion.
▶ 지지문장으로 이 추세로 인한 문제점들을 작성해 줍니다.

a) + b)

There is no doubt that the number of cars is always increasing and this has caused a number of problems in the city such as pollution and traffic congestion.
▶ a와 b문장을 접속사 'and'를 사용해 하나의 문장으로 만듭니다.

c) Essay Issue 도출문장(일반적으로 시험문제를 Paraphrasing)

Thus, some argue that the number of cars in the city should be regulated (cut down) to a certain number. However, many, including myself, disagree with this argument.
▶ 시험문제를 Paraphrasing 하면서 찬반이 대립하고 있다고 말합니다.

d) Thesis Statement

This essay will analyze both views.
▶ 앞으로 전개할 Essay의 내용을 간략하게 제시합니다. (생략가능)

완성된 서론

There is no doubt that the number of cars is always increasing and this has caused a number of problems in the city such as pollution and traffic congestion. Thus, some argue that the number of cars in the city should be regulated to a certain number. However, many, including myself, disagree with this argument. This essay will analyze both views.

어휘 there is no doubt that : ~라는 것에 의심의 여지가 없다   increasing : 증대하는   pollution : 오염   congestion : 혼잡   traffic congestion : 교통 혼잡   thus : 그러므로   argue : 주장을 하다   regulated : 통제된, 규제된   argument : 논쟁; 언쟁

해석 자동차의 수가 늘 증가하고 있는 가운데 공해 및 교통체증 같은 몇몇의 문제가 도시에서 일어나고 있다는 것은 의심할 여지가 없는 사실입니다. 그래서, 어떤 이들은 자동차의 수를 도시 안에서 정해진 숫자로 제한해야 한다고 주장합니다. 그러나 나를 포함한 많은 이들은 이 주장에 반대합니다. 이 에세이는 양쪽의 의견을 분석할 것입니다.

4단계 : 본론 작성

본론 작성 전 핵심 Point

- Brainstorming의 Idea를 근거로 본론 작성방식을 결정한다.

- Supporting Sentences는 정당화 혹은 합리화시키기 위한 Explanation, Evidence, Example(s) 및 기타 Details을 논리적으로 조합해 작성한다. 예가 있다면 구체적으로 든다. (Day 6 Writing Task 2 Essay Structure '에이불효' 공식 사용)

- 문법 및 어휘를 정확하고 다양하게 사용하며 작성한다.

Day 10에서 배운 Agree – Disagree 작성방식 중 찬성 및 반대를 각 문단에 따라 작성하는 본론구조 B방법을 사용해 보겠습니다. (찬성하는 이유 한 개 그리고 반대하는 이유 두 개)

본론 1 : 찬성하는 쪽의 내용 작성

a) Topic Sentence (본론 1의 첫 번째 문장)

Some believe that the number of cars should be reduced as traffic conditions are getting worse every day.
▶ 교통상황이 악화되기 때문에 자동차의 수를 줄여야 한다고 작성합니다.

b) Supporting Sentence 1 (본론 1의 두 번째 문장)

For example, in most big cities such as Seoul, New York and Tokyo, drivers wait two or three times longer compared to the normal travelling time because of the heavy traffic.
▶ 심각한 교통체증의 예를 듭니다.

c) Supporting Sentence 2 (본론 1의 세 번째 문장)

As a result, this can lead to serious inefficiencies in time management.
▶ 결과적으로 경제에 손실을 입힌다고 작성합니다.

완성된 본론 1

Some believe that the number of cars should be reduced as traffic conditions are getting worse every day. For example, in most big cities such as Seoul, New York and Tokyo, drivers wait two or three times longer compared to the normal travelling time because of the heavy traffic. As a result, this can lead to serious inefficiencies in time management.

어휘 as a result : 결과적으로   inefficiency : 비능률   management : 경영

해석 어떤 이들은 교통체증이 매일 악화되고 있기 때문에 자동차의 수를 줄여야 한다고 믿습니다. 예를 들어, 서울, 뉴욕 그리고 도쿄 같은 대부분의 큰 도시의 운전자들은 교통체증으로 인하여 보통 운전시간과 비교해 2~3배 이상을 늘 기다려야만 합니다. 결과적으로, 이것은 시간 관리에 심각한 비효율성을 야기시킬 수 있습니다.

Did you know? 명사 + 전치사 표현들

ability in	~에서의 능력	approach to	~에 접근	attempt at	~에 대한 시도
cause of	~의 원인	course in	~코스	congratulations on	~에 대한 축하
change(s) in	~에서의 변화	efficiency in	~에서의 효율성	experience of V+ing (in noun)	~의 경험
research into	~에 대한 연구	responsibility for	~에 대한 책임	information on/ about	~에 대한 정보
reaction to	~에 대한 반응	reason for	~에 대한 이유	solution to	~에 대한 해결

본론 2 : 반대하는 쪽의 내용 작성

a) Topic Sentence (본론 2의 첫 번째 문장)

However, there are many more who stand against the idea.
▶ 자동차 수를 줄여야 한다는 생각에 반대하는 사람들이 많이 있다고 작성합니다.

b) Argument 1 (본론 2의 두 번째 문장)

Firstly, it is true that limiting the number of cars in the city takes away an individual's rights.
▶ 자동차수를 제한하는 것이 개인의 권리를 빼앗아간다고 작성합니다.

c) Supporting Sentence 1 (본론 2의 세 번째 문장)

In other words, when people cannot go to the place that they want to travel, they will feel that they are not being treated fairly as a citizen in a democratic country.
▶ 부연설명을 하며 Argument 1논리를 더 타당하게 만듭니다.

이곳에서 반대 Argument 2의 내용을 다른 문단으로 분리하거나 같은 문단에서 계속 작성합니다.

b) Argument 2 (본론 2의 네 번째 문장)

Besides, there are many other ways to reduce traffic problems in the city.
두 번째 Argument에서 자동차수를 줄이는 방법이 아닌 다른 많은 방법이 있다고 작성합니다.

c) Supporting Sentence 1 (본론 2의 다섯 번째 문장)

For example, the city government could increase the price of parking tickets or create a better public transport system.
▶ 교통문제를 해결할 방법을 예로 들어 합리화시킵니다.

완성된 본론 2

However, there are many more who stand against the idea. Firstly, it is true that limiting the number of cars in the city takes away an individual's rights. In other words, when people cannot go to the place that they want to travel, they will feel that they are not being treated fairly as a citizen in a democratic country. Besides, there are many other ways to reduce traffic problems in the city. For example, the city government could increase the price of parking tickets or create a better public transport system.

어휘 stand against : ~에 저항하다   take away : 제거하다   individual right : 개인의 권리   in other words : 다시 말해서   fairly : 상당히   a democratic country : 민주주의 국가   reduce : 줄이다   traffic problem : 교통 문제   increase : 증가하다   parking ticket : 주차 위반 딱지   public transport system : 대중 교통 시스템

해석 그러니, 이 의견에 반대하는 많은 사람들이 있습니다. 첫째로, 도시 안에서 자동차의 수를 제한한다는 것은 개인의 권리를 빼앗는 것을 말합니다. 즉, 여행하고자 하는 곳에 사람들이 갈 수 없을 때 그들은 민주주의 국가의 한 시민으로써 공정하게 대우를 받지 못하고 있다고 생각할 것입니다. 게다가, 도시 안의 문제를 해결하기 위한 많은 다른 방법들이 있습니다. 예를 들어, 도시 정부는 주차비 인상을 하거나 혹은 더 나은 대중교통 시스템을 조성할 수 있습니다.

Did you know? Make & Create

'make a better public transport system'에서처럼 우리나라 학생들이 자주 쓰는 'make' 동사를 무에서 유를 창출하는 뜻을 가진 'create'로 바꾸어 쓰는 것이 더 Academic합니다.

5단계 : 결론 작성 및 Final Check하며 마무리

자신이 지지하는 주장의 Point를 요약정리하며 결론을 작성합니다.

완성된 결론

In short, my view is that although introducing a limit may help to reduce traffic congestion, it should not be put into practice as it certainly interferes with each individual's rights and there are many better alternatives.

해석 요컨대, 나의 생각은 자동차의 수를 제한하는 것이 교통체증을 감소시키는데 도움이 될 수 있다고 하더라도 그것은 분명히 각 개인의 권리를 침해하고 더 나은 다른 방법들이 많이 있으므로 수를 제한하는 것은 실행되지 말아야 한다는 것입니다.

▶ 결론 작성 후 빠르게 Final Check를 합니다.

Essay 작성 후 마무리 Checklist 기본 10계명

1. 시제가 바르게 사용되었는가?
2. 동사 특히 'be'동사를 두 번 사용하거나 빼먹지는 않았는가?
3. 명사 앞의 관사를 제대로 사용했는가? (명사 단복수 구별 포함)
4. 주어와 동사가 일치했는가? (3인칭 단수 현재 동사 뒤에 's'사용 포함)
5. 전치사가 적절히 사용되었는가?
6. 자동사와 타동사를 혼동하여 사용하지 않았는가?
7. 수동태와 능동태가 구별되었는가?
8. 접속사를 부적절하게 사용했거나 빼먹지는 않았는가?
9. 바른 철자법 사용 및 대소문자를 구별했는가?
10. 적절한 마침표를 사용했는가?

완성된 Essay (6.0)

There is no doubt that the number of cars is always increasing and this has caused a number of problems in the city such as pollution and traffic congestion. Thus, some argue that the number of cars in the city should be regulated(cut down) to a certain number. However, many, including myself, disagree with this argument. This essay will analyse both views.

Some believe that the number of cars should be reduced as traffic conditions are getting worse every day. For example, in most big cities such as Seoul, New York and Tokyo, drivers waste two or three times the normal travelling time when they go through the city because of the heavy traffic. As a result, this can lead to serious inefficiency of time management in the economy.

However, there are many more who stand against the idea. Firstly, it is true that limiting the number of cars in the city takes away an individual's rights. In other words, when people cannot go to the place that they want to travel, they will feel that they are not being treated fairly as a citizen in a democratic country. Besides, there are many other ways to reduce problems in the city. For example, the city government could increase the price of parking tickets and make a better public transport system.

In short, my view is that although introducing a limit may help to reduce traffic congestion, it should not be put into practice as it certainly damages each individual's rights and there are many better alternatives.

(257 Words)

어휘 there is no doubt that : ~라는 것에 의심의 여지가 없다   increasing : 증대[증가]하는   pollution : 오염 traffic congestion : 교통 혼잡   regulated : 통제된, 규제된   a certain number : 확실한 숫자   analyse : 분석하다   as a result : 결과적으로   inefficiency : 비능률   economy : 경기   stand against : ~에 저항하다   take away : 제거하다   in other words : 다시 말해서   individual right : 개인의 권리   in other words: 다시 말해서   fairly : 상당히   a democratic country : 민주주의 국가   reduce : 줄이다   increase : 증가하다   public transport system : 대중 교통 시스템   in short : 요컨대   although : 비록 ~이긴 하지만   introduce : 소개하다   reduce : 줄이다   traffic congestion : 교통 혼잡   damage : 손상, 피해   alternative : 대안

해석 자동차의 수가 늘 증가하고 있는 가운데 공해 및 교통체증 같은 몇몇의 문제가 도시에서 일어나고 있다는 것은 의심할 여지가 없는 사실입니다. 그래서, 어떤 이들은 자동차의 수를 도시 안에서 정해진 숫자로 제한해야 한다고 주장합니다. 그러나 나를 포함한 많은 이들은 이 주장에 반대합니다. 이 에세이는 양쪽의 의견을 분석할 것입니다. 어떤 이들은 교통체증이 매일 악화되고 있기 때문에 자동차의 수를 줄여야 한다고 믿습니다. 예를 들어, 서울, 뉴욕 그리고 도쿄 같은 대부분의 큰 도시의 운전자들은 교통체증으로 인하여 보통 운전시간과 비교해 두, 세배 이상을 늘 기다려야만 합니다. 그 결과, 이것은 시간관리에 심각한 비효율성을 야기시킬 수 있습니다. 그러나, 이 의견에 반대하는 많은 사람들이 있습니다. 첫째로, 도시 안에서 자동차의 수를 제한한다는 것은 개인의 권리를 빼앗는 것을 말합니다. 즉, 여행하고자 하는 곳에 사람들이 갈 수 없을 때 그들은 민주주의 국가의 한 시민으로써 공정하게 대우를 받지 못하고 있다고 생각할 것입니다. 게다가, 도시 안의 문제를 해결하기 위한 많은 다른 방법들이 있습니다. 예를 들어, 도시 정부는 주차비 인상을 하거나 혹은 더 나은 대중교통 시스템을 조성할 수 있습니다. 요컨대, 나의 생각은 자동차의 수를 제한하는 것이 교통체증을 감소시키는데 도움이 될 수 있다고 하더라도 그 것은 분명히 각 개인의 권리를 침해하고 더 나은 다른 방법들이 많이 있으므로 수를 제한하는 것은 실행되지 말아야 한다는 것입니다.

II. Agree or Disagree 7.0 작성해보기

문제 Young people should move out from the family home after graduating from high school. To what extent do you agree or disagree?

해석 고등학교를 졸업한 후 청년들은 그들의 부모로부터 독립을 해야 합니다. 당신은 어느 정도 동의 혹은 반대합니까?

1단계 : 문제 파악을 잘하자

Young people should (point 1) move out from the family home (point 2) after graduating from high school. To what extent do you (point 3) agree or disagree?

문제 Points 체크

Point 1. 젊은이들의 부모님으로부터의 독립을 말합니다.
Point 2. 시기는 고등학교 졸업 이후를 말합니다.
Point 3. 문제는 Agree or Disagree 유형입니다.

2단계 : Idea를 내자(brainstorming)

문제의 요지인 고등학교 졸업 후 청년들의 독립에 관하여 나, 가족, 사회, 국가, 인류 범위 중 나와 가족에 미치는 영향을 중심으로 찬반의 Idea를 생각해 냅니다.

또한 Day 7 Writing Task 2 Essay 작성 Essential Tips 1에서 이미 다루었듯 '경건교인자안스다' (경건교라는 종교가 인자하지 않습니다)를 응용해 빠르게 Idea를 생각해 봅니다.

〈찬성하는 이유〉
-충분히 성숙하다 (mature enough)
-부모님의 재정적인 부담을 줄일 수 있다 (less financial burden on parents)

〈반대하는 이유〉

-물가가 너무 비싸다 (living cost too high)

-아직 사회에 나갈 준비가 되어있지 않다 (not fully ready yet)

3단계 : 서론 작성

Essay Topic에 해당되는 'moving out after graduating from high school'을 가지고 서론을 2~3 문장으로 작성합니다. a + c + d 형태를 사용합니다.

a) General Statement (서론 첫 번째 내용)

In the past, the convention was for young people to move out immediately after graduating from high school. However, nowadays, more young people choose to keep living with their parents.

Topic의 과거 및 최근 추세를 비교하며 작성합니다.

c) Essay Issue 도출문장 (일반적으로 시험문제 내용을 Paraphrasing)

While some support the idea of fresh graduates starting an independent life, there are those who think these graduates should stay at home until they are ready to face the pressures of the modern world.

시험문제를 Paraphrasing하면서 찬반이 대립하고 있다고 말합니다.

d) 주제어 Statement (서론 마무리 및 본인의 입장 표명 내용)

This essay will analyse both views.

앞으로 본론에서 전개할 내용을 간략하게 보여줍니다. 하지만 자칫 너무 기능적인 문장으로 보일 수 있기 때문에 생략해도 좋습니다.

완성된 서론

In the past, the convention was for young people to move out immediately after graduating from high school. However, nowadays, more young people choose to keep living with their parents. While some support the idea of fresh graduates starting an independent life, there are those who think these graduates should stay at home until they are ready to face the pressures of the modern world. This essay will analyse both opinions.

어휘 in the past : 옛날   convention : 관습   move out : 이사를 나가다   immediately : 즉시   graduating : 졸업하는   nowadays : 요즘에는   fresh : 신선한   graduate : 대학 졸업자   independent life : 독립적인 생활   pressure : 압박   modern world : 현대세계

해석 과거에는, 젊은이들이 고등학교를 곧 졸업하자마자 부모님의 집에서 이사를 나오는 것이 관례였습니다. 요즘은, 더 많은 젊은이들이 부모님과 계속해서 함께 사는 것을 선택합니다. 어떤 사람들은 이제 막 졸업한 젊은이들의 독립적인 생활을 지지하는 반면에 다른 사람들은 그들이 현대세계가 주는 압박감에 대한 준비가 되어있을 때까지 집에 머물러 있어야 한다고 생각합니다. 이 에세이에서 양쪽의 의견을 검토해 보겠습니다.

4단계 : 본론 작성

본론 작성 전 핵심 Point

- Brainstorming의 Idea를 근거로 본론 작성방식을 결정한다.

- Supporting Sentences는 정당화 혹은 합리화시키기 위한 Explanation, Evidence, Example(s) 및 기타 Details을 논리적으로 조합해 작성한다. 예가 있다면 구체적으로 든다. (Day 6 Writing Task 2 Essay Structure '에이불효' 공식 사용)

- 문법 어휘를 정확하고 다양하게 사용하며 작성한다.

Brainstorming에 생각해낸 Idea가 다수이므로 찬성 및 반대 주장들을 각각의 문단에 작성하는 본론 B유형을 사용합니다. (찬성하는 이유 2개, 반대하는 이유 2개) 주장하는 이유가 많으므로 문단을 대표하는 Topic Sentence를 생략하고 Supporting Sentence를 비교적 간략하게 작성하여 찬반 Point 중심으로 본론을 구성합니다.

John의 '콕 & 퀵' 한 수

문단의 내용의 전체를 함축하는 Topic Sentence를 본론 첫 문장에 반드시 사용해야만 하는 것은 아닙니다. Main Topic Sentence 없이 주장하는 Point의 Topic Sentence를 여러 개 작성하며 본론 문단을 작성해도 됩니다.

본론 1 : 찬성하는 쪽의 내용

a) Argument 1 (본론 1의 첫 번째 문장)

Advocates of this proposition believe that high school graduates are mature enough to start making their own living, and thus should not have to continue relying on their parents.

▶ 따로 Supporting Sentence를 작성하지 않고 Argument 1으로만 작성합니다.

a) Argument 2 (본론 2의 두 번째 문장)

They also point out that by moving out of home, these young people relieve their parents of a great financial burden as their parents no longer have to support their living expenses.

▶ 역시 따로 Supporting Sentence를 작성하지 않고 찬성하는 쪽의 두 번째 Argument를 작성하며, 이유를 나타내는 접속사 'as'를 사용하여 Supporting합니다.

Advocates of this proposition believe that high school graduates are mature enough to start making their own living, and thus should not have to continue relying on their parents. They also point out that by moving out of home, these young people relieve their parents of a great financial burden as their parents no longer have to support their living expenses.

어휘 advocate : 지지자   proposition : 제의   mature : 어른스러운   thus : 이렇게 하여   rely on : ~에 의지하다   point out : 지적하다   move out : 이사를 나가다   relieve : 없애주다   financial burden : 재정상의 부담   expense : 비용

해석 찬성하는 사람들은 고등학교 졸업생들이 그들 자신의 삶을 꾸리는 것을 시작할 정도로 충분히 성숙하다고 주장합니다. 따라서 그들은 부모님에게 계속해서 의존할 필요가 없습니다. 그들은 또한 집을 나와 사는 것이 그들의 부모님의 커다란 재정적 부담을 줄여줄 수 있다고 지적합니다. 왜냐하면 그들의 부모님이 더 이상 그들의 생활비를 지원하지 않아도 되기 때문입니다.

본론 2 : 반대하는 쪽의 내용 작성(내가 지지하는 내용)

a) Argument 1(본론 2의 첫 번째 문장)

However, there are others who feel that certain pressures in modern society make it difficult or unfeasible for young adults to live on their own.

▶ 'however'를 시작으로 첫 번째 Argument를 작성합니다.

b) Supporting Sentence 1 (본론 2의 두 번째 및 세 번째 문장)

For example, basic costs of living such as food, transport and clothing are much higher than they have ever been due to inflation. As such, many graduates simply cannot afford to move out of the family home.

▶ 예를 들면서 논리를 더 타당하게 만듭니다.

이곳에서 Argument 2의 내용을 다른 문단으로 분리하거나 같은 문단에서 계속 작성합니다.

c) Argument 2 (본론 2의 네 번째 문장)

In addition, many of these graduates still have much to learn from their parents, such as planning and controlling finances and managing their own households before they are truly ready to live on their own.

▶ 두 번째 Argument를 Supporting Sentence없이 자세하게 작성합니다.

완성된 본론 2

However, there are others who feel that certain pressures in modern society make it difficult or unfeasible for young adults to live on their own. For example, basic costs of living such as food, transport and clothing are much higher than they have ever been due to inflation. As such, many graduates simply cannot afford to move out of the family home. In addition, many of these graduates still have much to learn from their parents, such as planning and controlling finances and managing their own households before they are truly ready to live on their own.

어휘 pressure : 압박   unfeasible : 실행할 수 없는 young adult : 청장년   inflation : 통화 팽창, 물가 상승률   as such : 그러므로   afford : 여유가 되다   in addition : 게다가   household : 가정

해석 하지만, 다른 사람들은 현대사회 속의 특정한 압박들이 젊은이들이 혼자 사는 것을 어렵게 하거나 혹은 실행하기 어렵게 만든다고 생각합니다. 예를 들어, 음식, 교통비 및 의류 등의 기초 생활비가 인플레 때문에 그 어느 때보다 훨씬 더 높습니다. 따라서, 많은 졸업생들은 쉽게 가족을 떠나 살 여유가 없습니다. 게다가, 많은 졸업생들은 그들 자신이 혼자 힘으로 사는 것에 대한 충분한 준비가 되기 전까지는 재정을 계획하고 관리하는 것 그리고 자신의 가정을 꾸리는 것과 같은 많은 것들을 여전히 부모님으로부터 배워야 합니다.

5단계 : 결론 작성 및 Final Check하며 마무리

자신이 지지하는 주장의 Point를 요약정리하며 결론을 작성합니다.

완성된 결론

After considering all these arguments, my view is that it is better for graduates to remain at home, at least for a little while after high school. It is important for them to learn how to take care of themselves properly, before moving out and becoming fully independent.

어휘 considering : ~을 고려하면   view : 견해   argument : 논쟁   remain : 남다   at least : 적어도   take care of : ~을 돌보다   properly : 제대로   independent : 독립된

해석 이러한 주장들을 고려했을 때, 나의 의견은 졸업생들이 적어도 고등학교를 졸업한 후에 잠시 동안이라도 집에 머무르는 것이 더 좋다는 것입니다. 이사를 나가고 완전히 독립하기 전에 자신을 적절하게 돌보는 것을 배우는 것이 중요합니다.

▶ 결론 작성 후 빠르게 Final Check를 합니다.

Essay 작성 후 마무리 Checklist 기본 10계명

1. 시제가 바르게 사용되었는가?
2. 동사 특히 'be'동사를 두 번 사용하거나 빼먹지는 않았는가?
3. 명사 앞의 관사를 제대로 사용했는가? (명사 단복수 구별 포함)
4. 주어와 동사가 일치했는가? (3인칭 단수 현재 동사 뒤에 's'사용 포함)
5. 전치사가 적절히 사용되었는가?
6. 자동사와 타동사를 혼동하여 사용하지 않았는가?
7. 수동태와 능동태가 구별되었는가?
8. 접속사를 부적절하게 사용했거나 빼먹지는 않았는가?
9. 바른 철자법 사용 및 대소문자를 구별했는가?
10. 적절한 마침표를 사용했는가?

완성된 Essay (7.0)

In the past, the convention was for young people to move out immediately after graduating from high school. Nowadays, more young people choose to keep living with their parents. While some support the idea of fresh graduates starting an independent life, there are those who think these graduates should stay at home until they are ready to face the pressures of the modern world. This essay will analyse both opinions.

Advocates of this proposition believe that high school graduates are mature enough to start making their own living, and thus should not have to continue relying on their parents. They also point out that by moving out of home, these young people relieve their parents of a great financial burden, as their parents no longer have to support their living expenses.

However, there are others who feel that certain pressures in modern society make it difficult or unfeasible for young adults to live on their own. For example, basic costs of living such as food, transport and clothing are much higher than they have ever been due to inflation. As such, many graduates simply cannot afford to move out of the family home. In addition, many of these graduates still have much to learn from their parents, such as planning and controlling finances and managing their own households before they are truly ready to live on their own.

After considering all these arguments, my view is that it is better for graduates to remain at home, at least for a little while after high school. It is important for them to learn how to take care of themselves properly, before moving out and becoming fully independent.

어휘 in the past : 옛날   convention : 관습   move out : 이사를 나가다   immediately : 즉시, 즉각   graduating : 졸업하는   nowadays : 요즘에는   fresh : 신선한, 갓 딴   graduate : 대학 졸업자   independent life : 독립적인 생활   pressure : 압박   modern world : 현대세계   advocate : 지지자   proposition : 제의   mature : 어른스러운   thus : 이렇게 하여   rely on : ~에 의지하다   point out : 지적하다   move out : 이사를 나가다   relieve : 없애주다   financial burden : 재정상의 부담   expense : 비용   pressure : 압박   unfeasible : 실행할 수 없는   young adult : 청장년   inflation : 통화 팽창, 물가 상승률   as such : 그러므로   afford : 여유가 되다   in addition : 게다가   household : 가정   considering : ~을 고려하면   view : 견해   argument : 논쟁   remain : 남다   at least : 적어도   take care of : ~을 돌보다   properly : 제대로   independent : 독립된

해석 과거에는, 젊은이들이 고등학교를 곧 졸업하자마자 부모님의 집에서 이사를 나오는 것이 관례였습니다. 요즘은, 더 많은 젊은이들이 부모님과 계속해서 함께 사는 것을 선택합니다. 어떤 사람들은 이제 막 졸업한 젊은이들의 독립적인 생활을 지지하는 반면에 다른 사람들은 그들이 현대세계가 주는 압박감에 대한 준비가 되어 있을 때까지 집에 머물러 있어야 한다고 생각합니다. 이 에세이에서 양쪽의 의견을 검토해보겠습니다. 찬성하는 사람들은 고등학교 졸업생들이 그들 자신의 삶을 꾸리는 것을 시작할 정도로 충분히 성숙하다고 주장합니다. 따라서 그들은 부모님에게 계속해 의존할 필요가 없습니다. 그들은 또한 집을 나와 사는 것이 그들의 부모님의 커다란 재정적 부담을 줄여줄 수 있다고 지적합니다. 왜냐하면 그들의 부모님이 더 이상 그들의 생활비를 지원하지 않아도 되기 때문입니다. 하지만, 다른 사람들은 현대사회 속의 특정한 압박들이 젊은이들이 혼자 사는 것을 어렵게 하거나 혹은 실행하기 어렵게 만든다고 생각합니다. 예를 들어, 음식, 교통비 및 의류 등의 기초 생활비가 인플레 때문에 그 어느 때보다 훨씬 더 높습니다. 따라서, 많은 졸업생들은 쉽게 가족을 떠나 살 여유가 없습니다. 게다가, 많은 졸업생들은 그들 자신이 혼자 힘으로 사는 것에 대한 충분한 준비가 되기 전까지는 재정을 계획하고 관리하는 것 그리고 자신의 가정을 꾸리는 것과 같은 많은 것들을 여전히 부모님으로부터 배워야 합니다. 이러한 주장들을 고려했을 때, 나의 의견은 졸업생들이 적어도 고등학교를 졸업한 후에 잠시 동안이라도 집에 머무르는 것이 더 좋다는 것입니다. 이사를 나가고 완전히 독립하기 전에 자신을 적절하게 돌보는 것을 배우는 것이 중요합니다.

Quick 핵심 Point Review

Agree or Disagree 단계별 작성하기

1단계 : 문제 파악을 잘하자	문제의 핵심 Point들을 밑줄친다.
2단계 : Idea를 내자(brainstorming)	찬성하는 내용과 반대하는 내용을 나 자신부터 시작해 가족, 사회, 국가 그리고 인류에게 미치는 영향의 관점에서 생각해본다.
3단계 : 작성할 Essay Structure 구상 및 서론 작성	전체 Essay Structure를 Brainstorming에 의거해 빠르게 구상한 후 서론의 General Statement, General Support Statement, Essay Issue 도출문장 그리고 Thesis Statement를 작성한다.
4단계 : 본론 작성	Agree or Disagree 본론 작성방식 중 하나를 선택하여 Topic Sentence 그리고 Supporting Sentences 구조로 작성한다.
5단계 : 결론 작성 및 Final Check하며 마무리	결론 작성방식 중 하나를 선택하여 작성한다.

본론 작성 핵심 Point

- Brainstorming의 Idea를 근거로 Agree or Disagree 본론구조를 선택한다.

- Supporting Sentences는 정당화 혹은 합리화시키기 위한 Explanation, Evidence, Example(s) 및 기타 Details을 논리적으로 조합해 작성한다. 예가 있다면 구체적으로 든다.

- 시제, 단복수 등의 정확한 문법사용 및 다양한 어휘를 구사한다.

Day

12

Both Views
출제유형

I. Both Views Essay란?

Agree or Disagree 유형과 함께 시험에서 가장 많이 나오는 유형인 Both Views는 본론에서 양쪽 의견 모두를 작성한 후 결론에서 내가 지지하는 쪽을 보여주는 Agree or Disagree 본론구조 B 방식과 대부분 일치합니다. 두 개의 의견을 모두 논해야만 하는 Pros & Cons, Advantage & Disadvantage 그리고 Comparison의 문제들이 이에 해당됩니다.

Example

Q1. Discuss the advantages and disadvantages of ···.
Q2. What are the benefits and drawbacks of ···?
Q3. Discuss both views and give your opinion.
Q4. Are there more advantages than disadvantages?
Q5. Do you think A is better than B?
Q6. What are the effects of ···?

해석 Q1. ~의 장단점을 논하시오.

Q2. ~의 혜택과 단점은 무엇입니까?

Q3. 양쪽의 의견을 논하고 당신의 의견을 피력하세요.

Q4. 단점보다는 장점이 더 많습니까?

Q5. A가 B보다 더 낫다고 생각합니까?

Q6. 무엇이 ~의 영향입니까?

John의 '콕 & 퀵' 한 수

Both Views 유형에서 수험생들이 가끔 혼동하는 문제가 영향(effect)에 관한 문제입니다. 즉, Cause and Effect 유형과 혼동하는 경향이 많은데 영향에 관한 문제가 단독으로 나왔을 경우에는 Cause and Effect를 논하는 문제가 아니라 Both Views (Positive Effect 그리고 Negative Effect) 유형으로 접근하는 것이 바람직합니다.

Both Views Essay 한눈에 보기

8.0 이상의 수준으로 작성한 Essay입니다. Essay의 내용이 서론, 본론, 결론 부분에 걸쳐 매우 논리적으로 작성되었으며 문장간의 연결 및 문단 간의 연결이 잘 되었습니다. 또한 사용된 어휘 및 문법표현이 매우 안정적이며 높은 수준입니다.

Both Views Sample Essay (8.0 수준)

질문 : Issue에 대한 찬성과 반대 모두를 묻고 있음

Q. Opinion is divided over whether animal testing should be banned because it is unethical, or if it should continue in the name of scientific research. Discuss both sides and present your opinion.

해석 동물실험이 비윤리적이기 때문에 금지되어야 하는지 아니면 과학연구라는 이름 하에 계속되어야 하는지에 대한 의견이 분분합니다. 양쪽의 의견을 논하고 당신의 의견을 제시하시오.

Essay 서론 : Main Thesis 소개 및 찬반에 관한 Essay라 기술함

Animal testing is conducted with great enthusiasm in modern society, as it plays a vital role in many fields ranging from medicine to cosmetics. However, it is a controversial area as many people consider such testing to be unethical and have called for it to be banned.

Essay 본론 : Issue의 찬성 내용을 논리적으로 기술함   찬성 Main Point

Animal activists argue that this kind of testing is unduly cruel as innocent animals are separated from their natural environments, caged in small spaces and transported from one place to another for the purposes of such testing. After being injected, sprayed, or otherwise exposed to potentially dangerous chemicals, many of these animals will be killed or will die from the chemicals they are exposed to.

Essay 본론 : Issue의 반대 내용을 논리적으로 기술함   반대 첫 번째 Point

On the other hand, most scientists and doctors point out that animal testing has contributed to the development of medical science, helping to treat and cure countless diseases and ailments. If such testing were suddenly prohibited, it would be a huge setback for scientific research and may leave humans vulnerable to diseases that would otherwise be discoverable through such testing. Advocates of animal testing also argue that the practice is highly regulated, which protects animals from being subjected to any unduly harsh or unethical treatment.   반대 두 번째 Point

Essay 결론 : 본인의 최종 의견 내용으로 마무리함

In short, my view is that animal testing is necessary and should not be banned. Even though some animals may experience pain, and some may even lose their lives, the information from such experiments is too valuable and can be used to save many more lives in the long run. However, as it is true that some testing is too cruel, I believe that strict supervision of these practices by relevant authorities should be maintained.

어휘 conduct : 실행하다   enthusiasm : 열정   medicine : 의약품   play a viatl role : 매우 중요한 역할을 하다   cosmetics : 화장품   range : 범위가 ~에 이르다   call for : 요청하다   ban : 금지하다   unduly : 지나치게   cruel : 잔인한   separate : 분리하다   inject : 주사하다   otherwise : 그렇지 않으면   exposed : 노출된   potentially : 잠재적으로   contribute : 기여하다   disease and ailment : 질병과 질환   prohibit : 금하다   setback : 역행   discoverable : 발견될 수 있는   advocate : 주창자   regulate : 규

정(제) 하다　　protect : 보호하다　　be subjected to : ~의 영향을 받게 되다　　harsh : 가혹한　　necessary : 필요한　　valuable : 값어치 있는　　cruel : 잔인한　　relevant authorities : 관련 당국

해석 동물실험은 현대 사회에서 매우 열광적으로 실행되고 있습니다, 왜냐하면 그것이 의료부터 화장품까지 다양한 분야에서 중요한 역할을 하기 때문입니다. 하지만 많은 사람들이 그러한 실험이 비윤리적이라고 생각하고 금지되어야 한다고 요구하고 있기 때문에 논란이 되고 있는 분야입니다. 동물보호 운동가들은 실험목적을 위해 죄 없는 동물들이 그들의 자연환경으로부터 격리되고 작은 공간에 넣어져 이곳 저곳으로 이송되기 때문에 이러한 실험이 지나치게 잔인하다고 주장합니다. 잠재적으로 위험할 수 있는 화학물질 주사를 맞고 그것에 분사당하거나 혹은 노출된 후 많은 동물들이 죽임을 당하거나 혹은 노출된 화학물질 때문에 죽습니다. 또 한편으로, 대부분의 과학자들과 의사들은 수없이 많은 질병들을 치료하면서 동물실험이 의료과학 발전에 기여했다고 강조합니다. 만약 그러한 실험이 갑자기 금지된다면 그것은 과학연구의 커다란 후퇴가 될 것이고 그러한 실험을 통해 발견될 수 있는 질병에 인간들이 쉽게 공격 당할 것입니다. 동물실험 지지자들은 또한 동물들이 지나치게 가혹하게 혹은 비윤리직으로 저리되는 행위로부디 동물들을 보호하는 법이 강력하게 실행되고 있다고 주장합니다. 요약하면, 나의 생각은 동물실험은 필요하며 금지되면 안됩니다. 비록 어떤 동물들은 고통을 받게 되고 또한 어떤 동물들은 그것들의 목숨을 잃을 수 있지만 그러한 실험들을 통한 정보가 매우 소중하고 궁극적으로는 더 많은 생명을 구하는데 사용될 수 있습니다. 하지만 일부의 실험은 너무 잔인한 것이 사실이므로, 나는 관련당국에 의해 이러한 실행들의 엄격한 감독이 지속되어야 한다고 믿습니다.

II. Both Views 출제유형 해부하기

A. 서론 (40~60 Words)

John의 '콕 & 퀵' 서론 핵심정리

a. 도입문장 (general statement)	일반적으로 Essay Topic(문제 내용)의 Key Word(s) 혹은 관련된 어휘를 사용하여 Essay를 시작하는 문장으로서 보편적이고 일반적인 Trend 혹은 Fact의 내용 작성
b. 일반 지지문장 (general support statement)	도입문장의 배경(이유) 혹은 예를 보여주는 내용으로 작성(선택사항)
c. Essay Issue 도출문장	일반적으로 시험문제의 토픽 내용을 Paraphrasing하며 Issue를 작성
d. 주제어문장 (thesis statement)	Issue에 대한 자신의 입장 혹은 본론의 Essay가 어떠한 방향으로 전개될지를 기술(선택사항)

▶ Agree or Disagree 서론과 매우 유사합니다. 자세한 설명은 아래의 Example을 참조하시면 됩니다.

Example 1

Q. Tourism의 장단점을 논하는 문제의 서론

a) The tourism industry allows people to travel to new and exotic places in order to enjoy experiences that may not be available to them in their own place of residence. c. Travelling can be extremely exciting and eye opening, but at the same time, excessive tourism may have a negative impact on local cultures and traditions.

어휘 tourism : 관광　　industry : 산업　　allow : 허락하다　　exotic : 외국의　　residence : 거주지　　travelling : 여행　　extremely : 극도로　　excessive : 지나친, 과도한　　negative : 부정적인　　impact : 영향　　culture : 문화　　tradition : 전통

해석 관광산업은 사람들이 그들이 사는 지역에서 얻지 못하는 경험을 즐기기 위해 새롭고 이국적인 장소로 여행하는 것을 가능하게 합니다. 여행은 매우 즐겁고 시야를 넓히는 것이나 동시에 지나친 관광은 지역문화와 전통에 부정적인 영향을 미칠 수도 있습니다.

⟨a + c 조합⟩

a. General Statement :

　관광산업이 여행자들에게 주는 기능을 묘사하면서 'Tourism'이 Essay의 Key Word이며 이것에 관한 내용을 Essay에서 논하게 된다는 것을 알려줍니다.

c. Essay Issue 도출문장 :

　여행의 장점 그리고 부정적인 측면을 동시에 보여주고 있습니다. 이와 같이 본론에서 논할 내용을 서론에서 미리 작성할 때는 본론에서 작성될 내용과 중복되는 것을 피하기 위해 너무 세부적으로 자세히 기술하는 것보다는 포괄적으로 작성하는 것이 더 좋습니다.

Example 2

Q. 동물실험의 찬반 모두를 논하는 시험문제의 서론

a) Animal testing is conducted with great enthusiasm in modern society, b) as it plays a vital role in many fields ranging from medicine to cosmetics. c) However, many people consider such testing to be unethical and have called for it to be banned.

어휘 enthusiasm : 열정　　　modern society : 현대 사회　　　vital : 필수적인　　　range : 범위가 ～에 이르다　　　medicine : 의학

　　cosmetics : 화장품　　consider : 고려하다　　unethical : 비윤리적인

해석 동물실험은 현대 사회에서 매우 열광적으로 실행되고 있습니다. 왜냐하면 그것이 의료부터 화장품까지 다양한 분야에서 중요한 역할을 하기 때문입니다. 하지만 많은 사람들이 그러한 실험이 비윤리적이라 생각하고 금지되어야 한다고 요구하고 있기 때문에 논란이 되고 있는 분야입니다.

⟨ab + c 조합⟩

ab. General Statement :

　'동물실험'이 최근에 열광적으로 실행되고 있다는 사실과 그 이유를 작성하면서 '동물실험'에 관한 내용이 Essay의 Topic이 된다는 것을 알려줍니다.

c. Essay Issue 도출문장 :

　이미 General Statement에서 '동물실험'의 장점이 묘사되었기 때문에 이에 반대하는 내용의 부정적인 측면만을 작성해주고 있습니다. 주제어는 굳이 작성하지 않았습니다.

Example 3

Q. 20대와 30대의 결혼 적정시기에 대한 양쪽의견을 모두 서술하라는 문제의 서론

a) Starting a family is one of the most important events in the lives of most people. c) Recently, there has been some question over what is the optimal age to start a family. c) In particular the question has been asked over whether it is better to start a family in your twenties or thirties. d) In my view, on balance there are more advantages to staring a family in your thirties.

어휘 recently : 최근에   optimal age : 최적 연령   in particular : 특히   whether : ~인지   advantage : 이점

해석 가정을 꾸리는 것은 대부분의 사람들의 삶에 있어서 가장 중요한 사건 중에 하나입니다. 최근에, 가정을 꾸리는 최적 연령에 대한 쟁점이 있어 왔습니다. 특히, 20대 혹은 30대 중에서 가정을 꾸리기에 언제가 더 좋은지에 관해 질문이 제기되어 왔습니다. 나의 관점으로는, 모든 것을 감안할 때, 30대에 가정을 꾸리는 것이 더 많은 장점을 가지고 있습니다.

〈a + c + c + d 조합〉

a. General Statement :
 'starting a family'의 Fact를 묘사하면서 '결혼에 관한 내용'이 Essay의 Topic이 된다는 것을 알려줍니다.

c. Essay Issue 도출문장 :
 '결혼'하기에 20대와 30대 중 어느 시기가 더 적절한지의 질문이 논쟁의 중심이 된다고 작성해 보았습니다.

d. Thesis Statement : 자신이 지지하는 쪽이 30대라고 말하며 Thesis Statement를 작성했습니다.

B. 본론 (150~180 Words)

Agree or Disagree와 마찬가지로 Both Views 유형도 본론(body)에서 문제의 Issue에 대한 의견을 아주 구체적으로 그리고 일정 수준의 증거를 제시하며 작성합니다.

i) Both Views 본론 각 문단 내의 구성

 Day 6에서 이미 공부했던 중복된 내용들은 Point 중심으로만 설명하겠습니다.

John의 '콕 & 퀵' 본론 핵심정리

본론 문단내 기본틀 1 (본론이 세 개의 문단으로 구성될 경우)

a. Topic Sentence	지지하거나 반대하는 Point 작성
b1. Supporting Sentence 1	예, 이유, 부연설명, 효과 등으로 Topic Sentence 합리화시킴
b2. Supporting Sentence 2	이전 부분의 논리 및 글자수에 따라 작성유무를 결정하는 선택 사항이며 Supporting Sentence 1에 추가 혹은 심화된 내용 등으로 전개

본론 문단내 기본틀 2 (본론이 두 개의 문단으로 구성될 경우)

a1. Topic Sentence 1(Main Point 1)	지지하거나 반대하는 Point 1 작성
b1. Supporting Sentence	예, 이유, 부연설명, 효과 등으로 Topic Sentence 1을 합리화시킴
a2. Topic Sentence 2(Main Point 2)	지지하거나 반대하는 Point 2 작성
b2. Supporting Sentence	예, 이유, 부연설명, 효과 등으로 Topic Sentence 2를 합리화시킴

Q. International sports를 개최하는 것의 찬성과 반대를 논하라는 문제를 각기 다른 본론 전개 방식으로 Example 1 그리고 Example 2로 작성해 보았습니다.

본론 Example 1 (a + b 조합)

a) Perhaps the most important benefit of hosting such international sporting events is the financial gain and business opportunities for the country involved. b) The popularity of these events inevitably sees a sharp increase in inbound tourism, both during the period of the event, as well as potentially afterwards, as the sporting sites often become cultural landmarks that continue to attract foreigners for many years to come.

어휘 benefit : 혜택   host : 주최하다   financial : 재정의   gain : 얻다   opportunity : 기회   popularity : 인기   inevitably : 필연적으로   increase : 증가하다   inbound : 외국인의 국내여행   potentially : 잠재적으로   afterwards : 나중에   landmark : 주요 지형지물   attract : 마음을 끌다   foreigner : 외국인

해석 아마도 이러한 국제스포츠 행사를 개최하는 것의 가장 중요한 장점은 관련된 국가의 재정적 이득과 비지니스의 기회일 것입니다. 이러한 행사의 인기로 인해 행사기간 동안뿐만 아니라 어쩌면 차후에도 내국으로 오는 관광객 수의 급증이 분명히 발생할 것이며, 이는 이러한 스포츠부지들이 종종 외국인들을 오랜 기간 동안 계속해 끌어들이는 문화적 명소가 되기 때문입니다.

a) Argument Sentence

먼저 International sporting events가 많은 경제적인 혜택을 준다고 첫 번째 문장으로 작성합니다.

b) 지지문장 (Supporting Sentence – 부연설명)

관광객의 수가 늘 것이라며 부연설명함으로써 주제어를 합리화시키고 있습니다.

본론 Example 2 (a + b + b + a + b 조합)

a1) To begin with, holding international sporting tournaments generates much needed revenue for countries involved. b1) For instance, host countries are enriched by the increasing number of inbound tourists, sponsorship fees, the sale of media broadcast rights and ticket sales. b2) As a result host countries often see a sudden spike in terms of economic growth. a2) Besides the economic benefits, the host country may also enjoy social benefits. b3) For example, Australia benefited both economically and socially when it staged the 'Green' Olympic Games in 2000. Formerly derelict areas were transformed into spectacular buildings as was the case with Olympic Park.

어휘 to begin with : 먼저   generate : 발생시키다   revenue : 수익   for instance : 예를 들어   host country : 개최국   sponsorship : 후원   media broadcast : 미디어 방송   sudden : 갑작스러운   spike : 큰 증가   in terms of : ~면에서   economic growth : 경제 성장   economic benefit : 경제수익   social benefit : 사회적 혜택   formerly : 이전에   derelict : 버려진   spectacular : 장관을 이루는

해석 먼저, 국제스포츠 대회를 여는 것은 관련국들에게 절실한 많은 수익을 창출해 줍니다. 예를 들어 개최국은 자국으로 오는 관광객 수의 증가, 후원금, 미디어 보도 판매권, 티켓판매 등으로 부유하게 됩니다. 결과적으로 개최국은 종종 경제성장 측면에서 급등을 경험하게 됩니다. 경제혜택 이외에, 개최국은 사회적 혜택을 또한 누릴 수 있습니다. 예를 들어, 호주는 2000년에 녹색 올림픽을 개최했을 때 경제적 그리고 사회적으로 혜택을 받았습니다. 이전에 버려진 지역이 올림픽 공원이라는 훌륭한 건물로 변신되었습니다.

a1) Topic Sentence 1

수입을 창출한다는 내용으로 찬성 쪽의 주제어를 작성합니다.

b1,2) 지지문장 1, 2 (Supporting Sentences – 예 및 효과)

Argument Sentence 1를 합리화시키기 위해 이유 그리고 효과를 작성합니다.

a2) Argument Sentence 2

사회적 혜택이 있다는 내용의 또 다른 Argument를 작성합니다.

b3) 지지문장 3(supporting Sentence – 예)

호주의 예를 들며 찬성 Argument Sentence 2를 뒷받침해 줍니다.

ii) Both Views 본론 문단배열 구성

Agree or Disagree 본론구조 B와 매우 유사합니다.

Both Views 본론구조 A

3개의 문단으로 본론을 구성할 경우

문단 1 (상대방이 지지하는 주장 1)

문단 2 (내가 지지하는 주장 1)

문단 3 (내가 지지하는 주장 2)

Example

Q. Discuss the advantages and disadvantages of tourism.
해석 관광에 대한 장점과 단점을 논하시오.

본론 1

Tourism is a lucrative industry and it often generates much needed income for places that have become dependent on tourism revenue. Travellers are bound to spend money in places they travel to and businesses, such as tour guide companies, have been established in order to cater to the needs of tourists.

어휘 tourism : 관광   lucrative : 수익성이 좋은   industry : 산업   generate : 만들어내다   income : 소득   dependent : 의존하는   tourism revenue : 관광수입   be bound to : 꼭 ~하다   established : 세워진   cater : 음식 및 서비스를 제공하다

해석 관광은 수익성이 좋은 산업이며 관광수익에 의존하는 곳에 절대적으로 필요한 수입을 종종 창출합니다. 여행객들은 그들이 여행하는 장소에서 돈을 쓰게 되며 여행사와 같은 비즈니스들이 관광객들의 요구를 충족시키기 위해 세워져 왔습니다.

본론 2

However, the danger of excess tourism is also a very real problem. Particularly places known for their natural beauty or historical value are in danger of being flooded by a large number of travellers and this may damage these precious sites, sometimes destroying them altogether.

어휘 danger : 위험　excess : 지나침　particularly : 특히　natural beauty : 자연미　historical : 역사적　damage : 손상
　　　precious : 값비싼　destroy : 파괴하다

해석 하지만, 과도한 관광 또한 매우 큰 문제입니다. 특히 자연미나 역사적 값어치로 유명한 장소들이 커다란 수의 관광객들로 홍수가 날 정도
　　　의 위험에 처해있습니다 그리고 이것은 이러한 귀중한 장소에 손상을 입힐 수도 있으며 때때로 그것 전부를 파괴시키기도 합니다.

본론 3

The influence of tourism may also alter the character of local cultures, so that the traveller's experience is no longer 'genuine' or 'real'. Rather, local businesses seek to create an experience based on travellers' expectations in order to draw a consistent body of tourists to their destination.

어휘 influence : 영향　alter : 변화시키다　character : 성격　genuine : 진실된 expectation : 예상　consistent : 한결같은
　　　in order to : ~하기 위하여　destination : 도착지

해석 관광의 영향은 또한 지역문화의 특성을 바꾸기도 하기 때문에 관광객들이 하는 경험은 더 이상 '진정한' 혹은 '진짜' 가 아닐 수도 있습니
　　　다. 오히려, 지역 사업체들은 그들의 관광지에 지속적으로 관광객을 유치하기 위해 관광객들의 기대치에 바탕을 둔 여행경험만을 만들어
　　　내려고 합니다.

Both Views 본론구조 B

2개의 문단으로 본론을 구성할 경우

> 문단 1 (상대방이 지지하는 주장 (들))

> 문단 2 (내가 지지하는 주장 (들))

Example

Q. Some believe that the Internet has changed the way people communicate while others argue that the Internet actually hinders communication. Discuss both views.

해석 어떤 사람들은 인터넷이 사람들의 의사소통 방법을 변화시켰다고 믿는 반면에 다른 사람들은 인터넷은 사실 의사소통을 방해 한다고 주
　　　장합니다. 양쪽의 주장을 논하시오.

본론 1 (8.0)

Those who believe the internet hinders communication argue that many people easily become addicted to the online world, which can interfere with interpersonal relationships. For example, we often hear about users who feel less of a need to communicate with those around them as they are so absorbed in playing online games or interacting with others through social networking sites. In time, Internet addicts may even become antisocial and in these cases it can be said that the Internet has hindered rather than promoted communication.

어휘 addicted : 중독된   interfere : 간섭하다   interpersonal : 대인관계에 관련된   relationship : 관계   absorbed : ~에 몰두한
interact : 교류하다   addict : 중독자   in time : 조만간 antisocial : 반사회적인   rather than : ~보다는   promote : 촉진하다

해석 인터넷이 의사소통을 방해한다고 생각하는 사람들은 많은 사람들이 쉽게 온라인 세계에 빠지고 있으며 이는 대인관계를 방해할 수 있다
고 믿습니다. 예를 들어, 우리는 온라인 게임을 하거나 혹은 소셜 네트워킹사이트를 통해 다른 사람들과 교제하는 것에 너무 몰두해 주변
사람들과의 의사소통을 하는 것에 대한 필요성을 덜 느낀다고 말하는 사용자들에 관해 종종 듣게 됩니다. 조만간, 인터넷 중독자들이 심지
어 반사회적으로 될 수도 있는데 이런 경우에 인터넷은 의사소통을 촉진하기보다는 방해를 해왔다고 말할 수 있습니다.

본론 2

On the other hand, those who embrace the Internet as a powerful communication tool point out that it has
been instrumental in helping connect people who would otherwise be out of reach, such as family and
friends living overseas. While excessive usage of the Internet may lead to a decrease in the quality of
communication between immediate friends and family, we must remember that the Internet also provides
countless more opportunities to communicate with those remote from us. Through emails, social networks
and instant messaging applications, people are now more connected than ever before. Certainly there
is the risk that users may become antisocial, but this can be addressed by educating people about the
dangers of excessive usage.

어휘 on the other hand : 다른 한편으로는   embrace : 수용하다   point out : 언급하다   instrumental : 도움이 되는   connect : 연
결시키다   otherwise : 그렇지 않으면   excessive : 지나친   decrease : 감소하다   immediate : 즉각적인   countless : 무
수한   remote : 먼, 외진   instant : 즉각적인   address : (문제를) 다루다

해석 반면에, 인터넷이 강력한 의사소통의 도구라고 받아들이는 사람들은 인터넷이 해외에 사는 친구들이나 가족과 같이 도달할 수 있는 범위
밖의 사람들을 연결하는 것을 도와준다고 언급합니다. 인터넷의 과도한 사용은 가장 가까운 친구들과 가족의 의사소통 수준의 감소로 이
어질 수 있습니다. 하지만 우리는 인터넷은 또한 먼 곳에 떨어진 사람들과 소통할 수 있는 셀 수 없이 많은 기회를 우리들에게 제공한다는
것을 기억해야만 합니다. 이메일, 소셜네트워크 그리고 즉각적인 메시지 어플리케이션을 통해 사람들은 그전보다 지금 더 소통하고 있습
니다. 분명히, 사용자들이 반사회적이 될 수 있는 위험성은 있기는 하지만 과도한 사용의 위험을 사람들에게 교육함으로써 이것은 해결될
수 있습니다.

John의 '콕 & 퀵' 조언

같은 Both Views, 특히 Advantage and Disadvantage 유형의 문제라도 문제의 내용에 따라 본론 작성 방법이
다소 다를 수 있습니다. 즉, Tourism 자체의 장단점에 대한 문제라면 장점과 단점의 내용을 각 문단에 작성하면
되지만 시골과 도시의 장단점에 대한 문제라면 시골과 도시를 비교하면서 본론을 전개하는 방식도 고려해 보아야
합니다.

Example 1 – Tourism 장단점을 논하는 문제

문단 1 (Advantage)

문단 2 (Disadvantage)

Example 2 – 시골과 도시에서 사는 장단점을 논하는 문제

문단 1 (시골의 Advantage & Disadvantage)

문단 2 (도시의 Advantage & Disadvantage)

혹은

문단 1 (시골과 도시의 장단점 비교 1)

문단 2 (시골과 도시의 장단점 비교 2)

C. 결론 (40~50 Words)

Both Views의 결론(conclusion)도 Agree or Disagree와 마찬가지로 크게 두 부분으로 결론을 구성할 수 있습니다.

첫 번째 파트(final opinion and summary) : 문제에서 양쪽의 의견뿐만 아니라 나의 최종 의견도 함께 묻고 있다면 문제의 Issue에 대한 최종 의견과 더불어 지지하는 내용을 요약 정리하는 것이 좋습니다. 지지하는 모든 이유를 열거하는 것 보다 가장 중요한 이유를 요약 정리하는 방법도 괜찮습니다. 또한, 문제에서 나의 의견을 묻고 있지 않더라도 나의 의견을 작성하며 결론을 작성하는 것이 일반적으로 추천되는 방법입니다.

두 번째 파트(closing statement – 선택사항) : 간단한 해결책 혹은 교훈성의 맺음말로 완성시키면 됩니다. 글자수를 채우기 위해 정부(the government)를 인용해 해결책을 찾는 방법이 있는데 고득점 목표보다는 주로 6.0 수준 Essay에서 사용하길 권하며 if statement를 사용하여 해결책을 찾기도 합니다. 단, 논란의 내용을 작성하여 또 다른 Essay가 시작되는 듯한 인상을 주는 것은 지양되어야 합니다.

두 개의 부분을 다음과 같이 다양한 방식으로 조합하여 완성하면 됩니다.

i) 지지하는 이유를 요약정리하는 결론

Example 최종 의견 + 지지하는 이유 전체 요약정리

Q. 20대 결혼과 30대 결혼의 장단점 및 지지를 묻는 질문의 결론

In my opinion, people in their twenties should focus on learning and preparing for the future. Starting a family is a life-changing step for many people, and the more prepared that people are, the better they will be able to handle this next step in life. As such, starting a family in your thirties is better than when you are only in your twenties.

어휘 life changing : 인생을 바꾸는   prepare : 준비하다

해석 나의 의견으로는, 20대는 미래를 위해 배우고 준비하는 데 중점을 두어야만 합니다. 가정을 꾸리는 것은 많은 사람들에게 인생전환의 단계입니다. 더 잘 준비될 수록, 사람들은 다음 단계를 더 잘 대처하게 됩니다. 그러므로, 30대에 가정을 꾸리는 것이 20대 때보다 더 낫습니다.

ii) 양쪽을 절충하며 작성하는 결론

Example 양쪽을 절충하며 정부의 해결책을 촉구함

Q. Tourism의 장단점을 묻는 질문의 결론

In conclusion, it is clear that tourism has both advantages and disadvantages. While it is important to protect the natural environments and traditions of local communities, the economic benefits of tourism are undeniable. As such, governments should seek to strike an appropriate balance by promoting the growth of tourism, but also ensuring that such growth is healthy and sustainable.

어휘 undeniable : 부인할 수 없는　　appropriate : 적절한　　ensure : 보장하다　　sustainable : 지속 가능한

해석 결론적으로, 관광은 장점과 단점 모두를 가지고 있습니다. 비록 자연환경과 지역사회의 전통을 보호하는 것도 중요하지만 관광의 경제적 혜택을 간과할 수 없습니다. 그러므로 정부는 관광의 발전을 증진시킴으로써 적당한 균형을 맞추어야 하고 그러한 성장이 건강하고 지속적으로 이루어질 수 있도록 해야 합니다.

Quick 핵심 Point Review

Both Views 서론 문단의 구성

도입문장 (general statement)	일반적으로 Essay Topic(문제 내용)의 Key Word(s) 혹은 관련된 어휘를 사용하여 Essay를 시작하는 문장으로서 보편적이고 일반적인 Trend 혹은 Fact의 내용 작성
일반 지지문장 (general support statement)	도입문장의 배경(이유) 혹은 예를 보여주는 내용으로 작성(선택사항)
Essay Issue 도출문장	일반적으로 시험문제의 토픽 내용을 Paraphrasing하며 Issue를 작성
주제어문장 (thesis statement)	Issue에 대한 자신의 입장 혹은 본론의 Essay가 어떠한 방향으로 전개될지를 기술(선택사항)

Both Views 본론 각 문단 구성 1 (본론이 세 개의 문단으로 구성될 경우)

Topic Sentence	Advantage(Disadvantage) or 한쪽 의견의 Point 작성
Supporting Sentence 1	예, 이유, 부연설명, 효과 등으로 Topic Sentence 합리화시킴
Supporting Sentence 2	이전 부분의 논리 및 글자수에 따라 작성유무를 결정하는 선택 사항이며 Supporting Sentence 1에 추가 혹은 심화된 내용 등으로 전개

Both Views 본론 각 문단 구성 2 (본론이 두 개의 문단으로 구성될 경우)

Topic Sentence 1(Main Point 1)	Advantage(Disadvantage) or 한쪽 의견의 Point 1 작성
Supporting Sentence	예, 이유, 부연설명, 효과 등으로 Topic Sentence 1을 합리화시킴
Topic Sentence 2(Main Point 2)	Advantage(Disadvantage) or 한쪽 의견의 Point 2작성
Supporting Sentence	예, 이유, 부연설명, 효과 등으로 Topic Sentence 2를 합리화시킴

Both Views 결론 문단의 구성

결론 방법 1	자신의 의견을 피력하며 본론 내용을 다시 작성하며 요약정리하는 방법 (final opinion and summary)
결론 방법 2	자신의 의견 및 이유를 간략히 피력한 후 문제의 Issue에 대한 해결책 (closing statement)을 제시하는 방법

Both Views 본론구조 A

내가 지지하는 주장과 상대방이 지지하는 주장 모두를 본론에 각 문단에 나누어 작성하는 방법

3개의 문단으로 본론을 구성할 경우

> 문단 1 (상대방이 지지하는 주장 1)

> 문단 2 (내가 지지하는 주장 1)

> 문단 3 (내가 지지하는 주장 2)

Both Views 본론구조 B

2개의 문단으로 본론을 구성할 경우

> 문단 1 (상대방이 지지하는 주장 (들))

> 문단 2 (내가 지지하는 주장 (들))

Day

13

All that
IELTS
스피드 완성

Both Views
실전 공략법

Day 12에서 배웠던 기본 이론을 바탕으로 같은 문제를 6.5 그리고 7.5 수준으로 각각 나누어 설명과 함께 작성해 보겠습니다.

I. Both Views 6.5 작성해보기

문제 Discuss the advantages and disadvantages of the growth in tourism around the world.
해석 전세계 관광 성장의 장점과 단점에 대해 논하시오.

1단계 : 문제 파악을 잘하자

Discuss the (point 3) advantages and disadvantages of (point 1) the growth in tourism (point 2) around the world.

문제 Points 체크

Point 1. 관광의 장단점이 아니라 그것의 성장에 대한 장단점을 묻고 있습니다.
Point 2. 특정지역만이 아닌 전세계에 걸친 성장을 말하고 있습니다.
Point 3. 문제의 종류는 Both Views (advantage and disadvantage)입니다.

2단계 : Idea를 내자(brainstorming)

Advantage의 내용과 Disadvantage 내용을 나, 가족, 사회, 국가 그리고 인류에게 미치는 영향을 범위로 먼저 생각해 봅니다. 즉, 위의 문제는 나, 가족, 사회, 국가, 인류 범위 중 여행자로서의 나, 사회, 국가 그리고 인류에 미치는 영향을 중심으로 찬반의 Idea를 생각해내면 됩니다.

Agree or Disagree 때와 마찬가지로 '경건교인자안스다' (경건교라는 종교가 인자하지 않습니다) 공식을 응용해 빠르게 Idea를 생각해 봅니다. 즉, 작성하는 내용의 Idea를 "경제적인가?, 건강에 영향은 어떤가?, 교육적인가?, 인권침해는 없는가?, 자연에 미치는 영향은 긍정적인가?, 안전에는 문제가 없는가?, 스트레스에 긍정적 혹은 부정적인 영향이 있는가?, 그리고 다음세대 혹은 다른 사람들에게 어떤 영향을 미치는가?" 등의 관점에서 생각해 봅니다.

■Advantage

–경제적인 혜택(benefit to global growth and the national economy)

–환경을 보호하며 발전가능(protect the natural environment, while promoting tourism)

■Disadvantage

–자연환경에 나쁜 영향(negative effect on the natural environment)

3단계 : 서론 작성

Main 단어인 'Tourism'을 가지고 Essay가 토론할 내용을 2~3문장으로 작성합니다. 주제어문장 없이 a + b + c 형태를 사용합니다.

a) General Statement(서론 첫 번째 내용)

Tourism plays an important role all over the world and its influence over individual countries is becoming greater than ever.

▶ 문제 안의 Essay Topic Key Word인 '관광'에 대한 내용으로 작성하는 것이 좋을 듯합니다.

b) General Support Statement(서론 두 번째 내용)

This is because, tourism is one of the fastest growing industries globally and is the primary income source for many countries.

▶ 이유를 작성해 주면서 General Statement를 Supporting합니다.

c) Essay Issue 도출문장(일반적으로 시험문제 내용을 Paraphrasing)

However, some argue that tourism should be discouraged due to the environmental problems that it causes, while others, including myself, disagree.

▶ 시험문제 Advantage and Disadvantage에 부합하게 도출문장을 작성합니다.

완성된 서론

Tourism plays an important role all over the world and its influence over individual countries is becoming greater than ever. This is because, tourism is one of the fastest growing industries globally and is the primary income source for many countries. However, some argue that tourism should be discouraged due to the environmental problems that it causes, while others, including myself, disagree.

어휘 role : 역할   all over the world : 세계 도처에   influence : 영향   globally : 전세계적으로   discourage : 막다   environmental : 환경의

해석 관광이 전 세계에 걸쳐 중요한 역할을 하며 각 나라에 미치는 그것의 영향은 그 어느 때보다 더 커지고 있습니다. 이것은 관광이 세계적으로 가장 빠르게 성장하는 산업 중에 하나이기 때문이고 많은 나라들에게 주요한 수입원이기 때문입니다. 그러나, 어떤 사람들은 그것이 야기시키는 환경문제 때문에 억제되어야 한다고 주장합니다. 하지만 나를 포함한 다른 사람들은 이에 동의하지 않습니다.

4단계 : 본론 작성

Both Views 본론구조 A(3개의 문단으로 구성하기)를 가지고 본론을 작성합니다.
Tourism에 반대하는 주장을 먼저 작성합니다.

본론 작성 핵심 Point

- Brainstorming한 Idea를 장단점 문단의 Topic Sentence로 사용한다.

- Supporting Sentences는 정당화 혹은 합리화시키기 위한 Explanation, Evidence, Example(s) 및 기타 Details을 논리적으로 조합해 작성한다. 예가 있다면 구체적으로 든다. (Day 6 Essay Structure '에이불효' 공식 사용)

- 시제, 단복수 등의 정확한 문법사용 및 다양한 어휘를 사용한다.

본론 1 : Disadvantage의 내용

a) Topic Sentence + b. Supporting Sentence (본론 1의 첫 번째 문장)

Those who stand opposed to the promotion of tourism argue that it can have a negative effect on the natural environment because when a tourist attraction is developed, serious consequences follow, such as the destruction of natural habitats, and serious pollution issues arise.

환경에 나쁘기 때문에 Tourism을 반대한다는 쪽의 주장을 먼저 작성한 후 Supporting으로 이유를 작성합니다.

b) Supporting Sentence (본론 1의 두 번째 문장)

Therefore, this will affect the quality of life of those who live in the region and the government will have to spend more money to repair the damage done…

환경을 되살리기 위해 재정적인 비용이 든다는 부정적인 효과를 작성하여 Tourism이 야기시키는 문제점의 주장을 뒷받침합니다.

완성된 본론 1

Those who stand opposed to the promotion of tourism argue that it can have a negative effect on the natural environment because when a tourist attraction is developed, serious consequences follow, such as the destruction of natural habitats, and serious pollution issues arise. Therefore, this will affect the quality of life of those who live in the region and the government will have to spend more money to repair the damage done.

어휘 promotion : 증진　negative effect : 부정적 효과　natural environment : 자연 환경　tourist attraction : 관광 명소　serious consequences : 심각한 결과　destruction : 파괴　natural habitat : 자연 서식지　arise : 생기다　therefore : 그러므로　affect : 영향을 미치다　repair : 수리하다

해석 관광의 증진을 반대하는 사람들은 그것이 자연환경에 부정적인 영향을 미친다고 주장합니다. 왜냐하면, 관광명소가 개발되었을 때 자연서식지의 파괴와 같은 심각한 결과들이 수반되고 심각한 오염문제들이 발생하기 때문입니다. 그러므로 이것은 그 지역에 사는 사람들의 삶에 영향을 미칠 것이며 정부는 그 손상된 것을 고치기 위해 더 많은 돈을 써야만 할 것입니다.

본론 2, 3 : Advantage의 내용

a) Argument 1 (본론 2의 첫 번째 문장)

However, there are many others, including myself, who believe that tourism contributes not only to global growth but also to the national economy.

▶ 본론 1과 반대로 Tourism에 찬성한다는 내용의 Topic Sentence를 작성합니다.

b) Supporting Sentence 1 (본론 2의 두 번째 문장)

To elaborate, when a place is developed for international tourism and many tourists from all over the world visit it, a lot of income is created, as tourists spend money on accommodation, souvenirs and tickets.

▶ 첫 번째 Argument를 합리화시키기 위해 시험관에게 Appea할 수 있는 'when S V, S V because (as) S V'와 같은 복합문장을 작성하여 부연설명을 합니다.

이곳에서 Advantage Argument 2의 내용을 다른 문단으로 분리해 작성하거나 혹은 기존의 Advantage Argument 1 과 함께 같은 문단에 계속해 작성합니다.

a) Argument 2 (본론 3의 첫 번째 문장)

Besides, it is certain that governments can protect the natural environment, while at the same time promoting the development of the tourism industry.

▶ Tourism에 찬성하는 두 번째 Argument를 작성합니다.

b) Supporting Sentence 1 (**본론 3의 두 번째 문장**)

For example, the panda, an animal on the verge of extinction, is now the subject of conservation efforts thanks to pressure from international tourists on the Chinese Government.

▶ 두 번째 Argument를 합리화시키기 위해 예를 들어 설명합니다.

완성된 본론 2, 3

However, there are many others, including myself, who believe that tourism contributes not only to global growth but also to the national economy. To elaborate, when a place is developed for international tourism and many tourists from all over the world visit it, a lot of income is created, as tourists spend money on accommodation, souvenirs and tickets.

Besides, it is certain that governments can protect the natural environment, while at the same time promoting the development of the tourism industry. For example, the panda, an animal on the verge of extinction, is now the subject of conservation efforts thanks to pressure from international tourists on the Chinese Government.

어휘 contribute : 공헌하다　　not only A but [also] B : A뿐만이 아니라 또한 B도　　global growth : 세계 성장　　national economy : 국민 경제　　elaborate : 자세히 설명하다　　accommodation : 숙소　　souvenir : 기념품　　protect : 보호하다　　natural environment : 자연 환경　　development : 발달　　tourism industry : 관광 산업　　on the verge of : ～의 직전에　　extinction : 멸종

conservation : 보호   thanks to : ∼덕분에   pressure : 압박

해석 그러나, 관광은 세계의 성장뿐만 아니라 국가경제에도 기여한다고 믿는 많은 다른 사람들이 있습니다. 자세히 말하자면, 어느 특정 장소가 국제관광을 위해 개발되어 전세계로부터 많은 관광객들이 그곳을 방문할 때 많은 수입이 창출됩니다. 왜냐하면, 관광객들이 숙박, 기념품 그리고 티켓을 위해 돈을 쓰기 때문입니다. 게다가, 정부가 관광산업의 발전을 장려하며 동시에 자연환경을 보호할 수 있는 것을 확신합니다. 예를 들어, 멸종 직전에 있는 동물인 팬더는 국제 관광객들로부터의 중국정부를 향한 압박덕택에 현재는 보존대상이 되었습니다.

5단계 : 결론 작성 및 Final Check하며 마무리

결론으로 Tourism을 발전시키는 것을 지지한다는 내용과 요약된 이유로 마무리합니다.

완성된 결론

In short, in my view it is important that tourism be promoted as it has become a significant income source for many countries and it also helps to protect those animals and plants, which are endangered due to pollution or development.

어휘 in short : 요컨대   significant : 중요한   income : 소득   endangered : 위험에 처한   due to : ∼때문에   pollution : 오염
development : 발달

해석 짧게 결론 내려, 나의 생각으로는 관광을 증진시키는 것이 중요합니다. 왜냐하면 그것이 많은 나라에게 중요한 수입원이 될 수 있기 때문입니다. 그리고 이것은 또한 오염 혹은 개발 때문에 위험에 처한 동물과 식물을 보호하는 것을 도울 것입니다.

결론 작성 후 빠르게 Final Check를 합니다.

Essay 작성 후 마무리 Checklist 기본 10계명

1. 시제가 바르게 사용되었는가?
2. 동사 특히 'be'동사를 두 번 사용하거나 빼먹지는 않았는가?
3. 명사 앞의 관사를 제대로 사용했는가? (명사 단복수 구별 포함)
4. 주어와 동사가 일치했는가? (3인칭 단수 현재 동사 뒤에 's'사용 포함)
5. 전치사가 적절히 사용되었는가?
6. 자동사와 타동사를 혼동하여 사용하지 않았는가?
7. 수동태와 능동태가 구별되었는가?
8. 접속사를 부적절하게 사용했거나 빼먹지는 않았는가?
9. 바른 철자법 사용 및 대소문자를 구별했는가?
10. 적절한 마침표를 사용했는가?

Tourism plays an important role all over the world and its influence over individual countries is becoming greater than ever. This is because tourism is one of the fastest growing industries globally and is the primary income source for many countries. However, some argue that tourism should be discouraged due to the environmental problems that it causes, while others, including myself, disagree.

Those who stand opposed to the promotion of tourism argue that it can have a negative effect on the natural environment, because when a tourist attraction is developed, serious consequences follow, such as the destruction of natural habitats, and serious pollution issues arise. Therefore, this will affect the quality of life of those who live in the region and the government will have to spend more money to repair the damage done.

However, there are many others, including myself, who believe that tourism contributes not only to global growth but also to the national economy. To elaborate, when a place is developed for international tourism and many tourists from all over the world visit it, a lot of income is created, as tourists spend money on accommodation, souvenirs and tickets.

Besides, it is certain that governments can protect the natural environment, while at the same time promoting the development of the tourism industry. For example, the panda, an animal on the verge of extinction, is now the subject of conservation efforts thanks to pressure from international tourists on the Chinese Government.

In short, in my view it is important that tourism be promoted as it has become a significant income source for many countries and it also helps to protect those animals and plants, which are endangered due to pollution or development.

어휘 Influence : 영향   individual : 각각의   globally : 전세계적으로   discouraged : 낙담한   environmental problems : 환경문제   disagree : 의견이 다르다   negative effect : 부정적 효과   natural environment : 자연 환경   tourist attraction : 관광 명소   serious consequences : 심각한 결과   destruction : 파괴   natural habitat : 자연 서식지   serious pollution : 심각한 공해 문제   arise : 생기다   therefore : 그러므로   region : 지방   contribute : 기여하다   not only A but [also] B : A뿐만이 아니라 또한 B도   global growth : 세계 성장   national economy : 국민 경제   accommodation : 숙소   souvenir : 기념품   protect : 보호하다   natural environment : 자연 환경   development : 발달   tourism industry : 관광 산업   on the verge of : ~의 직전에   extinction : 멸종   conservation : 보호   thanks to : ~덕분에   pressure : 압박   in short : 요컨대   significant : 중요한   income : 소득   endangered : 위험에 처한   due to : ~때문에   pollution : 오염   development : 발달

해석 관광여행은 전 세계에 걸쳐 중요한 역할을 하며 각 나라에 미치는 그것의 영향은 그 어느 때보다 더 커지고 있습니다. 이것은 관광여행이 세계적으로 가장 빠르게 성장하는 산업 중에 하나이기 때문이고 많은 나라들에게 주요한 수입원이기 때문입니다. 그러나, 어떤 사람들은 그것이 야기시키는 환경문제 때문에 억제되어야 한다고 주장하지만, 나를 포함한 다른 사람들은 이에 동의하지 않습니다. 관광여행의 증진을 반대하는 사람들은 그것이 자연환경에 부정적인 영향을 미친다고 주장합니다. 왜냐하면, 관광명소가 개발되었을 때 자연서식지의 파괴와 같은 심각한 결과들이 수반되고 심각한 오염 문제들이 발생하기 때문입니다. 그러므로 이것은 그 지역에 사는 사람들의 삶에 영향을 미칠 것이며 정부는 그 손상된 것을 고치기 위해 더 많은 돈을 써야만 할 것입니다. 그러나, 관광여행은 세계의 성장뿐만 아니라 국가 경제에도 기여한다고 믿는 다른 사람들이 있습니다. 즉, 어떤 특정 장소가 국제 관광여행을 위해 개발되어 전세계로부터 많은 관광객들이 그곳

을 방문할 때, 많은 수입이 창출됩니다. 왜냐하면, 관광객들이 숙박, 기념품 그리고 티켓을 위해 돈을 쓰기 때문입니다. 게다가, 정부가 관광산업의 발전을 장려하며 동시에 자연환경을 보호할 수 있다는 것에는 의심할 여지가 없습니다. 예를 들어, 멸종 직전에 있는 동물인 팬더는 국제 관광객들로부터의 중국정부를 향한 압박덕택에 현재는 보존대상이 되었습니다. 짧게 결론 내려, 나의 생각으로는 관광을 증진시키는 것이 중요합니다 왜냐하면 그것이 많은 나라에게 중요한 수입원이 될 수 있기 때문입니다. 그리고 이것은 또한 오염 혹은 개발 때문에 위험에 처한 동물과 식물을 보호하는 것을 도울 것입니다.

II. Both Views 7.5 작성해보기

같은 문제를 가지고 7.5 수준의 Essay를 작성해 보겠습니다.

문제 Discuss the advantages and disadvantages of the growth in tourism around the world.
해석 전 세계 관광 성장의 장점과 단점에 대하여 논하시오.

1단계 : 문제 파악을 잘하자

Discuss (Point 3) the advantages and disadvantages of (point 1) the growth in tourism (Point 2) around the world.

문제 Points 체크

Point 1. 관광의 성장을 묻고 있습니다.
Point 2. 특정지역만이 아닌 전세계에 걸친 성장을 말하고 있습니다.
Point 3. 문제의 종류는 네 가지 유형 중 Both View(advantage and disadvantage)입니다.

2단계 : Idea를 내자!(brainstorming)

Advantage의 내용과 Disadvantage 내용을 나, 가족, 사회, 국가 그리고 인류에게 미치는 영향의 범위로 먼저 생각해 봅니다. 즉, 위의 문제는 나, 가족, 사회, 국가, 인류 범위 중 여행자로서의 나, 사회, 국가 그리고 인류에 미치는 영향을 중심으로 찬반의 Idea를 생각해 봅니다.

또한 Day 7 Writing Task 2 Essay 작성 Essential Tips 1에서 이미 다루었듯이 '경건교인자안스다' (경건교라는 종교가 인자하지 않습니다)를 응용해 빠르게 Idea 를 생각해 봅니다.

〈찬성하는 이유〉
—스트레스 해소 및 새로운 경험축적 (a break and explore new places)
—증가하는 수입 (good source of income)

〈반대하는 이유〉
자연파괴 (upset the natural balance)

−지역문화 훼손 (damage local cultural traditions)

3단계 : 서론 작성

Essay Topic Key Word인 'Tourism'을 가지고 Essay가 토론할 내용을 2~3 문장으로 작성합니다. a + c + d 형태를 사용합니다.

a) General Statement (서론 첫 번째 내용)

Tourism is one of the biggest industries in the world and has grown significantly over the past few decades.

▶ 문제 특성상 Essay Topic Key Word인 관광여행에 대한 최근의 경향 혹은 추세에 해당되는 내용을 작성하는 것이 좋을 듯합니다.

c) Essay Issue 도출문장 (일반적으로 시험문제 내용을 prephrasing)

Although it may lead to many rich rewards, there are also numerous drawbacks.

▶ 시험문제의 내용을 다른 표현으로 작성합니다.

d) 주제어 Statement (서론 마무리 및 본인의 입장 표명 내용)

This essay will explore each side in turn.

▶ 앞으로 전개할 Essay의 방향을 간략하게 제시합니다. 단, "This essay will explore each side in turn."는 형식적 인 문장으로 자칫 시험관에게 오인 받을 수 있기 때문에 주의하며 사용할 필요가 있습니다. 생략해도 괜찮습니다.

완성된 서론

Tourism is one of the biggest industries in the world and has grown significantly over the past few decades. Although it may lead to many rich rewards, there are also numerous drawbacks. This essay will explore each side in turn.

해석 관광은 전 세계적으로 가장 큰 산업 중 하나이며 지난 수십년에 걸쳐 상당히 발전해왔습니다. 비록 관광은 많은 풍성한 혜택을 야기시키 지만 다수의 단점 또한 가지고 있습니다. 이 에세이는 각 장점과 단점에 대해 차례로 알아보겠습니다.

4단계 : 본론 작성

본론 작성 전 핵심 Point

▪ Brainstorming의 Idea를 근거로 본론 작성방식을 결정한다.
▪ Supporting Sentences는 정당화 혹은 합리화시키기 위한 Explanation, Evidence, Example(s) 및 기타 Details 을 논리적으로 조합해 작성한다. 예가 있다면 구체적으로 든다. (Day 6 Essay Structure '에이불효' 공식 사용)
▪ 문법 어휘를 정확하고 다양하게 사용하여 작성한다.

Both Views 본론구조B(2개의 문단으로 구성하기)를 가지고 본론을 작성합니다.

본론 1 : Advantage의 내용

a) Arguement1 (본론 1의 첫 번째 문장)

From the traveller's perspective, tourism is a popular leisure activity that allows people to take a break from everyday life and explore new places.

▶ 관광객의 관점에서 관광은 휴식을 취하고 새로운 장소를 탐구하게 하는 장점이 있다고 작성합니다.

b) Supporting Sentence 1 (본론 1의 두 번째 문장)

Tourism can satisfy our sense of curiosity, whilst broadening our horizons and enhancing our understanding and acceptance of different cultures.

▶ 새로운 장소를 탐구함으로써 생기는 좋은 점을 더 추가해 작성합니다.

이곳에서 Argument 2의 내용을 다른 문단으로 분리하거나 같은 문단에 계속 작성합니다.

a) Argument 2 (본론 1의 세 번째 문장)

In addition, it can also be a great source of income for local communities.

▶ 또 다른 관광여행의 장점을 작성합니다.

b) Supporting Sentence 2(본론 1의 네 번째 문장)

Indeed, many popular tourist destinations are dependent on tourism to sustain their economies.

▶ 두 번째 장점의 예를 작성합니다.

완성된 본론 1

From the traveller's perspective, tourism is a popular leisure activity that allows people to take a break from everyday life and explore new places. Tourism can satisfy our sense of curiosity, whilst broadening our horizons and enhancing our understanding and acceptance of different cultures. In addition, it can also be a great source of income for local communities; indeed, many popular tourist destinations are dependent on tourism to sustain their economies.

해석 여행객의 관점에서 관광은 일상으로부터 휴식을 취하고 새로운 곳을 탐구하는 것을 가능케 하는 인기 있는 여가활동입니다. 관광은 우리의 호기심을 충족시키며, 또한 시야를 넓히고 다른 문화에 대한 수용과 이해를 높입니다. 게다가, 관광은 또한 지역사회에 커다란 수입원이 될 수 있습니다; 실제로, 인기 있는 많은 관광지들이 경제를 유지하기 위해 관광에 의존합니다.

본론 2 : Disadvantage의 내용

a) Topic Sentence (본론 2의 첫 번째 문장)

However, there are also a number of drawbacks.

▶ 하지만 또한 여러 문제점이 있다고 작성하며 반대의견을 시작합니다.

b) Argument 1 (본론 2의 두 번째 문장)

The increasing number of visitors gathering in one area means that there is a danger that this will upset the natural balance.

▶ 증가하는 방문객 수로 인해서 자연을 훼손시킬 수 있다는 문제점 1을 작성합니다.

c1) Supporting Sentence 1 (본론 2의 세 번째 문장)

To put it simply, where there are more people, there is also more pollution and waste, which further degrades the natural environment.

▶ 이유를 작성해 문제점 1을 뒷받침해 줍니다.

c2) Supporting Sentence 2(본론 2의 네 번째 문장)

For example, it is not difficult to see that in many countries the construction of buildings and other amenities to accommodate the influx of tourists is destroying natural habitats and spoiling landscapes in many countries.

▶ 문제점 1의 예를 듭니다.

완성된 본론 2

However, there are also a number of drawbacks. The increasing number of visitors gathering in one area means that there is a danger that this will upset the natural balance. To put it simply, where there are more people, there is also more pollution and waste, which further degrades the natural environment. For example, it is not difficult to see that in many countries the construction of buildings and other amenities to accommodate the influx of tourists is destroying natural habitats and spoiling landscapes.

해석 그러나 단점 또한 많이 있습니다. 한 지역에 집중적으로 모이는 관광객 수의 증가는 자연경관의 균형을 깨트린다는 것을 의미합니다. 즉, 사람이 많아지는 곳엔 더 많은 공해와 쓰레기가 생깁니다. 그리고 이것은 자연환경의 파괴를 초래합니다. 예를 들어, 유입되는 관광객을 위한 빌딩과 숙박 편의시설 건설로 인해 자연 서식지가 파괴되고 주변경관이 손상되는 것을 많은 나라에서 보는 것이 어렵지 않습니다.

5단계 : 결론 작성

결론으로 Tourism에는 장단점 모두가 존재한다고 작성한 후 정부의 해결책을 촉구하면서 마무리합니다.

완성된 결론

In conclusion, it is clear that tourism has both advantages and disadvantages. While it is important to protect the natural environment and traditions of local communities, the economic benefits of tourism are undeniable. As such, governments should seek to strike an appropriate balance by not only promoting the growth of tourism, but also ensuring that such growth is environmentally sustainable.

해석 결론적으로, 관광은 장점과 단점 모두를 가지고 있습니다. 자연환경과 지역사회의 전통을 보호하는 것이 중요하지만 관광의 경제적 혜택을 간과할 수 없습니다. 그러므로, 정부는 관광의 발전을 증진시키는 것뿐만 아니라 그러한 성장이 환경적으로 유지 가능하도록 적절한 균형을 맞추어야 합니다.

결론 작성 후 빠르게 Final Check를 합니다.

Essay 작성 후 마무리 Checklist 기본 10계명

1. 시제가 바르게 사용되었는가?
2. 동사 특히 'be'동사를 두 번 사용하거나 빼먹지는 않았는가?
3. 명사 앞의 관사를 제대로 사용했는가? (명사 단복수 구별 포함)
4. 주어와 동사가 일치했는가? (3인칭 단수 현재 동사 뒤에 's'사용 포함)
5. 전치사가 적절히 사용되었는가?
6. 자동사와 타동사를 혼동하여 사용하지 않았는가?
7. 수동태와 능동태가 구별되었는가?
8. 접속사를 부적절하게 사용했거나 빼먹지는 않았는가?
9. 바른 철자법 사용 및 대소문자를 구별했는가?
10. 적절한 마침표를 사용했는가?

완성된 Essay (7.5)

Tourism is one of the biggest industries in the world and has grown significantly over the past few decades. Although it may lead to many rich rewards, there are also numerous drawbacks. This essay will explore each side in turn.

From the traveller's perspective, tourism is a popular leisure activity that allows people to take a break from everyday life and explore new places. Tourism can satisfy our sense of curiosity, whilst broadening our horizons, and enhancing our understanding and acceptance of different cultures. In addition, it can also be a great source of income for local communities; indeed, many popular tourist destinations are dependent on tourism to sustain their economies.

However, there are also a number of drawbacks. The increasing number of visitors gathering in one area means that there is a danger that this will upset the natural balance. To put it simply, where there are more people, there is also more pollution and waste, which further degrades the natural environment. For example, it is not difficult to see that in many countries the construction of buildings and other amenities to accommodate the influx of tourists is destroying natural habitats and spoiling landscapes.

In conclusion, it is clear that tourism has both advantages and disadvantages. While it is important to protect the natural environment and traditions of local communities, the economic benefits of tourism are undeniable. As such, governments should seek to strike an appropriate balance by promoting the growth of tourism, but also ensuring that such growth is environmentally sustainable.

어휘 significantly : 상당히   decade : 십 년   although : 비록 ~이긴 하지만   reward : 보상   numerous : 많은   drawback : 문제점   explore : 탐험하다   in turn : 차례로   perspective : 관점   activity : 활동   take a break : 잠시 휴식을 취하다   curiosity : 호기심   broaden : 폭을 넓히다   horizons : 범위   enhance : 높이다   acceptance : 받아들임   in addition : 게다가   indeed : 정말   destination : 목적지   sustain : 지탱하게 하다   drawback : 결점   upset : 속상하게 만들다   natural balance : 자연 균형   degrade : 비하하다   natural environment : 자연 환경   construction : 건설   amenity : 생활 편의 시설   influx : 밀려듦   destroy : 파괴하다   natural habitat : 자연 서식지   spoil : 망치다   landscape : 풍경   in conclusion : 결론으로   undeniable : 부인할 수 없는   as such : 그러므로   appropriate : 적절한   ensuring : 반드시 ~하게 하다   environmentally : 환경적으로   sustainable : 지속 가능한

해석 관광은 전 세계적으로 가장 큰 산업 중 하나이며 지난 수십년에 걸쳐 상당히 발전해왔습니다. 비록 관광은 많은 풍성한 혜택을 야기시키지만 다수의 단점 또한 가지고 있습니다. 이 에세이는 각 장점과 단점에 대해 차례로 알아보겠습니다. 여행객의 관점에서 관광은 일상으로부터 휴식을 취하고 새로운 곳을 탐구하는 것을 가능케 하는 인기 있는 여가활동입니다. 관광은 우리의 호기심을 충족시키며, 또한 시야를 넓히고 다른 문화에 대한 수용과 이해를 높입니다. 게다가, 관광여행은 또한 지역사회에 상당한 수입원이 될 수 있습니다; 실제로, 인기 있는 많은 관광지들이 그것들의 경제를 유지하기 위해 관광산업에 의존합니다. 그러나 단점 또한 많이 있습니다. 한 지역에 집중적으로 모이는 관광객 수의 증가는 자연경관의 균형을 깨트린다는 것을 의미 합니다. 즉, 사람이 많아지는 곳에 더 많은 공해와 쓰레기가 생깁니다. 그리고 이것은 자연환경의 파괴를 초래합니다. 예를 들어, 유입되는 관광객을 위한 빌딩과 숙박 편의시설 건설로 인해 자연 서식지가 파괴되고 주변경관이 손상되는 것을 많은 나라에서 보는 것이 어렵지 않습니다. 결론적으로, 관광은 장점과 단점 모두를 가지고 있습니다. 자연환경과 지역사회의 전통을 보호하는 것이 중요하지만 관광의 경제적 혜택을 간과할 수 없습니다. 그러므로, 정부는 관광의 발전을 증진시키는 것뿐만 아니라 그러한 성장이 환경적으로 유지 가능하도록 적절한 균형을 맞추어야 합니다.

Quick 핵심 Point Review

Both Views 단계별 작성하기

1단계 : 문제 파악을 잘하자	문제의 핵심 Point들을 밑줄친다.
2단계 : Idea를 내자(brainstorming)	찬성하는 내용과 반대하는 내용을 나 자신부터 시작해 가족, 사회, 국가 그리고 인류에게 미치는 영향의 관점에서 생각해본다.
3단계 : 작성할 Essay Structure 구상 및 서론 작성	전체 Essay Structure를 Brainstorming에 의거 빠르게 구상한 후 서론을 General Statement, General Support Statement, Essay Issue 도출문장 그리고 Thesis Statement에 의거해 작성한다.
4단계 : 본론 작성	본론 작성방식을 선택하여 Topic Sentence 그리고 Supporting Sentence(s) 구조로 작성한다.
5단계 : 결론 작성 및 Final Check하며 마무리	결론 작성방식 중 하나를 선택하여 작성한다.

본론 작성 핵심 Point

■ Brainstorming의 Idea를 근거로 Both Views 본론유형을 선택한다.
■ Supporting Sentences는 정당화 혹은 합리화시키기 위한 Explanation, Evidence, Example(s) 및 기타 Details을 논리적으로 조합해 작성한다. 예가 있다면 구체적으로 든다.
■ 시제, 단복수 등의 정확한 문법사용 및 다양한 어휘를 구사한다.

Day

14

All that
IELTS
스피드 완성

Cause and Effect
출제유형

I. Cause and Effect Essay란?

IELTS 문제유형 중 세 번째로 많이 출제되는 유형이 바로 Cause and Effect 유형입니다. 같은 유형의 문제로 Problem – Solution, Cause – Problem, Cause – Solution 그리고 Problem – Effect 등의 다양한 조합이 나올 수 있습니다.

Example

Q1. Discuss the problems of … and the solutions to …,
Q2. What are the causes of … and the effects of …?
Q3. Why do you think … and what can be done to …?

해석 Q1. ~의 문제점과 ~에 대한 해결책을 논하시오.

Q2. ~의 원인과 ~의 영향은 무엇입니까?

Q3. 당신은 왜 ~라고 생각하며 ~을 하기 위해 해결책은 무엇입니까?

John의 '콕 & 퀵' 한 수

드물게 문제가 Cause and Effect 형태가 아닌 Cause(원인)만 물어본다든지 혹은 Problem(문제점)만 물어보는 경우가 있습니다. 이럴 때는 Agree or Disagree 본론구조 A처럼 두 세 문단에 걸쳐 본론에 원인들만을 열거하거나 혹은 문제점들만 열거하면 됩니다.

Did you know?　Cause Vs Reason

cause(원인) : 어떠한 현상의 원인을 말함.

reason(이유) : 현상이 아니라 사고 혹은 생각의 이유(원인)를 말함.

Did you know?　Because Vs As(이유)

because : 원인(reason)에 초점을 맞출 때 사용함.

as : 원인(reason) 보다는 결과(result)에 초점을 맞출 때 사용함.

IELTS 문제유형 가운데 Cause and Solution 문제입니다.

Cause and Solution Sample Essay (7.5)

/ 질문 : 문제점에 대한 원인과 해결책을 묻고 있음

Q. In some countries, people's average weight is increasing and the levels of health and fitness are decreasing. What do you think are the causes of these problems and what measures could be taken to solve them?

해석 몇몇의 나라에서, 사람들의 평균 몸무게가 증가하고 건강과 피트니스의 수준은 떨어지고 있습니다. 이러한 문제들의 원인은 무엇이며 어떤 방법으로 이 문제들을 처리할 수 있습니까?

Essay 서론 : Main Thesis 소개 및 원인과 해결책에 관한 Essay라 기술함

Western countries such as Australia and the United States are experiencing an obesity epidemic. The average weight of people in these countries is increasing, which is having a negative impact on the overall health and fitness of these nations. This essay will explore possible causes of this problem, as well as some measures that could be taken to solve it.

Essay 본론 : 문제점의 원인을 작성함   첫 번째 원인

In my view, there are a number of factors that are at the root of the obesity crisis. Firstly, the modern Western lifestyle is one where cheap and processed food is readily available. People also tend to be much more inactive these days. For example jobs that existed in the past included manual labour occupations that forced workers to be active. Such jobs have since become obsolete, as technological advancements have meant that machines now do these jobs for us.   두 번째 원인

Essay 본론 : 문제점의 해결책을 작성함   첫 번째 해결책

A number of different measures could be introduced to address this state of affairs, ranging from small initiatives, to changes that are more drastic. For example, governments can implement educational campaigns to inform people of the best ways to maintain a healthy weight and lifestyle. A more extreme measure would be to impose higher taxes on unhealthy food to deter people from buying such goods. This is similar to the approach that has been taken with cigarettes.   두 번째 해결책

Essay 결론 : 본인의 최종 의견 혹은 요약내용으로 마무리함

It will be difficult to overcome the problem of obesity, but provided a number of measures are put in place, then it is possible to overcome the national obesity crisis.

어휘 obesity : 비만 epidemic : 유행성의 impact : 영향 fitness : 건강 measures : 방안 processed : 가공된 readily : 쉽게 obsolete : 쓸모없게 된 undemanding : 지나친 요구를 하지 않는 initiatives : 계획 implement : 실행하다 drastic : 격렬한 extreme : 극단적인 deter : 저지하다 approach : 접근하다 overcome : 극복하다

해석 호주와 미국과 같은 서양국가들이 비만의 급속한 확산을 경험하고 있습니다. 이러한 나라 사람들의 평균체중은 증가하고 있으며, 이것은

이러한 국가들의 전반적인 건강과 피트니스에 부정적인 영향을 주고 있습니다. 이 에세이는 이 문제의 가능한 원인과 그것을 해결할 수 있는 몇 가지 방법에 대해 알아보겠습니다. 나의 생각에는, 비만위기의 근원이 되는 다수의 요인들이 존재합니다. 첫째로, 현대식 서구 라이프 스타일이 값싼, 가공처리 식품들을 쉽게 구할 수 있게 만든다는 것입니다. 또한, 사람들은 요즘 훨씬 더 비활동적인 성향이 있습니다. 예를 들어, 과거에 존재했던 직업들은 노동자들을 활동하게 만드는 육체적 노동직업이었습니다. 그러한 직업들은 그 이후로 쓸모가 없게 되었습니다. 왜냐하면, 기술의 발전 덕분에 지금은 기계가 우리를 위해 이러한 일들을 하고 있기 때문입니다.

작은 계획부터 더 극단적인 변화들까지의 다수의 다양한 방법들이 이 상황을 해결하기 위해 도입될 수 있습니다. 예를 들어, 정부는 건강한 체중과 생활방식을 유지할 수 있는 가장 좋은 방법을 사람들에게 알리기 위해 교육캠페인을 실행할 수 있습니다. 좀 더 극단적인 방법은 건강에 좋지 않은 음식을 사람들이 구매하는 것을 단념시키기 위해 그러한 음식에 좀 더 높은 세금을 부과하는 것입니다. 이 방법은 담배에 취해진 방법과 유사합니다. 비만 문제를 극복하기는 어려울 것입니다. 하지만 다수의 정책이 실행된다면 국가의 비만 위기를 극복하는 것이 가능합니다.

II. Cause and Effect 출제유형 해부하기

Cause and Solution 한눈에 파악하기 Sample Essay를 중심으로 설명해 보겠습니다.

A. 서론 (40~60 Words)

기존의 유형들과 마찬가지로 Cause and Effect 서론은 Essay Topic Key Word(s) 혹은 Topic 관련어를 언급하는 General Statement, 그 General Statement의 배경이 되거나 지지하는 General Support Statement, 시험문제의 내용을 Paraphrasing하는 Essay Issue 도출문장 그리고 Thesis Statement의 조합으로 구성되어 있습니다.

John의 '콕 & 퀵' 서론 핵심정리

a. 도입문장 (general statement)	일반적으로 Essay Topic(문제 내용)의 Key Word(s) 혹은 관련된 어휘를 사용하여 Essay를 시작하는 문장으로서 보편적이고 일반적인 Trend 혹은 Fact의 내용 작성
b. 일반 지지문장 (general support statement)	도입문장의 배경(이유) 혹은 예를 보여주는 내용으로 작성(선택사항)
c. Essay Issue 도출문장	일반적으로 시험문제의 토픽 내용을 Paraphrasing하며 Issue를 작성
d. 주제어문장 (thesis statement)	Issue에 대한 자신의 입장 혹은 본론의 Essay가 어떠한 방향으로 전개될지를 기술(선택사항)

Example

Q. Obesity(비만)의 원인과 해결책을 논하는 문제의 서론

a) Western countries such as Australia and the United States are experiencing an obesity epidemic. c) The average weight of people in these countries is increasing, which is having a negative impact on the overall health and fitness of these nations. d) This essay will explore possible causes of this problem, as well as some measures that could be taken to solve it.

어휘 obesity : 비만　epidemic : 유행병　average : 평균의　increasing : 증가하는　overall : 전반적인　explore : 탐사하다
measure : 방법

해석 호주와 미국과 같은 서양국가들이 비만의 급속한 확산을 경험하고 있습니다. 이러한 나라 사람들의 평균체중은 증가하고 있으며, 이것은 이러한 국가들의 전반적인 건강과 피트니스에 부정적인 영향을 주고 있습니다. 이 에세이는 이 문제의 가능성 있는 원인과 그것을 해결할 수 있는 몇 가지 방법에 대해 알아보겠습니다.

〈a + c + d 조합〉

a. General Statement :
   Essay의 Topic이 Obesity에 관련된 내용이라는 것을 알려줍니다.

c. Essay Issue 도출문장 :
   Thesis Statement를 작성하기 전에 비만의 문제점을 작성해줍니다. 시험문제에 문제점이 나와 있다면 그 내용을 Paraphrasing합니다.

d. Essay 주제어문장 (Thesis Statement) :
   논할 Essay의 내용이 원인과 해결책이라고 작성합니다.

John의 '콕 & 퀵' 한 수

Thesis Statement를 도출하기 의해 작성하는 'c. Essay Issue 도출문장'은 이미 언급된 것처럼 일반적으로 시험문제를 Paraphrasing해 작성하는 것이 좋습니다. 하지만 Cause and Effect 문제일 경우에는 문제점을 Problem and Solution 문제일 경우는 원인 등을 Essay Issue 도출문장으로 작성해주면 주제어문장과 매우 부드럽게 연결되기도 합니다.

John의 '콕 & 퀵' 한 수

서론 작성에 어려움이 있는 분들께선 다음과 같이 틀을 만들어 서론을 작성할 수도 있습니다.

As a result of human efforts, almost everything seems to have changed, from social values to how humans behave. Of course, not everyone is accepting of the changes that have occurred and this has led to disputes in certain circumstances. Yet, nothing is more controversial than (Main 소재). That is, (Main 소재) has often surfaced as an issue of great consequence to our lives. Thus, there is a need to discuss the causes that led to these changes and the effects the changes have brought.

어휘 as a result : 결과적으로   effort : 노력   social value : 사회적 가치   behave : 처신하다   occur : 일어나다
     dispute : 분쟁   circumstance : 환경, 상황   controversial : 논란이 많은   that is : 즉, 말하자면   surface : 표면
     consequence : 결과   cause : 원인   effect : 결과

해석 인간 노력의 결과로서, 사회의 가치관에서부터 사람들의 행동방식까지 거의 모든 것이 변해온 것 같습니다. 물론, 모든 사람들이 발생해온 그 변화들을 받아들이고 있는 것은 아니고 특별한 상황 속에서 분쟁을 초래하였습니다. 하지만, 그 어떤 것도 (메인 소재) 보다 더 논란이 되지는 않을 것입니다. 즉, (메인 소재)는 우리의 삶 속에서 중요한 문제로 종종 표면 위에 부각됩니다. 그러므로, 이러한 변화들을 이끈 원인과 이러한 변화가 가져온 결과에 대해 논할 필요가 있습니다.

B. 본론 (150~180 Words)

기존의 유형과 마찬가지로 Cause and Effect 본론(body)에서도 문제의 Issue에 대한 의견을 아주 구체적으로 그리고 일정 수준의 증거를 제시하며 작성합니다.

i) Cause and Effect 본론 각 문단 내의 구성

John의 '콕 & 퀵' 본론 핵심정리

본론 문단내 기본틀 1 (본론이 세 개의 문단으로 구성될 경우)

a. Topic Sentence	이유, 문제점 혹은 해결책 문장 작성
b1. Supporting Sentence 1	예, 이유, 부연설명, 효과 등으로 Topic Sentence합리화시킴
b2. Supporting Sentence 2	이전 부분의 논리 및 글자수에 따라 작성유무를 결정하는 선택사항이며 Supporting Sentence 1에 추가 혹은 심화된 내용 등으로 전개

본론 문단내 기본틀 2 (본론이 두 개의 문단으로 구성될 경우)

a1. Topic Sentence 1(Main Point 1)	이유, 문제점 혹은 해결책 문장 1 작성
b1. Supporting Sentence	예, 이유, 부연설명, 효과 등으로 Topic Sentence 1을 합리화시킴
a2. Topic Sentence 2(Main Point 2)	이유, 문제점 혹은 해결책 문장 2 작성
b2. Supporting Sentence	예, 이유, 부연설명, 효과 등으로 Topic Sentence 2를 합리화시킴

Q. Obesity의 원인과 문제점을 논하는 문제에 대한 본론

본론 Example 1 (a + a + b 조합) - 원인

In my view, there are a number of factors that are at the root of the obesity crisis. a) Firstly, the modern Western lifestyle is one where cheap and processed food is readily available. a) People also tend to be much more inactive these days. b) For example jobs that existed in the past included manual labour occupations that forced workers to be active. Such jobs have since become obsolete, as technological advancements have meant that machines now do these jobs for us.

어휘 root : 뿌리   obesity : 비만   processed : 가공된   readily : 바로   inactive : 비활동적인   manual : 수동의   obsolete : 쓸모가 없는   advancement : 발전

해석 나의 생각엔, 비만 위기의 근원이 되는 다수의 요인들이 존재합니다. 첫째로, 현대식 서구 라이프스타일이 값싼, 가공처리 식품들을 쉽게 구할 수 있게 만든다는 것입니다. 또한, 사람들은 요즘 훨씬 더 비활동적인 성향이 있습니다. 예를 들어, 과거에 존재했던 직업들은 노동자들을 활동하게 만드는 수작업이었습니다. 그러한 직업들은 그 이후로 쓸모가 없게 되었습니다. 왜냐하면, 기술의 발전 덕으로 지금은 우리를 위해 기계가 이러한 일들을 하고 있기 때문입니다.

a) Argument Sentence 1

가격이 싸고 가공처리 된 음식이 원인이라고 작성합니다.

a) Argument Sentence 2

두 번째 이유로 사람들이 비활동적이기 때문이라고 작성합니다.

b) 지지문장(Supporting Sentence – 예)

기술의 발달로 사람의 노동력을 요구하는 직업들이 사라지고 있다고 예를 들며 작성합니다.

본론 Example 2 (a + b1 + b2 조합) – 해결책

a) A number of different measures could be introduced to address this state of affairs, ranging from small initiatives to changes that are more drastic. b) For example, governments can implement educational campaigns to inform people of the best ways to maintain a healthy weight and lifestyle. b) A more extreme measure would be to impose higher taxes on unhealthy food to deter people from buying such goods. This is similar to the approach that has been taken with cigarettes.

어휘 introduce : 도입하다   drastic : 극단적인   maintain : 유지하다   extreme : 극단적인 implement : 시행하다   approach : 접근

해석 작은 계획부터 더 극단적인 변화들까지의 다수의 다양한 방법들이 이 상황을 해결하기 위해 도입될 수 있습니다. 예를 들어, 정부는 건강한 체중과 생활방식을 유지할 수 있는 가장 좋은 방법을 사람들에게 알리기 위해 교육캠페인을 실행할 수 있습니다. 좀 더 극단적인 방법은 건강에 좋지 않은 음식을 사람들이 구매하는 것을 단념시키기 위해 그러한 음식에 좀 더 높은 세금을 부과하는 것입니다. 이 방법은 담배에 취해진 방법과 유사합니다.

a) Topic Sentence

작은 것에서부터 더 극단적인 방법까지 다양한 대책이 있다고 작성합니다.

b1) Supporting Sentence 1

교육캠페인을 예로 들며 첫 번째 방법을 제시합니다.

b2) Supporting Sentence 2

세금부과를 예로 들며 두 번째 방법을 제시합니다.

Cause and Effect 기본표현

A results in B	A가 B의 결과를 낳다	B is caused by A	B는 A에 의해 야기되어진다
A is the cause of B	A가 B의 원인이다	A is the reason for B	A가 B의 이유이다
as a result	결과적으로	for this reason	이 이유 때문에
A causes B	A가 B를 야기시키다	A leads to B	A가 B를 초래하다
due to A	A 때문에	owing to A	A 때문에
hence	그러므로	consequently	결과적으로
therefore	그러므로	thus	그렇기 때문에

ii) Cause and Effect 본론 문단 배열구성

Cause and Effect 본론구조 A

3개의 문단으로 본론을 구성할 경우

> 문단 1 (Cause or Problem)

> 문단 2 (Effect 1 or Solution 1)

> 문단 3 (Effect 2 or Solution 2)

▶ 혹은 Cause (Problem)를 두 개 문단으로 그리고 Effect (or Solution)를 하나의 문단으로 구성해도 괜찮습니다.

Example

Q. Each year a large number of the world's languages die out. Discuss some of the causes for the loss in language diversity and possible ways to preserve more languages.

해석 매년마다 세계의 수많은 언어들이 소멸되고 있습니다. 언어의 다양성 상실의 원인과 더 많은 언어를 보존할 수 있는 가능한 방법들을 논하시오.

본론 1

One of the reasons for the extinction of many languages can be traced back to the way globalization has acted as a powerful force to standardize many aspects of daily life. In the case of English, it was once an unimportant language spoken in only one country but now everyone around the world wants to learn English.

어휘 extinction : 소멸   trace back : 거슬러 올라가다   globalisation : 세계화   act as : ~로서 역할을 하다   standardize : 획일화하다, 표준화하다   aspect : 양상   in the case of : ~의 경우에

해석 일상생활의 많은 것들을 획일화시키는 강력한 힘으로서의 세계화 역할방식이 많은 언어들이 소멸하는 이유 중의 하나입니다. 영어의 경우, 한 때는 오직 한 나라에서만 구사된 중요하지 않은 언어였습니다. 그러나 지금은 전 세계의 사람들이 영어를 배우고 싶어합니다.

본론 2

Another important reason is that a select group of languages are seen as of the greatest importance in the fields of economics and education. The powerful influence of America has meant that citizens of other countries are under the belief that they need to learn English to do well at school and in business.

어휘 select group : 선택그룹   powerful : 힘 있는

해석 또 다른 중요한 이유는 선택 그룹의 언어들이 경제와 교육분야에서 매우 중요하게 여겨진다는 점입니다. 미국의 커다란 영향력은 다른 나라의 국민들이 그들의 학교와 사업장에서 성공적이기 위해 영어를 배워야 한다는 믿음을 가지게 만들었습니다.

본론 3

Yet, the critical point that needs to be taken into account is that this situation is not inevitable. Parents, teachers and the government in general should take more responsibility for educating children about their own language. For example, schools can make use of tape recordings of traditional languages and teach them to their students as one of the compulsory school subjects.

어휘 in general : 전반적으로   compulsory : 의무적인   make use of : ~을 이용하다

해석 하지만, 고려되어야 할 매우 중요한 포인트는 이러한 상황이 필연적이지 않다는 것입니다. 부모님들, 선생님들 그리고 정부는 그들의 자국어를 어린이들에게 교육시키는 것에 전반적인 책임을 가져야 합니다. 예를 들어, 학교는 전통언어를 테이프에 녹음하는 방법을 활용하며 그것들을 필수교과과목의 하나로서 학생들에게 가르칠 수 있습니다.

첫 번째 주제어(원인 1st topic sentence) :

    Globalisation으로 인한 Language 소멸함.

두 번째 주제어(원인 2nd topic sentence) :

    경제 및 교육에서 일부 Language들의 득세로 인한 Language 소멸함.

세 번째 주제어(해결책 1st topic sentence) :

    해결을 위해 자신들의 Language를 아이들에게 의무 교육하는 것이 필요함.

Cause – Effect 본론구조 B

2개의 문단으로 본론을 구성할 경우

문단 1 (Cause(들) or Problems(들))

문단 2 (Effect(들) or Solution(들))

Example

Q. Health authorities are concerned about the alarming increase in the consumption of fast food. Discuss some of the possible causes for the increase and ways to reduce fast food consumption.

어휘 alarming : 걱정스러운   consumption : 소비

해석 보건 당국은 패스트푸드 소비의 걱정스러운 증가에 고심하고 있습니다. 그 증가의 가능한 원인과 패스트푸드 소비를 줄이는 방법에 대해 논하시오.

본론 1

With each passing year it seems that families have less time to spend preparing food for the table. It is within this context that fast food exists as a solution to such time poor families. Added to this is the inexpensive way in which fast food can be found at any corner store. Economic theory teaches us that consumers will purchase more of what is cheap and less of what is expensive. Thus, there is the temptation for many families to pass over expensive healthy food for cheap fast food.

어휘 context : 전후 관계, 배경   inexpensive : 값이 싼   corner store : 모퉁이 상점   consumer : 소비자   temptation : 유혹
pass over : 지나치다

해석 매년 시간이 지나면서, 식탁의 음식준비를 위해 더 적은 양의 시간을 가정들이 갖게 되는 듯합니다. 그것은 시간이 부족한 가족들의 해결책으로 패스트푸드가 존재한다는 문맥과 상통합니다. 또한 패스트푸드는 어느 길모퉁이 상점에서나 값싸게 구매될 수 있습니다. 경제원리는 소비자는 싼 것을 더 사고 비싼 것을 덜 산다고 말합니다. 그러므로, 많은 가족들이 싼 패스트푸드를 위해 비싼 건강식을 지나쳐 버리는 유혹을 받게 됩니다.

첫 번째 문단 첫 번째 주제어(문제 1st topic sentence) :
사람들이 너무 바쁘다.

첫 번째 문단 두 번째 주제어(문제 2nd topic sentence) :
Fast food는 경제적이다.

본론 2

In order to prevent the continuing abuse of the excessive consumption of such foods, then the solution of having the government impose an unhealthy food tax must be given full consideration. Again if we turn to the predictions contained in economic theory, then it can be seen that taxes have a direct influence on consumption choices of the average consumer. Furthermore, the government can invest the money collected from increased tax revenue into health campaigns.

어휘 abuse : 남용   consideration : 고려   turn to : 의지하다, 구하다   prediction : 예측   contain : 함유하다   economic theory : 경

제이론   invest : 투자하다   revenue : 수익

해석 그러한 음식의 계속되는 과도한 소비의 남용을 줄이기 위해, 정부가 건강에 좋지 않은 음식에 세금을 부과하는 것이 해결책으로 충분히
    고려되어야 합니다. 또한 우리가 만약 경제이론예측에 귀를 기울인다면, 세금이 일반 소비자의 구매선택에 직접적인 영향을 미친다는 것
    을 알 수 있습니다. 게다가, 정부는 증가된 세금수익으로 거두어진 돈을 건강캠페인에 투자할 수도 있습니다.

두 번째 문단 첫 번째 주제어(해결책 1st topic sentence) :

    Fast food에 세금을 부과한다

두 번째 문단 첫 번째 주제어(해결책 1st topic sentence) :

    걷어들인 세금으로 건강캠페인을 한다.

C. 결론 (40~50 Words)

일반적으로 Essay의 본론 내용을 요약 정리하는 것이 좋습니다. 단, 이미 본론에서 사용한 표현과 다르게 작성하는 것이
중요합니다.

i) 전체를 요약 정리하는 결론

Example

Q. 비만의 원인과 해결책을 묻는 질문의 결론

It will be difficult to overcome the problem of obesity, but provided a number of measures are put in place,
then it is possible that the national obesity crisis can be overcome.

어휘 overcome : 극복하다   put in place : 시행하다   obesity : 비만   provided : 만약 …이면   a number of : 다수의

해석 비만문제를 해결하는 것은 어려울 것입니다. 하지만 다수의 방법들이 시행된다면 국가적 비만의 위기가 극복될 수 있을 것입니다.

ii) 해결책을 요약 정리하는 결론

Example

Q. Fast food 소비 증가의 원인 및 해결책을 묻는 질문

To sum up, tackling the problem of the dangerous levels of fast food ingestion is not impossible and a
solution can be found if only governments make the effort and increase the tax rate on these unhealthy
foods.

어휘 to sum up : 요약해서   tackle : 씨름하다, 태클하다   dangerous : 위험한   ingestion : 섭취   tax rate : 세율

해석 요컨대, 만약 정부가 노력하고 이러한 건강에 좋지 않은 음식에 세율을 증가시킨다면 패스트푸드 섭취의 위험수준 문제에 제동을 거는 것
    은 불가능하지 않으며 해결책이 찾아질 수 있습니다. .

iii) 심각성 및 해결책을 요약 정리한 결론

Example

Q. 학생들이 공부만 했을 때 발생하는 문제점 및 해결책을 묻는 질문의 결론

In conclusion, to say that students study too much is a problem is really an understatement, because unless the issue is resolved, then we may soon learn about the dire consequences on the news. The problems of stress and fewer friendships can be addressed by providing longer break times and creating social study groups.

어휘 understatement : 설세된 표현   unless : ~하지 않는 한   resolve : 해결하다   dire : 대단히 심각한   consequence : 결과   friendship : 교우 관계

해석 결론적으로, 학생들이 지나치게 많이 공부하는 것이 문제라고 말하는 것은 정말로 충분하지 못한 표현입니다. 왜냐하면 그 문제가 해결되지 않는다면 우리는 곧 대단히 심각한 결과를 뉴스에서 보게 될 것이기 때문입니다. 스트레스 그리고 교우관계가 적다는 문제는 긴 휴식 시간을 제공하는 것과 사교 스터디 그룹을 만듦으로써 해결될 수 있습니다.

John의 '콕 & 퀵' 한 수

'결론적으로' 혹은 '요약 정리한다면'이라는 표현은 다음 목록에서 선택하여 사용하면 됩니다.

To conclude, In conclusion, To wrap up, To summarise, To sum up, To recapitulate, In summary

Quick 핵심 Point Review

Cause and Effect 서론 문단의 구성

도입문장 (general statement)	일반적으로 Essay Topic(문제 내용)의 Key Word(s) 혹은 관련된 어휘를 사용하여 Essay를 시작하는 문장으로서 보편적이고 일반적인 Trend 혹은 Fact의 내용 작성
일반 지지문장 (general support statement)	도입문장의 배경(이유) 혹은 예를 보여주는 내용으로 작성(선택사항)
주제어 도출문장	일반적으로 시험문제의 토픽 내용을 Paraphrasing하며 Issue를 작성
주제어문장 (thesis statement)	Issue에 대한 자신의 입장 혹은 본론의 Essay가 어떠한 방향으로 전개될지를 기술(선택사항)

본론 문단내 기본틀 1 (본론이 세 개의 문단으로 구성될 경우)

a. Topic Sentence	이유, 문제점 혹은 해결책 문장 작성
b1. Supporting Sentence 1	예, 이유, 부연설명, 효과 등으로 Topic Sentence 합리화시킴
b2. Supporting Sentence 2	이전 부분의 논리 및 글자수에 따라 작성유무를 결정하는 선택 사항이며 Supporting Sentence 1에 추가 혹은 심화된 내용 등으로 전개

본론 문단내 기본틀 2 (본론이 두 개의 문단으로 구성될 경우)

a1. Topic Sentence 1(Main Point 1)	이유, 문제점 혹은 해결책 문장 1 작성
b1. Supporting Sentence	예, 이유, 부연설명, 효과 등으로 Topic Sentence 1을 합리화시킴
a2. Topic Sentence 2(Main Point 2)	이유, 문제점 혹은 해결책 문장 2 작성
b2. Supporting Sentence	예, 이유, 부연설명, 효과 등으로 Topic Sentence 2를 합리화시킴

Both Views 결론 문단의 구성

결론 방법	자신의 의견을 피력하며 본론 내용을 다시 작성하며 요약 정리하는 방법 (final opinion and summary)

Cause and Effect 본론 문단 배열 구성

3개의 문단으로 본론을 구성할 경우

문단 1 (Cause or Problem)

문단 2 (Effect 1 or Solution 1)

문단 3 (Effect 2 or Solution 2)

2개의 문단으로 본론을 구성할 경우

문단 1 (Cause(들) or Problems(들))

문단 2 (Effect(들) or Solution(들))

Day

15

Cause and Effect
실전 공략법

I. Cause and Effect 6.5 직접 작성해보기

먼저 출제유형을 파악한 다음에 brainstorming을 통하여 서론, 본론, 결론을 Essay 작성법에 유의하면서 답안을 서술해야 합니다.

문제 In many cities all over the world, there is a serious shortage of water. What are the causes of and solutions to this water scarcity problem?

해석 전세계에 걸쳐 많은 도시에 심각한 물 부족 현상이 있습니다. 이 물 부족 문제의 원인과 해결책은 무엇입니까?

1단계 : 문제 파악을 잘하자

In (point 2) many cities, all over the world, there is (point 1) a serious shortage of water. What are (point 3) the causes of and solutions to this water scarcity problem?

문제 Points 체크

Point 1. 물 부족의 원인을 묻고 있습니다.
Point 2. 전세계의 도시가 Essay의 주된 배경이라고 말하고 있습니다.
Point 3. 문제의 종류는 4가지 유형 중 Cause and Solution입니다.

2단계 : Idea를 내자(brainstorming)

원인의 내용과 해결책의 내용을 나, 가족, 사회, 국가 그리고 인류에게 미치는 영향을 범위로 먼저 생각해 봅니다. 즉, 위의 문제는 나, 가족, 사회, 국가, 인류 범위 중 여행자로서의 사회, 국가 및 인류의 범위 내에서 원인과 해결책 등의 기본 Idea를 생각해내면 됩니다.

〈물 부족의 원인〉
-공해 (pollution)
-낭비 (waste)

〈물 부족의 해결안〉
-정부규제 (regulation)
-물 절약 캠페인 (water saving campaign)

3단계 : 서론 작성

Brainstorming이 끝난 후 Topic인 '물 부족'을 중심으로 서론을 두 세 문장으로 작성합니다. a + bc + d 형태를 사용해 보겠습니다.

a) General Statement (서론 첫 번째 내용)

As a result of advances in industry, many parts of our life are rapidly changing. However, change is not always for the better and in the case of water the situation has definitely become worse.

▶ 악화되고 있는 물의 심각한 현 상황을 서술하며 Essay를 시작해 봅니다.

b+c) Essay Issue 도출문장 (서론 두 번째 내용)

For example, many people living in poor countries suffer from a scarcity of water and even those who live in rich countries face this problem.

▶ 가난한 나라뿐만 아니라 부유한 나라에서도 물 부족이 심각하다고 말하면서 일반 지지문장과 Essay Issue 도출문장의 내용을 한 문장으로 함께 작성합니다.

d) Thesis Statement (서론 세 번째 내용)

Thus, it is of paramount importance that the causes and solutions are discussed.

▶ 앞으로 전개할 Essay의 방향을 간략하게 제시합니다.

완성된 서론

As a result of advances in industry, many parts of our life are rapidly changing. However, change is not always for the better and in the case of water the situation has definitely become worse. For example, many people living in poor countries suffer from a scarcity of water and even those who live in rich countries face this problem. Thus, it is of paramount importance that the causes and solutions are discussed.

어휘 as a result : 결과적으로   advance : 진전, 발전   rapidly : 급속히   in the case of : ~의 경우에   definitely : 분명히
　　　 scarcity : 부족, 결핍   face : 직면하다   paramount : 가장 중요한   importance : 중요성

해석 산업의 발달로 우리 삶의 많은 부분들이 급격히 변하고 있습니다. 하지만 변화는 항상 발전만을 위한 것은 아니며 물의 경우에는 그 상황이 더 나빠지고 있습니다. 예를 들어, 가난한 나라에서 살고 있는 많은 사람들이 물 부족으로 고통을 받고 있으며 부유한 나라에서 살고 있는 사람들조차도 이 문제에 직면하고 있습니다. 그러므로, 원인과 해결책에 대해 논하는 것이 매우 중요합니다.

4단계 : 본론 작성

이미 Brainstorming에서 구상해낸 Cause 및 Solution Idea들을 Both Views 본론구조 B (2개의 문단으로 구성하기) 구성으로 작성합니다.

본론 작성 핵심 Point

- Brainstorming의 Idea를 원인 or 문제 or 해결책의 Topic Sentence로 사용한다.

- Supporting Sentences는 정당화 혹은 합리화시키기 위한 Explanation, Evidence, Example(s) 및 기타 Details 을 논리적으로 조합해 작성한다. 예가 있다면 구체적으로 든다. (Day 6 Essay Structure '에이불효' 공식 사용)

- 시제, 단복수 등의 정확한 문법사용 및 다양한 어휘를 사용한다.

본론 1 : 원인(들)

Cause 1 (본론 1의 첫 번째 문장)

The first main cause that we can notice with ease is that water is becoming polluted.

▶ 공해가 원인이라고 작성합니다.

Supporting Sentence (본론 1의 두 번째 문장)

For example, most rivers and lakes are becoming polluted in many countries because of waste from homes and factories, so it is difficult to drink it without a filtering process.

▶ 첫 번째 원인의 예를 듭니다.

Cause 2 (본론 1의 세 번째 문장)

Besides, it is also true that many individuals waste water.

▶ 낭비가 또 다른 원인이라고 작성합니다.

Supporting Sentence (본론 1의 네 번째 문장)

To illustrate, when people take a shower they tend to overuse water because they think it does not cause any problems.

▶ 두 번째 원인을 설명해 줍니다.

완성된 본론 1

The first main cause that we can notice with ease is that water is becoming polluted. For example, most rivers and lakes are becoming polluted in many countries because of waste from homes and factories, so it is difficult to drink it without a filtering process. Besides, it is also true that many individuals waste water. To illustrate, when people take a shower they tend to overuse water because they think it does not cause any problems.

어휘 notice : 알아채다   with ease : 용이하게, 쉽게   polluted : 오염된   filtering : 거르기   process : 과정   individual : 개인
illustrate : 실증하다   take a shower : 샤워를 하다   tend to : ~하는 경향이 있다   overuse : 남용하다

해석 우리가 쉽게 알 수 있는 첫 번째 주원인은 물이 오염되고 있다는 것입니다. 예를 들어, 가정과 공장으로부터의 쓰레기 때문에 많은 나라에서 대부분의 강과 호수가 오염되고 있습니다, 그래서 여과과정 없이 물을 마시기가 어렵습니다. 게다가, 많은 사람들이 물을 낭비하고 있다는 것 또한 사실입니다. 즉, 사람들이 샤워를 할 때 그들은 대수롭지 않은 문제라고 생각해 물을 과하게 사용하는 경향이 있습니다.

Did you know? Collocation 'take a shower'

우리말로 '연어'라 혹은 불리는 Collocation은 두 개 이상의 단어가 굳어진 형태로 함께 쓰이는 것을 의미하는데 일반적으로 어휘가 부족한 학생들이 실수하기 쉬운 부분입니다. 단어 실력을 올리기 위해 평상시 개별 단어 중심에서 연어 혹은 문장 단위 중심으로 공부하는 습관이 반드시 필요합니다.

▶ 연어 : 어떤 언어 내에서 특정한 뜻을 나타낼 때 흔히 함께 쓰이는 단어들의 결합

Example

– 장대비 : heavy rain (O) VS long rain (X)

– 경험을 하다 : have an experience (O) VS make an experience (X)

– 관심을 끌다 : attract attention (O) VS tempt attention (X)

본론 2 : 해결책(들)

Topic Sentence 및 Solution 1(본론 2의 첫 번째 문장)

Despite this problem, there are fortunately several solutions, and the first solution is that the government should introduce a regulation so that they can fine those who dump any waste into the water.

▶ 물 부족 문제를 해결하기 위해서 정부가 물을 오염시키는 행위에 벌금을 부과하는 법규를 도입해야 한다고 작성합니다.

Solution 2(본론 2의 두 번째 문장)

Also, it is certain that a water saving campaign will play an important role in saving water.

▶ 물 절약 캠페인을 두 번째 해결책으로 간단히 작성합니다.

Supporting Sentence(본론 2의 세 번째 문장)

As a result, people will realise that water (that they use every day, without much concern) is very precious and thus they must save water when they use it at home.

▶ 두 번째 해결책의 효과를 작성합니다.

완성된 본론 2

Despite this problem, there are fortunately several solutions, and the first solution is that the government should introduce a regulation so that they can fine those who dump any waste into the water. Also, it is certain that a water saving campaign will play an important role in saving water. As a result, people will realise that water that they use every day, without much concern is very precious and thus they must save water when they use it at home.

어휘 despite : ~에도 불구하고   fortunately : 다행스럽게도   solution : 해결책   regulation : 규정   dump : 버리다   waste : 낭비하다   precious : 귀중한

해석 이 문제에도 불구하고 다행히도 여러 해결책이 있습니다. 그리고 첫 번째 해결책은 정부가 물가에 쓰레기를 버리는 사람들에게 벌금을 물릴 수 있도록 규정을 도입하는 것입니다. 또한 물 절약 캠페인이 물을 아끼는데 확실히 중요한 역할을 할 것입니다. 결과적으로, 사람들은 매일 생각 없이 사용하고 있는 물이 매우 소중하다는 것을 깨닫게 될 것입니다. 그리고 결국 그들은 집에서 물을 사용할 때 절수를 할 것입니다.

5단계 : 결론 작성

Cause and Effect 유형에서는 이미 본론의 내용만으로 문제에 대한 답변이 충분히 논리적으로 작성되었다면 결론 부분 작성을 종종 생략하기도 합니다.

완성된 결론

To recapitulate, although water shortages are a serious problem in today's world, if the government regulates water pollution and announces water saving campaigns and individuals follow the rules, the problem will be significantly minimised. Therefore, following generations will continue to enjoy clean water.

어휘 recapitulate : 개요를 말하다   shortage : 부족   announce : 발표하다   water saving : 물 절약   significantly : 상당히
　　　minimise : 최소화하다   therefore : 그러므로

해석 개괄적으로, 비록 물 부족은 오늘날 세상에서 심각한 문제이지만 만약 정부가 물의 오염을 규제하며 물 절약 캠페인을 실행하고 개인들이
　　　그 규칙을 준수한다면 그 문제점은 많이 줄어들 것입니다. 그 결과, 다음세대는 깨끗한 물을 계속해서 즐기게 될 것입니다.

결론 작성 후 빠르게 Final Check를 합니다.

Essay 작성 후 마무리 Checklist 기본 10계명

1. 시제가 바르게 사용되었는가?
2. 동사 특히 'be'동사를 두 번 사용하거나 빼먹지는 않았는가?
3. 명사 앞의 관사를 제대로 사용했는가? (명사 단복수 구별 포함)
4. 주어와 동사가 일치했는가? (3인칭 단수 현재 동사 뒤에 's'사용 포함)
5. 전치사가 적절히 사용되었는가?
6. 자동사와 타동사를 혼동하여 사용하지 않는가?
7. 수동태와 능동태가 구별되었는가?
8. 접속사를 부적절하게 사용했거나 빼먹지는 않았는가?
9. 바른 철자법 사용 및 대소문자를 구별했는가?
10. 적절한 마침표를 사용했는가?

완성된 Essay (6.5)

As a result of advances in industry, many parts of our life are rapidly changing. However, change is not always for the better and in the case of water the situation has definitely become worse. For example, many people living in poor countries suffer from a scarcity of water and even those who live in rich countries face this problem. Thus, it is of paramount importance that the causes and solutions are discussed.

The first main cause that we can notice with ease is that water is becoming polluted. For example, most rivers and lakes are becoming polluted in many countries because of waste from homes and factories, so it is difficult to drink it without a filtering process. Besides, it is also true that many individuals waste water. To illustrate, when people take a shower they tend to overuse water because they think it does not cause any problems.

Despite this problem, there are fortunately several solutions, and the first solution is that the government should introduce a regulation so that they can fine those who dump any waste into the water. Also, it is certain that a water saving campaign will play an important role in saving water. As a result, people will realise that water that they use every day, without much concern is very precious and thus they must save water when they use it at home.

To recapitulate, although water shortages are a serious problem in today's world, if the government regulates water pollution and announces water saving campaigns and individuals follow the rules, the problem will be significantly minimised. Therefore, following generations will continue to enjoy clean water.

어휘 as a result : 결과적으로   advance : 진전, 발전   rapidly : 빨리, 급속히   in the case of : ~의 경우에   definitely : 분명히   scarcity : 부족   face : 직면하다   paramount : 가장 중요한   importance : 중요성   notice : 알아채다   with ease : 용이하게   polluted : 오염된   filtering : 거르기   process : 과정   individual : 개인   illustrate : 실증하다   take a shower : 샤워를 하다   tend to : ~하는 경향이 있다   overuse : 남용하다   despite : ~에도 불구하고   fortunately : 다행스럽게도   solution : 해결책   regulation : 규정   dump : 버리다   waste : 낭비하다   precious : 귀중한   recapitulate : 개요를 말하다   shortage : 부족   announce : 발표하다   water saving : 물 절약   significantly : 상당히   minimise : 최소화하다   therefore : 그러므로

해석 산업의 발달로 우리 삶의 많은 부분이 급격히 변하고 있습니다. 하지만 변화는 항상 향상만을 위한 것은 아니며 물의 경우에는 그 상황이 더 나빠지고 있습니다. 예를 들어, 가난한 나라에서 살고 있는 많은 사람들이 물 부족으로 고통을 받고 있으며 부유한 나라에서 살고 있는 사람들 조차도 이 문제에 직면하고 있습니다. 그러므로, 원인과 해결책에 대해 논하는 것이 매우 중요합니다. 우리가 쉽게 알 수 있는 첫 번째 주원인은 물이 오염되고 있다는 것입니다. 예를 들어, 가정과 공장으로부터의 쓰레기 때문에 많은 나라에서 대부분의 강과 호수가 오염되고 있습니다. 그래서 여과과정 없이는 물을 마시기가 어렵습니다. 게다가, 많은 사람들이 물을 낭비하고 있다는 것 또한 사실입니다. 즉, 사람들이 샤워를 할 때 그들은 어떤 문제를 발생시키지 않는다고 생각해 물을 과하게 사용하는 경향이 있습니다. 이러한 문제에도 불구하고 다행히도 여러 해결책이 있습니다. 그리고 첫 번째 해결책은 정부는 물가에 쓰레기를 버리는 사람들에게 벌금을 물릴 수 있도록 규제책을 도입하는 것입니다. 또한 물 절약 캠페인이 물을 아끼는데 확실히 중요한 역할을 할 것입니다. 결과적으로, 사람들은 그들이 매일 생각 없이 사용하고 있는 물이 매우 소중하다는 것을 깨닫게 될 것입니다. 그러므로 그들은 집에서 물을 사용할 때 절수를 할 것입니다. 개괄적으로, 비록 물 부족은 오늘날 심각한 문제이지만 만약 정부가 물의 오염을 규제하며 물 절약 캠페인을 실행하고 개인들이 그 규칙을 준수한다면 그 문제점은 많이 줄어들 것입니다. 그 결과 다음세대는 깨끗한 물을 계속해서 즐기게 될 것입니다.

II. Cause and Effect 7.5 작성해보기

같은 문제를 7.5 수준으로 다음과 같이 작성해 보겠습니다.

문제 In many cities all over the world, there is a serious shortage of water. What are the causes of and solutions to this water scarcity problem?

해석 전세계에 걸쳐 많은 도시에 심각한 물 부족 현상이 있습니다. 이 물 부족 문제의 원인과 해결책은 무엇입니까?

1단계 : 문제 파악을 잘하자

In (point 2) many cities, all over the world, there is (point 1) a serious shortage of water. What are (point 3) the causes of and solutions to this water scarcity problem?

문제 Points 체크

Point 1. 물 부족이 주된 소재입니다.
Point 2. 전세계의 도시가 Essay의 장소적 배경이 되고 있습니다.
Point 3. 문제의 종류는 4가지 유형 중 Cause and Solution입니다.

2단계 : Idea를 내자(brainstorming)

원인의 내용과 해결책의 내용을 나, 가족, 사회, 국가 그리고 인류에게 미치는 영향을 범위로 먼저 생각해 봅니다. 즉, 위의 문제는 나, 가족, 사회, 국가, 인류 범위 중 여행자로서의 사회, 국가 및 인류의 범위 내에서 원인과 해결책 등의 기본 Idea를 생각해내면 됩니다.

〈물 부족의 원인〉
-인구증가(population growth)
-공해(pollution)
-원인 1과 원인 2에 의해서 야기된 지구 온난화(global warming)

〈물 부족의 해결안〉
-개인적인 노력(minimise waste)
-정부차원의 지원(financial support and device provision)

John의 '콕 & 퀵' 한 수

> 각 문제점에 대한 직접적인 해결안을 구상해 작성하는 것 보다는 해결의 주체(정부, 학교, 기업, 개인 등)를 중심으로 작성하는 것이 특별한 전문적 지식 없이도 해결책 문단을 빠르게 완성할 수 있어 유리합니다.

3단계 : 서론 작성

Brainstorming이 끝난 후 Topic인 '물 부족현상'을 중심으로 서론을 두 세 문장으로 작성합니다. a + c + d 형태를 사용합니다.

a) General Statement (서론 첫 번째 내용)

Water is a basic necessity of life

▶ 물에 대한 일반적인 Fact로 Essay를 시작해 봅니다.

c) Essay Issue 도출문장(서론 두 번째 내용)

Although it covers seventy five percent of the earth's surface, many cities around the world are experiencing serious water shortages.

▶ 시험문제 내용인 '현재의 물 부족의 심각함'을 다른 표현으로 작성해주면서(paraphrasing) Thesis Statement를 도출합니다.

d) Thesis Statement (서론 세 번째 내용)

This essay will discuss the causes of such shortages, as well as possible solutions to the problem.

▶ 앞으로 전개할 Essay의 방향을 간략하게 제시합니다.

완성된 서론

Water is a basic necessity of life. Although it covers seventy five percent of the earth's surface, many cities around the world are experiencing serious water shortages. This essay will discuss the causes of such shortages, as well as possible solutions to the problem.

어휘 necessity : 필수품   shortage : 부족

해석 물은 삶의 기본필수품입니다. 비록 그것은 지구 표면의 75%를 덮고 있지만 세계의 많은 도시들이 심각한 물 부족을 경험하고 있습니다. 이 에세이는 그러한 부족의 원인뿐만 아니라 그 문제에 대한 가능한 해결책에 대해 논하겠습니다.

4단계 : 본론 작성

이미 브레인스토밍에서 구상해낸 Cause 및 Solution의 Idea들을 기본으로 본론 문단을 작성합니다. Both Views 본론 구조 B(2개의 문단으로 구성하기)의 형식으로 작성합니다.

본론 작성 핵심 Point

- Brainstorming의 Idea를 원인 or 문제 or 해결책의 Topic Sentence로 사용한다.
- Supporting Sentences는 정당화 혹은 합리화시키기 위한 Explanation, Evidence, Example(s) 및 기타 Details을 논리적으로 조합해 작성한다. 예가 있다면 구체적으로 든다. (Day 6 Essay Structure '에이불효' 공식 사용)
- 시제, 단복수 등의 정확한 문법사용 및 다양한 어휘를 사용한다.

본론 1 : 원인(들)의 내용

Cause 1 (본론 1의 첫 번째 문장)

Firstly, the combined effect of rapid population growth and the increase of industrialisation over the past few decades has seen the demand for water rising to critically high levels, contributing greatly to the scarcity of water as a resource.

▶ 첫 번째로, 급격한 인구 증가 및 산업의 발달이 원인이라고 작성합니다.

Cause 2 (본론 1의 두 번째 문장)

Pollution is another major factor that has caused the rapid loss of drinkable water.

▶ 공해가 또 다른 원인이라고 작성합니다.

Supporting Sentence (본론 1의 세 번째 문장)

For example, toxic chemicals from domestic, agricultural and industrial waste seep into water resources, making them unfit for use.

▶ 두 번째 원인의 예를 듭니다.

Cause 3 (본론 1의 네 번째 문장 – 선택사항)

Industrialisation and pollution have also led to abnormal climatic changes such as global warming, whereby rising temperatures are seeing bodies of water disappearing at an unprecedented rate due to evaporation.

▶ 첫 번째 그리고 두 번째 Cause에 의해 야기된 또 다른 물 부족의 원인(global warming)을 작성해 줍니다. 만약 Cause 1 및 2로 충분히 본론 문단이 구성되었다면 굳이 Cause 3을 작성할 필요가 없습니다.

완성된 본론 1

Firstly, the combined effect of rapid population growth and the increase of industrialisation over the past few decades has seen the demand for water rising to critically high levels, contributing greatly to the scarcity of water as a resource. Pollution is another major factor that has caused the rapid loss of drinkable water. Toxic chemicals from domestic, agricultural and industrial waste seep into water resources, making them unfit for use. Industrialisation and pollution have also led to abnormal climatic changes such as global warming, whereby rising temperatures are seeing bodies of water disappearing at an unprecedented rate due to evaporation.

어휘 combined : 결합한   effect : 영향, 효과   rapid : 빠른   population : 인구   growth : 성장   increase : 증가하다   industrialisation : 산업화   demand : 요구하다   critically : 비판적으로   contribute : 기여하다   greatly : 크게   scarcity : 부족, 결핍   resource : 자원   drinkable : 마실 수 있는   toxic chemicals : 유해화물질   domestic : 국내의   agricultural : 농업의   industrial waste : 산업 폐기물   seep : 스미다, 배다   unfit : 부적합한   pollution : 오염   abnormal : 비정상적인   climatic : 기후의   global warming : 지구 온난화   whereby : 그것에 의하여 ~하는   body of water : 수역   unprecedented : 전례 없는   rate : 속도   due to : ~때문에   evaporation : 증발

해석 첫째로, 과거 몇 십 년 동안에 걸친 급격한 인구성장 및 산업화 증가의 결합된 영향은 자원으로서의 물 부족의 큰 원인이 되면서 물에 대한 수요를 치명적으로 높은 수준으로 올려 놓았습니다. 공해가 마실 물의 급격한 손실을 야기시킨 또 다른 주요 요소입니다. 가정, 농업 그리고 산업 쓰레기로부터의 독성 화합물은 수자원을 사용하기에 부적당하게 만들면서 그 안으로 스며들고 있습니다. 산업화 및 공해가 또

274

한 비정상적인 기후변화를 초래했는데 그것에 의하여 상승하는 온도로 인한 증발 때문에 전례 없는 속도로 수면이 사라지고 있습니다.

본론 2 : 해결책(들)의 내용

해결책 Topic Sentence (본론 2의 첫 번째 및 두 번째 문장)

It is clear that the water scarcity problem is caused by a range of interconnected factors. Any solution adopted to address this complex issue must involve a concerted effort by all key stakeholder groups, such as individuals, governments and industry.

▶ 물 부족 문제를 해결하기 위해서는 정부, 산업 그리고 국민 모두가 협력해야만 한다고 작성합니다.

Solution 1(본론 2의 세 번째 문장)

Firstly, individuals can minimise consumption by taking basic steps such as turning off taps or installing water-saving devices like rainwater tanks.

▶ 개인들의 해결책을 구체적으로 작성합니다.

Solution 2(본론 2의 네 번째 문장)

Industry can help by treating and disposing of chemical waste appropriately.

▶ 두 번째로, 산업체들의 해결책을 간단히 작성했습니다.

Solution 3 (본론 2의 다섯 번째 문장 – 선택사항)

Governments can support both individuals and industries by subsidising the costs of installing water-saving devices and funding scientific research to devise alternative solutions.

▶ 세 번째로, 정부를 통한 해결책을 작성합니다.

John의 '콕 & 퀵' 한 수

> 본론 2 문단에 해결책으로 작성할 내용이 많아 Solution 1문장의 Supporting 문장을 따로 작성하지 않고 함께 하나의 문장으로 작성했습니다. 만약 두 개의 문장으로 작성할 경우 'for example'을 사용해 다음처럼 묘사할 수도 있습니다. Firstly, individuals can minimise consumption by taking basic steps. For example, they can turn off taps or install water-saving devices such as rainwater tanks.

완성된 본론 2

It is clear that the water scarcity problem is caused by a range of interconnected factors. Any solution adopted to address this complex issue must involve a concerted effort by all key stakeholder groups, such as individuals, governments and industry. Firstly, individuals can minimise consumption by taking basic steps such as turning off taps or installing water-saving devices like rainwater tanks. Industry can help by treating and disposing of chemical waste appropriately. Governments can support both individuals and industry by subsidising the costs of installing water-saving devices and funding scientific research into devising alternative solutions.

어휘 water scarcity : 물 부족   range : 다양성   interconnected : 상호 연결된   factor : 요인   concerted : 합심한   effort : 수고

stakeholder : 이해관계자   consumption : 소비   turn off : 끄다   install : 설치하다   water-saving : 물 절약   device : 장

치   rainwater : 빗물   tank : 탱크   industry : 산업   treat : 처리하다   dispose : 처분하다   chemical waste : 화학적

폐기물   appropriately : 적당하게   devise : 고안해 내다   scientific research : 과학 연구   alternative : 대안 solution : 해결책

해석 물 부족의 문제점이 일련의 상호 연결된 요인에 의해 야기된다는 것은 자명합니다. 이러한 복잡한 문제를 다루기 위해 채택된 해결책은 반드시 개인, 정부 그리고 산업과 같은 모든 핵심적 이해관계자 그룹에 의한 연합된 노력을 수반해야 합니다. 첫 번째로, 개인들은 물 사용을 줄이거나 빗물탱크장치를 설치하는 것과 같은 기본적인 조치를 취함으로써 소비를 최소화 시킬 수 있습니다. 산업체 또한 화학 폐기물을 적절하게 처리하거나 폐기함으로써 도울 수 있습니다. 정부는 빗물탱크장치 설치비용을 보조하거나 대안책을 고안해내기 위한 과학연구에 기금을 제공함으로써 개인과 산업 모두를 지원할 수 있습니다.

5단계 : 결론 작성

Cause and Effect 유형에선 이미 본론의 내용만으로 문제에 대한 답변이 충분히 논리적으로 작성 되었다면 결론 부분 작성을 종종 생략하기도 합니다.

완성된 결론

It is clear that water shortages are a serious problem that affects everybody. As such, any solution to this problem must involve active participation and cooperation by all key stakeholder groups.

어휘 as such : 보통 말하는   involve : 수반[포함]하다   active : 활동적인   participation : 참가, 참여   cooperation : 협력

stakeholder : 이해 당사자

해석 물 부족은 모든 사람에게 영향을 주는 심각한 문제점입니다. 그러므로, 이 문제에 대한 해결책에는 모든 핵심 이해관계자들의 적극적인 참여와 협동이 반드시 포함되어야 합니다.

결론 작성 후 빠르게 Final Check를 합니다.

Essay 작성 후 마무리 Checklist 기본 10계명

1. 시제가 바르게 사용되었는가?
2. 동사 특히 'be'동사를 두 번 사용하거나 빼먹지는 않았는가?
3. 명사 앞의 관사를 제대로 사용했는가? (명사 단복수 구별 포함)
4. 주어와 동사가 일치했는가? (3인칭 단수 현재 동사 뒤에 's'사용 포함)
5. 전치사가 적절히 사용되었는가?
6. 자동사와 타동사를 혼동하여 사용하지 않았는가?
7. 수동태와 능동태가 구별되었는가?
8. 접속사를 부적절하게 사용했거나 빼먹지는 않았는가?
9. 바른 철자법 사용 및 대소문자를 구별했는가?
10. 적절한 마침표를 사용했는가?

Water is a basic necessity of life. Although it covers seventy five percent of the earth's surface, many cities around the world are experiencing serious water shortages. This essay will discuss the causes of such shortages, as well as possible solutions to the problem.

Firstly, the combined effect of rapid population growth and the increase of industrialisation over the past few decades has seen the demand for water rising to critically high levels, contributing greatly to the scarcity of water as a resource. Pollution is another major factor that has caused the rapid loss of drinkable water. Toxic chemicals from domestic, agricultural and industrial waste seep into water resources, making them unfit for use. Industrialisation and pollution have also led to abnormal climatic changes such as global warming, whereby rising temperatures are seeing bodies of water disappearing at an unprecedented rate due to evaporation.

It is clear that the water scarcity problem is caused by a range of interconnected factors. Any solution adopted to address this complex issue must involve a concerted effort by all key stakeholder groups, such as individuals, governments and industry. Firstly, individuals can minimise consumption by taking basic steps such as turning off taps or installing water-saving devices like rainwater tanks. Industry can help by treating and disposing of chemical waste appropriately. Governments can support both individuals and industry by subsidising the costs of installing water-saving devices, and funding scientific research into devising alternative solutions.

In short, water shortages are a serious problem that affects everybody. As such, any solution to this problem must involve active participation and cooperation by all key stakeholder groups.

어휘 necessity : 필수품　　shortage : 부족　　combined : 결합한　　effect : 영향, 효과　　rapid : 빠른　　population : 인구　　growth : 성장　　increase : 증가하다　　industrialisation : 산업화　　demand : 요구하다　　critically : 비판적으로　　contribute : 기여하다　　greatly : 크게　　scarcity : 부족, 결핍　　resource : 자원　　drinkable : 마실 수 있는　　toxic chemicals : 유해화학물질　　domestic : 국내의　　agricultural : 농업의　　industrial waste : 산업 폐기물　　seep : 스미다, 배다　　unfit : 부적합한　　pollution : 오염　　abnormal : 비정상적인　　climatic : 기후의　　global warming : 지구 온난화　　whereby : 그것에 의하여 ~하는　　body of water : 수역　　unprecedented : 전례 없는　　rate : 속도　　due to : ~때문에　　evaporation : 증발　　water scarcity : 물 부족　　range : 다양성　　interconnected : 상호 연결된　　factor : 요인　　concerted : 합심한　　effort : 수고　　stakeholder : 이해관계자　　consumption : 소비　　turn off : 끄다　　install : 설치하다　　water-saving : 물 절약　　device : 장치　　rainwater : 빗물　　tank : 탱크　　industry : 산업　　treat : 처리하다　　dispose : 처분하다　　chemical waste : 화학적 폐기물　　appropriately : 적당하게　　devise : 고안해 내다　　scientific research : 과학 연구　　alternative : 대안　　solution : 해결책　　as such : 보통 말하는　　involve : 수반[포함]하다　　active : 활동적인　　participation : 참가, 참여　　cooperation : 협력　　stakeholder : 이해 당사자

해석 물은 삶의 기본필수품입니다. 비록 그것은 지구 표면의 75%를 덮고 있지만 세계의 많은 도시들이 심각한 물 부족을 경험하고 있습니다. 이 에세이는 그러한 부족의 원인뿐만 아니라 그 문제에 대한 가능한 해결책에 대해 논하겠습니다. 첫째로, 과거 몇 십 년 동안에 걸친 급격한 인구성장 및 산업화 증가의 결합된 영향은 자원으로서의 물 부족의 큰 원인이 되면서 물에 대한 수요를 치명적으로 높은 수준으로 올려 놓았습니다. 공해가 마실 물의 급격한 손실을 야기시킨 또 다른 주요 요소입니다. 가정, 농업 그리고 산업 쓰레기로부터의 독성 화합물은 수자원을 사용하기에 부적당하게 만들며 수자원으로 스며들고 있습니다. 산업화 및 공해가 또한 비정상적인 기후변화를 초래 했는데 그것에 의하여 상승하는 온도로 인한 증발 때문에 전례 없는 속도로 수면이 사라지고 있습니다. 물 부족의 문제점이 일련의 상호 연결된 요인에 의해 야기된다는 것은 자명합니다. 이러한 복잡한 문제를 다루기 위해 채택된 해결책은 반드시 개인, 정부 그리고 산업과 같은 모

든 핵심적 이해관계자 그룹에 의한 연합된 노력을 수반해야 합니다. 첫 번째로, 개인들은 물 사용을 줄이거나 빗물탱크장치를 설치하는 것과 같은 기본적인 조치를 취함으로써 소비를 최소화 시킬 수 있습니다. 산업체 또한 화학 폐기물을 적절하게 처리하거나 폐기함으로써 도울 수 있습니다. 정부는 빗물탱크장치 설치비용을 보조하거나 대안책을 고안해내기 위한 과학연구에 기금을 제공함으로써 개인과 산업 모두를 지원 할 수 있습니다. 물 부족은 모든 사람에게 영향을 주는 심각한 문제점입니다. 그러므로, 이 문제에 대한 해결책에는 모든 핵심 이해관계자들의 적극적인 참여와 협동이 반드시 포함되어야 합니다.

Quick 핵심 Point Review

Cause and Effect 단계별 작성하기

1단계 : 문제 파악을 잘하자	문제의 핵심 Point들을 밑줄친다.
2단계 : Idea를 내자(brainstorming)	원인, 문제점, 그리고 해결책 내용을 나 자신부터 시작해 가족, 사회, 국가 그리고 인류에게 미치는 영향의 관점에서 생각해본다.
3단계 : 작성할 Essay Structure 구상 및 서론 작성	전체 Essay Structure를 Brainstorming에 의거 빠르게 구상한 후 서론을 General Statement, General Support Statement, Essay Issue 도출문장 그리고 Thesis Statement에 의거해 작성한다.
4단계 : 본론 작성	본론 작성방식을 선택하여 Topic Sentence 그리고 Supporting Sentences 구조로 작성한다.
5단계 : 결론 작성 및 Final Check하며 마무리	본론 내용을 요약정리하며 작성한다.

본론 작성 핵심 Point

Brainstorming의 Idea를 원인 or 문제 or 해결책의 Topic Sentence로 사용한다.
Supporting Sentences는 정당화 혹은 합리화시키기 위한 Explanation, Evidence, Example(s) 및 기타 Details을 논리적으로 조합해 작성한다. 예가 있다면 구체적으로 든다. ('에이불효' 공식 사용)
시제 단복수 등의 정확한 문법사용 및 다양한 어휘를 사용한다.

Day

16

All that
IELTS
스피드 완성

복합유형
출제공식과 실전 공략법

기존의 유형들과의 중복 설명 및 적은 출제 빈도수를 감안하여 본 Chapter는 짧게 구성했으며 실전 Exercise를 별도의 Chapter가 아닌 본 Chapter에 함께 작성했습니다.

I. 복합유형 Essay란?

소위 '짬뽕형'이라 불리는 복합유형 Essay는 'Agree or Disagree', 'Advantage and Disadvantage' 그리고 'Cause and Effect' 유형 질문 중 2개가 함께 한 문제로 나오는 경우인데 빈도수는 적으나 꾸준히 나오고 있는 유형입니다.

Example

Q1. Competitiveness is considered to be a positive quality among people. How does competitiveness affect individuals? Is it a positive or negative quality?
Q2. Happiness is considered very important in life. Why is it important? What factors are required to achieve a sense of happiness?
Q3. Smoking is a deadly habit and is placing the healthcare system under strain. What measures has the government taken to discourage smoking and how effective are these measures?

어휘 competitiveness : 경쟁력   consider : 사려하다   positive : 긍정적인   affect : 영향을 미치다   individual : 개인   deadly : 치명적인   healthcare : 건강 관리   strain : 부담   measure : 조치   discourage : 의욕을 꺾다   effective : 효과적인

해석 Q1. 경쟁력은 사람들 사이의 긍정적인 특성으로 간주됩니다. 경쟁력은 어떻게 개인들에게 영향을 끼칩니까? 경쟁력은 긍정적인 특성입니까 아니면 부정적인 특성입니까?

Q2. 행복은 인생에 있어서 매우 중요하다고 생각됩니다. 이것이 왜 중요합니까? 행복감을 성취하기 위해 어떤 요소들이 요구됩니까?

Q3. 흡연은 치명적인 습관이며 건강관리 시스템에 부담을 주고 있습니다. 흡연을 막기 위해 정부는 어떤 조치를 취했으며 이러한 조치들은 얼마나 효과적입니까?

복합형 Sample Essay

질문 : 아이들의 경쟁에 대한 의견과 협동을 가르치는 방법을 묻고 있음

Q. Do you think a sense of competition in children should be encouraged? What are the best ways to teach them to co-operate?

해석 아이들 사이의 경쟁이 격려되어야 한다고 생각합니까? 아이들을 협력하게 가르치는 최고의 방법은 무엇입니까?

Essay 서론 : Main Thesis를 소개하며 의견 및 해결책제시에 관한 Essay라 기술함

The controversial issue of whether children should be instructed to contend with each other in competition has been the cause of a great deal of controversy. This essay will examine the debate and suggest ways that kids can learn cooperation.

본론 1 : 아이들의 경쟁에 대한 의견을 답하고 있음

자신의 주장 Point

It has often been argued that the key to being successful in the world is the ability to compete against others and therefore, children must learn the skills needed to ensure that they have the competitive edge. This shortsighted view fails to take into account the importance of young people developing the social skills that are foundational to growing up to be happy and healthy adults. Exposing kids to a competitive environment will result in them learning how to fight, rather than gaining knowledge about how to form friendships

본론 2 : 협동을 가르치는 방법을 답하고 있음

첫 번째 방법

There are several ways in which students can be educated in the importance of acting in a cooperative way. Firstly, encouraging students to complete school assignments as part of a group will help them to learn how to work together. Yet, another way would be to organize regular sporting events where students play together. Through this experience they can learn that if you want to excel at sport you must work as a team and not focus on yourself becoming the best.

두 번째 방법

Essay 결론 : 본인의 최종 의견 및 방법을 요약하며 마무리함

In conclusion, while those who take a narrow view of the situation believe that kids should focus on competition, on balance there are more reasons why children should be instructed in how to work together with others. The two ways in which students can learn about cooperation include participating in group assignments and playing sports together.

어휘 controversial : 논란이 되는   contend with : ~와 경쟁하다   competition : 경쟁   cooperation : 협동   ensure : 반드시 ~하게 하다   competitive edge : 경쟁우위   shortsighted : 근시의   foundational : 기본의   expose : 노출시키다   result in : ~결과를 초래하다   encourage : 격려하다   on balance : 모든 것을 고려하여   participate in : ~에 참여하다   assignment : 과제

해석 아이들이 경쟁속에서 서로 다른 아이들과 씨름하는 것을 가르쳐야만 하는지의 이슈가 많은 논란의 원인이 되어 왔습니다. 본 에세이에서는 이것에 대하여 논할 것이며 또한 아이들이 협력을 배울 수 있는 방법에 대해 알아보겠습니다. 세상에서 성공의 열쇠는 다른 사람들에 대항해 경쟁하는 능력이며 그러므로 아이들이 경쟁우위를 갖는 능력을 배워야 한다고 주장되어 왔습니다. 이 짧은 생각은 아이들이 행복

하고 건강한 성인이 되도록 성장하는데 근간이 되는 사회기술을 발전시키는 것의 중요성을 고려하지 못하고 있습니다. 아이들을 경쟁적인 환경으로 노출시키는 것은 그들이 어떻게 우정을 쌓는지에 대한 지식을 얻게 하는 것보다는 싸우는 방식을 배우게 하는 결과를 초래합니다. 학생들이 협동적으로 행동하는 것의 중요성을 배울 수 있게 하는 여러 가지의 방법들이 있습니다. 첫째로, 아이들이 팀의 일부로 학교 과제를 위해 경쟁하게끔 격려하는 것이 그들이 함께 일하는 방식을 배우게 도울 것입니다. 게다가, 또 다른 방법으로는 아이들이 함께 참여하는 정규적인 스포츠이벤트를 조성하는 것입니다. 이러한 경험을 통해 그들은 만약 스포츠에서 두각을 나타내고 싶다면 팀의 일원으로서 행동해야 하며 자신만이 최고가 되는 것에만 집중하지 말아야 한다는 것을 배울 수 있습니다. 결론적으로, 비록 현 상황을 좁은 시선으로만 보는 사람들은 아이들이 경쟁에 집중해야 한다고 믿지만, 모든 것을 고려해 볼 때 아이들이 다른 아이들과 왜 협력하는 것을 배워야만 하는지에 대한 더 타당한 이유들이 있습니다. 아이들이 협력을 배우는 두 가지의 방법은 그룹과제에 참여와 스포츠를 함께 하는 것입니다.

II. 복합유형 해부하기 (7.0 기준)

A. 서론 (40~60 Words)

다른 유형과 마찬가지로 복합형도 Essay Topic Key Word(s) 혹은 Topic 관련어를 언급하는 General Statement, 그 General Statement의 배경이 되는 일반 지지문장, 문제의 내용을 Paraphrasing하는 Essay Issue 도출문장 그리고 Thesis Statement의 조합으로 구성되어 있습니다.

John의 '콕 & 퀵' 서론 핵심정리

a. 도입문장 (general statement)	일반적으로 Essay Topic(문제 내용)의 Key Word(s) 혹은 관련된 어휘를 사용하여 Essay를 시작하는 문장으로서 보편적이고 일반적인 Trend 혹은 Fact의 내용 작성
b. 일반 지지문장 (general support statement)	도입문장의 배경(이유) 혹은 예를 보여주는 내용으로 작성(선택사항)
c. Essay Issue 도출문장	일반적으로 시험문제의 토픽내용을 Paraphrasing하며 Issue를 작성
d. 주제어문장 (thesis statement)	Issue에 대한 자신의 입장 혹은 본론의 Essay가 어떠한 방향으로 전개될지를 기술(선택사항)

이미 Both Views에서 배운 구조와 매우 유사하므로 자세한 설명은 일부 생략합니다.

Example

서론 Example (a + b + c + d 조합일 경우)

Q. Smoking 문제를 해결하기 위한 정부의 해결책이 무엇이며 그것이 성공적인가 아니면 그렇지 않은지에 대하여 논하는 복합형 문제의 서론

a) Smoking-related illnesses are one of the most common causes of death in Korea. b) Research shows that smoking causes heart disease, strokes and several forms of cancer. These diseases can also affect non-smokers, as they are often exposed to second-hand smoke. c) In order to reduce the death rate and the burden on the healthcare system, the government has implemented a number of policies to discourage smoking. d) Due to the highly addictive nature of smoking, these measures have had varying degrees of success.

어휘 illness : 병   research : 연구, 조사   heart disease : 심장병   stroke : 뇌졸중   disease : 질병   affect : 영향을 미치다   non-
smoker : 비흡연가   exposed : 노출된   second-hand smoke : 간접 흡연   burden : 부담, 짐   implement : 시행하다
discourage : 좌절시키다   highly : 크게   addictive : 중독성의   vary : 각기 다르다   degree : 정도

해석 a. 흡연 관련된 질병은 한국에서 가장 일반적인 사망의 원인 중 하나입니다. 연구조사는 흡연은 심장병, 뇌졸중 그리고 여러 가지 종류의
암을 발생시킨다는 것을 보여줍니다. 이러한 질병들은 비흡연자들에게 또한 영향을 줄 수 있습니다. 왜냐하면 그들은 종종 간접흡연에 노
출되기 때문입니다. 사망률과 건강관리시스템의 부담을 줄이기 위해, 정부는 흡연을 억제하기 위한 다수의 정책들을 시행해왔습니다. 흡
연의 높은 중독성 때문에 이러한 조치들은 다양한 수준의 성과를 보여주었습니다.

〈a + b + c + d 조합〉

General Statement :
Essay의 Topic이 'Smoking'에 관련된 내용이라는 것을 알 수 있습니다.

일반 지지문장 (general support statement) :
'Smoking'이 야기시키는 질병의 예를 들면서 Smoking의 심각성을 보여줍니다.

Essay Issue 도출문장 :
문제의 심각성을 해결하기 위해 정부가 몇몇의 해결책을 제시하였다고 작성합니다.

주제어문장 (thesis statement) :
Essay가 논할 내용이 정부의 해결책과 그것의 긍정적 혹은 부정적 효과라는 것을 보여줍니다.

John의 '콕 & 퀵' 한 수

복합형에서는 기존의 방식의 서론 작성이 아니라 다양한 방법으로 서론을 작성할 수 있습니다. 즉, 만약 Cause 혹
은 Problem 문제와 Agree or Disagree 문제가 함께 출제되었을 경우 서론에 Cause 혹은 Problem 문제의 답
을 작성하고 본론에는 Agree or Disagree의 답만을 작성해도 괜찮습니다. (참조 – 복합형 Essay 본론구조 Extra)

Did you know? the number of VS a number of
the number of는 '~의 수'. ex) the number of students : 학생의 수
a number of는 '다수의'. ex) a number of students : 다수의 학생들

B. 본론 (150~180 Words)

기존의 유형과 마찬가지로 문제의 Issue에대한 의견을 아주 구체적으로 그리고 일정 수준의 증거를 제시하며 본론을 작성합니다.

i) 복합형 본론 각 문단 내의 구성

John의 '콕 & 퀵' 본론 핵심정리

본론 문단내 기본틀 1 (본론이 세 개의 문단으로 구성될 경우)

a. Topic Sentence	지지하거나 반대 주장의 문장 (or 이유, 문제점 혹은 해결책 문장) 작성
b1. Supporting Sentence 1	예, 이유, 부연설명, 효과 등으로 Topic Sentence 합리화시킴
b2. Supporting Sentence 2	이전 부분의 논리 및 글자수에 따라 작성유무를 결정하는 선택 사항이며 Supporting Sentence 1에 추가 혹은 심화된 내용 등으로 전개

본론 문단내 기본틀 2 (본론이 두 개의 문단으로 구성될 경우)

a1. Topic Sentence 1(Main Point 1)	지지하거나 반대 주장의 문장 (or 이유, 문제점 혹은 해결책 문장1) 작성
b1. Supporting Sentence	예, 이유, 부연설명, 효과 등으로 Topic Sentence 1을 합리화시킴
a2. Topic Sentence 2(Main Point 2)	지지하거나 반대 주장의 문장 (or 이유, 문제점 혹은 해결책 문장 2) 작성
b2. Supporting Sentence	예, 이유, 부연설명, 효과 등으로 Topic Sentence 2를 합리화시킴

Q. Smoking 문제를 해결하기 위한 정부의 해결책이 무엇이며 그것이 얼마나 성공적인가에 대하여 논하는 문제 중 정부의 해결책에 대한 본론.

John의 '콕 & 퀵' 한 수

해결책은 Cause and Solution 문제의 Solution 본론 문단을 작성하는 것과 동일한 방법으로 작성하면 됩니다.
본론 Example (a + b + b + a 조합) – 해결책

a) A number of programs exist to discourage smoking and to help smokers to quit. b) For example, educational programs demonstrating the harmful effects of smoking are run in all schools to reduce the uptake of teenagers' smoking. b) Similarly, graphic warning labels and health messages appear on cigarette packets to warn existing smokers of the dangers. a) Another governmental solution is to ban smoking in a number of public places to make it less convenient and to protect the general public from second-hand smoke.

어휘 a number of : 다수의   exist : 존재[실재/현존]하다   quit : 그만두다   for example : 예를 들어   educational : 교육의   demonstrate : 입증하다   harmful : 해로운   reduce : 줄이다   uptake : 섭취   similarly : 비슷하게   appear : 나타나다   warn : 경고하다   governmental : 정부의   solution : 해법   ban : 금하다   general public: 일반 대중   second-hand smoke : 간접 흡연

해석 많은 프로그램들이 흡연을 억제하고 흡연자들이 금연하는 것을 돕기 위해 존재합니다. 예를 들어, 십대들의 흡연을 줄이기 위해 흡연의 해

로운 영향을 보여주는 교육프로그램들이 모든 학교에서 운영되고 있습니다. 마찬가지로, 그림경고 라벨과 건강 메시지가 기존 흡연자들에게 위험을 경고하기 위해 담배곽에 표시되어 있습니다. 정부의 또 다른 해결책은 흡연을 불편하게 만들고 일반대중을 간접흡연으로부터 보호하기 위해 많은 공공장소에서 흡연을 금지시키는 것입니다.

a1) 해결책 Sentence 1

첫 번째 흡연자들이 담배를 끊도록 하는 다수의 프로그램 운영

b1) 지지문장 1 (Supporting Sentence – 예)

학교에서의 10대를 위한 교육.

b2) 지지문장 2 (Supporting Sentence – 예)

흡연자들을 위한 담배곽의 경고문구

a2) 해결책 Sentence 2

공공장소에서의 흡연금지

이미 이전 Chapters에서 배운 구조와 매우 동일하므로 이하 설명은 생략하겠습니다.

ii) 복합형 본론 문단 배열구성

복합형 본론구조 (문제가 Cause(Problem) + Agree or Disagree 유형일 경우)

2개의 문단으로 본론을 구성할 경우

> 문단 1 (Cause (Problem))

> 문단 2 (Agree or Disagree)

복합형 본론구조 Extra (문제가 Cause(or Problem) + Agree or Disagree 유형일 경우)

3개의 문단으로 본론을 구성할 경우

> 문단 1 (Cause (Problem))

> 문단 2 (Agree or Disagree 1)

> 문단 3 (Agree or Disagree 2)

▶ 혹은 Cause (Problem)를 두 개 문단으로 Agree or Disagree를 하나의 문단으로 본론을 구성해도 괜찮습니다.

John의 '콕 & 퀵' 한 수

이외에도 Essay의 배경이 될 수 있는 Cause (혹은 Problem) 문제의 답은 서론에 작성하고 Agree 혹은 Disagree 문제의 답은 기존의 Agree or Disagree의 본론처럼 작성해도 됩니다. 단, 서론과 본론이 논리적으로 연결되며 작성되어야만 합니다.

서론에는 Cause 혹은 Problem을 그리고 본론에는 Agree 혹은 Disagree로 구성할 경우

서론 (Cause (Problem))

본론 1 (Agree or Disagree 1)

본론 2 (Agree or Disagree 2)

C. 결론 (40~50 Words)

Complex 유형의 결론(conclusion)도 기존의 유형들과 마찬가지로 크게 두 개의 부분으로 결론을 구성할 수 있습니다.

첫 번째 부분 (final opinion and summary) :
일반적으로 내용을 요약 정리하는 것이 좋습니다.

두 번째 부분 (closing statement - 선택사항) :
간단한 해결책 혹은 교훈성의 맺음말로 완성시키면 됩니다. 단, 또 다른 Essay가 시작되는 듯한 논란의 내용은 지양되어야 합니다.

두 개의 부분을 다음과 같이 다양한 방식으로 조합하여 완성하면 됩니다.

Example

Q. Smoking 문제를 해결하기 위한 정부의 해결책이 무엇이며 그것이 성공적인가 아니면 그렇지 않은지에 대하여 논하는 복합형 문제의 결론

In conclusion, the government has instigated a number of measures to reduce the rate of smoking. While these measures have had some successes, more still needs to be done. In my opinion, the government should consider banning cigarettes to prevent smoking-related deaths and reduce the strain on the health system.

어휘 conclusion : 결론   instigate : 선동하다   reduce : 줄이다   prevent : 막다   strain : 부담

해석 결론적으로, 정부는 흡연률을 줄이기 위한 많은 대책을 조장해왔습니다. 비록 이러한 대책들이 어느 정도는 성공적이었지만, 더 많은 대책들이 여전히 실행되어야 할 필요가 있습니다. 나의 관점에서, 정부는 흡연관련 사망을 예방하고 보건시스템의 부담을 줄이기 위해 흡연을

금지시키는 것을 고려해야 합니다.

III. 복합형 실전 Exercise

문제 As most people spend a major part of their adult life at work, job satisfaction is an important element of individual wellbeing. What factors contribute to job satisfaction, and how realistic is the expectation of job satisfaction for all workers?

어휘 adult : 성인   at work : 직장에서   satisfaction : 만족   element : 요소   wellbeing : 복지   factor : 요인   contribute : 기여하다   realistic : 현실적인   expectation : 예상

해석 대부분의 사람들이 직장에서 그들의 성인시절의 주된 부분을 보내기 때문에 직업만족은 개인의 복지를 위해 중요한 요소입니다. 어떤 요인들이 직업만족에 기여합니까? 그리고 모든 근로자들의 직업만족에 대한 기대감은 얼마나 현실적입니까?

1단계 : 문제 파악을 잘하자

문제 As most people spend a major part of their adult life at work, job satisfaction is an important element of individual wellbeing. (Point 1) What factors contribute to job satisfaction, and (point 2) how realistic is the expectation of job satisfaction for all workers?

문제 Points 체크

Point 1. 첫 번째 문제로 직업 만족도의 주요 요인을 묻고 있습니다.
Point 2. 두 번째 문제로 모든 근로자의 직업 만족도가 얼마나 현실적인지 묻고 있습니다.
Point 3. Point 1과 Point 2에 의거해 문제의 종류는 4가지 유형 중 복합형 유형에 해당됩니다.

2단계 : Idea를 내자(brainstorming)

직업 만족도의 주요 요인들 (특정 요인 하나가 아니라 다수가 있다고 주장)

-보수 (wages, salaries)

-일에서 얻는 보람 (rewarding)

-기타 요인들 (safe working conditions, flexibility, pleasant environment, friendly management and colleagues)

직업만족도의 현실성에 대한 의견 (모든 근로자들이 성취하기에 현실적이지 못함)

-생계를 위해서는 불가피하게 일을 해야 하는 사람들이 있기 때문임 (people need the money to get by)

3단계 : 서론 작성

Main Topic인 'job satisfaction'을 가지고 Essay가 토론할 내용을 2~3문장으로 작성합니다. ab + c + d 형태를 사용합니다.

a) General Statement + b) General Support Statement (서론 첫 번째 내용)

a) Medical advancements and higher standards of living have increased the average human lifespan significantly over the last century. b) Nowadays, a person can expect to live until they are eighty years old. Considering the majority of people start working in their twenties, most will spend around fifty years at work.

▶ 첫 번째 문장과 두 번째 문장을 통해 사람들이 최근 100년간 높아진 생활수준으로 장수하고 있다고 작성하면서 세 번째 문장에서 이로 인해 일하는 기간도 길어졌다고 작성합니다.

c) Issue 도출문장 (서론 두 번째 내용)

Therefore, the idea of job satisfaction is becoming increasingly important.

▶ Essay의 Issue가 되는 'Job Satisfaction'을 언급해주며 도출문장을 작성합니다.

d) Thesis Statement (서론 세 번째 내용)

This essay will discuss which factors contribute to job satisfaction and whether it is realistic for everyone to be satisfied with their jobs.

▶ 앞으로 전개할 Essay의 방향을 제시합니다.

완성된 서론

Medical advancements and higher standards of living have increased the average human lifespan significantly over the last century. Nowadays, a person can expect to live until they are eighty years old. Considering the majority of people start working in their twenties, most will spend around fifty years at work. Therefore, the idea of job satisfaction is becoming increasingly important. This essay will discuss which factors contribute to job satisfaction and whether it is realistic for everyone to be satisfied with their jobs.

어휘 medical : 의학의   advancement : 발전   average : 평균의   lifespan : 수명   significantly : 크게   nowadays : 요즘에는   majority : 다수   therefore : 그러므로   satisfaction : 만족   become : ~이 되다   increasingly : 점점 더   contribute : 기여하다   realistic : 현실적인

해석 의학발전과 높은 생활수준은 지난 100년에 걸쳐 평균 인간수명을 증가시켜왔습니다. 현재 사람들은 80살이 될 때까지 사는 것을 기대합니다. 20대에 대다수의 사람들이 일을 시작한다는 것을 고려할 때, 대부분 사람들은 대략 50년을 일하는데 쓸 것입니다. 그러므로 직업만족에 대한 생각이 점차적으로 중요해지고 있습니다. 이 에세이는 어떤 요인들이 직업만족에 기여하는지 그리고 모든 사람들이 그들의 직업에 만족하는 것이 현실적인지에 대해 논할 것입니다.

4단계 : 본론 작성

본론 작성 핵심 Point

- Brainstorming의 Idea를 기본으로 각 문제를 답하는 문단의 Topic Sentence로 사용한다.

- Supporting Sentences는 정당화 혹은 합리화시키기 위한 Explanation, Evidence, Example(s) 및 기타 Details을 논리적으로 조합해 작성한다. 예가 있다면 구체적으로 든다. (Day 6 Essay Structure '에이불효' 공식 사용)

- 시제 단복수 등의 정확한 문법사용 및 다양한 어휘를 사용한다.

본론 1 (Job Satisfaction을 위한 중요한 factors 작성)

a) 중요한 Factor 1 (본론 1의 첫 번째 문장)

Although wages and working conditions are important, these are not the only considerations that contribute to job satisfaction.

▶ 'wages'와 'working conditions' 뿐만 아니라 다른 중요한 Factors들도 있다고 작성합니다.

b) Supporting Sentence (본론 1의 두 번째 및 세 번째 문장)

For example, some people would prefer a rewarding job such as helping their community over one that pays well. The idea of job satisfaction is broad and different for everyone, so it is difficult to define precisely.

▶ 보람 있는 직업과 같은 다른 중요한 Factor의 예를 듭니다.

a) 다른 기타 중요한 Factors (본론 1의 네 번째 문장)

Nonetheless, other factors that frequently contribute to job satisfaction for many include safe working conditions, flexibility, a pleasant environment and friendly management and colleagues.

▶ Supporting Sentences 없이 기타 중요한 Factor들을 열거해 작성했습니다.

John의 '콕 & 퀵' 한 수

본론 1은 Job Satisfaction Factor들을 열거하며 답하고 있지만 어느 특정한 Factor를 지목해 더 중요하다고 말하기보다는 개인의 선택에 따라 중요도가 다르다고 말하고 있습니다. 또한 기타 열거해야 할 Factor가 많은 경우 같은 문단에 Supporting Sentences 작성 대신 함께 묶어 작성해도 좋습니다.

완성된 본론 1

Although wages and working conditions are important, these are not the only considerations that contribute to job satisfaction. For example, some people would prefer a rewarding job such as helping their community over one that pays well. The idea of job satisfaction is broad and different for everyone, so it is difficult to define precisely. Nonetheless, other factors that frequently contribute to job satisfaction for many include safe working conditions, flexibility, a pleasant environment and friendly management and colleagues.

어휘 although : 비록 ~이긴 하지만　　consideration : 사려　　satisfaction : 만족　　prefer : ~을 더 좋아하다　　rewarding : 보람 있는
　　pay well : 벌이가 좋다　　define : 정의하다　　precisely : 정확히　nonetheless : 그럼에도 불구하고　frequently : 자주　contribute
　　: 기여하다　include : 포함하다　flexibility : 유연성　　pleasant : 쾌적한　　environment : 환경　friendly : 친절한　management
　　: 경영　colleague : 동료

해석 비록 임금과 급여가 중요할지라도, 이것들만이 직업만족에 기여하는 유일한 고려사항은 아닙니다. 예를 들어, 어떤 사람들은 급여가 좋은
　　직업보다는 그들의 사회를 돕는 보람된 직업을 선호합니다. 직업만족에 대한 생각은 광범위하며 사람마다 다릅니다. 그래서 정확하게 정
　　의를 내리기가 어렵습니다. 그럼에도 불구하고, 많은 사람들의 직업만족에 빈번하게 기여하는 또 다른 요소로는 안전한 작업조건, 유연성,
　　쾌적한 환경 그리고 우호적인 상사와 동료들이 포함됩니다.

본론 2 (Job satisfaction은 실현 가능한지에 대해 작성)

a) Topic Sentence (본론 2의 첫 번째 문장)

However, many people feel that the expectation of job satisfaction for all workers is unattainable.
▶ 모든 근로자의 Job satisfaction은 실현 가능하지 않다고 작성합니다.

b) Supporting Sentence 1 (본론 2의 두 번째 문장)

For example, there will always be people willing to take jobs that no one else wants to do simply because these people need the money to get by.
▶ 직업만족과는 별도로 돈을 벌려고 일을 하는 사람들도 있다고 예를 듭니다.

b) Supporting Sentence 2 (본론 2의 세 번째 문장)

Such is the reality of the workforce, and for this reason it is unlikely that every person will experience job satisfaction.
▶ 오직 돈만을 벌기 위해 일하려는 사람들이 늘 있기 때문에 모든 사람들이 직업에 만족할 수는 없다고 작성합니다.

완성된 본론 2

However, many people feel that the expectation of job satisfaction for all workers is unattainable. For example, there will always be people willing to take jobs that no one else wants to do, simply because these people need the money to get by. Such is the reality of the workforce, and for this reason it is unlikely that every person will experience job satisfaction.

어휘 expectation : 예상　worker : 노동자　unattainable : 도달 불가능한　　willing : ~에 꺼리지 않는　　get by : 그럭저럭 해나가다
　　reality : 현실　workforce : 노동자　for this reason : 이 이유로

해석 그러나, 많은 사람들은 모든 근로자의 직업만족에 대한 기대치가 충족되기 어렵다고 생각합니다. 예를 들어, 그 어떤 누구도 원하지 않는
　　직업을 기꺼이 가지려는 사람들이 늘 있을 것입니다. 왜냐하면 단순히 이러한 사람들은 살아가기 위해 돈이 필요하기 때문입니다. 이것이
　　노동인구의 현실이며 이러한 이유로 모든 사람들이 직업에 만족하는 것은 가능하지 않습니다.

5단계 : 결론 작성 및 Final Check하며 마무리

완성된 결론

Although there are certain factors that many people frequently relate to job satisfaction, the concept itself is difficult to define as it varies from person to person. However, I believe that it is unrealistic for all workers to have job satisfaction as there will inevitably be people willing to do certain work, even if they do not enjoy it.

어휘 although : 비록 ~이긴 하지만   certain : 확실한   factor : 요인, 인자   frequently : 자주   relate : 관련시키다   satisfaction : 만족
concept : 개념   unrealistic : 비현실적인   inevitably : 필연적으로

해석 비록 많은 사람들이 빈번하게 직업만족과 연관을 지으려는 특정요소들이 있지만 그것이 사람에 따라 다르기 때문에 직업만족 그 개념 자체를 정의 내리는 것은 어렵습니다. 하지만 비록 즐기지는 않지만 특정 직업을 기꺼이 하려는 사람들이 필연적으로 있기 때문에 모든 근로자들이 직업에 만족을 하는 것이 비현실적이라고 나는 생각합니다.

▶ Job Satisfaction에 기여하는 요소들이 다양하며 모든 사람들이 직업에 만족하는 것이 현실적이지 못하다는 자신의 의견으로 마무리합니다.
▶ Cause and Effect와 마찬가지로 결론 부분은 종종 생략되기도 합니다.

결론 작성 후 빠르게 Final Check를 합니다.

Essay 작성 후 마무리 Checklist 기본 10계명

1. 시제가 바르게 사용되었는가?
2. 동사 특히 'be'동사를 두 번 사용하거나 빼먹지는 않았는가?
3. 명사 앞의 관사를 제대로 사용했는가? (명사 단복수 구별 포함)
4. 주어와 동사가 일치했는가? (3인칭 단수 현재 동사 뒤에 's'사용 포함)
5. 전치사가 적절히 사용되었는가?
6. 자동사와 타동사를 혼동하여 사용하지 않았는가?
7. 수동태와 능동태가 구별되었는가?
8. 접속사를 부적절하게 사용했거나 빼먹지는 않았는가?
9. 바른 철자법 사용 및 대소문자를 구별했는가?
10. 적절한 마침표를 사용했는가?

완성된 Example 답 (7.0)

As most people spend a major part of their adult life at work, job satisfaction is an important element of an individual's wellbeing. What factors contribute to job satisfaction and how realistic is the expectation of job satisfaction for all workers?

Medical advancements and higher standards of living have increased the average human lifespan significantly over the last century. Nowadays, a person can expect to live until they are eighty years old. Considering the majority of people start working in their twenties, most will spend around fifty years at work.

Therefore, the idea of job satisfaction is becoming increasingly important. This essay will discuss which factors contribute to job satisfaction and whether it is realistic for everyone to be satisfied with their jobs.

Although wages and working conditions are important, these are not the only considerations that contribute to job satisfaction. For example, some people would prefer a rewarding job such as helping their community over one that pays well. The idea of job satisfaction is broad and different for everyone, so it is difficult to define precisely. Nonetheless, other factors that frequently contribute to job satisfaction for many include safe working conditions, flexibility, pleasant environment and friendly management and colleagues.

However, many people feel that the expectation of job satisfaction for all workers is unattainable. For example, there will always be people willing to take jobs that no one else wants to do, simply because these people need the money to get by. Such is the reality of the workforce, and for this reason it is unlikely that every person will experience job satisfaction.

Although there are certain factors that many people frequently relate to job satisfaction, the concept itself is difficult to define as it varies from person to person. However, I believe that it is unrealistic for all workers to have job satisfaction as there will inevitably be people willing to do certain work, even if they do not enjoy it.

어휘 medical : 의학의 advancement : 발전 average : 평균의 lifespan : 수명 significantly : 크게 nowadays : 요즘에는   majority : 다수 therefore : 그러므로 satisfaction : 만족 increasingly : 점점 더 contribute : 기여하다 realistic : 현실적인 consideration : 사려 satisfaction : 만족 prefer : ~을 더 좋아하다 rewarding : 보람 있는   pay well : 벌이가 좋다 define : 정의하다 precisely : 정확히 nonetheless : 그럼에도 불구하고 frequently : 자주 contribute : 기여하다 include : 포함하다 flexibility : 유연성 pleasant : 쾌적한 environment : 환경 friendly : 친절한   management : 경영 colleague : 동료 expectation : 예상   worker : 노동자 unattainable : 도달 불가능한 willing : ~에 꺼리지 않는   get by : 그럭저럭 해 나가다   reality : 현실   workforce : 노동자   for this reason : 이 이유로 certain : 확실한 factor : 요인, 인자 frequently : 자주 relate : 관련시키다 satisfaction : 만족 concept : 개념 unrealistic : 비현실적인   inevitably : 필연적으로

해석 의학발전과 높은 생활수준은 지난 100년에 걸쳐 평균 인간수명을 증가시켜왔습니다. 현재 사람들은 80살이 될 때까지 사는 것을 기대합니다. 20대에 대다수의 사람들이 일을 시작한다는 것을 고려할 때, 대부분 사람들은 대략 50년을 일하는데 쓸 것입니다. 그러므로 직업만족에 대한 생각이 점차적으로 중요해지고 있습니다. 이 에세이는 어떤 요인들이 직업만족에 기여하는지 그리고 모든 사람들이 그들의 직업에 만족하는 것이 현실적인지에 대해 논할 것입니다. 비록 임금과 급여가 중요할지라도, 이것들만이 직업만족에 기여하는 유일한 고려사항은 아닙니다. 예를 들어, 어떤 사람들은 급여가 좋은 직업보다는 그들의 사회를 돕는 보람된 직업을 선호합니다. 직업만족에 대한 생각은 광범위하며 사람마다 다릅니다. 그래서 정확하게 정의를 내리기가 어렵습니다. 그럼에도 불구하고, 많은 사람들의 직업만족에 빈번하게 기여하는 또 다른 요소는 안전한 작업조건, 유연성, 쾌적한 환경 그리고 우호적인 상사와 동료들이 포함됩니다. 그러나, 많은 사람들은 모든 근로자의 직업만족에 대한 기대치가 충족되기 어렵다고 생각합니다. 예를 들어, 그 어떤 누구도 원하지 않는 직업을 기꺼이 가지려는 사람들이 늘 있을 것입니다. 왜냐하면 단순히 이러한 사람들은 살아가기 위해 돈이 필요하기 때문입니다. 이것이 노동인구의 현실이며 이러한 이유로 모든 사람들이 직업에 만족하는 것은 가능하지 않습니다. 비록 많은 사람들이 빈번하게 직업만족과 연관을 지으려는 특정요소들이 있지만 그것이 사람에 따라 다르기 때문에 직업만족 그 개념 자체에 정의를 내리는 것이 어렵습니다. 하지만 비록 즐기지는 않지만 특정 직업을 기꺼이 하려는 사람들이 필연적으로 있기 때문에 모든 근로자들이 직업에 만족을 하는 것이 비현실적이라고 나는 생각합니다.

Quick 핵심 Point Review

복합형 본론 배열 (문제가 Cause + Agree or Disagree 유형일 경우)

2개의 문단으로 본론을 구성할 경우

문단 1 (Cause (Problem))

문단 2 (Agree or Disagree)

복합형 본론 배열 Extra (문제가 Cause + Agree or Disagree 유형일 경우)

3개의 문단으로 본론을 구성할 경우

문단 1 (Cause (Problem))

문단 2 (Agree or Disagree 1)

문단 3 (Agree or Disagree 2)

Essay 작성 후 마무리 Checklist 기본 10계명

1. 시제가 바르게 사용되었는가?
2. 동사 특히 'be'동사를 두 번 사용하거나 빼먹지는 않았는가?
3. 명사 앞의 관사를 제대로 사용했는가? (명사 단복수 구별 포함)
4. 주어와 동사가 일치했는가? (3인칭 단수 현재 동사 뒤에 's'사용 포함)
5. 전치사가 적절히 사용되었는가?
6. 자동사와 타동사를 혼동하여 사용하지 않았는가?
7. 수동태와 능동태가 구별되었는가?
8. 접속사를 부적절하게 사용했거나 빼먹지는 않았는가?
9. 바른 철자법 사용 및 대소문자를 구별했는가?
10. 적절한 마침표를 사용했는가?

IELTS Writing Task 2 Essay
마지막 비상구

Day

17

All that
IELTS
스피드 완성

무조건 외워야 할
Essay 찍기틀

I. Essay 찍기틀이란?

Essay 찍기틀은 약 150자에서 230자 정도의 내용을 Essay 유형별 혹은 주제별로 미리 작성해 놓아 문제에 나온 Topic 단어와 약간의 Point만을 집어 넣어 Essay를 완성하게 만드는 방식입니다.

찍기틀 한눈에 파악하기

Technology Topic 관련 Agree-Disagree Sample틀

> Technology 서론틀

Over the last decades the world has been witnessing amazing developments in technology and this has meant that it is now possible to do what people only dreamed of doing in the past. However, society as a whole needs to take a stand on whether they support the idea of (Essay Topic Key Word(s)) or take the opposite position. This essay will discuss both viewpoints.

> Technology 본론 1 틀

Many individuals falsely believe that because of (Essay Topic Key Word(s)), there is a need to (긍정 혹은 부정). Yet, when the issue is put to closer scrutiny it is clear that this is not the case. This can be best seen by the fact that the more (Essay Topic Key Word(s)), the greater (장점 혹은 단점).

> Technology 본론 2 틀

On the other hand, one of the (positive/negative) outcomes that has come from (Essay Topic Key Word(s)) has been (장점 혹은 단점). An often cited example of how this works in practice is the case of (예). However, this is not an isolated case and there are countless examples of this each year.

> Technology 결론틀

In summary, as the evidence is lacking to (support/oppose) the idea of (Essay Topic Key Word(s)), the only logical conclusion that can be made is that (지지 혹은 반대한다는 내용 - support/oppose의 반대 내용을 작성).

해석 지난 몇 십 년간에 걸쳐, 기술의 놀라운 발전이 세계적으로 목격되어 왔으며 이것은 사람들이 단지 과거에 꿈꾸기만 했던 것을 현재에 가
능하다는 것을 의미합니다. 하지만, 사회는 전체적으로 (메인 단어)의 생각을 지지해야 하는지 혹은 반대의 위치를 취해야 하는지를 결정
할 필요가 있습니다. 이 에세이는 양쪽 관점 모두를 논할 것입니다. 많은 개인들은 (메인 단어) 때문에 (긍정 혹은 부정) 할 필요가 있다고
잘못 믿고 있습니다. 하지만, 이 문제들을 좀 더 정밀하게 조사한다면 이것이 사실이 아니라는 것이 명확합니다. 이것은 (메인 단어)가 더
할수록 더 (장점 혹은 단점) 한다는 사실에 의해서 가장 잘 입증됩니다. 다른 한편으로, (메인 소재)로부터의 (긍정적/부정적) 결과 중 하나
는 (장점 혹은 단점)입니다. 이것의 실천을 보기 위해 종종 인용되는 예는 (예)의 사례입니다. 그러나, 이것은 단 하나의 고립된 사례만은 아

니며 이것의 무수한 예들을 매년 볼 수 있습니다. 요약하자면, (메인 단어)의 의견을 (지지/반대)하는 증거가 부족하므로 내릴 수 있는 유일한 논리적 결론은 (지지 혹은 반대한다는 내용) 입니다.

Essay찍기틀의 기원(역사)

찍기틀은 약 10년 전부터 틀을 우연히 구한 자격미달의 찍기전문 강사들에 의해 한국인 수험생들을 대상으로 호주 시드니에서 본격적으로 사용되기 시작했습니다. 대부분의 우리나라 출신 수험생의 목표가 5.0인 시드니 IELTS 환경 속에서 틀 하나만 외우면 쉽게 5.0을 받는다는 입소문이 특히 기초가 부족한 주부 수험생들 사이에서 빠르게 확산되면서 찍기틀이 폭발적인 인기를 얻게 되었는데 안타깝게도 이로 인하여 정상적인 학원들이 위축되는 반면 엉터리 찍기학원이 득세하는 비정상적인 IELTS 학원 문화가 시드니에 자리잡기 시작했습니다. 하지만, 몇 년 전부터 글자 하나 틀리지 않고 틀을 베껴 작성하는 일부 우리나라 수험생들의 Writing답안지가 시험관들에게 계속 발견되기 시작하면서 틀 사용 적발 시 많은 감점을 받고 있습니다. .

Essay틀이 가지는 장점

1. 하나의 틀만을 외워 여러 문제의 답을 작성할 수 있다.

2. 괄호 안에 Key Word 혹은 Point만 채워 넣기 때문에 시험장에서 빠르게 250자를 완성할 수 있다.

3. 틀 전체를 모두 사용하지 않고 일부만을 사용해도 Essay 작성에 도움이 된다.

Essay틀이 가지는 단점

1. 틀만을 외워 준비하기 때문에 Writing 영어실력이 향상되지 않는다.

2. 시험관에게 틀 사용이 적발될 경우 심한 감점을 받는다.

3. 문제의 내용이 구체적인 답을 원할 경우 외운 틀을 시험장에서 전혀 사용을 못하게 되거나 구체적이지 않은 내용전개로 고득점을 받기 어렵다.

John의 '콕 & 퀵' 틀에 대한 입장

영어권 대학을 진학하려는 학생들에게 영어실력 향상 면에서 전혀 도움이 되지 않는다는 양심적 이유뿐만 아니라 틀을 어설프게 사용하면 오히려 점수를 받지 못하기 때문에 수강생들에게 분명히 어필할 수 있는 좋은 강의수단임에도 불구하고 교실에서 틀만을 집중적으로 가르치거나 틀을 기술이라며 광고하지 않고 있습니다. 하지만, 틀을 충분히 이해한 후 잘 응용한다면 한정된 시간 안에 빠르게 Essay를 작성해야 하는 시험장에서는 어느 정도 효과가 있다는 것은 부정할 수 없기 때문에 막연히 비하만 하기 보다는 6.0에서 6.5까지 가능한 적정수준의 틀들을 만들어 보았습니다. 틀의 사용여부는 전적으로 수험생들의 판단에 맡기겠습니다. 하지만, 분명한 것은 틀은 Magic이 아니며, 틀만을 외워 점수를 받겠다는 생각보다는 전체적인 Essay의 구조를 이해하거나 다급할 때 응용하는 윤활유 정도로 생각하시기를 조언드립니다.

John의 '콕 & 퀵' 한 수

Essay 괄호( ) 속의 'Essay Topic Key Word(s)'를 채울 때는 '특정 명사'만을 말하는 것이 아니라 '동명사형' 그리고 'that명사절' 모두를 포함합니다. 즉, 시험문제에 따라 유동적으로 어법에 맞게 삽입해야 합니다.

II. 문제유형별 찍기틀 파악하기

문맥상 그리고 문법적으로 맞게 괄호( ) 부분을 Essay Topic Key Word(s) 혹은 주장하는 Point만을 넣어 작성하면 됩니다.

John의 '콕 & 퀵' 조언

> 문제에 따라 괄호 안에 일부 내용만을 채워 넣는 것만으로 충분히 Essay를 전개할 수 없을 경우가 많습니다. 때에 따라서는 틀의 일부를 변형시켜야만이 틀이 제 역할을 할 수 있다는 것을 잊지 말아야 합니다. 즉, 틀만을 외워 Essay를 완성하겠다는 생각보다는 시험문제에 따라 적절히 기본틀을 변형시켜 줄 수 있는 문장력 공부도 반드시 병행되어야 합니다. (참고 – Day 18 Essay 찍기틀 실전연습)

A. Agree or Disagree / Both Views 찍기틀

Agree or Disagree, Both Views 유형의 중요성을 감안 고득점 및 6.0 틀 두 개를 만들어 보았습니다.

a) 6.0 콩글리시(Konglish) 틀

서론

These days, (Essay Topic Key Word(s)) seems to be a matter of great public interest and this is in part a reflection of the rapid changes in our society. However, (Essay Topic Key Word(s))has been the source of much heated debate within society; some say that (시험문제 내용) while others take the opposite view. Even though it may appear that opposing opinions can be maintained at the same time, they still have to be scrutinised.

어휘 these days : 요즘에는   public interest : 일반 대중의 관심   reflection : 반영   rapid : 빠른   source : 원천   heated : 열띤   debate : 토론   opposite view : 반대의견   even though : 비록 ~일지라도   at the same time : 동시에   scrutinise : 면밀히 조사하다

해석 요즈음, (메인 단어)는 대중의 커다란 관심거리가 된 듯하며 이것은 부분적으로 우리 사회의 빠른 변화를 반영합니다. 그럼에도 불구하고, (메인 단어)는 우리사회에서 열띤 논쟁거리가 되었습니다; 어떤 사람들은 (시험문제 내용)라고 말하지만 다른 사람들은 그것과는 반대의 의견을 가지고 있습니다. 비록 대립하는 의견이 동시에 주장될 수 있겠지만 그들은 여전히 면밀히 조사되어야 합니다.

본론 1 (한쪽 의견)

To begin with, regarding the benefits (Essay Topic Key Word(s)) has, the greatest merit that needs to be remembered is that (Agreeing Argument). In other words, as seen recently, (Essay Topic Key Word(s)) helps people with its (찬성 주장의 명사형 혜택 or 장점의 명사형). Based on the aforementioned statements, it is broadly maintained that (Essay Topic Key Word(s)) brings an advantageous aspect.

어휘 to begin with : 우선 첫째로   regarding : … 에 관하여   benefit : 혜택   merit : 가치   needs : 꼭, 반드시   in other words: 다시 말해서   recently : 최근에   aforementioned : 앞서 언급한   statement : 진술   broadly : 대략적으로   maintain : 유지하다   advantageous : 이로운   aspect : 양상

해석 먼저, (메인 단어)가 가져오는 혜택 관련, 상기되어야 할 장점은 (Agree Point)이라는 것입니다. 즉, 최근에 보여진 것처럼, (메인 단어)는 (찬성 주장의 명사형, 혜택 or 장점의 명사형)로 사람들을 도와줍니다. 지금까지 언급한 진술에 근거하여, (찬성 주장의 명사형, 혜택 or 장

점의 명사형)라고 광범위하게 주장되고 있습니다.

본론 2 (또 다른 쪽의 의견)

However, there are voices that oppose strongly the idea, stating that the benefits (Essay Topic Key Word(s)) brings are only one side of the issue, and if we investigate more, it is clear that (Essay Topic Key Word(s)) often causes problems that should not be overlooked. One of them is that it often makes people find themselves in a situation where they (반대 주장 1). In the worst case scenario, (반대 주장 2). On this note, (Essay Topic Key Word(s)) certainly is problematic and people should reconsider its value and role in their life.

어휘 strongly : 강하게　　investigate : 조사하다　　overlook : 못 보고 넘어가다　　certainly : 틀림없이　　problematic : 문제가 있는
　　reconsider : 재고하다　　value : 가치　　role : 역할

해석 그러나, (메인 단어)가 가져오는 혜택들은 단지 그 이슈의 한쪽 측면에 불과하다고 주장하며, 그 의견을 강하게 부정하는 목소리가 있습니다. 그리고, 만약 우리가 조금 더 깊게 조사해보면, (메인 단어)는 간과하지 말아야 할 문제들을 종종 야기시킵니다. 그 문제점 중 하나는 그 문제가 사람들을 (반대 주장1) 상황 속으로 빠지도록 만든다는 것입니다. 최악의 시나리오는, (반대 주장2)입니다. 이러한 관점에서, (메인 단어)는 분명히 문제를 가지고 있으며 사람들은 그들의 삶 속에서 그것의 가치와 역할을 재고해야 합니다.

결론

It is my view that although both views have reasons for support, it is still difficult for me to embrace the idea of (Essay Topic Key Word(s) 혹은 동명사) as flawless as there are definite problems that are not easily resolved. Thus, (간단한 해결책 – optional).

어휘 embrace : 받아들이다　　flawless : 흠 하나 없는　　definite : 뚜렷한　　resolve : 해결하다

해석 비록 양쪽의 의견 모두가 지지 받을 이유를 가지고 있다고 하더라도, 쉽게 해결되지 않는 분명한 문제가 존재하기 때문에 흠이 없더라도 (메인 단어)의 사안을 받아들이기에는 아직은 시기상조라는 것이 나의 견해입니다. 그러므로 (간단한 해결책 – 선택사항).

▶ 찬성 혹은 혜택 쪽을 지지하며 마무리하는 결론틀입니다. 하지만 반대 쪽을 지지한다면 다소의 변형이 필요합니다. 참조 – 문단별 틀 알아보기 (결론틀)
▶ 틀의 내용이 구체적이지 못합니다. 본 틀은 6.5 이상의 고득점을 목표로 하는 수험생들에게는 권장하지 않습니다.

b) 고득점 틀

John의 '콕 & 퀵' 조언

> 틀을 사용해 받는 점수는 5.0에서 6.0사이가 일반적이기 때문에 고득점을 목표하는 수강생들에게 일반적으로 틀을 권하지 않습니다. 하지만 실전에서 시간이 늘 부족해 고득점을 받는데 어려움을 겪고 있는 수험생들에게는 고득점용틀 사용을 조심스럽게 권장해 봅니다. 하지만, 틀 이외의 부분(괄호)을 적정 수준의 문장력으로 채워 넣을 수 있어야 한다는 전제조건이 있습니다.

서론

These days, there is widespread concern within the public domain over the issue of whether (시험문제 내용). This essay will show that the minor drawback of (Essay Topic Key Word(s) 혹은 동명사) is of only small significance when compared to the greater merits of (Essay Topic Key Word(s) 혹은 동명사).

어휘 widespread : 널리 퍼진　　　concern : 관심, 우려　　public domain : 공공영역　　minor : 작은　　drawback : 결점, 문제점
　　significance : 중요성

해석 오늘날, (시험문제)인지의 이슈에 관한 관심이 우리사회에 널리 퍼져있습니다. 본 에세이에서는 (메인 단어)의 소수의 단점이 (메인 단어)의
　　더 많은 장점과 비교해 미비하다는 것을 입증하겠습니다.

본론 1

There are those who are short sighted enough to be under the false impression that (반대 주장). While this may be a true statement for a small pocket of the population, to claim that this is true for everyone is simple paranoia.

어휘 short sighted : 근시안적인　　impression ˙ 인상　　paranoia : 피해망상

해석 (반대 주장) 한다는 잘못된 생각에 사로잡힌 근시안적인 사람들이 있습니다. 이것이 적은 수의 사람들에게는 사실일 수 있지만 이것이 모
　　든 이들에게 적용된다는 생각은 단순한 피해망상에 불과합니다.

본론 2

The more valid view would be that (찬성 주장). A classic example of this is (찬성 주장 Example).
(Another Example S + V).

어휘 valid : 유효한　　view : 견해　　classic : 전형적인

해석 더 타당한 견해는 (찬성 주장) 입니다. 이것의 전형적인 예는 (찬성 주장 example)입니다.

본론 3

Last of all it has to be recognized how people are now less anxious due in large part to (Essay Topic Key Word(s)). Compared to the past, (대조적인 내용). This is in stark contrast to the situation today as people are less stressed as result of (Essay Topic Key Word(s)).

어휘 last of all : 최후에, 최후로　　anxious : 불안해하는　　due : ~ 때문[덕분]에　　stark : 냉혹한[엄연한]　　contrast : 차이
　　situation : 상황, 처지, 환경　　less : 더 적은[덜한]　　as result of : …의 결과로써

해석 끝으로, (메인 단어) 덕택에 사람들이 현재 얼마나 더 안심하며 사는지가 인정되어야 합니다. 과거에는 (대조적인 내용) 했습니다. 이것은
　　(메인 단어)의 결과로 사람들이 덜 스트레스를 받는 오늘날의 상황과는 매우 대조적이라는 것이 사실입니다.

결론

In conclusion, even though it cannot be denied that there is a definite drawback in the possibility of (반대 주장의 명사형), the benefits far surpass the drawbacks. In particular, (사람(들) + be동사) not only (찬성 주장의 형용사형) but also less anxious because of (해결되는 문제 명사형) concerns.

어휘 in conclusion : 결론적으로　　even though : 비록 ~일지라도　　cannot be : ~리가 없다　　deny : 부인하다　　definite : 확실한
　　drawback : 결점　　concern : 우려

해석 결론적으로, 비록 (반대 주장의 명사형)의 가능성이라는 단점이 있지만 혜택은 단점을 훨씬 압도합니다. 특히, (사람(들) + be) (찬성 주장
　　의 형용사형)뿐만 아니라 또한 (해결되는 문제) 걱정에 덜 불안해 할 것입니다.

▶ 6.0틀과 비교해 틀의 문장 수준이 높습니다. 하지만 틀에 채울 문장의 수준 또한 틀과 비교해 커다란 차이를 보이지
　말아야 합니다.　(참조 – Day 18 Essay 찍기틀 실전연습)

B. Cause and Effect 찍기틀

Agree or Disagree 및 Both Views 유형의 틀과 마찬가지로 괄호( ) 부분을 Essay Topic Key Word(s) 혹은 주장하는 Point에 해당되는 내용을 넣어 작성하면 됩니다. Cause and Effect의 다양한 조합(cause, effect, solution, effect)을 감안하여 여럿의 본론틀을 작성해 보았습니다.

서론

As a result of human efforts, almost everything seems to have changed, from social values to how humans behave. Of course, not everyone is accepting of the changes that have occurred and this has led to disputes in certain circumstances. Yet, nothing is more controversial than (Essay Topic Key Word(s)). That is, (Essay Topic Key Word(s)) has often surfaced as an issue of great consequence to our lives. Thus, there is a need to discuss the causes that led to these changes and the effects the changes have brought.

어휘 as a result of : ~의 결과로　　human effort : 인간의 노력　　social value : 사회적 가치　　behave : 행동하다　　occur : 발생하다　　dispute : 분쟁　　circumstance : 상황　　controversial : 논란이 많은　　surface : 표면　　consequence : 결과

해석 인간 노력의 결과로, 사회의 가치관에서부터 사람들이 행동하는 방식까지 거의 모든 것이 변한 듯합니다. 물론, 모든 사람들이 발생해온 이 변화들을 인정하는 것은 아닙니다. 그리고 이것은 특정 상황 속에서 분쟁을 초래할 수 있습니다. 하지만, 그 어떤 것도 (메인 단어)보다 더 논란이 되지는 않을 것입니다. 즉, (메인 단어)는 우리의 삶 속에서 커다란 사안으로서 종종 표면 위에 부각됩니다. 그러므로, 이러한 변화들을 이끈 원인과 이러한 변화가 가져온 결과에 대해 논할 필요가 있습니다.

본론 – 원인을 작성할 경우

The first main cause of (문제) is (원인 1). Like many aspects of life (Essay Topic Key Word(s)) has been highly influenced by (원인 1). It is quite difficult to determine how long (원인 1) will continuously affect (Essay Topic Key Word(s)), but it is certain that the future of (Essay Topic Key Word(s)) will be decided according to how we control (원인 1). Also, we cannot ignore (원인 2) as another important element, as in many respects it is also strongly connected with (Essay Topic Key Word(s)).

어휘 cause : 원인　　aspect : 측면　　highly : 크게　　influence : 영향　　determine : 알아내다　　continuously : 계속해서　　affect : 영향을 미치다　　decided : 확실한　　according to : 따르면　　ignore : 무시하다　　element : 요소　　in many respects : 많은 점에서　　strongly : 강하게　　connected : 관계가 있는

해석 (문제)의 첫 번째 주원인은 (원인 1)입니다. 삶의 많은 양상처럼, (메인 단어)는 (원인 1)에 의해서 많이 영향을 받아 왔습니다. 얼마나 오랫동안 (원인 1)이 (메인 단어)에게 계속적으로 영향을 줄지에 대해서는 결정하기 매우 어렵습니다. 하지만 (메인 단어)의 미래가 우리가 어떻게 (원인 1)을 통제하느냐에 따라 결정된다는 것은 분명합니다. 또한 우리는 (원인 2)를 또 다른 중요한 요소로써 무시할 수 없습니다. 왜냐하면 많은 면에서 그것은 밀접하게 (메인 단어)와 관련되어 있기 때문입니다.

본론 – 해결책을 작성할 경우

To find a solution to this problem, there are many aspects to consider, but I think what is most important is that everyone works together. Firstly, (해결주체 1) should be proactive in searching for solutions to the problem and also should have a new attitude that is different to the way they tried to solve the problem in the past. Of course, this way may not always lead to a successful result, but as time progresses, it surely will in part contribute to resolving (문제). Besides, (해결주체 2) also can help to solve the problem of (Essay Topic Key Word(s)) as (해결주체 2) is directly and indirectly associated with the problem and I believe that those concerned are more likely to see the problem from a broader perspective and bring more realistic solutions to the table.

어휘 solution : 해법　　aspect : 측면　　consider : 사려하다　　proactive : 주도하는　　attitude : 태도　　in the past : 옛날에

successful result : 좋은 결과　　as time progresses : 시간의 진행에 따라서　　surely : 확실히　　directly : 곧장　　indirectly : 간

접적으로　　associated : 관련된　　perspective : 관점, 시각　　realistic : 현실적인　　solution : 해결책

해석 이 문제의 해결책을 찾기 위해 고려해야 할 많은 관점들이 있지만, 가장 중요한 것은 모든 사람이 함께 노력을 하는 것이라 생각합니다. 먼

저, (해결주체 1)는 문제점의 해결책을 찾는데 주도적이어야 하며 또한 그들이 과거에 문제점을 해결하려고 시도했던 방법과는 전혀 다른

자세를 취해야 합니다. 물론 이 방법이 항상 성공적인 결과를 초래하는 것은 아니지만, 시간이 지남에 따라 그것은 당연히 (문제)를 해결

하는데 어느 정도 기여를 할 것입니다. 게다가 (해결주체 2)는 직, 간접적으로 그 문제와 연루되어 있기 때문에, (해결주체 2) 또한 (메인 단

어)의 문제를 해결하는데 도움이 될 수 있습니다. 그리고, 관련자들은 폭넓은 관점으로 그 문제를 볼 수 있을 것이며 조금 더 현실적인 해

결책을 가져올 수 있을 것이라고 믿습니다.

본론 - 효과를 작성할 경우

Then what are the important effects that need to be considered? I believe that it is evident that one of the

effects is (효과 1). For example, some of (해당되는 대상자) often express that (Essay Topic Key Word(s)) is deeply

related to (효과 1) and it is hard to imagine (Essay Topic Key Word(s)) without first giving full attention to (효과 1).

Another point is that (Essay Topic Key Word(s)) contributes to (효과 2) by affecting those connected to (Essay Topic

Key Word(s)).

어휘 effect : 영향　　evident : 분명한　　deeply : 깊이　　related to : ~와 관련 있는　　attention : 주의, 관심　　contribute : 기여하다

해석 그렇다면, 고려할 필요가 있는 중요한 효과는 무엇일까요? 그 효과 중 하나는 (효과 1)이라고 나는 생각합니다. 예를 들어, (해당되는 대상

자)의 일부는 (메인 단어)가 (효과 1)에 깊게 관련되어 있으며 (효과 1)에 모든 관심을 쏟는 것 없이 (메인 단어)를 상상하는 것은 어렵다고

표현합니다. 또 다른 요점은 (메인 단어)는 (메인 소재)에 관련된 것들에 영향을 미침으로써, (효과 2)에 공헌한다는 것입니다.

본론 - 문제점을 작성할 경우

There are a number of problems that are connected to the issue of (Essay Topic Key Word(s)), which is of great

concern to both individuals and society as a whole. Without doubt the most worrying concern is over the

issue of (문제점 1). The cause of this problem can be traced to how (원인의 주체) has led to an increase in (문제점

으로 인해 증가하는 결과대상). Another issue of concern is (문제점 2). To give a specific example, (문제점 2의 예).

어휘 doubt : 의심　　trace : 추적하여 밝혀내다　　lead to : 초래하다

해석 (메인 단어)에 관련된 다수의 문제점들이 있는데 이것은 개인과 사회 전반에 많은 걱정거리가 되고 있습니다. 의심할 여지없이 가장 큰 문

제는 (문제점 1)입니다. 이 문제점의 원인은 어떻게 (원인의 주체)가 (결과대상)의 증가를 야기시켰는지를 통해 알 수 있습니다. 또 다른 걱

정거리는 (문제점 2)입니다. 구제적인 예로, (문제점 2의 예).

▶ 역시 두리뭉실한 내용으로 전개되고 있습니다. 하지만 일부의 문장들은 분명히 실전 Essay 작성시 적절하게 응용될

수 있습니다.

▶ Cause and Effect의 결론은 요약정리를 하며 마무리하거나 작성하지 않고 생략해도 무방합니다.

III. 문단별 찍기틀 파악하기

Essay 전체 틀을 외우기가 어렵다고 느낀다면 부분적으로 서론, 본론, 결론틀만을 각각 만들어 익히는 것도 도움이 될 수 있습니다.

A. 서론 찍기틀 만들기

John의 '콕 & 퀵' 조언

Essay 작성시 수험생들이 가장 많이 시간을 지체하는 문단이 바로 서론입니다. 만약 서론을 빠르게 작성할 수 있다면 본론을 조금 더 여유 있게 작성할 수 있어 분명 고득점을 받는데 긍정적인 역할을 할 것입니다. 그래서 많은 수험생들이 서론틀만을 외워 Essay를 작성하는 경우가 있습니다. 하지만, 본론의 내용 및 영어수준과 괴리가 있는 서론틀의 응용은 자칫 독수리의 눈을 가지고 있는 시험관에게 심한 벌점의 빌미를 제공할 수 있다는 것에 주의해야 합니다.

서론틀 1 (기본틀)

These days, (Essay Topic Key Word(s)) seems to catch our attention more than ever along with the rapid changes in our society. However, recently (Essay Topic Key Word(s)) has surfaced as one of many heated arguments in our society; some say that (한 쪽의 의견) while others think otherwise. Even though it may appear that opposing opinions can be maintained at the same time, they still have to be scrutinised.

어휘 catch our attention : 우리의 주목을 끌다   surface : 표면에 나타나다   opposing : 반대하는   otherwise : 그 외의   scrutinise : 면밀히 조사하다

해석 우리 사회에서의 급격한 변화와 함께 (메인 단어)가 우리의 관심을 그 어느 때 보다 더 많이 끌고 있습니다. 하지만 (메인 단어)는 최근에 우리사회에서 많이 과열되고 있는 이슈중의 하나로 부각되었습니다. 어떤 사람들은 (한 쪽의 의견)라고 말하지만 다른 사람들은 다르게 생각을 합니다. 비록 대립하는 의견들이 동시에 주장 될 수 있지만 그들은 여전히 면밀히 조사되어야 합니다.

틀 2부터는 틀과 응용을 함께 보여드리겠습니다.

서론틀 2 (틀 및 응용)

Example 1(틀 2) : Capital Punishment 찬반문제의 서론

The debate over the merits of (capital punishment) has raged for decades, and continues to divide people; proving the divisive nature of this issue. Those who are antagonistic towards (capital punishment) point to (the inhumanity of the act), while proponents point to the importance to protect justice in our society. As for me, I believe that (capital punishment should be legal as it is more beneficial than detrimental for our society).

어휘 rage : 맹렬히 계속되다   decade : 십 년   divisive : 분열을 초래하는   nature : 천성   antagonistic : 적대적인   inhumanity : 비인간적 행위   proponent : 지지자   capital punishment : 사형제도   legal : 합법적인   detrimental : 해로운

해석 (사형제도) 장점에 대한 논쟁이 수십 년 동안 격하게 계속 있어왔습니다. 그리고, 이 문제의 분열적 성격을 입증하듯 사람들을 계속해서 양분화 시켰습니다; (사형제도)에 반대하는 사람들은 사형제도의 (비인도적 행위에) 대해 지적하는 반면, 지지자들은 우리사회에서 정의를 보호하는 것의 중요성을 지적합니다. 나의 견해로는, (우리사회에서 해로운 것보다는 이익이 되는 것이 더 많기 때문에 사형제도를 합법화해

야 한다고) 생각합니다.

Example 2(틀 2) : 아이들의 Internet 사용 찬반문제의 서론

The debate over the merits of (children using the Internet) has raged for decades, and continues to divide people; proving the divisive nature of this issue. Those who are antagonistic towards (children using the Internet) point out that (the Internet is quite harmful to children) while proponents point out (the advantages it provides for children). As for me, I believe that (the Internet is quite harmful and should be controlled to protect the welfare of children).

어휘 harmful : 해로운   protect : 보호하다   welfare : 안녕

해석 (아이들의 인터넷 사용) 장점의 논쟁이 수십년 동안 격렬게 계속되어 왔으며 이 이슈의 분열적 특성을 입증하듯 사람들을 계속해서 양분화 시키고 있습니다; (아이들의 인터넷 사용)에 반대하는 사람들은 (인터넷은 아이들에게 꽤 해롭다고) 지적하는 반면, 지지자들은 (인터넷이 아이들에게 제공하는 장점들)을 지적합니다. 나의 견해로는, (인터넷은 매우 해롭고 아이들의 안녕을 보호하기 위해 통제)되어야 한다고 생각합니다.

서론틀 3 (틀 및 응용)

Example 1(틀 3) : 아이들의 Internet 사용에 대한 찬반문제의 서론

The question over whether (the Internet plays a significant role in the lives of children) or not remains a divisive issue. Some are of the viewpoint that (the internet is beneficial to children), while others point to its disadvantages. Such decisions about advantages and disadvantages depend on the social values that underlie society and the relationship of those values to (the use of the Internet by children).

어휘 significant : 중요한   remain : ~로 남아있다   divisive : 분열을 초래하는   viewpoint : 관점   beneficial : 유익한   disadvantage : 약점   decision : 결정   social values : 사회가치   underlie : ~의 기저를 이루다

해석 (인터넷이 아이들의 삶에 중요한 역할을 하는지 혹은 그렇지 않은지에) 대한 문제는 양분화 되는 이슈로 남아있습니다. 어떤 사람들은 (인터넷이 아이들에게 이롭다)는 관점을 가지고 있는 반면, 다른 이들은 그것의 단점을 지적합니다. 장점과 단점에 대한 결정은 사회의 기저를 이루는 가치관들과 (아이들의 인터넷 사용)에 대한 가치관들의 관계에 따라 좌우됩니다.

Example 2(틀 3) : 도시와 시골 중 더 살기 좋은 곳 선택문제의 서론

The question over whether (living in the city is better than in the countryside) or not remains a divisive issue. Some are of the viewpoint that (the city life is better), while others point to its disadvantages. Such decisions about advantages and disadvantages depend on the social values that underlie society and the relationship of those values to (the different lifestyles in the city and countryside).

해석 (시골에 사는 것보다 도시에 사는 것이 더 나은지 혹은 그렇지 않은지) 대한 문제는 양분화되는 이슈로 남아있습니다. 어떤 사람들은 (도시의 삶이 더 낫다라는) 관점을 가지고 있는 반면, 다른 사람들은 그것의 단점을 지적합니다. 장점과 단점에 대한 그런 결정은 사회의 기저를 이루는 가치관들과 (도시와 시골에서의 다른 생활방식)에 대한 가치관들의 관계에 따라 좌우됩니다.

서론틀 4 (틀 및 응용) – 본론에서 내가 지지하는 Point만을 기술할 경우

Example 1(틀 4) : 낙태수술에 대한 찬반문제의 서론

(Abortion) is a controversial issue that continues to be a matter of public debate and the division in community opinion cannot easily be resolved as it involves (the lives of babies). Some say that it is necessary to (prevent any further problems). However, I feel that (abortion is morally and ethically unacceptable because it takes away the lives of babies and gives the wrong impression to young adults).

어휘 abortion : 낙태   controversial : 논란이 많은   resolve : 해결하다   prevent : 막다   morally : 도덕적으로   ethically : 윤리적으
로   unacceptable : 받아들일 수 없는   take away : 제거하다   young adult : 청소년

해석 (낙태)는 사람들의 논쟁의 사안이 되고 있는 논란의 이슈입니다. 그리고 우리 사회에서의 의견분열은 그것이 (아이들의 생명)과 관련되어
있기 때문에 쉽게 해결 될 수가 없습니다. 어떤 사람들은 (더 있을 문제들을 예방하기 위해서) 그것이 필요하다고 말합니다. 그러나, 나는
(낙태는 도덕적으로 그리고 윤리적으로 받아들일 수 없다고 생각합니다. 왜냐하면 그것은 아이들의 생명을 빼앗아가며 젊은이들에게 잘못
된 사고를 주기 때문입니다).

Example 2(틀 4) : 아이들의 Internet 사용에 대한 찬반문제의 서론

(The Internet) is a controversial issue that continues to be a matter of public debate and the division in community opinion cannot easily be resolved as it involves (children and how they develop). Some say that it is necessary because of (a number of important advantages). However, I feel that (the Internet has serious implications for children because it exposes them to the danger of addiction, is harmful to their health and exposes them to unsavory Internet content).

어휘 implication : 영향   expose : 드러내다   addiction : 중독   unsavory : 좋지 못한   content : 내용

해석 (인터넷)은 사람들의 논쟁의 사안이 되고 있는 논란의 이슈입니다. 그리고 사회에서의 의견 분열은 그것이 (아이들 그리고 그들의 발전방
식)과 관련이 되어 있기 때문에 쉽게 해결될 수가 없습니다. 어떤 사람들은 (다수의 중요한 장점들 때문에) 그것이 필요하다고 말합니다.
그러나, 나는 (인터넷은 아이들에게 심각한 영향을 미친다고 생각합니다 왜냐하면 인터넷은 아이들을 중독의 위험에 노출시키고, 그들의
건강에 해로우며, 좋지 못한 인터넷 내용물에 노출시키기 때문입니다.)

B. 본론 찍기틀 만들기 (6.0 수준)

이미 이전 Chapters에서 여러 번 강조했던 Agree or Disagree 그리고 Both Views Essay 본론 내용 중 가장 많이 사
용되고 있는 Idea(경건교 인자 안스다)를 중심으로 틀을 만들어 보았습니다. Essay 본론 전개에 특히 어려움을 겪고 있는 수
험생들께 도움이 될 것입니다.

John의 '콕 & 퀵' 한 수

기존의 틀과 마찬가지로 역시 무조건 외우는 것보다는 틀의 내용을 충분히 숙지한 후 필요한 부분만을 응용하는
것이 더 바람직할 것입니다.

일반적으로 본론틀에 많이 사용될 수 있는 Topic은 다음과 같습니다.
Health(건강), Environment(환경), Economic Benefit(경제적 혜택), Educational(교육적인), Relationship(관계), Effect on Others(다른 사람에게 미치는 영향), Safety(안전성) …

Health

a) 만약 건강과 관련 있을 때(긍정적)

(6.0 수준) First of all, it is a fact that (Essay Topic Key Word(s)) has a positive effect on the health of (대상자). That is, although it is true that (Essay Topic Key Word(s)) has a number of disadvantages and may make people unhappy in terms of (건강 이외의 혜택), we cannot ignore the fact that (Essay Topic Key Word(s)) is deeply related to health and may lead to better health for (대상자). According to an experience I had in Korea, when people got involved in (Essay Topic Key Word(s)), they began to become healthier and were more likely to enjoy a happier and healthier life. Once a person becomes unhealthy, what is the point? Thus, (Essay Topic Key Word(s)) is quite important.

어휘 first of all : 우선　　positive effect : 긍정적 영향　　in terms of : ～면에서　　unhealthy : 건강하지 못한

해석 먼저, (메인 단어)가 (대상자)의 건강에 긍정적인 영향을 미치는 것은 사실입니다. 즉, 비록 (메인 단어)가 많은 단점을 가지고 있고 사람들을 (건강 이외의 혜택)의 관점에서 행복하지 않게 만들 수 있음에도 불구하고, 우리는 (메인 단어)가 깊게 건강에 관련되어 있고, (대상자)가 더 좋은 건강으로 이끌 수 있다는 사실을 무시할 수 없습니다. 한국에서 내가 겪었던 경험에 의하면, 사람들이 (메인 단어)에 관여할 때 그들의 건강은 더 나아지기 시작했고 더 행복하고 건강한 삶을 누릴 가능성이 더 많았습니다. 일단 건강을 잃는다면, 무슨 소용이 있습니까? 그러므로, (메인 단어)는 매우 중요 합니다.

b) 만약 건강과 관련 있을 때(부정적)

(6.0 수준) First of all, it is a fact that (Essay Topic Key Word(s)) has a negative effect on the health of (대상자). That is, although it is true that (Essay Topic Key Word(s)) can bring other benefits and make people happy in terms of (건강 이외의 혜택), we cannot ignore the fact that (Essay Topic Key Word(s)) is deeply related to health and can cause damage to a person's health. According to an experience I had in Korea, when (대상자) got involved in (Essay Topic Key Word(s)) too much, they began to get sick and were more likely to harm their health. Once they had harmed their health, what is the point of saying (Essay Topic Key Word(s)) is quite important for (대상자)?

어휘 negative effect : 부정적 효과　　get sick : 병에 걸리다　　harm : 해

해석 먼저, (메인 단어)가 (대상자)의 건강에 부정적인 영향을 미치는 것은 사실입니다. 즉, 비록 (메인 단어)가 다른 혜택들을 불러 올 수 있고 사람들을 (건강 이외의 혜택)의 관점에서 행복하게 만들 수 있음에도 불구하고, 우리는 (메인 단어)가 깊게 건강에 관련되어 있고, 사람의 건강에 손상을 일으킬 수 있다는 사실을 무시할 수 없습니다. 한국에서 내가 겪었던 경험에 의하면, (대상자)가 (메인 단어)에 너무 많이 연루되어 있을 때, 그들은 아프기 시작했고 그들의 건강을 해칠 가능성이 높았습니다. 일단 그들이 그들의 건강을 해쳤다면, (메인 단어)가 (대상자)에게 매우 중요하다고 말하는 것이 무슨 소용이 있습니까?

Environment

a) 만약 환경에 관련이 있을 때(긍정적)

(6.0 수준) Besides, I am sure that (Essay Topic Key Word(s)) will allow us to enjoy the natural environment. Although many believe that our earth will continue on forever with humans as its leaders, if we persist in creating many harmful items, such as pollution, life on earth may disappear much sooner than we expect. However, (Essay Topic Key Word(s)) will create a lot of benefits not only for the land and water but also make our air clean. In fact, in many countries, including Korea, there are many organisations which have tried to introduce (Essay Topic Key Word(s)) and this demonstrates the benefit of (Essay Topic Key Word(s)).

어휘 persist : 집요하게 계속하다   pollution : 오염   disappear : 사라지다   demonstrate : 입증하다

해석 게다가, 나는 (메인 단어)는 우리가 자연환경을 만끽하게 할거라는 것을 확신합니다. 비록 많은 사람들이 우리의 지구가 그것의 영장인 인간들과 함께 영원히 존재할 것이라 믿고 있지만, 만약 우리가 공해와 같은 많은 해로운 물질들을 끊임없이 만든다면, 지구상의 생물들은 우리가 기대하는 것보다 훨씬 빠르게 사라질 것입니다. 그러나, (메인 단어)는 땅과 물에 혜택을 주는 것뿐만이 아니라 우리의 공기를 깨끗하게 만들어 줄 것입니다. 사실상, 한국을 포함한 많은 나라에서 (메인 단어)를 도입하려 노력해 온 많은 단체들이 있으며 이것은 (메인 단어)의 혜택을 입증하는 것입니다.

b) 만약 환경에 관련이 있을 때(부정적)

(6.0 수준) Besides, I am sure that (Essay Topic Key Word(s)) is the cause of many environmental problems. Although people mistakenly believe that our earth will continue on forever with humans as its leaders, if we continue (Essay Topic Key Word(s)) it may disappear much sooner than we expect. That is, (Essay Topic Key Word(s)) will create a lot of pollution not only on the land and water but also harm the quality of the air. In fact, in many countries, including Korea, there are many organisations which work against (Essay Topic Key Word(s)), and this surely demonstrates the problem of (Essay Topic Key Word(s)).

어휘 mistakenly : 잘못하여, 실수로

해석 게다가, 나는 (메인 단어)가 많은 환경 문제의 원인이라는 것을 확신합니다. 비록 많은 사람들이 우리의 지구가 그것의 영장인 인간과 함께 영원히 존재할 것이라 잘못 믿고 있지만, 만약 우리가 계속해서 (메인 단어) 한다면, 그것은 우리가 기대하는 것보다 훨씬 빠르게 사라질 것입니다. 즉, (메인 단어)는 땅과 물에 많은 오염을 만들 뿐 아니라, 공기의 질도 나쁘게 합니다. 사실상, 한국을 포함한 많은 나라에서 (메인 단어)에 반대하며 활동하는 많은 단체들이 있습니다 그리고 이것은 분명히 (메인 단어)의 문제를 입증하는 것입니다.

Economy

a) 경제적일 때(긍정적)

(6.0 수준) However, we cannot ignore the important fact that (Essay Topic Key Word(s)) is quite economical. I think we should always take a long-term view about our financial future when making decisions. In fact, (Essay Topic Key Word(s)) does lead to financial gains for (people/students/children). For example, in the past, the Korean government once adopted (Essay Topic Key Word(s)), thinking that it would be good for the country's economy. Later many people benefited economically as (Essay Topic Key Word(s)) led to significant financial returns in the end.

어휘 economical : 경제적인   take a long-term view : 장기적인 안목으로 보다   financial : 금융의   make decision : 결정을 내리다   financial gain : 경제적 이익   adopt : 채택하다   benefit : 혜택   economically : 경제적으로   significant : 중요한   in the end : 마침내

해석 그러나, 우리는 (메인 단어)가 매우 경제적이라는 중요한 사실을 무시할 수 없습니다. 나는 의사결정을 할 때 미래의 재정적 상황에 대한 장기간인 안목을 가져야 한다고 생각합니다. 사실상, (메인 단어)는 분명히 (사람들/학생들/아이들)을 위해 경제적인 이점을 유발시킵니다. 예를 들어, 과거에 한국 정부는 국가 경제에 이로울 것이라 생각하면서 (메인 단어)를 한때 채택했습니다. 후에, (메인 소재)가 궁극적으로 막대한 경제적 수익을 야기시켰기 때문에 많은 사람들이 경제적 이득을 얻었습니다.

b) 비경제적일 때(부정적)

(6.0 수준) However, we cannot ignore the important fact that (Essay Topic Key Word(s)) can be quite unrealistic and uneconomical. I think we should always have a long-term view about the future when making decisions. In fact, (Essay Topic Key Word(s)) does definitely not lead to financial gains for (people/students/children). For example, in the past, the Korean government once adopted (Essay Topic Key Word(s)), thinking that it would be good for the country, but later many people got angry as (Essay Topic Key Word(s)) made them spend too much money in the long run.

어휘 unrealistic : 비현실적인   uneconomical : 비경제적인   long-term : 장기   In the long run : 결국에는

해석 그러나, 우리는 (메인 단어)가 매우 비현실적이라는 것과 비경제적이라는 중요한 사실을 무시할 수 없습니다. 나는 의사결정을 할 때 미래에 대한 장기간적 안목을 가져야 한다고 생각합니다. 사실상, (메인 단어)는 (사람들/학생들/아이들)을 위해 경제적인 이점을 유발시키지 않습니다. 예를 들어, 과거에 한국 정부는 나라에 이로울 것이라 생각하면서 (메인 단어)를 한때 채택했습니다. 하지만 많은 이들이 분노했었는데 이는 (메인 단어)가 결국 그들로 하여금 너무 많은 돈을 쓰게 만들었기 때문입니다.

Educational

a) 교육적일 때(긍정적)

(6.0 수준) First of all, many experts say (Essay Topic Key Word(s)) is quite educational for young children as it helps them to understand many things such as (그때 그때 상황에 따라 예를 써 넣을 것) that they need to learn during their school life. In other words, if (Essay Topic Key Word(s)) does not provide any important educational lessons, children often miss important opportunities to learn about (그때 그때 상황에 따라 예를 써 넣을 것). This is because most schools neglect teaching children such lesson or do so in an ineffective way, as they believe academic school subjects are more important for their children.

어휘 expert : 전문가   in other words : 다시 말해서   neglect : 방치하다   ineffective : 효과적이지 못한   subject : 학과

해석 먼저, 많은 전문가들은 (메인 단어)가 어린 아이들에게 매우 교육적이라고 말합니다. 왜냐하면, 그것은 그들이 학교생활 동안 배워야 하는 (그때 그때 상황에 따라 예를 써 넣을 것)과 같은 많은 것들을 이해하는 것을 돕기 때문입니다. 즉, 만약 (메인 단어)가 어떤 중요한 교육적인 가르침을 제공하지 않는다면, 사실상 아이들은 종종 (그때 그때 상황에 따라 예를 써넣을 것)에 대해 배워야 할 중요한 기회들을 놓치게 됩니다. 이는 많은 학교들이 학교과목이 그들의 아이들을 위해 더 중요하다고 믿기 때문에 학교 아이들에게 그러한 수업을 가르치는 것에 태만하거나 혹은 가르친다고 해도 비효율적이기 때문입니다.

b) 비교육적일 때(부정적)

(6.0 수준) First of all, many maintain that (Essay Topic Key Word(s)) is not very educational and even may damage the mental health of young children as it may lead them to think (Essay Topic Key Word(s)) is more important than anything else. For example, in Japan where (Essay Topic Key Word(s)) is popular and people greatly depend on it, so many young children are being misled to believe that (Essay Topic Key Word(s)) do not create any problems and brings more benefits to them in the long run, which surely is not true and may damage their life.

어휘 damage : 손상을 주다   mental health : 정신 건강   depend on : ~을 의존하다   mislead : 잘못 인도하다

해석 먼저, 많은 사람들은 (메인 단어)가 매우 교육적이지 않으며 심지어, 어린 아이들의 정신건강에 해가 될 수도 있다고 주장합니다. 왜냐하면 그것은 그들에게 (메인 단어)가 다른 어떤 것보다도 더 중요하다고 생각하도록 유도할 수 있기 때문입니다. 예를 들어, (메인 단어)가 인기가 있고, 사람들이 그것에 매우 의존하고 있는 일본에서는, 많은 어린 아이들이 (메인 단어)가 그들에게 어떤 문제도 일으키지 않으며 그들에게 결국에는 더 많은 혜택을 가지고 온다고 믿게끔 오도되고 있습니다. 하지만 이것은 사실이 아니며 그들의 삶에 해를 줄 수 있습니다.

Relationship

a) 좋은 관계를 갖게 도와줄 때

(6.0 수준) Besides, (Essay Topic Key Word(s)) makes it possible for (대상자) to have a better relationship with others in (their family, company, school, community 중 택일) as it helps them to communicate more effectively with them. There is an old saying "out of sight, out of mind." This seems to be true as many people have less contact, only communicate occasionally. As a result, they do not have a good understanding of others. However, (Essay Topic Key Word(s)) will provide a lot of opportunities for people to feel much closer, as it allows them to get in touch with one another quite often.

어휘 communicate : 의사소통을 하다   effectively : 효과적으로   occasionally : 가끔   as a result : 결과적으로   understanding : 이
해   get in touch with : ~와 접촉하다

해석 게다가, (메인 단어)는 (대상자)가 (그들의 가족, 회사, 학교, 공동체 중 택일) 안에서 다른 사람들과 더 나은 관계를 가지는 것이 가능하게
합니다. 왜냐하면 그것은 그들이 그들과 더 효과적으로 의사소통 하도록 도와주기 때문입니다. 즉, "눈에서 멀어지면, 마음에서도 멀어진
다"라는 격언이 있습니다. 이것은 많은 사람들이 더 적게 연락을 하고 단지 가끔씩 소통을 하기 때문에 사실인 듯합니다. 결과적으로, 다른
사람들을 잘 이해하지 못하게 됩니다. 하지만, (메인 단어)는 사람들이 훨씬 가깝게 되도록 많은 기회를 제공할 것입니다. 왜냐하면 그것은
그들이 자주 서로 연락하는 것을 가능하게 하기 때문입니다.

b) 좋은 관계를 약하게 만들 때

(6.0 수준) Besides, (Essay Topic Key Word(s)) can lead (대상자) to the destruction or weakening of the relationship with others in (their family, company, school, community 중 택일) as it often prevents (대상자) from talking openly with or getting in contact with others. This seems to happen because of our self-centered nature. (Essay Topic Key Word(s)) makes (대상자) become too individualistic and even selfish. For example, in Korea where (Essay Topic Key Word(s)) is prevailing in every corner of society, the government is constantly trying to ban (Essay Topic Key Word(s)) as it can weaken and destroy the harmony of society.

어휘 besides : 게다가   destruction : 파괴   weakening : 약화   weaken : 약화시키다   prevent : 막다   openly : 드러내 놓고
self-centered : 자기 중심의   individualistic : 개인주의적인   selfish : 이기적인   prevailing : 우세한

해석 게다가, (메인 단어)는 (대상자)가 (그들의 가족, 회사, 학교, 공동체 중 택일) 안에서 다른 사람들과의 관계의 단절 혹은 약화를 초래할 수
있습니다. 왜냐하면 그것은 종종 (대상자)가 다른 사람들과 공공연히 이야기하는 것 또는 접촉을 하는 것을 방해하기 때문입니다. 이것은
우리의 자기 중심적인 본성 때문에 발생하는 것 같습니다. (메인 단어)는 (대상자)가 너무 개인적이거나 심지어는 이기적으로 되게 만듭니
다. 예를 들어, (메인 단어)가 사회의 곳곳에서 만연하고 있는 한국에서, 정부는 (메인 소재)가 사회의 화합을 약하게 하거나 파괴하기 때문
에 그것을 끊임없이 금지시키는 것을 시도하고 있습니다.

Effect on Others

a) 다른 사람에게 도움을 줄 때

(6.0 수준) However, (Essay Topic Key Word(s)) is very helpful to others as it has a positive impact on them and may increase their general enjoyment. That is, when a person wants to take some fresh air or release stress, they can get involved in (Essay Topic Key Word(s)). After practicing (Essay Topic Key Word(s)), they will be kinder to others as they have a new sense of freedom from the burden of stress.

어휘 helpful : 도움이 되는　　　positive impact : 긍정적 영향　　　enjoyment : 즐거움　　　release stress : 스트레스를 해소하다　　　get involved in : ~에 관여하다　　　burden : 부담

해석 하지만, (메인 단어)는 다른 사람에게 매우 도움이 됩니다. 왜냐하면 그것이 그들에게 긍정적인 영향을 미치며 그들의 일반적인 즐거움을 증가시킬 수 있기 때문입니다. 즉, 사람들이 신선한 공기를 마시거나 스트레스를 풀기를 원할 때, 그들은 (메인 단어)를 할 수 있습니다. (메인 단어)를 실행한 후에, 그들은 다른 사람에게 더 친절하게 될 것입니다 왜냐하면 그들은 스트레스의 짐으로부터 벗어나 새로운 해방감을 느끼게 되기 때문입니다.

b) 다른 사람에게 피해를 줄 때

(6.0 수준) However, (Essay Topic Key Word(s)) bothers others as it negatively affects them by making them uncomfortable. That is, when a person wants to have a rest after having a long day but they have to be with a person involved in (Essay Topic Key Word(s)), they will be more tired and may even harm their health. Also, this may cause others to have a bad impression about the individual as many may think they should stay away from (Essay Topic Key Word(s)) to maintain their health.

어휘 bother : 괴롭히다　　　negatively : 부정적으로　　　affect : 영향을 미치다　　　uncomfortable : 불편한　　　have a rest : 쉬다　　　stay away : 떨어져 있다

해석 하지만, (메인 단어)는 다른 사람들을 괴롭힙니다. 왜냐하면 그것은 그들을 불편하게 만들면서 그들에게 부정적인 영향을 주기 때문입니다. 즉, 사람이 힘든 하루를 보낸 후에 휴식을 갖기 원하지만 그들이 (메인 단어)에 연루되어있는 사람과 함께 있어야 할 때, 그들은 더 피곤해질 수 있고 심지어 그들의 건강을 해칠 수 있습니다. 또한 이것은 다른 사람이 그 개인에 대한 나쁜 인상을 가지도록 할 지도 모릅니다. 왜냐하면 많은 사람들은 그들의 건강을 유지하기 위해 (메인 단어)로부터 거리를 두어야 한다고 생각할지도 모르기 때문입니다.

Safety

a) 안전에 도움이 될 때

(6.0 수준) However, many experts involved with (Essay Topic Key Word(s)) say that it can significantly reduce the problems with safety for which the government is spending a large amount of tax revenue every year. Of course, I cannot say it will remove every problem but the sure result is that it definitely helps to reduce the number of safety problems. In Japan where safety is often a big issue, (Essay Topic Key Word(s)) is both encouraged and practiced almost everywhere, as they believe it has been proven that it is of great help to exercise (Essay Topic Key Word(s)).

어휘 significantly : 상당히   safety : 안전   tax revenue : 세수입   remove : 치우다   definitely : 분명히

해석 그러나, (메인 단어)에 관여하는 많은 전문가들은 그것이 정부가 해결하기 위해 매년 많은 세금수익의 양을 쓰는 안전문제를 줄일 수 있다고 말합니다. 물론, 나는 그것이 모든 문제를 없앨 것이라고 생각하지 않습니다. 하지만, 확실한 결과는 그것이 확실하게 안전문제를 줄이는 것을 도울 수 있다는 것입니다. 안전이 종종 큰 이슈가 되는 일본에서는, (메인 단어)는 거의 모든 곳에서 장려되거나 실행됩니다 왜냐하면 (메인 단어)를 실행하는 것이 큰 도움이 된다는 것이 입증되어 왔기 때문입니다.

b) 안전에 문제가 있을 때

(6.0 수준) However, many are concerned that there is a safety issue with (Essay Topic Key Word(s)), which can even threaten the lives of people. Of course, I cannot say (Essay Topic Key Word(s)) always has a negative impact but when (Essay Topic Key Word(s)) is overused or not controlled properly, the person involved in (Essay Topic Key Word(s)) may not be free from possible accidents such as (관련 문제점들 쓸 것). In Korea, (Essay Topic Key Word(s)) has been banned by the government and many people are educated that (Essay Topic Key Word(s)) is often dangerous.

어휘 threaten : 협박하다   overuse : 남용하다   control : 통제하다   properly : 제대로

해석 그러나, 많은 사람들은 사람들의 생명까지 위협할 수 있는 (메인 단어)에는 안전에 문제가 있다고 염려합니다. 물론, 나는 (메인 소재)가 항상 부정적인 영향만을 가지고 있다고 생각하지는 않습니다. 하지만 (메인 단어)가 과용되거나 혹은 적절하게 조절되지 않을 때는 (메인 단어)에 연루된 사람들은 (관련 문제점들 쓸 것)과 같은 사고를 당할 수도 있습니다. 한국에서는, (메인 단어)가 정부에 의해 금지되어 왔고, 많은 사람들이 (메인 단어)가 종종 위험하다고 교육을 받습니다.

C. 결론 찍기틀 만들기

시험장에서 미처 시간이 부족해 결론을 작성하지 못하는 경우가 많습니다. 결론틀만이라도 충분히 숙지한 후 응용한다면 정해진 시간내의 Essay 완성에 도움이 될 것입니다.

결론틀 1

It is my view that although both views have reasons for support, it is still difficult for me to embrace (Essay Topic Key Word(s)) as a flawless advantage as it is after all insubstantial and incomplete. Thus, (해결책, 조언).

어휘 embrace : 받아들이다   flawless : 흠 하나 없는   insubstantial : 대단찮은   incomplete : 불완전한

해석 내 생각으로는 비록 양쪽의 의견이 모두 지지할 이유를 가지고 있다고 하더라도 결국 불충분하고 불완전하기 때문에 나는 (메인 단어)가 결함이 없는 장점이라고 받아들이기에는 어렵습니다. 그러므로, (해결책, 조언).

결론틀 2

After considering both sides of the argument, it is clear that there are both advantages and disadvantages of (Essay Topic Key Word(s)). In my view however, the overall benefits to (대상자) seem to outweigh the disadvantages that may arise as a result of (Essay Topic Key Word(s)).

어휘 argument : 논쟁   outweigh : ~보다 더 대단하다

해석 논쟁에 대한 양면을 고려한 후, (메인 단어)의 장점과 단점 모두가 있다는 것은 명확합니다. 그러나, 나의 관점으로는, (대상자)에게로의 전반적인 혜택이 (메인 단어)의 결과로서 발생할 수 있는 단점보다 더 큽니다.

결론틀 3

Taken all together, it can be clearly seen that while (상대방의 내용) may sound like a clever argument, in actual fact if the issue is viewed from a broader angle then the more logical conclusion to be drawn is that (내가 주장하는 내용).

어휘 actual : 실제의   logical : 타당한, 사리에 맞는   conclusion : 결론

해석 모든 것을 종합해볼 때, (상대방의 내용)은 명석한 주장처럼 들릴지도 모르겠지만 실질적으로 만약 그 문제를 좀 더 폭넓은 각도에서 본다면 이끌어 낼 수 있는 좀 더 타당한 결론은 (내가 주장하는 내용) 입니다.

John의 '콕 & 퀵' 한 수

더 많은 결론틀 Sample은 다음 Page부터 작성되어 있는 'Ⅳ. 주제별 기타 찍기틀 만들기'의 결론 문단들을 참조하세요. 많은 도움이 될 것입니다.^^

IV. Essay 주제별 찍기틀 만들기

평소에 자신이 없는 분야가 있다면 이에 해당되는 내용들을 다음과 같은 틀들을 사용해 미리 준비해보는 것도 좋은 방법 중의 하나입니다.

교육 관련 틀, Education (Advantages/Disadvantages)

Education has long been considered the foundation stone of modern society. These days, increasingly individuals are being asked to consider the advantages and disadvantages of (Essay Topic Key Word(s)).

어휘 consider : 사려하다   foundation : 토대

해석 교육은 현대사회의 반석으로 오랫동안 간주되어 왔습니다. 요즘, 더욱 더 사람들은 (메인 단어)의 장점과 단점을 생각해 보게끔 요구되고 있습니다.

The main advantage of (Essay Topic Key Word(s)) is that (장점 1). For example, if people (행위) then (결과). This may be one example but if looked at from the wider perspective it can be seen that this is true in general. Another advantage of (Essay Topic Key Word(s)) is (장점 2). This is well demonstrated by the fact that the number of those who enjoyed (Essay Topic Key Word(s) 관련) increased.

해석 (메인 단어)의 주요한 장점은 (장점 1)입니다. 예를 들어, 만약 사람들이 (행위)한다면, (결과)가 나타납니다. 이것은 한 예에 불과 할지 모르지만, 만약 더 넓은 관점으로 본다면, 이것은 보편적 사실로 보여질 것입니다. (메인 단어)의 또 다른 이점은 (장점 2)입니다. 이것은 (메인 단어관련)을 즐기는 사람들의 수가 증가했다는 사실에 의해 잘 증명됩니다.

On the other hand, one of the main drawbacks of (Essay Topic Key Word(s)) is (단점). In spite of the (대책), the reality is that in most cases it turns out that (문제점). Nevertheless, if appropriate precautions are made then there is no need to be overly concerned about what is really only a minor issue.

어휘 precaution : 예방책   overly : 너무

해석 다른 한편으로, (메인 단어)의 주요 단점들 중에 하나는 (단점)입니다. (대책)에도 불구하고, 현실에서 대부분의 경우에 (문제점)으로 밝혀집니다. 그럼에도 불구하고, 만약 적절한 대비책이 세워진다면, 작은 문제에 불과한 것에 너무 과도하게 염려할 필요는 없을 것입니다.

In conclusion, there are both advantages and disadvantages when it comes to considering the issue of (Essay Topic Key Word(s)). It is my view that although the idea of (Essay Topic Key Word(s)) is not without its drawbacks, provided appropriate measures are taken to deal with these problems then there should be no (단점).

해석 결론적으로, (메인 단어)의 이슈에 관하여 장점과 단점 모두가 있습니다. 비록 (메인 소재)에 단점이 있지만, 만약 적절한 조치들이 이러한 문제들을 처리하기 위해 취해진다면 (단점)이 없을 것입니다.

테크놀로지 관련 틀, Technology (Agree-Disagree)

Over the last decades the world has been witnessing amazing developments in technology and this has meant that it is now possible to do what people only dreamed of doing in the past. However, society as a whole needs to take a stand on whether they support the idea of (Essay Topic Key Word(s)) or take the opposite position. This essay will discuss both viewpoints.

어휘 witness : 목격하다   amazing : 놀라운   development : 발달   technology : 기술   viewpoint : 관점

해석 지난 몇 십 년간에 걸쳐, 기술의 놀라운 발전이 세계적으로 목격되어 왔으며 이것은 사람들이 단지 과거에 꿈꾸기만 했던 것을 현재에 하는 것이 가능하다는 것을 의미합니다. 하지만, 사회는 전체적으로 (메인 단어)의 생각을 지지해야 하는지 혹은 반대의 위치를 취해야 하는지를 결정할 필요가 있습니다. 이 에세이는 양쪽 관점 모두를 논할 것입니다.

Many individuals falsely believe that because of (Essay Topic Key Word(s)), there is a need to (긍정 혹은 부정). Yet, when the issue is put to closer scrutiny it is clear that this is not the case. This can be best seen by the fact that the more (Essay Topic Key Word(s)), the greater (장점 혹은 단점).

어휘 falsely : 거짓으로   scrutiny : 정밀 조사

해석 많은 개인들은 (메인 단어) 때문에 (긍정 혹은 부정) 할 필요가 있다고 잘못 믿고 있습니다. 하지만, 이 문제들을 좀 더 정밀하게 조사한다면 이것은 사실이 아니라는 것이 명확합니다. 이것은 (메인 단어)가 더 할수록 더(장점 혹은 단점)한다는 사실에 의해서 가장 잘 입증됩니다.

On the other hand, one of the (positive/negative) outcomes that has come from (Essay Topic Key Word(s)) has been (장점 혹은 단점). An often cited example of how this works in practice is the case of (예). However, this is not an isolated case and there are countless examples of this each year.

어휘 on the other hand : 다른 한편으로는   isolated : 고립된   countless : 무수한

해석 다른 한편으로, (메인 소재)로부터의 (긍정적/ 부정적) 결과 중 하나는 (장점 혹은 단점)입니다. 이것의 실천을 보기 위해 종종 인용되는 예는 (예)의 사례입니다. 그러나, 이것은 단 하나의 고립된 사례만은 아니며 이것의 무수한 예들을 매년 볼 수 있습니다.

In summary, as the evidence is lacking to (support/oppose) the idea of (Essay Topic Key Word(s)), the only logical conclusion that can be made is that (지지 혹은 반대한다는 내용 - support/oppose의 반대 내용을 작성).

어휘 evidence : 증거   lack : 부족

해석 요약하자면, (메인 단어)의 의견을 (지지/반대)하는 증거가 부족하므로 내릴 수 있는 유일한 논리적 결론은 (지지 혹은 반대한다는 내용) 입니다.

John의 '콕 & 퀵' 한 수

본 Chapter에 있는 모든 틀을 외워 Essay를 준비하는 것은 시간적 측면에서 매우 비효율적일 수 있습니다. 일부 본인에게 필요한 부분만을 선별하여 부분적으로 익히는 것이 바람직할 것입니다.

교통 관련 틀, Transport (Advantages/Disadvantages)

In recent times there has been an increase in the transportation options available to the average commuter and this revolution has brought with it both advantages and disadvantages. This essay will choose one transport issue in particular and examine whether the idea of (Essay Topic Key Word(s)) proves to be more advantageous to society or not.

어휘 transportation : 운송   commuter : 통근자   revolution : 혁명   transport : 수송하다   in particular : 특히   particular : 특정한
examine : 조사하다   advantageous : 이로운

해석 최근에, 일반 통근자가 이용할 수 있는 교통수단의 선택폭에서 증가가 있었습니다. 그리고 이러한 큰 변화는 장점과 단점 모두를 수반해 왔습니다. 이 에세이는 특별히 한 교통문제를 선택할 것이며 (메인 단어)하는 생각이 사회에 좀더 이득이 되는지 혹은 그렇지 않은지 여부를 검토할 것입니다.

There are those pessimists who exaggerate the issue of (문제점) that is related to (Essay Topic Key Word(s)). Such an opinion surely cannot be considered to have any authority as (문제점) can really only be seen as a minor disadvantage, when taking into account the whole picture.

어휘 pessimist : 비관주의자   exaggerate : 과장하다   surely : 확실히   consider : 사려하다   authority : 권한

해석 (메인 소재)와 관련된 (문제점)의 문제를 과장하는 비관론자들이 있습니다. 그러한 견해는 큰 그림을 고려할 때(문제점)이 정말로 작은 단점으로 밖에는 보이지 않기 때문에 그 어떤 영향력도 가지고 있지 않습니다.

Having talked about what is the only problem with the idea of (Essay Topic Key Word(s)), I now turn to what I see to be the primary advantage of (Essay Topic Key Word(s)), which is (장점). What this essentially means is that an increase in (Essay Topic Key Word(s)) should lead to better outcomes for all parties involved.

어휘 primary : 주요한   advantage : 이점   outcome: 결과

해석 (메인 단어)의 유일한 문제점을 거론했으므로 (메인 단어)의 주 장점으로 생각되는 것에 대해 알아보겠습니다. 그리고 그것은 (장점)입니다. 이것이 본질적으로 의미하는 것은 (메인 단어)의 증가는 관련된 모든 당사자들을 위해 더 나은 결과를 나을 것이라는 것입니다.

In summary, this essay outlined the disadvantage and the advantage of (Essay Topic Key Word(s)). However, it was shown that in actual fact the problem which was identified is only minor and should not stand in the way of (대상자 혹은 관련된 목적). Rather, people should come to the transportation issue of (Essay Topic Key Word(s)) with a positive and open mind.

어휘 outline : 개요를 서술하다   identified : 확인된   rather : 오히려   positive : 긍정적인   open mind : 열린 마음

해석 요약하면, 이 에세이는 (메인 단어)의 단점과 장점을 설명했습니다. 그러나, 사실상 확인된 문제는 단지 소수에 불과하며 (대상자 혹은 관련된 목적)에게 방해가 되지 않는다는 것입니다. 오히려, 사람들은 긍정적이고 개방적인 마음을 가지고 (메인 단어)의 교통 이슈를 접해야 합니다.

환경 관련 틀, Environment (Cause-Solution)

The most urgent environmental problem that requires the attention of the international community is the issue of (Essay Topic Key Word(s) 혹은 문제점). This essay will outline the causes that led to this problem and will also discuss possible solutions.

해석 국제사회의 관심을 요하는 가장 긴급한 환경문제는 (메인 단어)의 이슈입니다. 이 에세이는 이러한 문제를 야기시켰던 원인을 설명하고 또 한 가능한 해결책을 논할 것입니다.

The strong influence that (원인 1) has had on (Essay Topic Key Word(s) 혹은 문제점) is said to be one of the primary causes for this environmental disaster story. Indeed, with each passing year, people are acting in a way that (문제점관련) by (원인 1). The general view is that (원인 2) is the main cause of the problem of (Essay Topic Key Word(s) 혹은 문제점). For example, people are increasingly (원인 2). This has had a strong negative influence on (Essay Topic Key Word(s)).

어휘 disaster : 참사   increasingly : 점점 더   negative : 부정적인   influence : 영향

해석 (원인 1)이 (메인 단어 혹은 대상자)에 미치는 강력한 영향이 이 환경재난 사태의 주요 원인 중에 하나라고 주장되고 있습니다. 사실상, 매 년 사람들은 (원인 1)에 의해 (문제점 관련)방식으로 행동을 하고 있습니다. 일반적인 견해는 (원인 2)이 (메인 단어) 문제의 주요한 원인이 라는 것입니다. 예를 들어, 사람들은 점점 더 (원인 2)하고 있습니다. 이것은 (메인 단어)에 강한 부정적인 영향을 미칩니다.

In spite of this, governments are in a good position to counter the effects of human irresponsibility by introducing legislation and funding for (문제점 혹은 Essay Topic Key Word(s)). Governments can control (문제점 혹은 Essay Topic Key Word(s)) by introducing legislation that should help in limiting the extent of the problem. In terms of funding, it may be useful for governments to dedicate budgetary resources to educating the public about the issue of (문제점 혹은 Essay Topic Key Word(s)).

어휘 in spite of : ~에도 불구하고   irresponsibility : 무책임   legislation : 입법 행위   funding : 자금 제공   dedicate : 바치다
budgetary : 예산의   resource : 자원

해석 그럼에도 불구하고, 정부는 법을 제정하고 (문제점 혹은 메인 소재)에 자금을 조달 함으로서 인간의 무책임으로 만들어진 결과에 맞설 수 있는 좋은 입지에 있습니다. 정부는 문제의 범위를 제한하는 법을 도입함으로써, (문제점 혹은 메인 단어)를 통제할 수 있습니다. 자금제공 관련, 정부가 (문제점 혹은 메인 단어)의 문제점에 관해서 대중을 교육시키는 것에 예산자원을 전폭적으로 투입하는 것이 도움이 될 수도 있습니다.

In summary, the two main causes of (문제점 혹은 Essay Topic Key Word(s)) are (원인 1) and (원인 2). In order to redress this situation it is essential that governments act to introduce appropriate legislation and provide sufficient funding to establish education campaigns.

어휘 redress : 바로잡다   situation : 상황   appropriate : 적절한   provide : 제공하다   sufficient : 충분한   establish : 설립[설정] 하다

해석 요약하자면, (문제점 혹은 메인 단어)의 두 가지 주원인은 (원인 1)과 (원인 2) 입니다. 이러한 상황들을 시정하기 위해 정부가 적절한 법을 도입하고 교육 캠페인을 위한 충분한 기금을 조달하는 것이 절실합니다.

예술 관련 틀, Arts (Benefits/Drawbacks)

Artistic expression has long been considered to reflect the quintessential quality of being human – the ability to create. Yet, not all share this perspective about artistic endeavor and in recent times debate has arisen over the merits of (Essay Topic Key Word(s)). Given the importance of this question to society as a whole, the benefits and drawbacks of the issue need to be put under the spotlight.

어휘 artistic : 예술의   quintessential : 본질적인   perspective : 관점   drawback : 결점

해석 예술적 표현은 인간으로 존재하는 본질적 특성을 반영한다고 오랫동안 생각되어 왔습니다. – 창작의 능력. 하지만, 모든 사람들이 예술적 노력에 대한 이러한 생각을 공유하는 것은 아니며 최근에는 (메인 단어)의 장점에 대한 논쟁이 발생해 왔습니다. 사회 전체에 미치는 이 문제의 중대성을 고려하여, 이 문제의 장점과 단점에 대해 집중적으로 알아볼 필요가 있습니다.

To start with, there are many in the community who maintain that (Essay Topic Key Word(s)) is important as it contributes to (대상자). Further, they argue that a better appreciation of (Essay Topic Key Word(s)) will lead to the benefits of increased (장점 1) and better (장점 2). While this argument may seem valid to many, there is good evidence to show that in fact the more (Essay Topic Key Word(s)), the greater the problem with (문제의 대상).

어휘 maintain : 유지하다   contribute : 기여하다   appreciation : 감상   valid : 유효한

해석 먼저, (메인 단어)가 (대상자)에 기여함으로, (메인 단어)가 중요하다고 주장하는 많은 사람들이 사회에 있습니다. 게다가, 그들은 (메인 단어)에 대한 더 나은 이해는 증가된 (장점 1)의 혜택과 더 나은 (장점 2)로 이끌 것이라고 주장합니다. 이러한 주장이 많은 사람에게 타당하게 들릴지도 모르겠지만, 사실 더 (메인 단어)할수록 (문제의 대상)에 더 큰 문제가 있다는 것을 보여주는 확실한 증거가 있습니다.

Rather, the drawbacks to the issue are of greater concern and it is incumbent upon all responsible individuals to fully appreciate the implications these drawbacks have for those directly affected. For instance, if (Essay Topic Key Word(s)) then this will inevitably lead to (문제). This is well demonstrated by the case of (예) where (예의 설명).

어휘 drawback : 결점   concern : 우려   incumbent : 필요한   directly : 곧장   inevitably : 필연적으로   for instance : 예를 들어

해석 사실, 이 이슈의 단점들이 더 염려스러운 부분입니다 그리고 이 문제들이 직접 영향 받는 사람들에게 미치는 영향을 완전히 이해 하는 것이 책임이 있는 모든 사람들의 의무입니다. 예를 들어, 만약 (메인 단어)한다면, 이것은 당연히 (문제)를 초래할 것입니다. 이것은 (예의 설명)하는 (예)의 경우에 의해 잘 입증되고 있습니다.

It is clear from the analysis of the issue that, on balance, the benefits of (Essay Topic Key Word(s)) are only minor and rather it is the drawbacks that need greater attention. Therefore, it is my firm opinion that society is best served if we take the view that (단점).

어휘 analysis : 분석 연구   therefore : 그러므로   firm : 확고한   take the view that : ~생각을 갖다

해석 이슈의 분석을 통해 모든 것을 감안했을 때(메인 단어)의 장점은 매우 적으며 오히려 더 큰 주의력을 요하는 것은 단점들이라는 것이 확실합니다. 그러므로, 만약 우리가 (단점)이라는 견해를 가진다면, 사회에 도움이 될 것이라는 것이 나의 확고한 의견입니다.

건강 관련 틀, Health (Cause - Effect)

Issues related to health and wellbeing have always been at the top of the agenda for government policy makers, and individuals themselves are also keen on promoting their own health. Yet, nothing is more controversial than (Essay Topic Key Word(s)). That is, (Essay Topic Key Word(s)) has often surfaced as a serious problem to our lives. Thus, there is a need to discuss the causes that led to this problem and some of the possible solutions.

어휘 agenda : 의제   policy maker : 정책 입안자   keen on : ~에 관심이 많은   controversial : 논란이 많은   surface : 표면화되
다   thus : 그러므로

해석 건강과 복지와 관련된 이슈들은 정부정책 제정자들에게 항상 안건의 일순위로 되어왔습니다. 그리고 개인 자신들도 그들 자신의 건강을
향상시키는 것에 매우 깊은 관심을 가지고 있습니다. 하지만, 그 어떤 것도 (메인 단어)보다 더 논란이 되지는 않을 것입니다. 즉, (메인 단
어)는 우리의 삶 속에서 심각한 문제로써 종종 표면 위에 부각됩니다. 그러므로, 이 문제를 야기시키는 원인과 몇몇의 가능한 해결책들을
논할 필요가 있습니다.

Without doubt, (원인) is the single most important contributing factor to the problem of (Essay Topic Key Word(s)). The reality was that as a direct result of (원인) this meant that (문제 관련). However, the origins of (문제 관련) can also be traced back to (원인 2). For instance, when (people/communities/government) (특정 행위), this has a negative effect on (Essay Topic Key Word(s) 혹은 대상자).

해석 의심의 여지없이, (원인)은 단언코 (메인 단어)의 문제에 가장 중요하게 기여하는 단일 요소입니다. 현실은 (원인)의 직접적인 결과로 이것
이 (문제 관련)을 의미한다는 것입니다. 그러나, (문제 관련)의 기원은 (원인 2)로 또한 발견될 수 있습니다. 예를 들어, (사람/공동사회/정
부)가 (특정 행위)를 할 때, 이것은 (메인 단어 혹은 대상자)에 부정적인 영향을 미칩니다.

Nevertheless, provided both governments and communities are prepared to take positive action, then it is possible that the problem of (Essay Topic Key Word(s)) can be at least partially resolved. It is not entirely unrealistic to suggest that by (해결책 관련) then this will lead to the positive outcome of (Essay Topic Key Word(s)).

어휘 nevertheless : 그럼에도 불구하고   positive action : 긍정적인 조치   at least : 적어도   partially : 부분적으로   resolve : 해결하
다   entirely : 전적으로   unrealistic : 비현실적인   outcome : 결과

해석 그럼에도 불구하고, 만약 정부와 사회가 긍정적인 조치를 취한다면, (메인 단어)의 문제가 적어도 부분적으로라도 해결되는 것이 가능합니
다. (해결 관련)함으로써 이것이 (메인 단어)의 긍정적인 결과를 초래할 수 있다고 제안하는 것은 전적으로 비현실적이지 않습니다.

In conclusion, there is no escaping the fact that the current problem of (Essay Topic Key Word(s)) has been caused by (원인 1, 원인 2). The good news is that once efforts are made to implement (해결 방안) and if (해결 방안) then society as a whole can live at ease in the knowledge that they are moving in the right direction.

어휘 escape : 탈출하다   current : 현재의   implement : 시행하다   at ease : 마음이 편안한

해석 결론적으로, (메인 단어)의 현문제가 (원인 1, 원인 2)에 의해 야기되었다는 사실은 피할 수 없습니다. 좋은 소식은 일단 (해결 방안)을 시행
하기 위한 노력이 만들어진다면 그리고 만약 (해결 방안)을 실행한다면, 사회는 전반적으로 그들이 올바른 방향으로 가고 있다는 것을 인
식하며 편안하게 살아갈 것입니다.

사회적 관련 틀, Social Issue (Advantages/Disadvantages)

(Essay Topic Key Word(s)) remains one of the most fundamental concerns in today's society, yet, a great deal of controversy continues to surround the issue of if (찬성) or (반대) is the better option. The purpose of this essay is to outline some of the contentious issues, while at the same time considering the advantages and disadvantages of both sides.

어휘 remain : 여전히 ~이다   fundamental : 근본적인   concerns : 걱정   controversy : 논란   surround : 둘러싸다   outline : 개요를 서술하다   contentious : 논쟁을 초래하는   at the same time : 동시에   considering : ~을 고려하면

해석 (메인 단어)는 오늘날 사회에서 가장 근본적인 걱정거리 중의 하나로 남아 있습니다. 하지만, (찬성) 혹은 (반대)가 더 나은 선택인지에 대해 많은 논란이 계속되고 있습니다. 이 에세이의 목적은 양쪽 관점의 장점과 단점을 동시에 고려하며 논쟁이 되는 문제들을 개괄적으로 설명하는 것입니다.

Starting with the advantages, it is evident that with the rise in (장점의 원인) there has been an improvement in (장점 관련 혹은 대상자). On the whole this has meant that it is now possible to (장점 관련), which was a reality that people in the past could only dream about.

어휘 evident : 분명한   improvement : 향상   on the whole : 대체로   reality : 현실   dream about : ~을 꿈꾸다

해석 먼저 장점으로, (장점의 원인)의 증가로 (장점 관련 혹은 대상자)의 향상이 있었다는 것은 분명합니다. 전반적으로, 이는 (장점 관련)이 현재 가능하다는 것을 의미하는데 이는 과거의 사람들은 단지 꿈만을 꾸었던 것이었습니다.

On the other hand, the disadvantages cannot be ignored and in particular the problem of (단점). It is difficult to escape the conclusion that the reason for (단점) is (단점 원인). The expectation may have been that the introduction of (Essay Topic Key Word(s)) would have led to (긍정적 결과), but in actual fact the opposite outcomes have eventuated. Take for example the case of (예), when (예 설명) what can be learned from this is that (단점 내용).

어휘 on the other hand : 다른 한편으로는   in particular : 특히   conclusion : 결론   expectation : 예상   introduction : 도입   eventuate : 결국 ~이 되다

해석 다른 한편으로, 단점들이 간과될 수 없으며, 특히, (단점)의 문제가 그렇습니다. (단점)의 이유가 (단점 원인)라는 결론을 피할 수 없습니다. (메인 단어)의 도입이 (긍정적 결과)을 초래했을 지도 모른다는 기대가 있어왔습니다. 하지만 실상은 반대 결과들만 만들어졌습니다. (예)의 경우를 예로 본다면 (예 설명)할 때, 이것으로부터 배울 수 있는 것은 (단점 내용)이라는 것입니다.

In conclusion, although it cannot be denied that there are both advantages and drawbacks to (Essay Topic Key Word(s)), it is my firm opinion that if we take into account the interests of the community as a whole, then the only logical conclusion would be to argue that (Essay Topic Key Word(s)) should be accepted. In the end the (advantages/disadvantages) of (Essay Topic Key Word(s)) far outweigh the disadvantages(or advantages).

어휘 outweigh : ~보다 더 대단하다

해석 결론적으로, 비록 (메인 단어)에는 장점과 단점 모두가 있다는 것을 부정할 수는 없지만 만약 우리가 전반적 사회의 관심을 고려한다면, 유일한 논리적 결론은 (메인 단어)가 인정되어야 한다고 주장하는 것입니다. 결국, (메인 단어)의 (장점/(단점))은 훨씬 단점(장점) 보다 우위에 있습니다.

V. 찍기틀 Final 체크하기

Essay 완성 후 기본문법에 입각해 충실히 괄호( ) 안을 채웠는지 반드시 Check해야 합니다. 특히 Writing 시험관들은 틀의 사용에 매우 민감하게 반응하며 괄호 안의 어색하거나 부적절한 삽입을 통해 틀을 사용했다고 확신할 경우 해당 응시생은 감점을 받을 수 있다는 점에 유념해야 합니다.

Essay 작성 후 마무리 Checklist 기본 10계명

1. 시제가 바르게 사용되었는가?
2. 동사 특히 'be'동사를 두 번 사용하거나 빼먹지는 않았는가?
3. 명사 앞의 관사를 제대로 사용했는가? (명사 단복수 구별 포함)
4. 주어와 동사가 일치했는가? (3인칭 단수 현재 동사 뒤에 's'사용 포함)
5. 전치사가 적절히 사용되었는가?
6. 자동사와 타동사를 혼동하여 사용하지 않았는가?
7. 수동태와 능동태가 구별되었는가?
8. 접속사를 부적절하게 사용했거나 빼먹지는 않았는가?
9. 바른 철자법 사용 및 대소문자를 구별했는가?
10. 적절한 마침표를 사용했는가?

서론

> These days, there is widespread concern within the public domain over the issue of whether (시험문제 내용). This essay will show that the minor drawback of (Essay Topic Key Word(s) 혹은 동명사) is of only small significance when compared to the greater merits of (Essay Topic Key Word(s) 혹은 동명사).

본론 1

> There are those who are short sighted enough to be under the false impression that (반대 주장). While this may be a true statement for a small pocket of the population, to claim that this is true for everyone is simple paranoia.

본론 2

> The more valid view would be that (찬성 주장). A classic example of this is (찬성 주장 Example). (Another Example S + V).

본론 3

> Last of all it has to be recognized how people are now less anxious due in large part to (Essay Topic Key Word(s)). Compared to the past, (대조적인 내용). This is in stark contrast to the situation today as people are less stressed as result of (Essay Topic Key Word(s)).

결론

> In conclusion, even though it cannot be denied that there is a definite drawback in the possibility of (반대 주장의 명사형), the benefits far surpass the drawbacks. In particular, (사람(들은) + be동사) not only (찬성 주장의 형용사형) but also less anxious because of (해결되는 문제 명사형) concerns.

Day

18

고득점을 위한
찍기틀 실전 연습

이번 Chapter에서는 Day 17에서 배운 틀을 실전문제를 가지고 응용해 보겠습니다.

John의 '콕 & 퀵' 찍기틀 사용 전 주의점

- 문장력 및 단어 실력이 없는 상태에서 틀만 외워 점수를 받겠다는 생각은 금물입니다.
- 괄호( )를 채울 때는 반드시 문법에 맞게 넣어야 하며 가능하면 틀 속의 문장 수준과 일치해야 합니다. (기초가 없다면 고득점 틀이 아닌 6.0 틀을 추천합니다.)
- 문제의 내용상 틀을 그대로 적용하기가 어려울 경우 틀의 내용을 수정하거나 틀의 일부만을 사용해야 합니다.

I. Agree or Disagree (Both Views) 6.0틀 응용

실전문제 1 (틀 적용이 쉬운 문제)

> Discuss the advantages of tourism and its negative impact on people.

해석 관광여행의 장점과 사람들에게 미치는 부정적인 영향에 대해 논하시오.

John의 '콕 & 퀵 한 수'

이미 Day 17에서 설명했듯이, Essay 괄호( ) 속을 채울 때는 '특정 명사'만을 말하는 것이 아니라 '동명사형' 그리고 'that 명사절' 모두를 포함합니다. 즉, 시험문제에 따라 유동적으로 적절하게 삽입해야 합니다.

A. Agree or Disagree 6.0틀 응용

These days, (tourism) seems to be a matter of great public interest and this in part is a reflection of the rapid changes in our society. However, (the effects of tourism) have been the source of much heated debate within society; some say that (tourism brings many positive aspects) while others take the opposite view. Even though it may appear that opposing opinions can be maintained at the same time, they still have to be scrutinised.

To begin with, regarding the benefits (tourism) brings, the point that needs to be remembered is that (people are likely to have a greater understanding of the world at large). In other words, as seen recently, (tourism helps people to become more accepting of other cultures and people, creating memories with others that will stay with them for a lifetime). Based on the aforementioned statements, it is broadly maintained that (tourism can bring extremely exciting and eye opening opportunities to people).

However, there are voices who oppose strongly the idea, stating that the benefits (tourism) brings is only one side of the issue, and if we investigate more, it is clear that (tourism) often causes problems we should not overlook. One of them is that (tourism) often makes people find themselves in a situation where they (witness special places known for their natural beauty or historical value are in danger due to the flood of travellers, and this may damage these precious sites). In the worst case scenario, (these places may be destroyed). On this note, (tourism) certainly is problematic and people should reconsider its value and role.

It is my view that although both views have reasons for support, it is still difficult for me to embrace the idea of (tourism) as flawless as there are definite problems that are not easily resolved.

어휘 effect : 영향   be likely to : ~할 가능성이 있다   eye opening : 눈을 뜨게 하는   historic value : 역사적인 값어치   destroy : 파괴하다

해석 요즘, (관광)은 대중의 커다란 관심거리가 된 듯하며 이것은 부분적으로 우리 사회의 빠른 변화를 반영합니다. 그럼에도 불구하고, (관광의 영향)은 우리사회에서 열띤 논쟁거리가 되었는데; 어떤 사람들은 (관광은 많은 긍정적 양상을 가지고 있다)라고 말하지만 다른 사람들은 그것과는 다르게 생각을 합니다. 비록 대립하는 의견이 동시에 주장될 수 있겠지만 그들은 여전히 면밀히 조사되어야 합니다. 먼저, (관광)이 가져오는 장점과 관련해 상기되어야 할 포인트는 (사람들이 전반적으로 세상을 더 넓게 이해할 수 있을 것)이라는 것입니다. 즉, 최근에 보여진 것처럼, (관광은 사람들이 다른 문화와 사람들을 좀 더 잘 포용할 수 있게 합니다). 지금까지 언급한 진술에 근거하여, (관광은 사람들에게 매우 신나고 안목을 넓히는 기회를 가지고 올 수 있다)라고 넓게 주장됩니다. 그러나, (관광)이 가져오는 장점들은 단지 그 이슈의 한쪽 측면에 불과하다고 주장하면서, 그 의견을 강하게 부정하는 목소리가 있습니다. 그리고, 만약 우리가 조금 더 깊게 조사해보면, (관광)은 우리가 간과하지 말아야 할 문제점들을 종종 야기시킵니다. 그 문제점 중 하나는 (관광)이 사람들이 (과도한 수의 여행자들로 인해 자연경관 및 역사적인 장소로 알려진 특별한 장소들이 위험에 처하게 되는 것을 목격하는) 상황 속으로 빠지도록 만든다는 것입니다. 최악의 시나리오는, (그 장소들이 파괴될 수 있다는 것입니다). 이러한 경우에, (관광)은 분명히 문제를 가지고 있으며 사람들은 그들의 삶 속에서 그것의 가치와 역할을 재고해야만 합니다. 비록 양쪽의 의견이 지지하는 이유를 가지고 있다고 할지라도, 쉽게 해결되지 않는 분명한 문제가 존재하기 때문에 (관광)의 사안을 흠이 없다라고 내가 받아들이기에는 시기상조라는 것이 나의 견해입니다.

▶ 소수의 수정만을 제외하고 전적으로 틀을 사용했습니다. 괄호( ) 부분의 내용이 다소 불완전하게 채워졌지만 최소 6.0을 받을 수 있는 Essay입니다.

John의 '콕 & 퀵' 조언

틀을 외워 문제 내용에 맞게 변형시키는 것이 더 어렵다고요? 네 그럴 수 있습니다. 그래서 응용이 완벽하지 않아도 받을 수 있는 5.0, 5.5를 목표로 하는 수험생들에게만 일반적으로 인기가 있습니다. 6.0 이상을 목표로 하는 수험생들은 틀의 일부만을 활용하십시오.

B. 같은 문제를 틀 사용 없이 정상적으로 작성한 Essay (7.5 수준)

The tourism industry allows people to travel to new and exotic places in order to enjoy experiences that may not be available to them in their own place of residence. Travelling can be extremely exciting and eye opening, but at the same time excessive tourism may have a negative impact on local cultures and traditions.

As people travel to more places, they are likely to have a greater understanding of the world at large. They will become more accepting of other cultures and people, creating memories that will stay with them for a lifetime. Tourism is a lucrative industry, and it often generates much needed income for places that have become dependent on tourism revenue. Travellers are bound to spend money in places they travel to, and businesses, such as tour guide companies, have been established in order to cater to the needs of tourists.

However, the danger of excess tourism is also a very real problem. Particularly places known for their natural beauty or historical value are in danger of being flooded by a large number of travellers and this may damage these precious sites, sometimes destroying them altogether. The influence of tourism may also alter the character of local cultures, so that the traveller's experience is no longer 'genuine' or 'real'. Rather, local businesses seek to create an experience based on travellers' expectations in order to draw a consistent body of tourists to their destination.

In conclusion, it is clear that tourism has both advantages and disadvantages. While it is important to protect the natural environments and traditions of local communities, the economic benefits of tourism are undeniable. As such, governments should seek to strike an appropriate balance by promoting the growth of tourism, but also ensuring that such growth is healthy and sustainable.

어휘 tourism industry : 관광 산업   allow : ~을 가능하게 하다   exotic : 이국적인   residence : 거주지   travelling : 여행   exciting : 신나는   eye opening : 놀랄 만한   at the same time : 동시에   excessive : 지나친   tourism : 관광   negative : 부정적인   impact : 영향   have an impact on : ~에 영향을 주다   local culture : 지역 문화   understanding : 이해   at large : 일반적으로   lucrative : 수익성이 좋은   generate : 발생시키다   tourism revenue : 관광수입   be bound to : 틀림없이 ~을 하다   entire : 전체의   cater : 음식을 공급하다   establish : 설립하다   danger : 위험   excess : 지나침   particularly : 특히   historical : 역사적   value : 가치   flood : 폭주   a large number of : 다수의   damage : 손상   precious : 귀중한   destroy : 파괴하다   influence : 영향   local businesses : 지역산업   in order to : ~하기 위하여   draw : 끌어당기다   consistent : 일관된   destination : 도착지   undeniable : 부인할 수 없는   appropriate : 적절한   ensure : 보장하다   sustainable : 지속 가능한

해석 관광산업은 사람들이 그들이 사는 지역에서 얻지 못하는 경험을 즐기기 위해 새롭고 이국적인 장소로 여행하는 것을 가능하게 합니다. 여행은 매우 즐겁고 시야를 넓히는 것이나 동시에 지나친 관광은 지역문화와 전통에 부정적인 영향을 미칠 수도 있습니다.

사람들이 더 많은 장소로 여행함으로써, 그들은 전반적으로 세계에 대한 더 큰 이해를 가질 가능성이 있습니다. 그들은 일생 동안에 남을 추억을 만들면서 다른 문화와 사람들을 더 포용할 것입니다. 관광은 수익성이 좋은 산업이며 관광수익에 의존하는 곳에 절대적으로 필요한 수입을 종종 창출합니다. 여행객들은 그들이 여행하는 장소에서 돈을 쓰게 되며 여행사와 같은 비즈니스들이 관광객들의 요구를 충족시키기 위해서 세워져 왔습니다. 하지만, 과도한 관광 또한 진짜 문제입니다. 특히 자연미나 역사적인 값어치로 유명한 장소들이 커다란 수의 관광객들로 홍수가 날 정도의 위험에 처해 있습니다 그리고 이것은 때때로 전부를 함께 파괴하면서 이러한 귀중한 지역에 손상을 입힐 수도 있습니다. 관광의 영향은 또한 지역문화의 특성을 변화시킬지 모릅니다. 그래서 여행자의 경험은 더 이상 '사실의' 혹은 '진짜'라고

볼 수 없습니다. 오히려, 지역 비즈니스는 그들의 지역에 지속적으로 관광객을 유입시키기 위해 여행자들의 기대치에 부응하는 여행경험을 만들기를 원합니다. 결론적으로, 여행은 장점과 단점 모두를 가지고 있습니다. 자연 환경과 지역 사회의 전통을 보호하는 것도 중요하지만 관광 산업의 경제적 혜택을 간과할 수 없습니다. 그러므로 정부는 관광 산업의 발전을 증진시킴으로써 적당한 균형을 맞추어야 하고 그러한 성장이 건강하고 지속적으로 이루어질 수 있도록 해야 합니다.

실전문제 2 (추상적이고 틀 적용이 힘든 문제)

> Can the Internet replace museums?

해석 인터넷은 박물관을 대신할 수 있습니까?

A. Agree or Disagree 6.0틀 응용

These days, (the Internet) seems to be a matter of great public interest and this in part is a reflection of the rapid changes in our society. However, (the Internet) has been the source of much heated debate within society; some say that (the Internet can replace museums) while others take the opposite view. Even if it may appear that divergent opinion coexists well, there is still a need for both views to be scrutinised.

To begin with, regarding the benefits (the Internet) brings, the biggest point that needs to be remembered is that (it helps people to gain more free access than museums). In other words, (a few clicks of the mouse can provide access to both images and details of historical works from any museum in the world). Based on the aforementioned statements, it is broadly maintained that (museums are unable to compete with the unlimited nature of the Internet).

However, there are voices who oppose strongly the idea, stating that the benefits (the Internet) brings is only one side of the issue, and if we investigate more, it is clear that (the Internet) often causes problems we should not overlook. One of them is that (it) often makes people find themselves in a situation where they (are unable to truly experience and interact with the paintings, sculptures and artifacts in museums). In the worst case scenario, (young children may not be able to tell the difference between a simple image that the Internet gives and such beautiful and intricate detail that the museum provides).

It is my view that (museums will never be replaced by the Internet). Although both views have reasons for support, it is still difficult for me to embrace the idea of (the Internet) as flawless as there are definite problems that are not easily resolved.

어휘 Day 17 참조

해석 요즈음, (인터넷)은 대중의 커다란 관심거리가 된 듯하며 이것은 부분적으로 우리 사회의 빠른 변화를 반영합니다. 그럼에도 불구하고, (인터넷)은 우리 사회에서 열띤 논쟁거리가 되었는데; 어떤 사람들은 (인터넷은 박물관을 대체할 수 있다)라고 말하지만 다른 사람들은 그것과는 다르게 생각을 합니다. 비록 상반되는 생각들이 함께 잘 공존하는 것처럼 보이지만 더 자세히 알아볼 필요가 있습니다. 먼저, (인터넷)이 가져오는 장점에 관련, 상기되어야 할 포인트는 (인터넷은 박물관보다 접근성이 더 용이하다)라는 것입니다. 즉, (몇 번의 마우스 클릭은 전세계 어느 박물관의 역사적 작품의 이미지나 디테일을 제공합니다). 지금까지 언급한 진술에 근거하여, (박물관은 인터넷의 무제한적인 특성에 경쟁할 수 없다)라고 넓게 주장됩니다. 그러나, (인터넷)이 가져오는 장점들은 단지 그 이슈의 한쪽 측면에 불과하다고 주장하면서, 그 의견을 강하게 부정하는 목소리가 있습니다. 그리고, 만약 우리가 조금 더 깊게 조사해보면, (인터넷)은 우리가 간과하지 말아야 할 문제들을 종종 야기시킵니다. 그 문제점 중 하나는 그 문제가 사람들이 (결코 박물관의 그림, 조각 그리고 유물을 정확히 경험하거나 상호 작용을 하지 못하게 만드는) 상황 속으로 빠지게끔 만든다는 것입니다. 최악의 시나리오는, (어린 아이들이 인터넷에서 볼 수 있는 단순 이미지와 박물관이 제공하는 미적이고 복잡한 디테일을 구별 못할 수도 있다는 것)입니다. 이러한 경우에, (인터넷)은 분명히 문제를 가지고 있으며 사람들은 그들의 삶 속에서의 그것의 가치와 역할을 재고해야 합니다 비록 양쪽의 의견이 지지해야 할 이유를 가지고 있다고 할지라도, 쉽게 해결되지 않는 분명한 문제가 존재하기 때문에 (인터넷)의 사안을 흠이 없다라고 내가 받아들이기에는 아직까지는 시기상조라는 것이 나의 견해입니다.

▶ Example 1처럼 전적으로 틀을 사용하는 것이 아니라 일부 변형시켜 작성해 보았습니다.
내용을 틀에 맞추어 수정을 했지만 여전히 매끄럽지 못한 부분이 있으며 논리가 심화되지 않았습니다. 점수는 6.0 혹은 6.5입니다.

B. 같은 문제를 틀 사용 없이 정상적으로 작성한 Essay (7.5 수준)

The Internet's capacity to store and relay practically infinite amounts of information has made people wonder about the possibility that the Internet may one day replace the traditional hosts of our cultural and artistic treasures, museums. Some believe that museums are limited in terms of the number of exhibitions they can hold at any one time and thus are unable to compete with the unlimited nature of the Internet. Those opposed to this idea say that the Internet could not possibly replace museums, as the online world could never replicate the true essence of museum pieces. This essay considers both views.

Supporters of the first opinion argue that the Internet is a forum where the public with just a few clicks of their mouse can gain access to both images of and details about historical works from any museum in the world. Not only that, but it allows people to view these historical works from the comfort of their own home. There is no need to travel or wait in line to see what is readily available online.

Those tending towards the second opinion, say that viewing a painting, sculpture or artifact online can never compare to experiencing it in real life. The paintings, sculptures and artifacts in museums often contain such beautiful and intricate detail that a simple image could never capture. Supporters of this opinion also indicate that taking the journey to a certain museum, in a different country, and interacting with others along the way is an experience in itself, which is not possible with the Internet.

In conclusion, my opinion is that museums will never become obsolete. Museums are filled with art and cultural artifacts that simply cannot be appreciated for their true beauty, unless seen with one's own eyes. The Internet is an inadequate replacement.

어휘 capacity : 용량, 수용력   relay : 전달하다   practically : 현실적으로   infinite : 무한한   possibility : 가능성   replace : 대신하다   in terms of : ~관점에서   exhibition : 전시회   unlimited : 무제한의   replicate : 모사하다   museum piece : 박물관에 진열할 만한 가치가 있는 것   consider : 고려하다   supporter : 지지자   forum : 포럼   access : 접근   historical : 역사적   comfort : 편안   in line : 일렬로 늘어선   readily : 손쉽게   tend towards : ~쪽으로 나아가다   painting : 그림   sculpture : 조각품   artifact : 공

예품   compare : 비교하다   in real life: 현실에서   indicate: 나타내다   journey : 여행   intricate : 복잡한   interact : 상호작용하다 in conclusion : 끝으로   conclusion : 결론   obsolete : 구식의   inadequate : 불충분한   replacement : 교체   be filled with : ~로 가득 차다   cultural : 문화의   artefact : 인공물, 공예품

해석 실질적으로 무한한 정보량을 저장하고 전달할 수 있는 인터넷의 용량은 우리의 문화 및 예술적 보물의 전통 보관장소인 박물관을 인터넷이 언제가 대신할지도 모른다는 가능성에 대하여 많은 사람들을 궁금하게 만들었습니다. 몇몇 사람들은 박물관이 한번에 열수 있는 전시 회수 측면에서 한정되어 있기 때문에 인터넷의 무한적인 성질과 겨룰 수 없다고 믿습니다. 이 의견에 반대하는 사람들은 온라인 세계가 박물관 진열품의 참된 본질을 결코 모사할 수 없기 때문에 인터넷이 박물관을 대신할 가능성이 없다고 말합니다. 이 에세이는 양쪽의 의견을 모두 논합니다. 첫 번째 의견의 지지자들은 인터넷은 마우스의 몇 번 만의 누름으로 세계 어느 박물관의 역사적 작품에 대한 모든 이미지와 세부상항에 사람들이 접할 수 있게 하는 포럼이라고 말합니다. 그뿐만이 아니라, 인터넷은 이러한 역사적 작품을 편하게 집에서 볼 수 있도록 해줍니다. 온라인으로 손쉽게 볼 수 있는 것을 보기 위해 여행을 가거나 줄을 설 필요가 없습니다. 두 번째 의견을 지지하는 사람들은 온라인으로 그림, 조각품 혹은 공예품을 보는 것은 현실에서 그것을 경험하는 것과는 결코 비교될 수 없다고 주장합니다. 박물관에 있는 그림, 조각품과 공예품은 간단한 이미지로는 표현할 수 없는 아름답고 복잡한 세부내용을 종종 지니고 있습니다. 이 의견의 지지자들은 또한 다른 나라에 있는 특정 박물관으로 여행을 하는 것과 그러는 과정에서 다른 사람들과 상호작용을 하는 것은 인터넷으로는 가능하지 않은 그 자체가 경험이라고 말합니다. 결론으로, 나의 생각은 박물관은 결코 진부해지지 않을 것이며 인터넷은 그것을 대신할 수 없다는 것입니다. 왜냐하면 박물관은 직접 자신의 눈으로 보지 않으면 그 완전한 가치 및 아름다움이 감상될 수 없는 미술품과 문화유물들을 가지고 있기 때문입니다.

II. Agree or Disagree 고득점틀 응용

실전문제 – 틀을 사용한 Essay가 이미 7.0수준이므로 정상적인 Essay 작성은 생략

> Due to developments in technology, government authorities now have the ability to track the private communications of individuals. Discuss the benefits and drawbacks of this development and give your own opinion.

어휘 due to : ~에 기인하는

해석 기술의 발전으로 인해 정부 당국은 현재 개인의 사적인 통신을 추적할 수 있습니다. 이러한 발전의 장단점을 논하고 당신의 의견을 제시하시오.

Agree or Disagree 고득점틀 응용

These days, there is widespread concern in our society over the issue of whether (the ability to monitor human activity through technology is more advantageous than disadvantageous). This essay will show that the minor drawback of (the invasion of privacy) is of only small significance when compared to the greater merits of both (a safer world and less anxious citizens).

There are those who are short sighted enough to be under the false impression that (governments have an evil scheme to spy on every citizen in the country). While this may be a true statement for a small pocket of the population, to claim that this is true for everyone is simple paranoia.

The more valid view would be that (such technological breakthroughs have led to a safer world). A classic example of this is (the Australian government's use of communication technology to monitor the activity of terrorist cells). Ostensibly, (hundreds upon hundreds of terrorists have been caught through the use of such technology).

Last of all it has to be recognized how people are now less anxious due in large part to (the security they feel from technological developments in security devices). In the past, (people often were worried when they would go outside or even travel to work). This is in stark contrast to the situation today as people are less stressed as result of (the watchful eye of government policing agencies).

In conclusion, even though it cannot be denied that there is a definite drawback in the possibility of (national authorities invading everyone's personal privacy), the benefits far surpass the drawbacks. In particular, (people are) not only (protected against terrorists) but also less anxious because of (security) concerns.

어휘 invasion : 침략　　　privacy : 사생활　　　anxious : 불안해하는　　　evil : 사악한　　　scheme : 계획　　　spy on : …을 감시하다
technological : 기술적인　　breakthrough : 돌파구　　terrorist cell : 테러 조직　　watchful : 지켜보는　　policing agency: 경찰기관
national authority : 정부 당국

해석 오늘날, (기술을 통해 인간의 활동을 감시하는 기능에 단점보다는 장점이) 더 많은지에 관한 관심이 우리사회에 널리 퍼져 있습니다. 본 에
세이에서는 (사생활 침해)의 소수의 단점이 (더 안전한 세상 그리고 덜 불안해 하는 시민들)과 같은 더 많은 장점과 비교해 미비하다는 것
을 입증하겠습니다. (정부가 악의적인 의도를 가지고 자국내의 모든 국민들을 감시한다)는 잘못된 생각에 사로 잡힌 근시안적인 사람들이
있습니다. 이것이 적은 수의 사람들에게는 사실일 수 있지만 모든 이들에게 적용된다는 생각은 단순히 과대망상에 불과합니다. 더 타당한
견해는 (그러한 기술적인 혁신이 세상을 더 안전하게 만들었다는 것입니다). 이것의 전형적인 예는 (테러리스트 조직의 활동을 감시하는
호주 정부의 통신 기술 사용입니다). 표면상, (수많은 테러리스트들이 이러한 기술의 사용으로 체포되었습니다). 끝으로, (보안장치의 기술
발전으로 인해 느끼는 안도감) 덕택에 사람들이 현재 얼마나 더 안심하며 사는지를 인정해야 합니다. 과거에는 (사람들은 밖으로 나가거나
혹은 직장에 갈 때 조차도 종종 불안해 했습니다). 이것은 (국가 치안유지 기관의 주의 깊은 감시의) 결과로 사람들이 덜 스트레스를 받는
오늘날의 상황과는 엄연한 대조를 보여줍니다. 결론적으로, 비록 (모든 사람들의 개인 사생활을 정부당국이 침해한다)라는 가능성의 단점
이 있지만 혜택이 단점을 훨씬 압도합니다. 특히, (사람들은) (테러리스트로부터 보호를 받는) 것뿐만 아니라 (안전) 문제 때문에 덜 불안해 할
것입니다.

III. Cause and Effect 고득점틀 응용

실전문제

Health authorities are concerned about the alarming increase in the consumption of fast food. Discuss some of the possible causes for the increase and ways to reduce fast food consumption.

어휘 health authorities : 보건당국　　be concerned about : ~에 염려하다　　alarming : 걱정스러운　　consumption : 소비

해석 보건 당국은 패스트푸드의 놀라운 증가에 염려하고 있습니다. 이 증가의 가능한 원인들과 패스트푸드의 소비를 줄이기 위한 방법에 대해
논하시오.

Cause and Effect 고득점틀 응용

As a result of human effort, almost everything seems to have changed, from social values to how humans behave. Of course, not everyone is accepting of the changes that have occurred and this has led to disputes in certain circumstances. Yet, nothing is more controversial than (consumption of fast food). That is, (the alarming increase in the consumption of fast food) has often surfaced as an issue of great consequence to our lives. Thus, there is a need to discuss the causes that led to the change and the effects that has had.

The first main cause of (the increase in the consumption of fast food) is (that families have less time to spend preparing food for the table). Like many aspects of life (the increase in the consumption of fast food) has been highly influenced by (the busy life of modern society) and for that reason this change has occurred. It is quite difficult to determine how long (such hectic lives) will continuously affect (the consumption of fast food), but it is certain that the future of (the increase in the consumption of fast food) will be decided according to how we control (our busy schedule). Also, we cannot ignore (the cheap price of fast food) as another important element, as in many respects it is also strongly connected with (the increase in the consumption of fast food).

To find a solution to this problem, there are many aspects to consider, but I think what is most important is that everyone works together. Firstly, (the government) should be proactive in searching for solutions to the causes of the problem and also should have a new attitude that is different to the way they tried to solve the problem in the past. Of course, this way may not always lead to a successful result, but as time progresses, it surely will in part contribute to resolving (the drastic increase in the consumption of unhealthy fast food).

Besides, (the individual) also can help to solve the problem of (the increase) as (each individual) is directly and indirectly associated with the problem, and I believe that those concerned are more likely to see the problem from a broader perspective and bring more realistic solutions to the table.

어휘 hectic : 정신없이 바쁜   drastic : 급격한   unhealthy : 건강하지 못한

해석 인간 노력의 결과로, 사회의 가치관에서부터 사람들이 행동하는 방식까지 거의 모든 것이 변화해 온 것 같습니다. 물론, 모든 사람들이 발생해온 변화들을 인정하는 것은 아닙니다. 그리고 이것은 특별한 상황 속에서 분쟁을 초래할 수 있습니다. 하지만, 그 어떤 것도 (패스트푸드의 소비)보다 더 논란이 되지는 않을 것입니다. 즉, (패스트푸드 소비의 급속한 증가)는 우리의 삶 속에서 중대사로써 종종 표면 위에 부각됩니다. 그러므로, 이러한 변화들을 이끈 원인과 이러한 변화가 가져온 결과에 대해 논할 필요가 있습니다. (패스트푸드 소비의 급속한 증가)의 첫 번째 주원인은 (가정들이 식사를 준비하기 위한 충분한 시간이 부족하다는 것)입니다. 삶의 많은 양상처럼, (패스트푸드 소비의 증가)는 (현대사회의 바쁜 생활)에 의해 많은 영향을 받아왔습니다. 얼마나 오랫동안 (그렇게 몹시 바쁜 생활)이 (패스트푸드 소비의 증가)에 계속적으로 영향을 줄지에 대해서는 결정하기 매우 어렵습니다. 하지만 (패스트푸드 소비 증가)의 미래가 우리가 어떻게 (우리의 바쁜 일정)을 조절하느냐에 따라 결정된다는 것은 확실합니다. 또한 우리는 (패스트푸드의 싼 가격)을 또 다른 중요한 요소로써 무시할 수 없습니다. 왜냐하면 많은 면에서 (패스트푸드 소비의 증가)와 그것은 밀접하게 관련되어 있기 때문입니다. 이 문제의 해결책을 찾기 위해 고려해야 할 많은 측면들이 있지만, 가장 중요한 것은 모든 사람이 함께 노력하는 것이라고 생각합니다. 먼저, (정부)는 문제점의 해결책을 찾는데 주도적이어야 하며 또한 그들이 과거에 문제점을 해결하려고 시도했던 방법과는 전혀 다른 자세를 취해야 합니다. 물론 이 방법이 항상 성공적인 결과를 초래하는 것은 아니지만, 시간이 지남에 따라 그것은 당연히 (건강에 좋지 않은 패스트푸드의 소비의 급격한 증가)를 해결하는데 어느 정도 공헌을 할 것입니다. 게다가 (개인들)이 직간접적으로 그 문제와 연루되어 있기 때문에, (개인들) 또한 (그 증가) 문제를 해결하는데 도움이 될 수 있습니다. 그리고, 관계자들은 폭넓은 관점으로 그 문제를 더 볼 수 있을 것이며 조금 더 현실적인 해결책을 가져올 수 있을 것이라 믿습니다.

John의 '콕 & 퀵' 찍기틀 사용 전 주의점

- 문장력 및 단어 실력이 없는 상태에서 틀만 외워서 점수를 받겠다는 생각은 금물입니다.

- 괄호( )를 채울 때는 반드시 문법에 맞게 넣어야 하며 가능하면 틀 속의 문장 수준과 일치해야 합니다. (기초가 없다면 고득점용 틀이 아닌 6.0 틀을 추천합니다.)

- 문제의 내용상 틀을 그대로 적용하기가 어려울 경우 틀의 내용을 수정하거나 틀의 일부만을 사용해야 합니다.

특별 부록

마지막 3분 Checklist란?

일반적으로 시험장에서 약 3분 정도 남기고 Task 1 그리고 Task 2 모두를 완성하는 것이 좋습니다. 나머지 3분 동안의 교정으로 작게는 0.5에서 크게는 1점의 차이를 만들 수 있기 때문에 기본 문법 및 철자법(spelling) 중심으로 마무리 Check를 하는 것이 절대적으로 필요합니다. 특히 7.0 Writing은 기본 문법에서의 최소한의 오류만을 허용하며 그 빈도 수가 많을 경우 다른 채점기준을 통해 얻었던 점수까지 잃는 수가 있습니다.

Essay 작성 후 마무리 Checklist 기본 10계명

1. 시제가 바르게 사용되었는가?
2. 동사 특히 'be'동사를 두 번 사용하거나 빼먹지는 않았는가?
3. 명사 앞의 관사를 제대로 사용했는가? (명사 단복수 구별 포함)
4. 주어와 동사가 일치했는가? (3인칭 단수 현재 동사 뒤에 's'사용 포함)
5. 전치사가 적절히 사용되었는가?
6. 자동사와 타동사를 혼동하여 사용하지 않는가?
7. 수동태와 능동태가 구별되었는가?
8. 접속사를 부적절하게 사용했거나 빼먹지는 않았는가?
9. 바른 철자법 사용 및 대소문자를 구별했는가?
10. 적절한 마침표를 사용했는가?

계명 1. 시제가 바르게 사용되었는가?

Example

> Governments <u>spend</u> a great amount of money on artistic projects such as paintings and sculptures in the past.

어휘 government : 정부　amount : 양　artistic : 예술의　such as : 예를 들어　painting : 그림　sculpture : 조각품　in the past : 옛날, 이전에, 과거에

해석 정부는 과거에 미술 및 조각과 같은 예술 프로젝트에 많은 돈을 지출했습니다.

▶ 'in the past'를 사용해 과거의 사실에 대해 말하고 있으므로 동사 'spend'를 'spent'로 고쳐야 합니다.

계명 2. 동사 특히 'be'동사를 두 번 사용하거나 빼먹지는 않았는가?

Example

Due to an increase in life expectancy and a declining birth rate, many modern, industrialised countries <u>faced with</u> an aging population.

어휘 due to : ~때문에   increase : 증가하다   expectancy : 기대   declining : 기우는, 쇠퇴하는   birth rate : 출생률   industrialise : 산업화하다   be face with : ~에 직면하다   aging population : 노령화 인구

해석 기대수명의 증가 및 감소하는 출생률로 인해 많은 현대 산업화된 나라들이 노령화 인구에 직면하고 있습니다.

▶ 'be faced with', '~에 직면해 있다'에 be동사 'are'가 빠져 있습니다.

계명 3. 명사 앞의 관사를 제대로 사용했는가? (명사 단복수 구별 포함)

Example

They provide <u>a alternative</u> to cooking, which gives people a wider variety of choices to do more things with their time.

어휘 provide : 제공하다   alternative : 대안   cooking : 요리   wide : 넓은   variety : 다양함

해석 그것들은 요리의 대안을 제공하는데, 그것은 사람들이 그들의 시간에 더 많은 것을 할 수 있는 더 다양한 선택을 제공합니다.

▶ 부정관사 'a' 다음의 'alternative'가 모음 'a'로 시작함으로 부정관사 'a'를 'an'으로 바꾸어 줍니다.

계명 4. 주어와 동사가 일치했는가? (3인칭 단수 현재 동사 뒤에 's'사용 포함)

Example

Companies <u>has</u> benefited greatly from the invention of television.

어휘 company : 회사   benefit : 혜택, 이득   greatly : 대단히, 크게   invention : 발명품

해석 기업들이 텔레비전의 발명으로부터 많은 혜택을 받았습니다.

▶ companies가 복수이므로 조동사 'has'를 'have'로 고쳐야 합니다.

계명 5. 전치사가 적절히 사용되었는가?

Example

Although rules are important to some extent, having too many rules that are too burdensome may <u>lead for</u> adverse consequences.

어휘 although : 비록 ~이긴 하지만   extent : 정도   burdensome : 부담스러운   adverse : 부정적인   consequence : 결과

해석 비록 규율은 어느 정도까지는 중요하지만 지나치게 부담이 되는 규율들을 갖는 것은 역효과를 초래할 수 있습니다.

▶ '초래하다'는 'lead for'가 아니라 전치사 'to'를 사용해 'lead to'로 사용됩니다.

계명 6. 자동사와 타동사를 혼동하여 사용하지 않았는가?

Example

Over the three years from early 2000 to late 2002, the number <u>was increased</u> to around 55 thousand.

해석 2000년 초기부터 2002년 후반에 걸쳐 그 수는 약 5만 5천으로 증가했습니다.

▶ 'increase'는 '~을 증가시키다'의 타동사뿐만이 아니라 '증가하다'의 자동사로도 쓰이므로 'was'를 삭제해야 합니다.

계명 7. 수동태와 능동태가 구별되었는가?

Example

> In some countries, children <u>allowed</u> to do almost anything they want.

해석 일부의 나라에서, 아이들은 자기들이 원하는 어떤 것이든지 하게끔 허락됩니다.

▶ 아이들이 허가되는 입장(수동)이므로 'allowed' 앞에 수동태의 be + pp의 be에 해당되는 'are'를 작성해야 함니다.

계명 8. 접속사를 부적절하게 사용했거나 빼먹지는 않았는가?

Example

> In my view, <u>it is not wrong</u> for the government to spend money on artistic projects such as paintings and sculptures, <u>it should only spend a reasonable amount.</u>

어휘 reasonable : 적정한   amount : 양

해석 나의 생각으로는, 비록 정부가 미술 및 조각과 같은 예술 프로젝트에 돈을 지출하는 것이 잘못된 것은 아니지만 오직 적당한 양만이 지출 되어야 합니다.

▶ 'in my view' 다음 두 개의 절이 접속사 없이 작성되었으므로 'although'와 같은 접속사를 'it is not wrong' 앞에 사용 해주어야 합니다.

계명 9. 바른 철자법 및 대소문자를 구별했는가?

Example

> In my opinion, sports that require flexibility or <u>agiliy</u> are often better suited to women.

어휘 require : ~을 요구하다   flexibility : 유연성   agility : 민첩성

해석 나의 의견으로는, 유연성과 민첩성을 요구하는 스포츠는 여자에게 종종 더 적합합니다.

▶ '민첩성'이라는 뜻을 가진 'agility'의 Spelling이 잘못되었습니다.

계명 10. 적절한 마침표를 사용했는가?

Example

> Women should be allowed to participate in any sport that interests <u>them</u>

어휘 participate : 참가[참여]하다   interests : 이익

해석 여자들은 그들이 관심을 가지고 있는 어떤 스포츠라도 참가하는 것이 허락되어야 합니다.

▶ 마침표(.)를 찍지 않고 문장을 완성했습니다.

지면 부족으로 인해 출제빈도수가 높은 Sample Essay들만 준비해 보았습니다. 먼저 답을 보지 말고 실전처럼 40분안에 작성한 후 모범 답과 비교해 보는 것이 가장 효율적인 Sample Essay 활용방법입니다. 이전 Chapter에서 일부 예문으로 사용된 Essay들도 완성해 포함시켰습니다. 7.0에서 8.5까지 다양하게 작성해 보았습니다.

단 하나의 Essay도 Sample Essay라 하여 대충 작성하지 않고 많은 고민 끝에 완성했습니다. 꼭 꼼꼼히 읽어 보세요~
(일부 어색한 해석에 대해서는 넓은 아량을 부탁드립니다^^)

Test 1 Agree or Disagree 유형

WRITING TASK 2 시험문제 Sample

You should spend about 40 minutes on this task.

Write about the following topic:

A few major languages are increasingly spoken in different countries, while the usage of others is rapidly decreasing. Is this positive or negative?

Give reasons for your answer and include any relevant examples from your own knowledge or experience.

Write at least 250 words.

해석 일부 주요 언어들의 사용이 여러 나라에서 증가하고 있는 반면 그 외 언어들의 사용은 급격히 감소하고 있습니다. 이러한 현상은 긍정적입니까 아니면 부정적입니까?

Essay Points

The rise of a few major languages does mean the loss of less common languages, however the benefits of a more connected world population through language outweigh the drawbacks of this loss.

해석 몇 개의 주요 언어의 부상은 덜 보편적인 언어들의 소멸을 의미합니다. 하지만, 언어를 통해 전세계의 사람들이 더 많이 소통할 수 있다는 혜택은 이러한 소멸의 단점을 능가합니다.

Sample 답

The increase of global trade and travel has led to a loss of cultural diversity and the number of spoken languages is decreasing. A number of less common languages have been lost, or are on the verge of extinction. Meanwhile, languages such as English, Spanish and Mandarin are more widely spoken. Is this a tragic loss of cultural diversity or a positive sign of an emerging global community? This essay will explore this question.

The loss of any language has negative outcomes, as language is the easiest and fastest way for people to communicate. Language connects communities with a shared cultural understanding and history. As such, the loss of many historical indigenous languages which were only verbally transmitted, has meant the loss of that part of their history, as it was never recorded. Furthermore, having fewer languages tends to centralise power and influence. For example, a single spoken language makes it easier for large numbers of people to be manipulated by media scare campaigns or the influence of an outspoken leader.

On the other hand, there are benefits in having an increase in only a few major languages. English, the unofficial world language, makes travel and business easier and more accessible. More people are able to travel abroad and explore foreign cultures. This global transaction of ideas and culture creates a sense of a global community and understanding, and reduces cultural misunderstandings and conflict. If fewer languages leads to a more connected and understanding world, that is a great advance for humankind.

Ultimately, while it is a shame to see the loss of any language and the cultural history tied to it, the benefits of having a more connected global population outweigh these downsides.

해석 국제무역과 여행의 증가는 문화의 다양성 상실로 이어졌고 쓰이는 언어의 숫자는 감소하고 있습니다. 덜 보편적인 언어의 상당수가 사라지거나 소멸직전에 있습니다. 반면에, 영어, 스페인어, 중국어(만다린)와 같은 언어들은 더 널리 쓰이고 있습니다. 이는 문화 다양성의 비극적 소멸입니까 아니면 새롭게 발생하는 세계 공동체의 긍정적 신호입니까? 이 에세이는 이 질문에 대해 심층적으로 알아보겠습니다. 언어는 사람들이 의사소통을 하는 가장 쉽고 빠른 방법이기 때문에 어떤 언어의 소멸은 부정적인 결과입니다. 언어는 공유하는 문화의 이해와 역사를 그 공통체와 연결시켜 줍니다. 그러므로 오직 말로 전해지는 많은 역사적 고유 언어의 소멸은 기록이 전혀 되어있지 않기 때문에 역사의 일부를 잃어버리는 것을 뜻합니다. 게다가, 더 적은 수의 언어를 사용하는 것은 권력과 영향력을 편중시킬 가능성이 있습니다. 예를 들어, 단일하게 쓰이는 언어는 공포심을 조장하는 미디어 캠페인 혹은 거침없이 말하는 리더들에 의해 많은 사람들이 쉽게 조종당하도록 만들 수 있습니다. 반면, 소수 주요 언어 사용의 증가가 가져오는 혜택이 있습니다. 비공식적으로 세계 공용어인 영어는 여행 및 비즈니스를 더욱 쉽고 용이하게 만듭니다. 더 많은 사람들이 해외를 여행하고 외국 문화를 탐사합니다. 사고와 문화의 이러한 국제적 교류는 국제 공동체 의식과 공감을 형성하고 문화적 오해와 갈등을 줄일 것입니다. 만약 소수의 언어들이 더 많은 교류와 화합의 세계를 만들어 낸다면 인류에게 커다란 발전이 될 것입니다. 궁극적으로, 언어와 그것과 묶여있는 문화적 역사의 손실을 보는 것은 안타깝지만, 세계 인류가 더 많이 소통하게끔 만든다는 혜택들은 이러한 단점들을 능가합니다.

Test 2 Agree or Disagree 유형

Q. Throughout history, male leaders have always led us to violence and conflict. If a society is governed by female leaders, it will be more peaceful. To what extent do you agree or disagree?

해석 역사를 통해 남성 리더들은 항상 사람들을 폭력과 갈등으로 이끌었습니다. 만약 사회가 여성 리더들에 의해 통치된다면 더 평화롭게 될 것입니다. 어느 정도까지 당신은 동의 혹은 반대합니까?

Essay Points

Disagree : The gender of a leader does not dictate their propensity towards violence, so it cannot be said that a society governed by female leaders would be more peaceful.

해석 지도자의 성별은 폭력에 대한 성향을 결정하지 않습니다. 그래서 여성 지도자에 의해 다스려지는 사회가 더 평화롭다고 단정지을 수는 없습니다.

War is one common thread throughout human history, and up until the last few decades, male leaders were the norm. With few exceptions, men have been the leaders of powerful empires and responsible for violent conflicts. For many, there is a clear link between male leaders and aggression and violence. However, others argue that one's propensity towards violence is a personal trait, rather than gender-based. Having female leaders would not necessarily result in a more peaceful society.

It is true that men have led the vast majority of wars, whilst females have historically adopted nurturing and caring roles. It seems straightforward and logical to suggest that if we had more female leaders, there would be fewer wars. The stereotypical image of men as aggressive, versus women as gentle, supports this rationale. If this stereotype were true, then having more female leaders would presumably lead to a more peaceful society.

However, these stereotypes are not so straightforward. There are many examples of kind, benevolent male leaders, such as the recently deceased Nelson Mandela. Similarly, there are cases where female leaders have been very cruel to their people, such as Marie Antoinette who enjoyed extraordinary wealth while her people lived in poverty and squalor. This suggests that it is a matter of personality, rather than gender that determines propensity towards violence.

As such, it cannot be said that a society governed by female leaders would be more peaceful. Democratic societies such as ours are fortunate, as we can elect leaders based on their ability to maintain peaceful relations, regardless of gender. Our choice of leader, not their gender, will determine how peaceful our society is.

해석 전쟁은 인류 역사에 있어 하나의 일정한 패턴이며 지난 수십 년에 이를 때까지 남성리더들이 일반적이었습니다. 거의 예외 없이, 남자들은 막강한 제국의 리더가 되어왔고 폭력적인 혼란에 대한 책임이 있었습니다. 많은 경우에 있어서, 남성 리더와 공격 및 폭력성은 명백히 관련되어 있습니다. 하지만, 어떤 사람들은 폭력성에 대한 성향은 성별의 문제라기보다는 개인의 특성이라고 말합니다. 여성 리더를 갖는다는 것이 반드시 보다 평화로운 사회를 만드는 것은 아닐 것입니다. 많은 대규모 전쟁을 남자들이 이끌어온 반면 역사적으로 여자들은 양육과 돌봄의 역할을 담당했습니다. 우리가 더 많은 여성 리더들을 가진다면 전쟁이 줄어들 것이라고 제시하는 것은 명백하고 합리적으로 보여집니다. 공격적인 남자들의 전형적 이미지와 반대로 여성의 부드러운 이미지가 이와 같은 이론을 뒷받침합니다. 만약 이와 같은 고정관념이 사실이라면 더 많은 여성 리더들의 배출은 아마도 더욱 평화로운 사회를 의미할지도 모릅니다. 그러나, 이러한 고정관념은 그렇게 간단한 것만은 아닙니다. 최근에 작고한 넬슨 만델라와 같이 부드럽고 인자한 남성 리더들의 예가 많이 있습니다. 마찬가지로, 국민들이 가난과 불결한 환경 속에서 살고 있는데도 자신은 엄청난 부를 누리는 마리 앙투아네트와 같은 잔인한 여성 리더들의 예들도 있습니다. 이는 폭력성향의 결정은 성별이 아니라 성격의 문제라는 것을 보여줍니다. 그러므로, 여성 리더들에 의해 통치되는 사회가 더욱 평화롭다고 말할 수는 없습니다. 우리와 같은 민주주의 사회에서 산다는 것은 정말 행운입니다. 왜냐하면 성별과 상관없이 평화관계를 지속시켜나가는 능력을 기준으로 우리가 리더를 선출할 수 있기 때문입니다. 성별에 의해서가 아닌 우리의 결정으로 만들어진 지도자에 의해 사회가 얼마나 평화로울 지가 결정될 것입니다.

Q. In many countries, the proportion of older people is steadily increasing. Does this trend have more positive or negative effects on society?

해석 많은 나라에서 노인들의 비율은 계속해서 증가하고 있습니다. 이러한 현상은 우리 사회에 긍정적입니까 아니면 부정적입니까?

Essay Points

There are both positive and negative effects of our aging population. With foresight and action to prevent problems in the future, an older, more experienced population will be a good thing for the economy and society in general.

해석 노령화 인구는 긍정적 그리고 부정적 영향 모두를 가지고 있습니다. 미래의 문제를 방지하는 예견과 대응하는 측면에서 더 나이 많고 경험 있는 사람들이 일반적으로 경제와 사회를 위해 더 좋습니다.

Due to an increase in life expectancy and a declining birthrate, many modern, industrialised countries are faced with an aging population. This presents both challenges and opportunities for these countries, but it is a situation that needs to be addressed to avoid negative effects in the future.

The problem with an aging population is that our current systems do not cater sufficiently for this demographic. For example, as the population ages, the proportion of the population in the workforce decreases. This means that a smaller number of taxpayers must support a growing population of people who rely on old-age pensions and public healthcare. If the current policy is left unchanged, many countries would face bankruptcy, as mounting pressure on social welfare and health programs is met with reduced revenue from a smaller tax-paying base.

However, there are a number of benefits that an aging population has on society, including a more advanced skill-base and higher earning (and therefore tax-paying) capacity. An increase in life expectancy goes hand-in-hand with better health in old-age. The added benefit of this is that people with more developed skills and a higher wage remain in the workforce longer, which is a great benefit to society.

While an aging population is of concern given our current systems, some slight modifications to our current systems will prevent the higher proportion of older people becoming a problem in the future. Ultimately, the higher proportion of older people could be a good thing for our society.

해석 기대수명의 증가와 출산율의 감소로 인해 많은 현대 산업국가들은 노령화 인구에 직면하고 있습니다. 이는 이러한 국가들에게 도전과 기회 모두를 의미합니다. 하지만 미래의 부정적 영향을 예방하기 위해 해결책이 절실히 요구되는 상황이기도 합니다. 노령 인구의 문제는 현 시스템이 이 인구에 대한 충분한 준비가 되어있지 않다는 점에 있습니다. 예를 들어 노령화가 됨에 따라 노동력인구 비율이 줄어듭니다. 이것은 노령연금과 공공의료에 의존하는 상당수의 노인들을 소수 납세자들이 부양해야 한다는 것은 의미합니다. 만약 현 정책이 그대로 유지된다면 사회복지와 의료문제에 대한 엄청난 압박감과 소수 납세자들로부터의 감소된 수입에 맞닥뜨리게 되므로 많은 국가들이 파산에 직면할 지도 모릅니다. 그러나 보다 발전된 기술력이나 고소득의 능력(그러므로 세금을 납부하는)등과 같이 노령인구가 사회에 미치는 다수의 긍정적 측면도 있습니다. 기대수명의 증가는 더 나은 노년의 건강과 관련이 있습니다. 또 다른 혜택은 보다 숙련된 기술과 고임금을 받는 사람들이 더 장기근무를 할 수 있다는 것인데 이것은 사회에 커다란 혜택이 될 것입니다. 현 시스템을 고려할 때 노령화 인구는

염려스러운 부분이지만, 이 시스템에 대한 일부의 작은 변화가 높은 비율의 노인인구가 미래에 문제가 되는 것을 예방해 줄 것입니다. 궁극적으로, 더 많은 비율의 고령인구는 우리 사회에 혜택이 될 수 있습니다.

*prevent 목적어 –ing : v하는 것을 막아주다

Test 4 Agree or Disagree 유형

Q. How important is job satisfaction when it comes to a person's well–being?
해석 웰빙의 관점에서 볼 때 직업의 만족도는 얼마나 중요합니까?

Essay Points
Although job satisfaction may be an important factor when it comes to assessing a person's well–being on a general level, the things that fulfil an individual's sense of well–being will differ from person to person.
해석 비록 직업 만족도가 일반적으로 어느 사람의 웰빙을 평가할 때 중요한 요소이지만 개인의 웰빙의 수준을 충족시키는 것은 사람마다 다를 것입니다.

A person's sense of well–being is made up of a multitude of elements, such as their social, economic, psychological, spiritual and physical happiness. In the end, job satisfaction is only one element which contributes to a person's overall well–being.

Since most people spend the majority of their adult lives at work, it can be said that having a fulfilling job may contribute greatly to their well–being. However, there are also many people who place more value on their personal life outside of work. Such people may find more satisfaction in spending time with family and friends.

By simple reason of the sheer amount of time spent working, it is easy to see how personal well–being can be directly linked to job satisfaction, with the average adult working forty hours per week. For those who genuinely enjoy their jobs, it can generally be said that such people will be spending at least forty hours a week doing an enjoyable activity, and are likely to be more motivated, content and experience a greater sense of well–being, than those who are unsatisfied with their jobs.

However, the extent of this general statement can only be taken so far. It is not necessarily the case that a person is precluded from having a good sense of well–being, simply because they are not content with their jobs. Happiness can be found outside of the workplace, such as in having fulfilling personal relationships with family and friends, or engaging in hobbies such as travelling, cooking, music and writing.

The overall conclusion is that although job satisfaction may be an important factor when it comes to assessing a person's well–being on a general level, there can be no definitive answer as to whether this will actually be the case for a particular individual. A person's well–being is something that is deeply personal and intimate, and the things that fulfil an individual's sense of well–being will differ from person to person.

해석 개인의 웰빙에 대한 의식은 사회, 경제, 심리적, 영적, 육체적 행복과 같은 다수의 요소들로 구성되어 있습니다. 결국 직업 만족은 개인의 전반적인 웰빙에 기여하는 하나의 요소일 뿐입니다. 대부분의 사람들이 직장에서 그들 삶의 많은 시간을 쓰기 때문에 만족스러운 직업을 가지는 것은 웰빙에 큰 비중을 차지할 수도 있습니다. 그러나, 일 이외의 개인적인 삶에 더 큰 가치를 두는 사람들도 많이 있습니다. 그러한 사람들은 가족이나 친구들과 시간을 보낼 때 더 큰 만족감을 느낄지도 모릅니다. 일터에서 쓰이는 많은 시간을 통해, 매주 40 시간의 근로를 하는 보통 성인의 개인 웰빙이 직업 만족도와 어떻게 직접적으로 연결되어있는지 쉽게 알 수 있습니다. 자신의 직업을 진정으로 즐기는 사람들의 경우, 적어도 한 주에 40시간을 즐거운 활동을 하면서 소비하고 있다고 일반적으로 생각됩니다. 그리고 그들은 직업에 만족을 하지 못하는 사람들보다 더욱 동기부여가 되고 만족하며 더 큰 웰빙을 경험할 가능성이 있습니다. 그러나 이러한 일반적인 진술의 범위는 한계가 있습니다. 사람들이 그들의 직업에 만족하지 않는다고 해서 웰빙을 필연적으로 누리지 못하는 것은 아닙니다. 행복은 가족 및 친구들과 만족할 만한 개인적 관계를 가지거나 혹은 여행, 요리, 음악, 글 쓰기와 같은 취미생활을 하면서 직장 이외의 곳에서 발견될 수 있습니다. 전반적인 결론은 비록 직업만족도가 일반적으로 어느 사람의 웰빙을 평가할 때 중요한 요소이기는 하지만 특정한 개인에게 이것이 실질적으로 그러한 지에 대한 명쾌한 답을 내릴 수는 없다는 것입니다. 개인의 웰빙은 지극히 개인적이고 일신상의 것이며 개인의 웰빙을 충족시키는 것은 사람마다 다를 것입니다.

Test 5 Agree or Disagree 유형

Q. Do you think university sufficiently prepares students for the workforce?
해석 당신은 대학이 재학생들의 직업 준비를 충분히 시킨다고 생각합니까?

Essay Points

Disagree : This has created a generation of overqualified graduates, who often end up in positions in the workforce that do not live up to their expectations.

Agree : Attending university may be a valuable opportunity for young high school graduates to explore their options before deciding on a career they would like to pursue.

해석 Disagree : 이는 직장에서 종종 그들의 기대에 미치지 못하는 필요이상의 자격을 가진 졸업자들의 배출만을 초래 했습니다.

　　　Agree : 대학교육을 받는 것은 어린 고등학교 졸업생들이 직업을 선택하기 전에 자신의 옵션을 탐구하게 하는 소중한 기회가 될 수도 있습니다.

University enrolments have increased exponentially over the last five to ten years, with more high school graduates than ever before electing to continue their education at university in the hopes of obtaining better qualifications in preparation for the workforce. Further adding to this trend are recent policies adopted by many Australian universities, which have effectively lowered entry marks and uncapped enrolment numbers. Much debate has arisen as to whether these policies are in fact beneficial for students in the long term.

Opponents to this push for tertiary education have argued that this has created a generation of overqualified graduates, who often end up in positions in the workforce that do not live up to their expectations. This is due to the oversupply of university graduates in certain fields, in market conditions where there is no such demand.

On the other hand, attending university may be a valuable opportunity for young high school graduates to explore their options before deciding on a career they would like to pursue. Time spent in a tertiary institute allows a person to spend some of the most formative years of their adulthood in an environment that fosters learning and growth. On this view, university can be seen as an important foundation equipping students for the workforce, as it not only teaches them technical skills, which are in fact prerequisites in many fields, but also life skills, such as communication, organisation, and time-management.

Overall, it is my view that university is an important stepping stone for students prior to entering the workforce, particularly if their chosen career path necessitates a university degree.

해석 취업을 위해 더 나은 자격을 갖기 위해 대학 교육을 받고자 하는 그 어느 때보다 많은 고등학교 졸업자들로 인해 대학등록이 지난 5년에서 10년동안 기하급수적으로 증가했습니다. 많은 호주 대학들에 의해 채택된, 효과적으로 입학 점수를 낮추고 정원수를 폐지하는, 최근의 정책들이 이러한 추세에 더해졌습니다. 이러한 정책이 장기적으로 학생들에게 실질적 유익이 되는지가 커다란 논쟁이 되었습니다. 대학교육의 추진에 반대하는 사람들은 이것이 직장에서 종종 그들의 기대에 미치지 못하는 필요이상의 자격을 가진 졸업자들의 배출만을 초래했다고 주장합니다. 이것은 그 만큼의 수요가 필요 없는 시장에서 특정 분야의 졸업자의 과잉공급으로 인해 야기된 것입니다. 반대로, 대학 교육을 받는 것은 어린 고등학교 졸업생들이 직업을 선택하기 전에 자신의 옵션을 탐구하게 하는 소중한 기회가 될 수도 있습니다. 대학에서 보내는 시간은 학습과 성장을 촉진시키는 환경 속에서 사람들의 성인기의 가장 성장하는 기간의 일부입니다. 이러한 점에서, 대학 교육은 여러 영역에서 실제로 필요한 기술력뿐만 아니라 대화법, 조직력, 시간관리 등과 같은 생활기술을 또한 학생들에게 가르치기 때문에 직장생활을 위해 학생들을 준비시키는 중요한 근간으로 생각됩니다. 전반적으로, 대학은 직장에 취업하기 전 학생들을 위한 중요한 디딤돌입니다, 특히 만약 선택한 직업이 대학 졸업장을 필요로 한다면 더욱 그렇습니다.

Test 6 Agree or Disagree 유형

Q. Discuss whether public money spent on arts and culture is a waste of government resources.
해석 공적 자금을 예술과 문화에 사용하는 것은 정부자원의 낭비입니까?

Essay Points
Agree : Arts and cultural products are often viewed as 'inessential' public goods.
Disagree : Firstly, it would be unjust to simply draw funding out of one area that is considered 'inessential'. Also, the distinction between what is 'essential' and 'inessential' is not that easy to make, and there is a degree of subjective judgement involved.
해석 Agree : 예술과 문화 활동이 종종 '꼭 필요한 것이 아닌' 공공재화로 여겨집니다.

Disagree : '꼭 필요한 것은 아닌' 이라고 생각되는 분야에서 기금을 그저 빼내는 것은 부당할 것입니다. 또한, '필수적인' 것과 '꼭 필요한 것이 아닌' 것에 대한 구별은 쉽지 않으며 그것에 관여된 주관적 판단의 차이가 존재합니다.

In Korea, the government provides public funding to various arts and cultural activities. The recipients of this funding include organisations such as museums, art galleries, music, film and dance studios, as well as the individual artists themselves.

A cogent argument has been made against government expenditures of this type, as arts and cultural products are often viewed as 'inessential' public goods. Where budgetary funds are insufficient to meet even basic public needs such as housing and healthcare, spending in this way seems reckless, and has little regard for the real social problems that require the government's urgent attention.

However, how the government allocates budgetary resources is complex, and governments make decisions with the intention of trying to provide for the well-being of the country's population as a whole. As such, it would be unjust to simply draw funding out of one area that is considered 'inessential', and invest solely in other areas that seem to be more important.

Also, the distinction between what is 'essential' and 'inessential' is not that easy to make, and there is a degree of subjective judgement involved. Supporters of funding for the arts and cultural projects argue that it is necessary for government to make an investment in this area as it leads to such long term social benefits as improving the quality of peoples' lives. In particular, individuals benefit from being exposed to beauty and culture, things that should be enjoyed by people of all classes.

Consequently, public money spent on the arts and culture is clearly not a waste of government resources, as these products lead to concrete social benefits.

해석 한국의 경우, 정부는 다양한 예술과 문화 활동을 위해 공적 자금을 제공합니다. 이러한 자금의 수혜자는 박물관이나, 미술관, 음악, 영화, 댄스 스튜디오와 같은 기관들과 개별 예술가들입니다. 예술과 문화 활동이 종종 '꼭 필요한 것이 아닌' 공공재화로 여겨지기 때문에 이러한 종류의 정부 지출에 반대하는 논리적 주장이 나오고 있습니다. 예산자금이 주택, 건강과 같은 기본적인 국민의 요구 조차도 충족시키지 못하면서 예술에 돈을 사용하는 것은 무분별하며, 정부의 긴급한 관심이 요구되는 사회문제와는 거리가 있어 보입니다. 그러나, 정부가 예산을 할당하는 방법은 복잡합니다. 그리고 정부는 전반적인 국민의 웰빙을 제공하려는 의도를 가지고 결정을 합니다. 그러므로, '꼭 필요한 것이 아닌' 이라고 생각되는 분야에서 기금을 그저 빼내 더 중요한 곳이라고 생각되는 다른 분야에 전적으로 투자하는 것은 부당합니다. 또한 '필수적인' 것과 '꼭 필요한 것이 아닌' 것에 대한 구별은 쉽지 않으며 그것에 관여된 주관적 판단의 차이가 존재합니다. 예술과 문화 작품에 기금을 들이는 것을 지지하는 사람들은 정부가 이러한 영역에 투자를 할 필요가 있다고 주장하는데 이는 삶의 질을 향상시킴으로써 장기적으로 사회에 혜택을 주기 때문입니다. 특히 모든 계층의 사람들이 누려야만 하는 것들, 즉 문화나 미학에 노출되는 것으로부터 사람들은 혜택을 얻습니다. 결과적으로 문화나 예술은 명백한 사회적 혜택으로 이어지기 때문에 그러한 것들에 소비되는 공적 기금은 명백히 정부자원의 낭비가 아닙니다.

Q. Discuss the advantages of tourism and its negative impact on local culture.
해석 관광의 장점과 지역 문화에 미치는 부정적인 영향을 논하십시오.

Essay Points

Pros : Tourism is an enjoyable cultural experience, which also often brings in much needed income to places that are dependent on it.

Cons : Excess tourism may alter the character of the destinations altogether, so that the cultural experiences are no longer 'genuine'.

해석 Pros : 관광은 즐길만한 문화적 경험이며 종종 관광수익에 의존하는 지역들에게 필요한 수입을 창출합니다.

　　Cons : 과도한 관광은 관광지의 특징을 모두 변경시킬 수 있습니다. 그래서 그 문화 경험들이 더 이상 진짜가 아닙니다.

The tourism industry allows people to travel to new and exotic places in order to enjoy experiences that may not be available to them in their own place of residence. Travelling can be extremely exciting and eye opening, but at the same time, excessive tourism may have a negative impact on local cultures and traditions.

As people travel to more places, they are likely to have a greater understanding of the world at large. They will become more accepting of other cultures and people, creating memories that will stay with them for a lifetime. Besides, tourism is a lucrative industry, and it often generates much needed income for places that have become dependent on tourism revenue. Travellers are bound to spend money in places they travel to, and entire businesses, such as tour guide companies, have been established in order to cater to the needs of tourists.

However, the danger of excess tourism is also a very real problem. Particularly places known for their natural beauty or historical value are in danger of being flooded by a large number of travellers and this may damage these precious sites, sometimes destroying them altogether. The influence of tourism may also alter the character of local cultures, so that the traveller's experience is no longer 'genuine' or 'real'. Rather, local businesses seek to create an experience based on travellers' expectations in order to draw a consistent body of tourists to their destination.

It is difficult to say definitively whether tourism is good or bad for local cultures. However, it is necessary to find the right balance, and such a role may be played by government regulatory authorities which monitor foreign travel to ensure local cultural integrity is maintained.

해석 관광산업은 사람들이 그들이 사는 지역에서 얻지 못하는 경험을 위해 새롭고 이국적인 장소로 여행을 하도록 합니다. 여행은 매우 즐겁고 시야를 넓혀주지만 동시에 지나친 관광은 지역 문화와 전통에 부정적인 영향을 미칠 수도 있습니다. 사람들은 여러 장소로 여행을 함에 따라 세계를 더 잘 이해할 수 있게 됩니다. 평생 기억할 추억을 만들면서 그들은 다른 문화와 민족을 더 잘 받아들일 수 있게 됩니다. 반면, 관광은 수익성이 좋은 산업이며 종종 관광 수익에 의존하는 지역들에게 필요한 수입을 창출합니다. 관광객들은 여행하는 장소에서 돈을 쓰도록 되어있으며 관광회사와 같은 사업체들이 관광객들의 요구를 위해 설립되어 왔습니다. 그러나 지나친 관광으로 인한 위험은 또한 매우 현실적인 문제입니다. 특히 자연적 아름다움 혹은 역사적 장소로 유명한 곳은 많은 관광객들로 넘치게 되는 위험에 빠지게 됩니다. 때로는 이것이 그것들 전부를 파괴하면서 귀중한 장소들을 훼손시킬 수 있습니다. 관광의 영향은 또한 지역문화의 특성을 바꾸기도 하기 때문에 관광객들이 하는 경험은 더 이상 '진정한' 혹은 '진짜'가 아닐 수도 있습니다. 오히려, 지역 사업체들은 그들의 관광지에 지속적으로 관광객을 유치하기 위해 관광객들의 기대치에 바탕을 둔 여행경험만을 만들어 내려고 합니다. 관광이 지역 문화에 긍정적인지 부정적인지 명확하게 결론짓기는 어렵습니다. 하지만 적당한 균형을 이루는 것이 필요하며 그러한 역할은 지역 문화의 온전함이 유지되도록 외부 여행을 감독하는 정부 규제기관에 의해서 이루어져야 합니다.

Test 8 Both Views 유형

Q. Each year many countries compete fiercely in an effort to be selected to host international sporting events. Discuss the advantages and disadvantages of hosting international sporting events.

해석 매년 많은 나라들이 국제스포츠 이벤트 개최국이 되기 위한 노력으로 치열하게 경쟁합니다. 국제스포츠 이벤트를 개최하는 것의 장점과 단점을 논하시오.

Essay Points

Adv. : Holding international sporting games creates economic and social benefits for the host country.
Disadv. : Money spent on these events could be better used to address more urgent national problems.

해석 Adv. : 국제스포츠 게임을 개최하는 것은 개최국을 위해 경제적 그리고 사회적 혜택을 창출합니다.

Disadv. : 이러한 이벤트에 쓰인 돈은 더 다급한 국내 문제를 다루는데 더 잘 사용될 수 있습니다.

Hosting international sporting events such as the Olympics or the FIFA World Cup is seen by the citizens of many nations to be the greatest honor that can be bestowed upon any country. However, there are both positives and negatives to staging international sporting events and this has meant that there is a great deal of controversy over the merits of hosting world events.

To begin with, holding international sporting tournaments generates much needed revenue for countries involved. For instance host countries are enriched by the increasing number of inbound tourists, sponsorship fees, the sale of media broadcast rights, and ticket sales. As a result, host countries often see a sudden spike in terms of economic growth.

In addition, the staging of international sporting events is an ideal opportunity for host countries to show off to the world the greatness of their country. For example, following the 2002 FIFA World Cup, which was held in Korea, there was a marked increase in the number of international tourists, visiting the country to find out more about Korean culture and history.

However, the negative impact of being a host country cannot be overlooked. In the process of preparing for international sporting events with limited financial resources, some people are greatly concerned about the allocation of money, which could be spent on more urgent national problems, such as supporting poverty–stricken people in their country, rather than building and constructing roads and stadiums for the purposes of sporting events.

My view is that although there may be some drawbacks to hosting these international events, in the long term all citizens are likely to benefit from having such events staged in their country.

해석 많은 나라의 국민들에게 올림픽이나 피파 월드컵과 같은 국제스포츠 이벤트를 개최하는 것은 한 나라에게 주어질 수 있는 가장 큰 영광으로 생각됩니다. 그러나 국제스포츠 이벤트 개최는 긍정적 그리고 부정적 측면 모두를 가지고 있으며 이러한 국제적인 이벤트 개최의 장점에 대한 많은 논란이 있습니다. 먼저 국제스포츠 대회를 여는 것은 관련국들에게 절실한 많은 수익을 창출해 줍니다. 예를 들어, 개최국은 많은 국내외 관광객들, 후원금, 미디어 보도 판매권, 티켓 판매 등으로 부유하게 됩니다. 결과적으로, 개최국은 종종 경제성장 관점에서 급격한 부상을 경험하게 됩니다. 게다가, 국제 스포츠 이벤트의 개최는 개최국들이 그들 나라의 위대함을 세계에 자랑할 수 있는 아주 좋은 기회입니다. 예를 들어, 한국에서 개최되었던 2002년 피파 월드컵 이후 한국 문화와 역사에 대해 좀 더 알고 싶은 외국 여행객 수에 커다란 증가가 있었습니다. 그러나, 개최국이 되는 것의 부정적인 영향도 간과할 수 없습니다. 한정된 재정으로 국제 스포츠 이벤트를 준비하는 과정에서, 어떤 사람들은 그러한 이벤트의 목적으로 도로와 경기장을 건설하는 것보다는 가난에 시달리는 사람들을 돕는 것과 같은 보다 다급한 국가 문제에 사용될 수 있는 자금의 할당에 대해 상당한 우려를 표합니다. 비록 이러한 국제적 이벤트를 개최하는데 일부의 단점이 있기는 하지만 장기적인 관점에서 볼 때 모든 국민들은 그들 나라에서 그러한 이벤트가 개최됨으로써 혜택을 누릴 수 있습니다.

Test 9 Agree or Disagree 유형

Q. In some countries children have very strict rules of behaviour, in other countries they are allowed to do almost anything they want. To what extent should children have to follow rules?

해석 어떤 나라에서 아이들은 엄격한 행동규칙을 가지고 있는 반면, 다른 나라에서는 아이들이 그들이 원하는 어떤 것이든지 할 수 있습니다. 아이들은 규칙을 어느 정도까지 따라야만 합니까?

Essay Points

For : Imposing strict behavioural rules upon children teaches them to become responsible and respectful members of society, which continues into their adulthood.

Against : Rules that are too strict may cause children to rebel, or may suppress their ability to think independently.

해석 For : 엄격한 행동규칙을 아이들에게 부과하는 것은 그들을 책임감 있고 예의 바른 사회 구성원이 되도록 가르칩니다.

Against : 너무 엄격한 규칙은 아이들이 반항을 하게 만들거나 그들이 독창적으로 생각해내는 능력을 억압할 수 있습니다.

The extent to which children have to follow rules is a complex issue, as these rules are often governed by cultural practices which vary from country to country. Generally, Western countries tend to give children more independence, whilst Asian countries are seen to impose stricter rules of behaviour on children. Although rules are important to some extent, having too many rules that are too burdensome may lead to adverse consequences. These issues will be discussed below.

On the one hand, imposing strict behavioural rules upon children from an early age teaches them to become responsible and respectful members of society, which in turn increases the likelihood of them making positive contributions to society in their adult lives. This position is in contrast to children who are not bound by any rules, in which case they are likely to enter adulthood with little drive, no sense of responsibility, and poor work ethics.

But on the other hand, forcing children to follow strict rules does not always yield positive results. By having too many rules, or rules that are too stressful to follow, children may react adversely and rebel against them entirely. This is seen in many adolescents, who typically do the opposite of what they are told, in order to retain a sense of independence and individuality for themselves.

In conclusion, while it is important for children to be guided by behavioural rules which help them to develop into mature adults, it is equally important that such rules do not have the effect of eradicating their ability to think independently and creatively. As such, the extent to which children have to follow rules must be finely balanced between these two considerations, as well as the acceptable cultural practices in which children are brought up.

해석 규칙은 종종 나라마다 다른 문화적 관행에 따라 다르기 때문에, 아이들이 어느 정도까지 규칙을 지켜야 하는지는 복잡한 문제입니다. 일반적으로 서양의 나라들은 아이들에게 더 많은 독립성을 부여하는 반면 동양의 나라들이 아이들의 행동에 엄격한 규칙을 부과하는 것으로 보입니다. 비록 규칙은 어느 정도까지는 중요하지만, 너무 부담이 되도록 지나치게 많은 규칙을 부과하는 것은 부작용을 일으킬 수도 있습니다. 이러한 사안들이 이하에서 논의될 것입니다. 우선, 어릴 때부터 엄격한 행동규약을 아이들에게 부과하는 것은 그들이 사회에서 책임감 있고 존경받을 만한 일원이 되도록 가르칩니다. 그리고 이것은 성인기에 그들이 사회에 긍정적인 공헌을 할 가능성을 높여줍니다. 이러한 상황은 어떤 규칙에도 얽매이지 않는 아이들의 경우와 대조를 이룹니다. 이러한 경우에 그 아이들은 결단력 부족, 책임감 부재, 그리고 부족한 직업 윤리의식을 가진 어른이 될 가능성이 높습니다. 반면에 아이들이 엄격한 규칙을 따르도록 강요하는 것이 항상 긍정적인 결과만을 만들어 내는 것은 아닙니다. 지나치게 많은 규칙, 혹은 지키기에는 너무 스트레스가 많은 규칙을 가짐으로써 아이들은 역으로 반응하거나 규칙을 전혀 지키지 않을 수도 있습니다. 독립성과 그들 자신의 개성을 지키기 위해 전형적으로 그들이 들은 것과는 반대로 행동하는 많은 청소년들에게 이러한 점들이 나타납니다. 결론적으로, 성숙한 어른이 되게 돕는 행동적 규칙에 의해 아이들이 통제되는 것은 중요하지만 그러한 규칙이 독립적이고 창의적으로 생각하는 능력을 근절시키는 결과를 만들어서는 안 됩니다. 그러므로, 아이들이 규칙을 지키는 범위는 두 가지 요소를 고려해서 알맞게 균형을 맞추어야 하며 동시에 아이들이 자라는 문화적 관행에서 받아들여질 수 있어야 합니다.

Test 10 Agree or Disagree 유형

Q. Education of young people is a high priority in many countries. However educating adults who cannot write or read is even more important, and governments should spend more money on this. To what extent do you agree or disagree?

해석 어린 학생들의 교육은 많은 나라에서 우선순위입니다. 그러나 읽기와 쓰기를 못하는 어른들을 교육하는 것이 더 중요하며 정부는 이를 위해 더 많은 돈을 지출해야 합니다. 어느 정도까지 당신은 동의 혹은 반대합니까?

Essay Points

Agree : It is the foremost responsibility of a society to educate its citizens, whatever their age. Additionally, literate parents are more likely to pass on the value of education to their own children.

Disagree : There would be no adult illiteracy problem to address, if all young people had received the appropriate education.

해석 Agree : 그들의 나이와 상관없이 국민들을 교육하는 것은 사회의 가장 중요한 책임입니다. 게다가, 학식이 있는 부모들은 교육의 가치를 그들 자신의 아이들에게 전달 할 가능성이 높습니다.

Disagree : 모든 어린 학생들이 적절한 교육을 받게 된다면 성인 문맹과 관련된 문제는 존재하지 않을 것입니다.

The importance of education is undeniable. It is such a fundamental part of civilised society that it would be difficult to imagine a world without it. Whilst educating young people is a high priority in many countries, governments do not provide as much funding for the education of illiterate adults. Some argue that educating these adults is even more important than educating young people.

It is the foremost responsibility of a society to educate its citizens, whatever their age. Adults should not be denied education, simply because they are older and may not be capable of learning as quickly. There may be extenuating circumstances which precluded these now illiterate adults from learning how to read and write when they were younger. Additionally, literate parents are more likely to pass on the value of education to their own children, either by setting a good example, or by assisting their children with academic difficulties.

However, educating young people should still be the top priority. Conventionally, people receive education when they are young. In a perfect society, there would be no adult illiteracy problem to address, if all young people had received the appropriate education. However, the system is imperfect, and some adults did not receive the required education when they were young.

As such, I believe that governments should spend more money to support the small percentage of adults who were not able to follow the conventional educational path, but their education should not be prioritised over educating young people.

해석 교육의 중요성은 부인할 수 없습니다. 문명화된 사회에서 교육은 기본적인 영역이기 때문에 그것이 없는 세상은 상상할 수 없습니다. 많은 나라에서 어린 아이들을 교육하는 것에 최우선 순위를 두는 반면, 문맹인 어른들을 교육하는 데는 많은 돈을 투자하고 있지 않습니다. 어떤 이들은 이러한 어른들을 교육하는 것이 어린 학생들을 교육하는 것보다 더 중요하다고 주장합니다. 그들의 나이와 상관없이 국민들을 교육하는 것은 사회의 가장 중요한 책임입니다. 나이가 들어 민첩하게 습득할 능력이 없다는 이유로 성인들이 교육에 거부되어서는 안 됩니다. 이러한 문맹인들은 그들이 어렸을 때 읽기와 쓰기를 배우지 못했던 충분한 사정을 가지고 있을 수도 있습니다. 게다가, 학식 있는 부모들은 좋은 본보기를 보이거나 학업의 어려움을 도움으로써 교육의 가치를 그들 자신의 아이들에게 전달할 가능성이 높습니다. 하지만, 어린 학생들을 교육하는 것은 여전히 최우선 순위여야 합니다. 전통적으로 사람들은 어렸을 때 교육을 받습니다. 만약 완벽한 사회에서 어린 학생들 모두가 적절한 교육을 받게 된다면 성인 문맹과 관련된 문제는 존재하지 않을 것입니다. 하지만, 시스템은 완벽하지 않으며 일부 성인들은 어렸을 때 필요한 교육을 받지 않았습니다. 그러므로, 나는 정부가 전형적인 교육을 받을 수 없었던 소수의 어른들을 지원하기 위해 더 많은 돈을 투자해야 한다고 생각합니다. 그러나, 그들의 교육이 어린 학생들을 교육하는 것보다 더 우선 순위가 되어서는 안 됩니다.

Q. Some people believe that advertisements targeting children may have negative effects on them, and suggest banning such advertisements as a solution. To what extent do you agree or disagree?

해석 어떤 사람들은 아이들 대상 광고는 아이들에게 부정적인 영향을 미친다고 생각하며 해결책으로 그러한 광고를 금지시켜야 한다고 말합니다. 어느 정도까지 당신은 동의 혹은 반대합니까?

Essay Points

Agree : Advertisements directed at children should be banned because children are not mature enough to make wise consumer choices, and companies exploit this vulnerability.

Disagree : Advertisements directed at children should not be banned because there are already regulations in place that are sufficient to control such exploitation.

해석 Agree : 아이들을 대상으로 하는 광고는 금지되어야 합니다 왜냐하면 아이들은 소비자로서의 현명한 선택을 하기에는 충분히 성숙하지 않기 때문이며 기업들이 이러한 연약함을 이용하기 때문입니다.

Disagree : 아이들을 대상으로 하는 광고는 금지되지 말아야 합니다 왜냐하면 이미 그러한 착취를 통제하기 위한 충분한 규제가 있기 때문입니다.

There is an increasing number of advertisements directed at children, promoting a wide range of products such as toys, electronics, clothing, as well as food and drink. Children are considered 'soft' targets by many companies, and tend to be more susceptible to marketing than adults. Many parents are worried that such targeted advertising is having negative effects on children, and have suggested banning these advertisements as a solution. This essay will discuss whether such a ban is justifiable.

Without doubt parents have a legitimate cause for concern over advertising directed at children. Every day, children are bombarded with advertisements that can substantially influence their choices. Because children have not yet developed the same level of maturity as adults to make wise decisions as to what they really want, companies exploit these vulnerabilities through colours, imagery and irrelevant items to engage children's attention. For example, fast food advertisements for children tend to highlight the toys that accompany meals, rather than the food that is actually being sold.

However, I do not believe that banning all advertisements directed at children is necessary, as there are already strict regulations in many countries including Korea. For example, there are rules in place preventing companies from advertising to children at certain times, for certain products, or in a certain way, all of which are regularly reviewed.

In conclusion, although some advertising practices may seek to exploit the vulnerabilities of children to sell products, I do not think a total ban on such advertising is a necessary nor justifiable solution. In my view, the current regulations in place are sufficient.

해석 아이들을 대상으로 장난감, 전자제품, 옷, 음식 및 음료수와 같은 다양한 상품들을 소개하는 광고들이 점점 증가하고 있습니다. 아이들은 많은 기업에 의해 '쉽게' 설득될 수 있고 어른들보다 마케팅에 영향 받기 쉬운 경향이 있습니다. 많은 부모님들은 아이들을 대상으로 하는 광고가 아이들에게 부정적인 영향을 미치는 것에 대해 우려하고 있고 이러한 광고를 금지하는 것을 하나의 방법으로 제안합니다. 이 에세이에서 이는 그러한 금지가 공정한 것인지 논의할 것입니다. 의심할 여지없이 부모님은 아이들을 대상으로 하는 광고에 대한 우려의 합법적 명분을 가지고 있습니다. 아이들은 그들의 선택에 상당히 영향을 미칠 수 있는 광고로부터 매일 공격을 받습니다. 아이들은 그들이 원하는 것에 대해 현명한 결정을 내릴 수 있는 어른들만큼의 성숙함을 아직은 가지고 있지 않기 때문에, 회사들은 아이들의 관심을 끌기 위해 색깔, 상상력 그리고 관련 없는 상품들을 통해 그들의 연약함을 이용합니다. 예를 들어, 아이들을 대상으로 하는 패스트푸드 광고는 실제 판매되는 음식 그 자체 보다 음식과 함께 나오는 장난감을 더 조명하는 경향이 있습니다. 하지만, 한국을 포함한 많은 나라에 이미 엄격한 규제가 있기 때문에 나는 아이 대상 광고를 모두 금지하는 것이 필요하다고 생각하지는 않습니다. 예를 들어, 광고 회사들이 아이들에게 특정 시간에, 특정 상품을 혹은 특정한 방법으로 광고하지 못하도록 하는 규제가 존재하고 있으며 이러한 것들 모두가 정기적으로 검토되고 있습니다. 결론적으로, 비록 일부 광고가 상품을 팔기 위해 아이들의 취약함을 이용하려고는 하지만 나는 이러한 광고를 전적으로 금지하는 것이 필요하거나 정당한 해결책이라고 생각하지 않습니다. 나의 견해로는 현재의 실행중인 법적 규제만으로도 충분하다고 생각합니다.

Test 12 Agree or Disagree 유형

Q. Some governments have banned smoking in all public places. Do you think this is a good policy?
해석 어떤 정부들은 공공장소에서 흡연을 금지하고 있는데 당신은 이것이 좋은 정책이라고 생각합니까?

Essay Points

Bad policy : Initially, some felt that these policies were unfair and discriminatory, particularly against long-term addicted smokers.

Good policy : But ultimately, these policies have generated positive results for the countries that have adopted them, by improving health, well-being and cleanliness.

해석 Bad Policy : 먼저, 일부 사람들은 이 정책이 불공평하고 흡연자들에 대한 차별이라며 비판적이었습니다. 특히 장기 흡연자들에게 그렇다고 생각했었습니다.

Good Policy : 하지만 궁극적으로 이러한 정책은 건강, 복지 그리고 청결함을 향상시킴으로써 채택한 나라들을 위해 긍정적인 결과를 초래했습니다.

In recent years, governments have started to ban smoking in public places. In Korea, smoking is now prohibited in all indoor venues such as restaurants and shopping centres. There has even been a push to ban smoking in outdoor areas, such as parks, beaches and open-air cafes. There has been some debate about whether this is a good policy, and this essay will examine both sides of the argument.

Initially, some people were critical of the new policies, as they felt that they were unfair and discriminatory against smokers. In particular, they argued that long-term addictive smokers would suffer the most from the burdensome regulations.

However, the positive effects of these bans are now being realised by many people. In my opinion, the benefits of such policies are undeniable, for governments, communities, smokers and non-smokers alike.

Smoking is the leading cause of lung cancer, as well as a range of other harmful illnesses. By banning smoking in public places, non-smokers do not have to inhale dangerous chemicals from passive smoke. Smokers themselves also benefit. Due to the inconvenience now imposed upon them the number of smokers has steadily declined, which has seen a fall in smoking-related illnesses and has taken much needed pressure off public health systems. These bans have also improved community cleanliness, as there are now less cigarette butts littering the streets.

As a whole, it is clear that public smoking bans are very good and effective government policies. They have significantly improved the health, well-being and cleanliness of countries around the world, and should be considered by every government.

해석 최근에 정부는 공공장소에서 흡연을 금지하기 시작했습니다. 한국에서는 현재 레스토랑이나 쇼핑센터 등과 같은 실내에서 흡연을 금지하고 있습니다. 공원이나, 바다, 야외 카페와 같은 실외 공간에서의 흡연금지에 대한 요구도 있습니다. 이것이 좋은 정책인지 아닌지에 대한 논쟁이 있어왔으며 이 에세이는 이러한 주장의 양쪽 측면을 서술할 것입니다. 먼저, 일부 사람들은 이 새로운 정책이 불공평하고 흡연자들에 대한 차별이라며 비판적이었습니다. 특히 그들은 장기 흡연중독자들이 부담스러운 정책으로 인해 고통을 받을 수도 있다고 주장했었습니다. 그러나, 공공장소 흡연금지의 긍정적인 효과는 많은 사람들에 의해 현재 인식되고 있습니다. 나는 그러한 정책이 정부나 공동체, 그리고 흡연자들과 비흡연자들 모두에게 주는 혜택을 부정할 수 없다고 생각합니다. 흡연은 여러 종류의 해로운 질병과 폐암의 주요한 원인이 됩니다. 공공장소에서의 흡연을 금지함으로써 비흡연자들은 간접흡연으로 인한 유해물질을 들이키지 않아도 됩니다. 흡연자들에게도 이로운 점들이 있습니다. 그들에게 주어진 불편함 때문에 흡연자의 수는 점진적으로 감소하고 있고 이로 인해 흡연과 관련된 질병도 줄어들고 있으며 국민건강 시스템이 갖고 있던 많은 부담감도 벗게 되었습니다. 공공장소 흡연금지는 길거리를 더럽히는 담배 꽁초 쓰레기가 줄어들게 되기 때문에 사회를 더욱 청결하게 만들었습니다. 전반적으로 볼 때, 공공장소 흡연금지는 매우 훌륭하고 효과적인 정부정책입니다. 그 정책들은 세계 여러 나라들의 건강, 웰빙 그리고 청결함을 향상시킵니다. 그리고 모든 정부에 의해서 이것은 고려되어야 합니다.

Test 13 Both Views

Q. Fast food is now universally available in most countries and is becoming increasingly popular. Some feel that this is a positive trend, while others do not. What is your opinion on this issue?

해석 패스트푸드는 현재 대부분의 나라에서 판매되고 있으며 그 인기는 점차적으로 커지고 있습니다. 어떤 이들은 이것을 긍정적인 현상이라고 생각하는 반면 다른 사람들은 이에 반대합니다. 이 문제에 대한 당신의 의견은 무엇입니까?

Essay Points

Positive : Fast food is more convenient, less time-consuming and more economical than other cooked and prepared meals.

Negative : Excessive consumption of fast food is extremely unhealthy, which could increase the risk of major health problems.

해석 Positive : 패스트푸드는 더욱 편리하고, 시간소비가 적으며 다른 조리된 음식보다 경제적입니다.

Negative : 패스트푸드를 너무 많이 소비하는 것은 건강에 해가 되는데 이것은 주요 건강문제의 위험을 증대시킵니다.

Over the past few decades, fast food has become increasingly popular and widely available around the globe. Some people feel that this is a positive trend, pointing to the convenience of fast food and its relatively low expense, whilst others are much more critical. This essay will discuss both positions, and I will conclude with my personal opinion.

On the one hand, fast food is more convenient, less time-consuming and more economical than other cooked and prepared meals. They provide an easy alternative to cooking, which gives people a wider variety of choices to do more things with their time. For example, they can spend more time working in order to earn more money, or spend more quality time with their loved ones after work.

Additionally, fast food is much cheaper than other meals, as the items are mass produced by franchises which allow them to take advantage of economies of scale in order to reduce prices.

However, it is indisputable that excessive consumption of fast food is extremely unhealthy. Typical fast foods such as hamburgers and fries are incredibly high in fat, salt and calories, which could increase the risk of major health problems like heart disease, high blood pressure, obesity, and other related illnesses.

It is my opinion that these negative long term effects greatly outweigh the short term benefits that fast food can bring to our everyday life. Our health should always be the paramount concern. For this reason, I do not consider the increasing popularity of fast food to be a positive trend. Instead, people should seek to minimise their consumption of such unhealthy foods.

해석 지난 수십 년 동안 패스트푸드의 인기는 점차적으로 증가하고 있으며 전 세계적으로 널리 판매되고 있습니다. 어떤 사람들은 패스트푸드의 편리함과 상대적으로 낮은 가격을 지적하며 이것이 긍정적인 현상이라고 말하는 반면 다른 사람들은 이것에 대해 상당히 비판적입니다. 이 에세이는 이러한 현상의 긍정적 측면과 부정적 측면 모두를 논하고 나의 의견을 결론에서 제시할 것입니다. 우선, 패스트푸드는 더욱 편리하고 시간소비가 적으며 다른 조리된 음식보다 경제적입니다. 패스트푸드는 요리에 대한 쉬운 대안을 제공하며 이것은 사람들이 그들의 시간을 가지고 더 많은 다른 일들을 할 수 있도록 다양한 선택을 제공합니다. 이뿐만 아니라, 패스트푸드는 다른 음식들 보다 가격이 저렴한데 이것은 가격을 낮추기 위한 규모경제를 가능하게 하는 프렌차이즈에 의해 대규모로 생산되기 때문입니다. 그러나 패스트푸드를 너무 많이 소비하는 것은 건강에 해가 됩니다. 햄버거나 프라이스와 같은 전형적인 패스트푸드는 지방과 소금, 칼로리가 너무 높고 이는 심장질환이나, 고혈압, 비만 또는 다른 연관된 질병 등의 건강 문제의 위험을 증대시킵니다. 패스트푸드가 장기적으로 미치는 부정적인 영향이 우리 삶에 가져다 주는 단기적 측면의 혜택을 훨씬 능가한다는 것이 나의 견해입니다. 우리의 건강은 늘 가장 중요한 관심거리가 되어야 합니다. 이러한 이유로 나는 패스트푸드의 인기상승이 긍정적인 현상이 아니라고 생각합니다. 그대신, 사람들은 그러한 건강하지 못한 음식의 섭취를 최소한으로 줄여야 한다고 생각합니다.

Q. Discuss the advantages and disadvantages of the growth in tourism around the world.
해석 전세계에 걸친 관광여행의 증가에 대한 장점과 단점을 논하시오.

Essay Points

Advantages : Tourism allows people to explore new places and satisfy their sense of curiosity. It is also an important source of income for local communities.

Disadvantages : Tourism can destroy natural environments, and cultural traditions may become diluted or lost.

해석 Advantage : 관광은 사람들이 새로운 곳을 탐구하고 그들의 호기심을 충족시키는 것을 가능하게 합니다. 그것은 또한 지역사회의 중요한 수입원입니다.

Disadvantage : 관광은 자연 환경을 파괴시킵니다 그리고 문화적 전통성이 희석되거나 완전히 사라질지도 모릅니다.

Tourism is one of the biggest industries in the world and has grown significantly over the past few decades. Although it may lead to many rich rewards, there are also numerous drawbacks. This essay will explore each side in turn.

From the traveller's perspective, tourism is a popular leisure activity that allows people to take a break from everyday life and explore new places. Tourism can satisfy our sense of curiosity, whilst broadening our horizons, and enhancing our understanding and acceptance of different cultures. In addition, it can also be a great source of income for local communities – indeed, many popular tourist destinations are dependent on tourism to sustain its economy.

However, there are also a number of drawbacks. The increasing numbers of visitors coming to an area can upset the natural balance in many ways. For example, the construction of buildings and other amenities to accommodate the influx of tourists can destroy natural habitats and spoil landscapes. Where there are more people, there is also more pollution and waste, which further degrades the natural environment. As the tourism industry grows, local cultural traditions may become diluted or lost entirely.

In conclusion, it is clear that tourism has both advantages and disadvantages. While it is important to protect the natural environments and traditions of local communities, the economic benefits of tourism are undeniable. As such, governments should seek to strike an appropriate balance by promoting the growth of tourism, but also ensuring that such growth is healthy and sustainable.

해석 관광은 전 세계적으로 가장 큰 산업 중 하나이며 지난 수십 년에 걸쳐 상당히 발전해 왔습니다. 비록 그것이 많은 혜택을 주지만 꽤 많은 단점 또한 가지고 있습니다. 이 에세이는 양쪽 측면을 차례로 탐구할 것입니다. 여행객의 관점에서 관광은 일상으로부터 휴식을 가져다 주고 새로운 곳을 탐구하게 하는 인기있는 여가활동입니다. 관광은 시야를 넓히고 다른 문화에 대한 수용과 이해를 높이면서 우리의 호기심을 채웁니다. 게다가, 관광은 지역사회에 상당한 수입원이 될 수 있습니다. 또한 많은 인기 있는 관광지가 그들의 경제를 유지하기 위해 관광에 의존하고 있습니다. 그러나, 단점 또한 많이 존재합니다. 방문하는 관광객 수의 증가는 여러 측면에서 자연의 균형을 깹니다. 예를 들어, 관광객을 수용할 수 있는 숙박 편의시설과 빌딩을 건설하는 것은 자연 서식지를 파괴하고 주변 경관을 해칠 수도 있습니다. 많은 사람들이 있는 곳은 더 많은 공해와 쓰레기가 생기게 되고 이는 자연 환경의 추가적인 파괴를 일으킵니다. 관광 산업이 발전할수록 지역 문화의 전통성이 희석되거나 완전히 사라지기도 합니다. 결론적으로, 관광은 장점과 단점을 모두 가지고 있다는 것이 분명합니다. 자연 환경과 지역 공동체의 전통을 보호하는 것도 중요하지만 관광의 경제적 혜택을 간과할 수 없습니다. 그러므로 정부는 관광의 성장을 증진시키고 그러한 성장이 또한 건강하고 지속적일 수 있게 함으로써 적당한 균형을 유지하도록 노력해야 합니다.

Test 15 Both Views 유형

Q. In many countries, teenage students are encouraged to work part-time. Some people say this is a good thing while others say it is bad. Discuss both views and give your opinion.

해석 많은 나라에서 십대들이 파트타임 일을 하는 것이 격려되고 있습니다. 어떤 사람들은 이것이 좋은 일이라고 하지만 다른 사람들은 나쁘다고 말합니다. 양쪽의 의견을 논하고 당신의 의견을 제시하시오.

Essay Points

Pros : Students should be encouraged to work in order to gain experience and exposure to the adult world. Through work, they can also develop a greater sense of maturity and wiser attitudes towards money.

Cons : Students should not be encouraged to work as the short term monetary incentives could distract them from their studies, which could jeopardise their future earning capacity.

해석 Pros : 학생들이 성인세계에 대한 경험을 얻게 하기 위해서 일하는 것이 격려 되어야 합니다. 일을 함으로써 그들은 더 성숙해지며 돈에 대한 더 현명한 태도를 가질 수 있습니다.

Cons : 빠른 현금보상이 학생들이 공부하는 것을 방해할 수 있고 이것이 그들의 미래의 소득능력을 위태롭게 만들 수 있기 때문에 학생들이 일하는 것은 격려되지 말아야 합니다.

These days, many teenagers attending school or university also have part-time jobs. This is a growing trend, and there is some debate as to whether this is a good thing, or whether it is bad.

People in favour of this practice argue that it is better for students to gain exposure to the working world, as schools are relatively sheltered environments that do not adequately reflect the realities of adult life. By experiencing part-time work during the teenage years, students can develop a greater sense of maturity and responsibility. Furthermore, they will also learn to appreciate the value of money, having earned it themselves, and will develop a wiser attitude towards finances.

On the other hand, those opposed to the idea of working students feel that these quick cash incentives may distract students from their studies. Teenagers should be primarily focusing on their education, rather than the small sums of money they can earn from part-time jobs. It is thought that teenagers are not mature enough to realise the long term benefits of studying. As such, many consider it irresponsible for adults to encourage young students to work, as they are likely to be easily persuaded by the short term monetary incentives. These part-time jobs may be detrimental to their education, and can also jeopardise their future earning capacity.

In my opinion, I believe that students should be encouraged to work, provided that it does not significantly interfere with their studies. Although there are many benefits of experiencing work life, education should always be the top priority.

해석 요즘에 고등학교 혹은 대학교에 재학중인 많은 십대들이 또한 파트타임 일을 하고 있습니다. 이는 점점 증가하고 있는 추세이며 이것이 좋은 것인지 혹은 아닌지에 대한 논쟁이 있습니다. 이러한 실행에 찬성하는 사람들은 학생들이 일하는 환경에 노출되는 것이 더 낫다고 생각합니다. 왜냐하면 학교는 성인들의 삶의 현실을 적절하게 반영하지 못하는 상대적으로 보호된 환경이기 때문입니다. 십대 때에 파트타임을 경험함으로써 학생들은 더욱 성숙해지고 더 높은 책임의식을 가질 수 있습니다. 더욱이, 그들은 또한 스스로 돈을 벌면서 돈의 가치를 배울 것이며 돈 관리에 더 지혜로운 태도를 갖게 될 것입니다. 반면에, 학생 근로에 대한 의견에 반대하는 사람들은 빠른 현금 보상이 학생들이 공부하는 것을 방해할 수 있다고 생각합니다. 십대들은 파트타임 직업으로부터 그들이 벌 수 있는 적은 양의 돈에 집중하는 것보다 그들의 교육에 우선을 두고 집중을 해야 합니다. 십대들은 공부가 가져오는 장기적 이득을 깨닫기에는 충분히 성숙하지 않다고 생각됩니다. 그러므로, 많은 사람들은 어른들이 아이들에게 일하도록 장려하는 것은 무책임한 행위라고 생각합니다, 왜냐하면 그들은 단기적인 금전보상에 의해 쉽게 설득될 가능성이 높기 때문입니다. 이러한 파트타임 일은 그들의 교육에 치명적이며 또한 그들의 미래의 소득능력을 위태롭게 만들 수 있습니다. 나의 의견으로, 만약 학생들의 공부를 크게 방해하지 않는다면 학생들이 일하는 것이 장려 되어야 한다고 나는 믿습니다. 비록 근로생활을 경험하는 것에는 많은 혜택들이 있다고 하지만 교육이 항상 최우선 사항이 되어야 합니다.

Test 16 Agree or Disagree 유형

Q. The country is a better place for children to grow up than a large city. To what extent do you agree or disagree?

해석 시골은 아이들이 성장하기 위해 큰 도시보다 더 나은 장소입니다. 어느 정도까지 당신은 동의 혹은 반대합니까?

Essay Points

Country : The country is a better place for children, as growing up there contributes to their health and physical well-being.

City : The city is a better place for children, as access to fundamental infrastructures such as education, transportation and communication may be essential to their future success as adults.

해석 Country : 시골은 아이들의 건강과 육체적인 안녕에 기여하기 때문에 그들을 위해 더 나은 장소입니다.

City : 교육, 교통 그리고 통신과 같은 기본적인 인프라에 대한 접근 용이성은 아이들이 어른이 되었을 때 그들의 미래 성공에 필수적이기 때문에 아이들을 위해 도시가 더 나은 장소입니다.

The place where a child is brought up can have a profound influence on their development. For this reason, opinions often differ between parents when it comes to whether the city or countryside is a better place to raise children. This essay will examine both views.

On the one hand, the benefits of raising children in the countryside are numerous. Children are able to enjoy an abundance of fresh, healthy and pollution-free air, which contributes to a healthy lifestyle and their physical development. Children growing up in the countryside are also more likely to consume more organic produce, as opposed to processed fast foods that are commonly found in developed city areas.

On the other hand, parents who prefer raising their children in the city would argue that access to fundamental infrastructures such as education, transportation and communication are essential to their children's future success as adults, in terms of work and career progression. Children who grow up in big cities are surrounded by many more opportunities, and are likely to be more motivated to have a successful career than those who have only lived in the country.

I personally believe that the country is an ideal place for young children to grow up and they should be able to enjoy a healthy childhood. However, as they become older and physically stronger, children should have the chance to experience city life, as exposure to the types of opportunities that arise there may be critical to their future success and wellbeing.

해석 아이들이 양육되는 장소는 그들의 성장에 커다란 영향을 미칠 수 있습니다. 이 이유로 도시와 시골 중 아이들을 키우기에 어디가 더 나은지에 대한 의견이 부모들 사이에서 분분합니다. 이 에세이에서는 양쪽의 견해를 조사할 것입니다. 한편으로, 아이들을 시골에서 기르는 것에는 다수의 장점이 존재합니다. 아이들은 건강한 생활습관과 그들의 신체발달에 기여하는 신선하고, 건강한 그리고 오염 없는 공기의 풍부함을 즐길 수 있습니다. 시골에서 자라는 아이들은 또한 발달된 도시에서 일반적으로 볼 수 있는 가공음식이 아닌 많은 유기농 제품을 섭취할 가능성이 있습니다. 반면에, 아이들을 도시에서 키우는 것을 선호하는 부모들은 교육, 교통 그리고 통신과 같은 근본적인 기반시설에 대한 접근 용이성이 그들의 자녀들이 성인이 됐을 때인 미래의 성공을 위해 필수적이라고 주장합니다. 대도시에서 성장한 아이들은 더 많은 기회들로 둘러싸여 있으며 시골에서만 산 아이들보다 더 성공적인 직업을 가지도록 동기부여가 될 가능성이 높습니다. 나는 개인적으로, 시골은 어린 아이들이 성장하고 건강한 어린 시절을 즐길 수 있는 이상적인 곳이라고 믿습니다. 하지만 그들이 나이가 들고 신체적으로 성숙해지면서 아이들은 도시에서 사는 경험의 기회를 가져보아야만 합니다. 왜냐하면 그곳에서 생기는 기회들이 그들의 미래의 성공과 웰빙에 매우 중요할 수 있기 때문입니다.

Test 17 Both Views 유형

Q. Some people hold the opinion that animal experiments are acceptable if they are performed in the name of medical research. Others disagree and are more critical of the practice of animal experiments. Discuss both views and give your opinion.

해석 어떤 사람들은 동물실험이 의학연구를 위해 실행된다면 인정될 만 하다고 말합니다. 하지만 다른 사람들은 반대의견을 가지고 있으며 동물실험 실행에 매우 비판적입니다. 양쪽의 의견을 논하고 당신의 의견을 제시하시오.

Essay Points

Yes : Many essential medical treatments have been developed as a result of animal testing.

No : The scientific benefits of animal testing do not justify the suffering inflicted on animals, and more humane methods should be developed.

해석 Yes : 동물실험의 결과로 없어서는 안될 많은 치료법이 발전해오고 있습니다.

No : 동물실험의 과학적 혜택이 동물에게 가해진 고통을 합리화시킬 수 없습니다. 그리고 더 많은, 덜 잔혹한 방법들이 개발되어야 합니다.

It is true that animals are routinely used to test medicines and other products before they can be safely used on humans. Some people argue that such experiments are unethical and should be banned, whilst others believe that they are necessary and are for the greater good.

On the one hand, many essential medical treatments have been developed as a direct result of animal testing. Since some animals share similar physical and physiological characteristics to humans, for many years, scientists have used animals to test the safety and effectiveness of various products, such as newly developed drugs. It is undeniable that animal-based research has contributed to significant improvements in the length and quality of our lives and for this reason, supporters of animal testing believe that it is acceptable to subject animals to such experimentation.

On the other hand, many people raise ethical objections to animal testing. They believe that the scientific benefits do not justify the suffering caused to animals, and that more humane methods of research should be developed.

In my opinion, I believe that a certain amount of animal testing is necessary, particularly for essential drugs and medicines. Such experiments should be regulated and conducted as humanely as possible, so that the animal suffering can be kept to a minimum. For non-essential products such as cosmetics; however, it is more difficult to justify the necessity of animal testing. As such, I do not agree with the use of animals in these industries, where alternative methods ought to be devised.

해석 의약품과 다른 제품들이 사람들에게 안전하게 사용될 수 있는지를 사전에 검사하기 위해 동물들이 꾸준히 사용되어 온 것은 사실입니다. 어떤 사람들은 이러한 실험들이 비윤리적이며 금지되어야 한다고 주장합니다. 반면에 다른 사람들은 그것이 필수적이며 더 큰 이익을 위한 것이라 믿습니다. 한편으로는, 동물실험의 직접적인 결과로 없어서는 안될 많은 치료법이 발전해오고 있습니다. 몇몇의 동물들이 사람들과 비슷한 물리적 그리고 생리적인 특성을 공유하므로 오랫동안 과학자들은 새로 개발된 약물과 같은 다양한 제품의 안전과 효능을 실험하는데 동물들을 사용해 왔습니다. 동물기반 연구가 우리의 삶의 수명 및 질의 개선에 많은 기여를 했다는 것을 부인할 수 없습니다. 이러한 이유 때문에 동물 실험을 지지하는 사람들은 동물이 실험용으로 사용되는 것이 수용될 수 있다고 믿습니다. 또 다른 한편으로는, 많은 사람들은 동물실험에 대한 윤리적 반대를 제기합니다. 그들은 과학적 혜택들이 동물들이 받는 고통을 정당화 시키지 못하며 덜 잔혹한 연구방법이 개발되어야 한다고 믿습니다. 나의 의견으로, 어느 정도의 동물실험은 특히 필수 의약품을 위해 필요하다고 믿습니다. 그런 실험들은 동물들이 겪을 고통이 최소한으로 유지될 수 있게 하기 위해 통제되어야 하며 되도록 덜 잔인하게 실행되어야 합니다. 하지만 화장품과 같이 중요하지 않은 제품의 경우 동물실험의 필요성을 정당화하기는 매우 어렵습니다. 그러므로, 나는 다른 방법들이 마련되어야만 하는 이러한 산업들의 동물사용에는 동의하지 않습니다.

Q. Some people think that a sense of competition in children should be encouraged. Others believe that children who are taught to co-operate rather than compete become more well-rounded adults. Discuss both views, and give your own opinion.

해석 어떤 사람들은 아이들이 경쟁심을 갖는 것이 장려되어야 한다고 주장합니다. 다른 사람들은 경쟁보다는 협동하는 것을 배우는 아이들이 더 원만한 성인이 된다고 믿습니다. 양쪽의 의견을 논하고 당신의 의견을 제시하시오.

Essay Points

Competition : Competition encourages children to try harder. Exposure to such competition will prepare them for the workforce.

Cooperation : Children should be taught to cooperate with each other, as it is a highly valued attribute in the workforce and many companies hire people who can cooperate with others.

해석 Competition : 경쟁은 아이들이 더 열심히 노력을 하게 만듭니다. 그러한 경쟁으로의 노출은 그들의 직장생활을 준비하도록 돕습니다.

Cooperation : 아이들이 서로 협력하도록 가르쳐야 합니다. 왜냐하면 그것은 직장에서 높게 평가되는 자질이며 많은 회사들이 다른 사람들과 협력할 수 있는 사람들을 선호하기 때문입니다.

Whether children should be taught to compete against or cooperate with each other has been an issue of intense debate. There are some who believe that it is important to encourage children to be competitive, whilst others disagree and argue that children who learn to cooperate will become more well-rounded adults.

Without doubt a sense of competition encourages children to try harder and do better. A competitive school environment challenges students, keeps them intellectually engaged, and is more likely to produce high achievers. Additionally, by exposing children to such an environment from an early age, they will be better prepared for life after they finish their studies, as the workforce is known to be a highly competitive place.

On the other hand, critics who are opposed to competition between children argue that it is far better to teach them how to cooperate. It is incorrect to say that the workplace is purely competitive, as the ability to cooperate is an important skill that is highly valued. For example, many companies hire people based on their ability to work as part of a team, rather than how competitive they are. As such, children who learn to cooperate will become much more productive adults.

My view is that it is important to promote both competition and cooperation between students. A healthy level of competition can bring out the best in a student, whilst a cooperative nature will teach them how to work in a team, a highly sought after attribute in today's workforce.

해석 아이들에게 남들과 경쟁하는 것을 가르쳐야 하는지 아니면 다른 사람들과 협력하는 것을 가르쳐야 하는지가 격렬한 논쟁거리가 되었습니다. 아이들이 경쟁하도록 장려해주는 것이 중요하다고 믿는 사람들이 있습니다. 반면에 다른 사람들은 동의하지 않으며 협력하는 것을 배우는 아이들은 더 원만한 어른으로 성장할 것이라 주장합니다. 의심할 여지없이, 경쟁심은 아이들이 더 노력하고 더 성취하도록 격려를 합니다. 경쟁하는 학교환경은 학생들에게 도전의식을 북돋워 주며, 지적 수준을 높이고 좀 더 성공한 사람으로 만들 가능성이 많습니다. 게다가, 그러한 환경으로 아이들을 이른 나이부터 노출시킴으로써 아이들은 그들의 학교공부를 마친 후 삶의 준비가 더 잘 되어 있을 것입니다. 왜냐하면 직장은 경쟁이 매우 심한 곳으로 알려져 있기 때문입니다. 반면에, 아이들 사이에서의 경쟁에 반대하는 비평가들은 아이들에게 협력하는 방법을 가르치는 것이 훨씬 낫다고 주장합니다. 직장이 순전히 경쟁적이라고 말하는 것은 맞지 않습니다. 왜냐하면 협력하는 능력이 높게 평가되는 중요한 기술이기 때문입니다. 예를 들어, 많은 회사들이 얼마나 경쟁력이 있는지 보다는 그들의 팀의 일원으로써 일할 수 있는 능력을 기준으로 사람을 고용합니다. 따라서, 협력하는 법을 배운 아이들이 훨씬 더 생산적인 어른이 될 것입니다. 나의 견해로는, 학생들 사이에서의 경쟁과 협력을 모두 향상시키는 것이 중요합니다. 건강한 수준의 경쟁은 학생들에게 최선을 다하도록 만들 것이며 반면에 오늘날 직장에서 높게 요구되고 있는 협동심은 그들에게 팀에서 일하는 방식을 가르칠 것입니다.

Test 19 Agree or Disagree 유형

Q. The invention of the television has changed society in so many ways. While some of these changes have been beneficial, others have had a harmful effect. To what extent do you agree or disagree?

해석 텔레비전의 발명이 매우 많은 방식으로 사회를 변화시켰습니다. 이러한 변화의 일부는 혜택적이었지만 다른 일부는 해로운 영향을 주어왔습니다. 당신은 어느 정도까지 동의 혹은 반대합니까?

Essay Points

Benefits : Television is a reliable source of news, and it is also an excellent source of entertainment. Companies have benefited greatly as it has been used as an effective vehicle of advertising.

Harms : Television had a negative effect on human socialisation and people are increasingly being isolated from those around them.

해석 Benefits : 텔레비전은 신뢰할 수 있는 뉴스의 원천입니다 그리고 그것은 또한 탁월한 오락의 원천입니다. 기업들은 텔레비전이 광고의 효과적인 수단이기 때문에 크게 혜택을 받았습니다.

Harms : 텔레비전이 사람들의 사회화에 부정적인 영향을 미쳤고 사람들은 점점 더 주변사람들로부터 격리되고 있습니다.

Without doubt television was one of the greatest inventions of the twentieth century, and it has revolutionised the way we engage with the world. However, opinions differ when it comes to whether television has changed the world for the better, or whether it has been harmful for society as a whole.

On the one hand, television has brought an overwhelming number of benefits to modern society. It is a reliable source of news, which keeps people updated about current affairs from all over the world. It is also an excellent source of entertainment, as many people enjoy spending their leisure time watching their favourite programs. Companies have benefited greatly from the invention of television, as it has been used as an effective vehicle of advertising, which brings products directly to the attention of consumers, which in turn stimulates the world economy.

On the other hand, some believe that television has done more harm than good. They argue that it had a negative effect on human socialisation and people are increasingly being isolated from those around them. Watching excessive amounts of television can be harmful to the interests of modern society because people are not learning the communication skills they need to stay connected with the world and with each other.

In my opinion, the benefits that television has brought to modern society outweigh the harmful effects. This is because watching television only produces individuals who lack the skills they need to participate in society. As such, it is up to individuals to control their own television viewing habits and ensure television does not dominate their lives.

해석 의심할 여지없이 텔레비전은 20세기에 가장 위대한 발명품 중에 하나입니다. 그리고 세계와 교류하는 방식에 대변혁을 이루었습니다. 하지만, 텔레비전이 세계를 보다 나은 쪽으로 변화시켰는지 아니면 사회전반에 걸쳐 해로웠는지에 대한 의견은 분분합니다. 한편으로, 텔레비전은 현대사회로 매우 많은 혜택을 가져왔습니다. 텔레비전은 세계 도처로부터의 시사문제에 대한 가장 최신의 정보를 사람들에게 알려주는 신뢰할만한 뉴스의 원천입니다. 또한 텔레비전은 탁월한 오락의 원천이기도 합니다. 왜냐하면 많은 사람들이 그들이 좋아하는 프로그램을 보며 그들의 여가시간을 즐겁게 보내기 때문입니다. 기업들은 텔레비전의 발명으로 크게 혜택을 받았습니다 왜냐하면 그것이 제품에 대한 소비자의 관심을 끌게 하는 효과적인 광고수단으로 사용되었고, 세계경제를 활성화시켜 주었기 때문입니다. 반면에, 어떤 사람들은 텔레비전이 혜택보다 더 많은 피해를 주었다고 믿습니다. 그들은 텔레비전이 사람들의 사회화에 부정적인 영향을 미쳤고 사람들은 점점 더 주변사람들로부터 격리되고 있다고 주장합니다. 과도한 양의 텔레비전을 보는 것은 사람들이 세상 그리고 다른 사람들과 소통하기 위해 필요한 의사소통 기술을 얻지 못하기 때문에 현대사회의 관점에서는 해가 될 수 있습니다. 텔레비전이 현대사회에 가져다 준 혜택은 해로운 영향보다 더 많다고 생각합니다. 그 이유는 텔레비전 시청이 사회의 일원이 되기 위해 요구되는 기술을 갖지 못한 개인들을 만든다는 것만이 (문제점의) 전부이기 때문입니다. 그러므로, 자신의 텔레비전 시청습관을 조절하고 텔레비전이 자신의 삶을 지배하지 않게 하는 것은 전적으로 개인 자신에게 달려있습니다.

Test 20 Agree or Disagree 유형

Q. Young people should move out after graduating from high school.

Do you agree or disagree with this statement?

해석 젊은이들은 고등학교 졸업 후 집에서 옮겨 나가야 합니다. 당신은 이 의견에 대해 동의합니까 아니면 반대합니까?

Essay Points

Yes : Young people who have graduated from high school are mature enough to handle life and manage their own household without relying on their parents.

No : They are unable to handle life's hardships and pressures on their own. They can easily fall into the trap of making bad life choices, which may have a big impact on their future.

해석 Yes : 고등학교를 졸업한 청년들은 부모님의 의존 없이 삶에 더 잘 대처하고 자신의 가정을 꾸려 갈 수 있을 정도로 성숙합니다.

No : 생계의 어려움과 압박을 그들 스스로 감당하기가 어렵습니다. 그들은 쉽게 나쁜 삶의 선택을 만들 수 있으며 이것은 그들의 미래에 커다란 영향을 줄 수 있습니다.

The right time for young people to move out of home has been an issue in our society for quite some time. There are those who say that after graduating from high school, a young adult is mature enough to make a living without looking to their parents for financial support. Those who are against this idea say that these young people are not yet capable of managing on their own, and must first learn the life skills they need to survive.

One view is that if a person is mature enough to gain full-time employment and start earning money, they are certainly mature enough to learn how to manage their own household. Those who agree with this idea think that the only way young people can learn how to be self-sufficient is by having to face life's challenges on their own. In addition, having their children move out can also give parents some space, and time to recover from the financial burden of their child's many years of dependency.

Those against the idea of having teenagers leave home at such an early age argue that life's hardships and pressures are too much for these young adults to handle on their own. People who leave home too early are prone to making bad life choices, which may have a big impact on their future and also may lead to problems that could have been avoided if they had stayed at home.

After considering both arguments, it is my opinion that young high school graduates should spend more time in the family home, to learn from their parents how to become self-sufficient, before making the decision to live independently.

해석 젊은이들이 집을 떠나야만 하는 적절한 시기는 꽤나 오랜 시간 동안 우리 사회의 이슈가 되어 왔습니다. 고등학교를 졸업한 후, 젊은이들이 부모님의 재정적인 보조에 의지하지 않고도 충분히 생계를 꾸릴 수 있을 정도로 성숙 하다고 말하는 사람들이 있습니다. 이 생각에 반대하는 사람들은 이러한 젊은이들은 아직까지는 그들 혼자의 힘으로 생활을 꾸려 나가는 능력이 없으며 먼저 생존을 위한 생활기술을 배워야 한다고 말합니다. 만약 사람들이 풀타임 직업이 있고 돈 버는 것을 시작할 정도로 성숙 하다면 확실히 그들 자신의 가정을 꾸리는 것을 배우기에 충분히 성숙 하다는 것이 한쪽의 의견입니다. 이 의견에 동의하는 사람들은 젊은이들이 자급자족하는 방법을 배우는 유일한 방법은, 그들 스스로가 삶에 도전을 하는 것이라 생각합니다. 또한, 아이들을 집에서 나가게 함으로서, 일정한 공간과, 그들의 아이들이 장시간 의존해 발생하는 경제적 부담으로부터 회복할 수 있는 시간이 부모님들에게 주어질 수 있습니다. 십대들을 그렇게 이른 나이에 집에서 나와 살게 하자는 의견에 반대하는 사람들은 생계의 어려움과 압박을 청소년들이 스스로 감당하기가 어렵다고 주장합니다. 일찍 집을 나온 사람들은 안 좋은 삶의 선택을 하기가 쉽습니다. 그리고 그 선택은 미래에 큰 영향을 줄지도 모르며 또한 그들이 집에서 살았다면 피할 수 있었던 문제를 직면할 수도 있습니다. 두 의견을 고려한 후, 나의 의견은, 고등학교 졸업생들은 독립해 사는 것을 결정하기 전 자급자족하는 방법을 부모로부터 배우기 위해 부모님 집에서 더 오래 있어야만 한다는 것입니다.

Test 21 Agree or Disagree 유형

Q. Can the Internet replace museums?
해석 인터넷은 박물관을 대신할 수 있습니까?

Essay Points

Yes : The Internet can provide images and details of an infinite amount of cultural and artistic treasures which are normally found in museums. Due to the limits on the number of exhibitions that can be held on any one museum premises, the Internet is an efficient replacement.

No : The Internet can never capture the true essence of paintings, sculptures and artefacts that are kept in museums. To fully appreciate their beauty and intricacy, these things must be experienced in real life.

해석 Yes : 인터넷은 박물관에서 볼 수 있는 무한량의 문화 및 예술적 유물의 이미지와 세부사항을 제공할 수 있습니다. 한 박물관 건물이 수용할 수 있는 전시 물품의 숫자가 한정되어 있으므로 인터넷은 효율적인 대체물입니다.

No : 인터넷은 박물관에 있는 그림, 조각품과 공예품의 진정한 본질을 포착할 수 없습니다. 그것들의 진정한 미와 세부내용을 알기 위해서는 그것들을 현실에서만 경험해야 합니다.

The Internet's capacity to store and relay practically infinite amounts of information has made people wonder about the possibility that the Internet may one day replace the traditional hosts of our cultural and artistic treasures, museums. Some believe that museums are limited in terms of the number of exhibitions they can hold and thus are unable to compete with the unlimited nature of the Internet. Those opposed to this idea say that the Internet could not possibly replace museums, as the online world could never replicate the true essence of museum pieces.

Supporters of the first opinion argue that the Internet is a forum where the public with just a few clicks of their mouse can gain access to both images of and details about historical works from any museum in the world. Not only that, but it allows people to view these historical works from the comfort of their own home. There is no need to travel or wait in line to see what is readily available online.

Those tending towards the second opinion, say that viewing a painting, sculpture or artefact online can never compare to experiencing it in real life. The paintings, sculptures and artefacts in museums often contain such beautiful and intricate detail that a simple image could never capture. Supporters of this opinion also indicate that taking the journey to a certain museum, in a different country, and interacting with others along the way, is an experience in itself, which is not possible with the Internet.

In conclusion, my opinion is that museums will never become obsolete. Museums are filled with art and cultural artefacts that simply cannot be appreciated for their true beauty, unless seen with one's own eyes. The Internet is an inadequate replacement.

해석 실질적으로 무한한 정보량을 저장하고 전달하는 인터넷의 능력은 인터넷이 언젠가 문화 및 예술적 유물의 소장소인 전통적인 박물관을 대체할 수 있을 지의 가능성에 관해 사람들을 궁금하게 만들었습니다. 몇몇 사람들은 박물관은 그것이 수용할 수 있는 전시물품의 숫자 면에서 한정되어 있으며, 그러므로 인터넷의 무한성과 겨룰 수 없다고 믿습니다. 이 의견에 반대하는 사람들은 인터넷이 박물관을 대신할 가능성이 없다고 말합니다. 왜냐하면 인터넷 세상은 박물관 작품들의 진정한 진수를 정확히 모사할 수 없기 때문입니다. 첫 번째 의견의 지지자들은 인터넷은 일반인들이 몇 번만의 마우스 클릭으로 세계 어떤 박물관의 역사적 작품에 대한 이미지와 세부사항에 접속할 수 있는 장이라고 말합니다. 그뿐만 아니라, 인터넷은 이러한 역사적 작품을 편하게 집에서 볼 수 있도록 해줍니다. 온라인에서 손쉽게 얻을 수 있는 것을 보기 위해 여행을 가거나 줄을 설 필요도 없습니다. 두 번째 의견을 지지하는 경향의 사람들은 온라인 상으로 그림, 조각품이나 온라인 공예품을 보는 것은 실생활에서의 경험과는 비교될 수 없다고 주장합니다. 박물관에 있는 그림, 조각품 그리고 공예품은 종종 단순한 이미지로 포착할 수 없는 아름답고 복잡한 세부내용을 지니고 있습니다. 이 의견을 지지하는 사람들은 다른 나라에 있는 특정 박물관으로의 여행 그리고 그 과정에서의 다른 사람들과 상호작용을 하는 것은 그 자체가 경험이며 인터넷으로는 가능할 수 없다고 지적합니다. 결론적으로, 나의 의견은 박물관이 결코 진부하게 되지 않을 것이라는 것입니다. 박물관은 직접 눈으로 보지 않으면 그것의 진정한 아름다움을 알아볼 수 없는 미술품과 문화 공예품으로 가득 채워져 있습니다. 인터넷은 부적절한 대체수단입니다.

Test 22 Agree or Disagree 유형

Q. Smoking is dangerous to public health and should be banned in all public places. Do you agree or disagree?

해석 흡연은 대중건강에 해가 됩니다 그러므로 모든 공공장소에서 금지되어야 합니다. 동의합니까 아니면 반대합니까?

Essay Points

Pros 1 : Smoking should be banned in all public places to protect non-smokers, and public health.

Pros 2 : While smokers may argue that such a ban is discriminatory, public health is more important than their right to smoke.

해석 Pros 1 : 흡연은 비흡연자와 대중의 건강을 위해 모든 공공장소에서 금지되어야 합니다.

Pros 2 : 흡연자들은 공공장소에서 흡연을 금지시키는 것이 차별이라고 말하지만 대중의 건강이 흡연할 권리보다 더 중요합니다.

The health dangers of smoking are well established. Smoking causes numerous diseases – both in smokers and non-smokers who inhale second-hand smoke. As a result, many countries and jurisdictions have imposed restrictions on smoking in workplaces and some public places. In my opinion, these restrictions do not go far enough. Smoking should be banned in all public places, both to discourage smoking and to protect the public from the health risks of passive smoking.

Smoking should be banned in all public places as this will protect the rights of non-smokers and also ensure that their health is not affected. This is especially true for children and infants, who are particularly at risk from passive smoking. Non-smokers deserve the right to fresh air when they are in public places. Making it more difficult to smoke may also reduce overall smoking rates over time, which would further benefit public health.

Smokers may argue that banning smoking in public places is discriminatory, and that it restricts their freedoms. While this is true, it is a selfish view. In my view, the health of the public is more important than the rights of the individual. People can smoke if they choose to, but this should not be at the expense of the public's health.

In conclusion, I agree that smoking is a danger to public health, and that it should be banned in all public places. Non-smokers should be protected from the numerous diseases that inhaling smoke causes. Restrictions such as this may reduce the prevalence of smoking and will reduce the number of deaths from passive smoking.

해석 흡연의 건강위험이 잘 알려져 있습니다. 흡연은 흡연자 및 간접적으로 연기를 흡입하는 비흡연자 모두에게 많은 병을 야기시킵니다. 그 결과, 많은 나라와 관할구역에서는 직장 및 몇몇의 공공장소에 흡연제한 제도를 도입했습니다. 나의 견해로는, 이러한 제한은 충분하지 않습니다. 흡연을 억제하고 간접흡연의 위험으로부터 대중을 보호하기 위해 흡연은 모든 공공장소에서 금지되어야 합니다. 비흡연자의 권리를 보호하고 또한 그들의 건강이 영향을 받지 않게 하기 위해 흡연은 모든 공공장소에서 금지되어야 합니다. 이것은 특히 간접흡연 위험에 있는 아이들과 유아를 위해 사실입니다. 비흡연자들은 공공장소에서 신선한 공기를 누릴 자격이 있습니다. 흡연을 더 어렵게 만드는 것이 또한 시간이 지남에 따라 전체 흡연율을 줄여줄 것입니다. 그리고 이는 대중의 건강을 위해 많은 혜택이 될 것입니다. 흡연자들은 공공장소에서 흡연을 금지시키는 것이 차별이며 그들의 자유를 제제한다고 주장할 지 모릅니다. 이것은 사실이지만, 이기적인 관점입니다. 나의 관점에서는, 대중의 건강이 개인의 권리보다 더 중요합니다. 사람들은 원한다면 담배를 필 수 있지만 이것이 공중보건의 비용이 되어서는 안됩니다. 결론적으로, 나는 흡연은 공중위생에 위험하며 모든 공공 장소에서 금지되어야 한다는 점에 동의합니다. 비흡연자들은 담배연기 흡입이 야기시키는 많은 질병으로부터 보호되어야 합니다. 이와 같은 제한은 흡연의 보급을 줄일 수 있으며 간접흡연으로 인한 사망자 수를 줄일 것입니다.

Test 23 Agree or Disagree 유형

Q. Is it appropriate to base your judgment of a person's character on the first impression you have of them?
해석 첫인상으로 사람의 성격을 판단하는 것이 적절합니까?

Essay Points
Yes : First impressions can tell you almost everything there is to know about a person's character and intentions.
No : First impressions are often based on superficial observations.
해석 Yes : 첫인상은 어떤 사람의 성격 및 의도에 대해 사람들이 알아야 할 거의 모든 것을 말해줍니다.
　　 No : 첫인상은 종종 피상적인 관찰에 기반을 두고 있습니다.

In a society where people are often short on time, many people find themselves judging others based on first impressions. Some do not look further than that, arguing that a few minutes is enough to form a lasting impression. Those who oppose this idea say that superficial observations such as attire, mannerisms and general appearance cannot provide enough information to form an accurate opinion. This essay will look at both views.

People who consider that a few minutes with somebody is enough to form a valid opinion of them are generally those who have limited time, and have learnt to analyse all the details of someone's outer appearance in order to discern their character. The way a person carries themselves can say a lot about how they do business, the respect they give to others, and their commitment to excelling at their tasks.

However, there are also those who argue that the superficial inspection of a person's outer looks made at a first meeting can be deceiving, and cannot give someone the full picture about a person's character and intentions. Too often, people misjudge others by concentrating on outer appearances, instead of finding out who they really are as a person. Such things can only be discovered over time. Additionally, other factors such as a person's nervousness during a first encounter can also influence their behavior, thus leading to incorrect assumptions about their true character.

In conclusion, I believe that it is always better to keep an open mind when first meeting someone. Opinions that are based solely on superficial observations made during a first encounter can be misleading and are often influenced by other irrelevant factors.

해석 시간이 부족한 사회에서, 많은 사람들이 첫인상에 근거하여 다른 사람들을 판단합니다. 몇몇의 사람들은 몇 분 정도면 강한 인상을 주기에 충분하다고 주장하면서 그것의 이상은 보지 않으려 합니다. 이 의견에 반대하는 사람들은 의복, 틀에 박힌 버릇 그리고 일반적 겉모습과 같은 피상적인 관찰은 정확한 판단을 위한 충분한 정보를 주지 못한다고 주장합니다. 이 에세이는 양쪽의 의견에 대해 알아 보겠습니다. 누군가와 몇 분이면 그들의 올바른 의견을 파악하는데 충분하다고 생각하는 사람들은 일반적으로 시간적 제한을 가지고 있고 그리고 누군가의 성격을 분별하기 위해 외모의 세세함을 분석하는 것을 배운 적이 있는 사람들입니다. 사람이 행동하는 방식은 그들이 어떻게 일을 처리하는지, 다른 사람에 대한 그들의 존경심 그리고 그들의 임무를 잘 처리하는 그들의 헌신에 관해서 많은 것을 보여줄 수 있습니다. 하지만, 첫만남에서 만들어진 특정인의 겉모습에 대한 가벼운 관찰은 속임수가 될 수 있으며 그 사람의 성격과 의도에 관해 완벽하게 알려주지 못할 수 있다고 주장하는 사람들이 또한 있습니다. 사람들은 그 사람이 인간으로서 진정 누구인지 알아내기 보다는 겉모습에만 집중함으로써 다른 사람들을 너무 자주 잘못 판단하고 있습니다. 그러한 것들은 오직 시간이 지나야 발견될 수 있습니다. 게다가, 사람들의 첫만남에서의 긴장감과 같은 요인들이 그들의 행동에 영향을 줄 수 있으며 이는 그들의 진정한 성격에 대한 잘못된 추측만을 초래할 수 있습니다. 결론적으로, 나는 사람을 처음 만날 때는 열린 마음을 가지는 것이 늘 더 낫다고 믿습니다. 첫만남에서 가벼운 관찰에 기반을 둔 의견들은 종종 잘못된 방향으로 이끌 수 있으며 다른 관계없는 요인들에 의해 영향을 받을 수 있습니다.

Test 24 Agree or Disagree 유형

Q. Using computers has a negative impact on children. Discuss.
해석 컴퓨터 사용은 아이들에게 부정적인 영향을 줍니다. 논하시오.

Essay Points
No : Computers are an excellent source of knowledge, and help children to develop their mental skills.
Yes : Excessive and uncontrolled use of computers by children can lead to serious health issues.
해석 No : 컴퓨터는 훌륭한 지식의 출처이고 아이들의 정신건강이 발전하게끔 돕습니다.
　　 Yes : 아이들의 과도한 그리고 절제 못하는 컴퓨터의 사용은 심각한 건강문제를 야기시킬 수 있습니다.

Computers have increasingly become an important part in our daily routines. An issue that is often debated is whether computers have a negative impact on children. Some believe that using computers is beneficial for children to develop their knowledge, whilst others think they do more harm than good. This essay will discuss both sides of this issue.

Those who support children's use of computers argue that they are an excellent source of knowledge, and give children much needed exposure to modern technologies. With a single click, children can access a virtually unlimited amount of information on any topic. This can be extremely helpful when it comes to their studies and homework. Additionally, many challenging mental puzzles are often incorporated into computer games, which can help develop children's abstract reasoning skills in an enjoyable way.

On the other hand, those who consider computers to be harmful for the young argue that many children waste countless hours sitting in front of the screen, neglecting their studies and social lives. Excessive computer usage puts children at risk of developing health problems such as obesity, weak muscles and poor eyesight, which can have a major impact on their future physical development. Children are naturally drawn towards computer games, however many of these games are actually unsuitable for them, as they often contain violent and offensive language.

It is my opinion that although computers can have a major positive effect on our lives, using computers excessively can be detrimental to children's mental, physical and social development. As such, it is important for children to use computers in a responsible way, so that these negative effects can not outweigh their benefits.

해석 컴퓨터는 점진적으로 우리 일상의 중요한 부분이 되었습니다. 컴퓨터가 아이들에게 나쁜 영향을 주는지 종종 논쟁의 이슈가 됩니다. 어떤 사람들은 컴퓨터의 사용은 아이들이 그들의 지식을 발전시키는데 유익하다고 믿는 반면에 다른 사람들은 컴퓨터가 백해무익하다고 생각합니다. 이 글은 이 문제의 양면을 논할 것입니다. 아이들의 컴퓨터사용을 지지하는 사람들은 컴퓨터는 훌륭한 지식의 출처이고 아이들에게 절실히 필요로 하는 현대식 기술을 접하도록 돕는다고 주장합니다. 한번의 클릭으로, 아이들은 어떤 주제에 관해서든지 사실상 무제한의 정보에 접속할 수 있습니다. 이것은 그들의 공부와 숙제에 커다란 도움이 될 수 있습니다. 또한, 다수의 쉽지 않은 지능퍼즐이 컴퓨터 게임에 결합되어 있어 즐거운 방법으로 아이들의 이론적 추론능력을 발전시키는 데 도움이 될 수 있습니다. 반면에, 젊은이들에게 컴퓨터는 해롭다고 여기는 사람들은 많은 아이들이 그들의 학업과 사회생활을 등한시하며 수없이 많은 시간을 화면 앞에 앉아서 낭비한다고 주장합니다. 과도한 컴퓨터의 사용은 아이들이 비만, 약해진 근육 그리고 시력저하 등의 악화되는 건강문제에 처하게 만드는데 이는 미래의 신체발달에 커다란 영향을 미칠 것입니다. 아이들은 천성적으로 컴퓨터 게임에 끌리게 되어 있습니다. 하지만, 이중 많은 게임들은 사실 그들에게 적합하지 않습니다. 왜냐하면 그것은 종종 폭력적이고 거친 말투가 포함되어 있기 때문입니다. 비록 컴퓨터는 우리의 삶에 중요한 긍정적인 영향을 가지고 있지만, 컴퓨터를 과도하게 사용하게 되면 아이들의 정신적, 신체적 그리고 사교발달에 치명적일 수 있다는 것이 나의 생각입니다. 그러므로, 이러한 부정적인 효과가 그 혜택을 압도하지 못하도록 하기 위해서는 아이들이 컴퓨터를 책임감 있게 사용하는 것이 중요합니다.

Q. Should children have cell phones?
해석 아이들이 휴대폰을 가져야만 합니까?

Essay Points

Yes : Parents can contact their children very easily, and keep track of them.

No : Mobile phones can be a distraction for children, resulting in disappointing school results.

해석 Yes : 부모들은 그들의 아이들과 쉽게 연락할 수 있으며 그들이 어디에 있는지 알 수 있습니다.

No : 핸드폰은 실망스러운 학교 성적을 초래하며 아이들에게 방해가 되는 물건이 될 수 있습니다.

In our modern and technologically advanced society, it is undeniable that mobile phones have become a part of everyday life. As such, many people support the idea of giving children mobile phones, mainly to keep track of their activities and to contact them at any time. However, there are also those who oppose this idea, saying that the use of mobile phones can have a negative impact on children.

The main argument in support of children having their own phones is that it enables them to easily contact their parents in the event of an emergency. By having access to such a device, children can feel much safer, and their parents also do not need to worry as much, knowing that they can keep track of their children at all times. For example, GPS technologies that can be embedded in many modern phones allow parents to know their child's precise whereabouts at any given time.

On the other hand, those against the idea of children owning mobile phones argue that such devices may distract them from their studies leading to poor school performance, which can be detrimental to the long-term prospects of the student. In addition, as many modern mobile phone devices have unlimited access to the internet, there is also the risk of children being exposed to inappropriate adult content, which can be detrimental to their mental development.

In conclusion, although there are some advantages of children owning mobile phones, allowing them to use these phones as they wish may lead to undesirable outcomes. As such, I believe that if children are given these devices, parents should monitor and control the usage of the phone.

해석 기술적으로 발전된 현대사회 속에서, 휴대폰이 일상생활의 한 부분이 되었다는 것은 부정할 수 없습니다. 그러므로, 많은 사람들이 주로 아이들의 활동을 추적하고 언제라도 그들에게 연락을 하기 위해 그들에게 휴대폰을 주자는 의견을 지지합니다. 하지만, 핸드폰의 사용은 아이들에게 나쁜 영향을 줄 수 있다고 말하면서 이 생각에 반대하는 사람들이 또한 있습니다. 아이들이 자신의 핸드폰을 가지는 것을 지지하는 주된 주장은 핸드폰이 그들의 부모와 비상시에 쉽게 연락하는 것을 가능하게 한다는 것입니다. 핸드폰을 사용함으로써, 아이들은 더욱 안전함을 느낄 수 있으며, 그들의 부모들 또한 그들의 아이들이 어디에 있는지 언제나 알아낼 수 있다고 생각하면서 많은 걱정을 할 필요가 없습니다. 예를 들어, 많은 현대식 전화기에 내장되어 있는 GPS 기술은 부모님들이 그들 아이들의 정확한 소재를 언제라도 파악할 수 있도록 돕습니다. 반면에, 아이들이 휴대폰을 갖는 것에 반대하는 사람들은 이러한 기기들이 형편없는 학업성적을 야기시키면서 그들의 학업을 방해할 수 있다고 주장합니다. 그리고 이것은 학생들의 장래성 측면에서 문제가 될 수 있습니다. 게다가, 많은 현대식 휴대폰 기기들이 인터넷에 무제한으로 접속할 수 있게 하기 때문에 또한 아이들이 부적절한 성인물에 노출될 수 있는 위험성이 있습니다. 그리고 이는 그들의 지성발육에 치명적일 수 있습니다. 결론적으로, 비록 아이들이 휴대폰을 가지고 있는 것에 몇몇의 장점이 있지만, 그들이 원하는 대로 전화사용을 한다면 바람직하지 않은 결과로 이어질 수 있습니다. 그러므로, 나는 만약 아이들에게 이런 장치들이 주어진다면 부모님들은 그들의 전화사용을 감시하고 통제해야 한다고 믿습니다.

Test 26 Agree or Disagree 유형

Q. While the Internet can bring people together, it can also prevent the development of interpersonal skills. To what extent do you agree?

해석 인터넷은 사람들을 화합하게 만드는 반면에, 또한 대인관계 기술의 발전을 방해할 수 있습니다. 어느 정도까지 당신은 동의합니까?

Essay Point

Disagree : Using the Internet can bring people together in ways never thought possible in the past.

Agree : The Internet has a negative impact on the way people interact with one another face-to-face.

해석 Disagree : 인터넷의 사용은 이전에는 가능하지 못했던 방식으로 사람들이 소통하도록 할 수 있습니다.

　　Agree : 인터넷은 사람들이 얼굴을 맞대며 상호작용하는 방식에 나쁜 영향을 주고 있습니다.

In modern society, the Internet has been perhaps the most noteworthy innovation in the field of communication. While some acclaim the Internet's versatility, there are others concerned about the negative impact it has had on the way people choose to interact with each other. This essay will analyse both opinions.

On the one hand, those who embrace the Internet and all it has to offer in terms of communication argue that with all the services now available online, the Internet can bring people together in such ways that were previously not possible. For example, email and social networking websites such as Gmail, Yahoo, Facebook and Twitter have created communities that are global in scale, enabling communication between people from different countries, often on opposite sides of the world.

On the other hand, those who consider that the Internet has had a negative effect on people point out that younger generation in particular are now spending many hours each day online, whether that is browsing forums, on Facebook, or sending instant messages. Although this has the benefit of enabling people to communicate through online communities, this simply cannot compare with real, face-to-face human interaction, nor does it involve the same social skills. In our society, it is important for the younger generations to maintain real face-to-face relationships in order to develop the necessary interpersonal skills they need to thrive in society.

It is my opinion that, while the Internet has greatly increased the volume of communication, the quality of such communication has gradually deteriorated. For younger people in particular, it is better to maintain real face-to-face friendships, so that they do not risk losing important interpersonal communication skills later on.

해석 현대사회에서, 인터넷은 아마도 통신분야에서 가장 주목할 만한 기술혁신입니다. 어떤 사람들은 인터넷의 다수의 기능을 칭송하는 반면에, 다른 사람들은 사람들이 서로 소통하기 위해 선택하는 방식에 그것이 미치는 부정적인 영향을 염려하고 있습니다. 이 글은 양쪽의 의견을 분석할 것 입니다. 한편으로는, 통신 측면에서 인터넷 및 인터넷이 제공하는 모든 혜택을 인정하는 사람들은 현재 온라인상에 있는 사용 가능한 모든 서비스를 통해 이전에는 가능하지 못했던 방식으로 사람들이 소통하는 것을 인터넷이 가능하게 할 수 있다고 주장합니다. 예를 들어, 이메일, 지메일, 야후, 페이스북 그리고 트위터와 같은 소셜 네트워킹 웹 사이트들은 종종 세계 반대편에 있는 다른 사람들과 소통을 가능하게 하면서 세계적 규모의 공동체를 창조했습니다. 반면에, 인터넷이 사람들에게 부정적인 영향을 준다고 생각하는 사람들은 특히 청년층이 포럼을 검색하거나, 페이스북을 사용하거나 혹은 즉석의 메시지를 보내기 위해 매일 많은 시간을 소비하고 있다고 지적합니다. 비록 온라인 커뮤니티를 통해 사람들이 소통을 하는 혜택은 있지만 이것은 직접 대면하는 인간 상호작용과 비교될 수 없으며, 또한 사교기술을 돕지도 않습니다. 우리 사회에서, 젊은 세대들은 사회에서 성공하기 위해 필요한 대인관계기술을 발전시키기 위하여 실질적인 대면관계를 지속하는 것이 중요합니다. 인터넷은 소통의 양을 크게 증가시킨 반면에 그러한 소통의 실을 점차적으로 악화시켰다는 것이 나의 의견입니다. 특히 젊은 사람들은 그들이 나중에 중요한 대인관계의 소통기술을 잃지 않기 위하여 실질적으로 얼굴을 맞대며 우정을 지속시키는 것이 더 좋습니다.

Test 27 Agree or Disagree 유형

Q. Should children spend their free time studying more about the subjects they learn in school? Discuss.
해석 아이들이 학교에서 배우는 교과공부에 그들의 자유시간을 써야 합니까? 논하시오.

Essay Points

Yes : Time spent on each subject at school is not enough for all children to properly understand the explanations given in class.

No : Children spend enough time at school. Their free time should be spent on more physical activities, which can have a positive impact their health and wellbeing.

해석 Yes : 학교에서 각 과목에 쓰이는 시간은 모든 아이들이 수업시간에 주어진 설명을 잘 이해하기에 충분하지 않습니다.

No : 아이들이 학교에서 충분한 시간을 보냅니다. 그들의 자유시간은 그들의 건강과 안녕에 긍정적인 영향을 주는 더 신체적인 활동에 사용되어야 합니다.

The way children should spend their free time after school has been a matter of debate for a long time. While some think that it is necessary for children to use this time to study, others are of the opinion that children should be more involved in physical activities after school. This essay will look at both sides of the argument.

On the one hand, there are those who believe that the time allocated to each subject in the school curriculum may not be enough for all children in the class to properly understand the explanations given by the teacher. For example, not all children comprehend mathematical principles in the same way, or at the same speed. As a result, some may need a different approach to learning the ideas presented in class, or a longer time to understand the concepts.

On the other hand, others think that children spend a sufficient amount of time in school. Since most of this time is spent sitting at desks, children's free time after school should be dedicated to more physical, open air activities, such as sports or simply playing with other children. Sporting activities like tennis or swimming not only helps children to grow strong and healthy, but also leads to improvements in overall wellbeing and lifestyle.

In conclusion, I believe that while some subjects in the school curriculum may require more time or in-depth illustration in order to be properly understood by some children, the health benefits of engaging in physical activities after school cannot be disregarded. It is important to strike a balance between the two competing demands, but a child's healthy physical development should be the first priority.

해석 아이들이 방과후 자유시간을 사용하는 방식이 오랜 기간 동안 논쟁거리가 되어왔습니다. 어떤 사람들은 이 시간을 공부하는 데 쓰는 것이 필요하다고 생각하는 반면에 다른 사람들은 아이들은 방과후 신체적 활동에 더 참여해야 한다는 의견을 가지고 있습니다. 이 에세이는 양쪽 모두의 주장을 살펴볼 것입니다. 한편으로는, 각 과목에 배정된 학교 교과과정의 수업시간만으로는 선생님의 설명을 아이들이 모두 이해하는 것이 충분하지 않다고 믿는 사람들이 있습니다. 예를 들어, 모든 학생들이 같은 방법이나 같은 속도로 수학의 원리를 충분히 이해하는 것은 아닙니다. 결과적으로, 어떤 아이들은 수업시간에 제시된 아이디어를 배우는 것에 다른 접근 방법이 필요하거나 개념을 이해하기 위해 더 긴 시간이 필요할지 모릅니다. 반면에, 다른 사람들은 아이들이 학교에서 충분한 양의 시간을 보낸다고 생각합니다. 이 시간의 대부분을 책상에서 보내기 때문에 아이들의 방과후 자유시간은 운동 혹은 다른 아이들과 노는 것과 같은 더 신체적, 야외 활동에 전적으로 사용되어야 합니다. 테니스와 수영과 같은 스포츠 활동은 아이들이 강하고 건강하게 성장하도록 돕는 것뿐만 아니라 전반적인 복지 및 라이프스타일의 향상으로 이어질 수 있습니다. 결론적으로, 학교 교과과정의 일부 과목들이 아이들에 의해 적절하게 이해될 수 있도록 하기 위해서 더 많은 시간과 심도 있는 설명이 요구될 수 있겠지만, 방과후 신체적 활동을 하는 것의 건강상의 혜택은 무시될 수 없다고 나는 믿습니다. 이 두 개의 상충되는 요구사항의 균형을 맞추는 것이 중요하지만 아이의 건강한 신체 발달이 최우선 되어야 합니다.

Test 28 Agree or Disagree 유형

Q. Are parents the best mentors for their children? Discuss.
해석 부모님은 그들의 자녀에게 최고의 멘토입니까? 논하시오.

Essay Points

Yes : Parents are excellent mentors to their children because it is natural for parents to want them to live happy and successful lives.

No : Parents can be bad mentors, as the closeness of their personal relationship can cloud their judgment.

해석 Yes : 부모님들이 그들의 자녀가 행복하고 성공적인 삶을 사는 것을 원하는 건 당연하기 때문에 부모님들은 아이들에게 훌륭한 멘토입니다.

No : 개인적인 관계의 가까움이 그들의 판단력을 흐리게 할 수 있기 때문에 부모님들은 또한 그들의 아이들에게 나쁜 멘토가 될 수 있습니다.

A good mentor to a child is someone who can guide them on how to live a happy and successful life. Since young children spend most of their early life around their parents, there is no doubt that parents play an extremely influential role in their life. Some people consider parents to be the best mentors for their children, whilst others disagree.

On the one hand, parents are excellent mentors to children because it is natural for them to want their children to live a happy and successful life. Parents want to impart as much wisdom to their child as they can, and the instinctive need to protect their offspring means that they would never give careless advice, nor deliberately lead their child astray.

However, parents can also make bad mentors to their children, as the closeness of their personal relationship may cloud their judgment. For example, parents are often overprotective of their children, denying them the chance to pursue new or at times dangerous opportunities. In such cases the fears for the health and wellbeing of their children are unjustified. A good mentor to a child should be someone who is more objective, and who does not allow their own emotions to get in the way. As such, many people do not consider parents to be good mentors, due to their emotional attachment to their children.

I believe that while parents only have good intentions for their child's future, it is not necessarily the case that they make good life mentors. Their emotional attachment can impede their judgment, and as such, it is my opinion that the best mentor for a child is someone who can be more objective.

해석 아이에게 좋은 멘토란 어떻게 하면 행복하고 성공적인 삶을 살 수 있는지에 관해 알려줄 수 있는 사람입니다. 어린 아이들은 그들의 모든 어린 시절을 그들의 부모님과 보내기 때문에 부모님들이 그들의 삶에서 매우 영향력 있는 역할을 한다는 것에는 어떠한 의심의 여지가 없습니다. 어떤 사람들은 부모님이 그들 아이들의 최고의 멘토라고 생각하는 반면에 다른 사람들은 동의하지 않습니다.

한편으로는, 부모님들은 그들의 자녀가 행복하고 성공적인 삶을 사는 것을 당연히 원하기 때문에 아이들에게 훌륭한 멘토입니다. 부모님들은 자녀들에게 할 수 있는 한 최대한 많은 지혜를 전해주길 원합니다. 그리고 그들의 자식을 보호하려는 본능적인 욕구는 그들이 결코 부주의한 조언을 주거나 고의적으로 아이들을 나쁜 길로 이끌지 않는다는 것을 의미합니다. 하지만, 사적인 관계의 가까움이 그들의 판단력을 흐리게 할 수 있기 때문에 부모님들은 또한 그들의 아이들에게 나쁜 멘토가 될 수 있습니다. 예를 들면, 아이들이 새롭지만 때로는 위험이 따를 수 있는 기회를 추구하는 것을 못하게 하면서, 부모님들은 종종 그들의 아이들을 과잉 보호합니다. 이러한 경우에, 그들의 아이들의 건강과 복지를 위한 염려는 정당화 될 수 없습니다. 아이들에게 좋은 멘토는 더 객관적이고 감정으로 방해하지 않는 사람이어야 합니다. 그러므로, 많은 사람들은 그들의 아이에 대한 감정적 애정 때문에 부모님이 좋은 멘토라고 생각하지는 않습니다. 나는 부모님들은 자녀의 미래를 위해 오직 좋은 의도만을 가지고 있지만 그들에게 좋은 인생 멘토가 꼭 된다고 생각하지 않습니다. 그들의 감정적 애착이 그들의 판단력을 훼손할 수 있습니다. 그러므로 아이들을 위한 최고의 멘토는 더 객관적일 수 있는 사람이어야 한다는 것이 나의 생각입니다.

Test 29 Agree or Disagree 유형

Q. Some people think old buildings should be destroyed and replaced with modern buildings. To what extent do you agree or disagree?

해석 어떤 사람들은 옛날 건물은 철거되어야 하며 현대식 건물로 대체 되어야 한다고 생각합니다. 당신은 어느 정도까지 동의합니 혹은 반대합니 까?

Essay Points

Yes : Old buildings should be replaced, as they no longer serve contemporary needs.

No : Old buildings should be preserved for their historical value, as well as their incredible beauty and architectural craftsmanship that are unseen in contemporary design.

해석 Yes : 옛날 건물들은 더 이상 현대적 요구를 충족시키지 못하기 때문에 재건축 되어야 합니다.

No : 옛날 건물들은 현대 디자인에서는 볼 수 없는 경이로운 미와 건축학적 솜씨 그리고 그것들의 역사적인 값어치 때문에 보존되어야 합 니다.

In most major cities around the world are faced with the dilemma of how to deal with a lack of space. One solution has been for old buildings to be replaced with newer buildings but this option is not without its critics. It has been argued that historical buildings should be preserved for future generations. This essay considers both perspectives.

One view holds that old buildings should be replaced, as they no longer serve contemporary needs. For example, many older buildings have small rooms, poor lighting and poor ventilation. While they served their purpose at the time of construction, modern expectations are now very different, as architectural and technological developments have enabled functional and multi-purpose designs to suit our modern needs. As such, many consider it justified to have outdated buildings be replaced with newer ones.

However, some people argue that old buildings should be preserved, as they provide valuable insight into our past and it is our duty to honour our history. Additionally, many old buildings exhibit a majesty and architectural craftsmanship that is unseen in contemporary design. For example, the preservation of old religious buildings such as St Mary's Cathedral in Sydney, not only makes our city more beautiful, but also attracts the admiration of many tourists every year. This in turn provides an important source of income for our city.

While it is nice to reflect on our past and admire beautiful structures, it is my opinion that old buildings should be destroyed to make way for new ones. It is counter-productive to value sentimentality over practicality. Modern buildings that are more appropriate to our current needs should replace old buildings, whilst only the most culturally significant buildings should be off limits to development.

해석 전세계 대부분의 주요도시가 어떻게 공간부족을 처리할 지의 딜레마에 직면해 있습니다. 한가지 해결책은 오래된 건물을 새 건물로 대체 하는 것입니다. 그러나 이 선택을 비판하는 사람들이 또한 있습니다. 역사적인 건물은 후손들을 위해서 보존되어야 한다고 주장합니다. 이 글은 양쪽의 시각을 생각해 봅니다. 한쪽의 주장은, 옛날 건물들은 더 이상 현대의 요구를 충족시키지 못하기 때문에 재건축되어야 한다고 말합니다. 예를 들면, 많은 옛날 건물들은 작은 방, 부족한 조명 그리고 형편없는 환기시설을 가지고 있습니다. 건축 당시에는 목적에 충실 했었지만 현재의 기대치와는 매우 다릅니다. 왜냐하면, 건축과 기술의 발전은 기능적이고 다목적인 디자인을 우리의 현대식 요구에 맞게 만들기 때문입니다. 그러므로, 다수의 사람들은 구식건물이 새것으로 대체되어야 한다고 생각합니다. 하지만, 어떤 사람들은 옛날 건물이 보존되어야 한다고 주장합니다. 왜냐하면 그것들이 우리의 과거에 대한 중요한 통찰력을 제공하며, 그리고 우리의 역사에 경의를 표하는

것이 우리의 의무이기 때문입니다. 게다가, 많은 오래된 건물들은 현대의 디자인에서는 보이지 않는 장엄함과 장인기술을 보여줍니다. 예를 들어, 시드니의 성 마리아 성당과 같은 오래된 종교적 건물의 보존은 우리 도시를 더 아름답게 만들 뿐만 아니라, 매년 수많은 관광객들의 감탄을 불러 일으키기도 합니다. 이것은 그 다음엔 우리 도시의 중요한 수입원이 됩니다. 우리의 과거를 되돌아보고 아름다운 건축물을 찬양하는 것은 좋지만 오래된 건물은 철거되어야 한다는 것이 나의 의견입니다. 오직 문화적으로 매우 중요한 건물들만은 개발하지 못하게 하고 우리의 현대식 요구에 더 적절한 현대건물로 구식건물을 대체해야만 합니다.

Test 30 Cause and Effect 유형

Q. The level of competition has increased in schools to an extent that many students now only study. What problems may arise when students only study and outline some ways to address these problems?

해석 많은 학생들이 현재 오직 공부만 해야 하는 상황까지 경쟁수준이 높아졌습니다. 학생들이 오직 공부만하면 어떤 문제들이 발생합니까? 그리고 이런 문제들을 해결하기 위한 방법은 무엇입니까?

Essay Points

Problems : One of the main side effects of studying is the increased levels of stress. Also, extreme levels of study provide fewer opportunities to socialise with peers.

Solutions : A child who feels the burden of stress can always take more breaks during their study. The problem of fewer friends can be easily solved by creating study groups for students to mingle with others.

해석 Problems : 공부의 주된 부작용 중 하나는 증가된 스트레스 레벨입니다. 또한 공부의 극단적 수준은 또래들과 함께 교제할 기회를 더 적게 만듭니다.

Solutions : 친구가 적다는 문제는 다른 학생들과 섞일 수 있는 공부그룹을 만들면서 쉽게 해결될 수 있습니다.

Nowadays, it has almost become a must that if a child wants to be successful in life, then they have no choice but to apply themselves and work hard. This has led to the problems of students not able to relive stress and they are prevented from developing social relationships. The good news is that there are solutions to this problem, namely allowing students to have more breaks and helping them to create friendships while studying.

If you look at this problem from a historical perspective, it has been shown that one of the main side effects of studying is increased levels of stress. The main reason for this is that students do not have the time to relieve stress by taking part in recreational activities. Furthermore, extreme levels of study provide fewer opportunities to socialise with peers. The effect of this is that they suffer from increased feelings of loneliness and isolation.

Students need not suffer in silence as there are tangible solutions available to them. For instance, a child who feels the burden of stress can always take more breaks during their study. The other problem of fewer friends can be easily solved by creating study groups for students to mingle with others.

In conclusion, to say that the fact students study too much is a problem is really an understatement, because unless the issue is resolved then we may soon learn about the dire consequences on the news. The problems of stress and fewer friendships can be addressed by providing longer break times and social study groups.

해석 요즈음, 아이들이 성공하기 위해서 전념을 다해 오직 열심히 공부만 해야 한다는 것이 필수가 되어버렸습니다. 이것은 아이들이 스트레스를 해소하지 못하는 문제를 초래시켰고 아이들이 사회성을 발전시키지 못하게 하고 있습니다. 좋은 소식은 이 문제에 대한 해결책들이 있다는 것입니다. 즉, 학생들에게 더 많은 휴식시간을 갖게 하고 그들이 공부를 하면서 우정을 쌓을 수 있도록 돕는 것입니다. 이 문제를 역사적인 관점에서 본다면, 공부의 주된 부작용 중 하나가 증가된 스트레스 레벨이라는 것을 알 수 있습니다. 이것의 주요 원인은 학생들이 레크리에이션 활동 참가를 통해 스트레스를 풀 시간이 없다는 것입니다. 게다가, 극단적 공부수준은 또래들과 함께 교제할 기회를 더 적게 제공합니다. 이것의 결과로 학생들은 늘어난 고독과 고립된 느낌으로부터 고통을 받게 됩니다. 분명히 실재하는 해결책이 있기 때문에 학생들은 벙어리 냉가슴 앓을 필요가 없습니다. 예를 들어, 스트레스를 느끼는 학생들은 공부를 하는 동안에 언제든지 더 쉬면 됩니다. 친구가 적다는 또 다른 문제는 다른 학생들과 섞일 수 있는 공부그룹을 만들면서 쉽게 해결할 수 있습니다. 결론으로, 학생들이 너무 많이 공부하는 것이 문제라고 말하는 것은 정말로 부족한 표현입니다. 왜냐하면 그 문제가 해결되지 않는다면 우리는 곧 대단히 심각한 결과를 뉴스에서 보게 될 것이기 때문입니다. 스트레스와 친구가 적은 문제는 더 긴 휴식시간을 갖고 사교 공부 그룹을 만들면서 해결될 수 있습니다.

기존의 출제된 문제 그리고 출제 가능한 문제의 Brainstorming 뿐만 아니라 Brainstorming 능력 자체를 향상시킬 수 있는 100개의 Brainstorming Idea를 모아 정리했습니다. 들고 다니면서 수시로 읽어 보는 것이 중요합니다.

중요도 표시
-보통   *
-중요함 **
-매우 중요함 ***

Both Views 유형 **

1. It is increasingly common for both the man and woman in a marriage relationship to be employed at the same time. What do you see as the advantages and disadvantages of this new trend?
결혼한 남녀가 맞벌이 하는 것이 점점 더 일반화되고 있다. 이 새로운 추세에 대한 장점과 단점은 무엇이라 생각하는가?

Advantages
– Greater family income
   보다 많은 가족 수입
– Equality between genders
   남녀 평등

Disadvantages
– Parents spend less time with their children.
   부모가 그들의 아이들과 함께 보내는 시간이 적다.
– Increased childcare costs
   증가하는 보육비용

어휘 Increasingly : 점차적으로 childcare : 보육   childcare cost : 양육비

Agree or Disagree 유형 ***

2. Celebrities are overpaid. Thus, some argue that action needs to be taken to ensure that they receive a fairer income. To what extent do you agree or disagree?

유명인들에게 너무 많은 보수가 주어지고 있다. 그러므로 어떤 사람들은 그들이 더 공평한 수입을 지급받게 하기 위한 조치가 취해져야 한다고 주장한다. 당신은 이것에 어느 정도까지 동의 혹은 반대하는가?

Agree

– Other people work hard but are not paid a lot. 다른 사람들은 열심히 일하지만 많은 돈을 받지 못한다.
– Celebrities waste money paying for items they do not need.
  연예인들은 그들에게 필요하지도 않은 물품을 위해 돈을 낭비한다.

Disagree

– In order to maintain their image, celebrities need to spend large sums of money.
  그들의 이미지를 유지하기 위해서 연예인들은 큰 액수의 돈을 쓸 필요가 있다.
– Some celebrities use their money to establish charities and help others.
  일부 연예인들은 그들의 돈을 자선단체를 설립하거나 다른 사람들을 돕는데 쓴다.

어휘 celebrity : 유명 인사   overpaid : 너무 많은 보수를 받는   thus : 그러므로   ensure : 보장하다   fair : 공정한   income : 소득   to what extent : 어느 정도까지   in order to : ~을 하기 위하여   establish : 설립하다   charity : 자선 단체

Both Views 유형 **

3. It is not unusual for employees to work in a number of different countries throughout their careers. In your opinion, is it more advantageous to work in a number of different countries or would it be better to work in only one country?

근로자들이 그들의 직장생활 동안 다수의 다양한 나라에서 일하는 것이 특이한 일은 아니다. 당신은 다수의 다양한 나라에서 일하는 것이 더 이롭다고 생각하는가 아니면 오직 한 나라에서만 일하는 것이 더 낫다고 생각하는가?

Advantages

– Can broaden your horizons and learn about other cultures.
  시야가 넓어지고 다른 문화에 대해 배울 수 있다.
– Can learn about new and better ways to do business.
  경영을 위한 새롭고 더 나은 방법에 대하여 배울 수 있다.

Disadvantages

– Less time with family 가족들과 함께 보내는 시간이 적다.
– Cannot learn about one country's system in depth.
  한 나라의 시스템에 대해 깊이 배울 수 없다.

어휘 broaden : 넓히다   horizon : 범위   depth : 깊이

Both Views 유형 ***

4. Nowadays, transportation has developed and there are a number of transportation options available to the traveler. In what ways has this variety affected how we conduct business and travel on a daily basis?

오늘날, 교통이 발전되었으며 여행객들에게 이용 가능한 다수의 교통수단들이 존재한다. 이러한 다양성은 일상에서 비즈니스를 하거나 여행을 하는 것에 어떤 방식으로 영향을 주었는가?

Positive

— People can take transport that they prefer.
  사람들이 그들이 선호하는 교통 수단을 이용할 수 있다.

— It prevents one transport option being overused.
  한가지 교통 수단만이 남용되는 것을 예방할 수 있다.

Negative

— People are becoming lazy because they don't walk or cycle.
  사람들은 걷거나 자전거를 타지 않기 때문에 점점 게을러 진다.

— People are not taking transport that is the most environmentally friendly.
  사람들은 가장 환경친화적인 교통수단을 이용하지 않는다.

어휘 environmentally friendly : 환경친화적인   on a daily basis : 매일   prevent : 막다   overuse : 남용하다

Cause and Effect 유형 ***

5. Social networking sites have improved the level of communication between individuals. However, it has also led to a number of problems. What problems have social networking sites caused and what can be done to reduce the extent of these problems?

소셜네트워킹 사이트들은 개인간의 의사소통 수준을 발전시켜왔다. 그러나 이것은 또한 여러가지 문제들을 야기시켰다. 소셜네트워킹 사이트들이 어떤 문제들을 야기시켰으며 이 문제들을 줄이기 위해 무엇을 할 수 있는가?

Problems

— Cyber-bullying
  사이버 괴롭힘

— Waste time
  시간을 낭비함

Solution

— Increase the penalty for bullying
  사이버 괴롭힘에 대한 처벌을 강화시킨다.

— Limit the time spent on such sites
  소셜네트워킹 사이트 이용시간을 제한한다.

어휘 between individuals : 개인간의   bullying : 약자를 괴롭히기   extent : 정도

Both Views 유형 ***

6. In many countries, students are forced to participate in community service activities. Discuss the benefits and drawbacks of forcing students to take part in compulsory community service?

많은 나라에서 학생들이 지역 봉사활동에 참여하도록 강요되고 있다. 학생들이 의무적으로 지역봉사활동에 참여하는 것의 혜택과 문제점에 대해 논하라.

Benefits

- The community benefits from having students volunteer.

  자원봉사하는 학생들로 인해 지역사회가 혜택을 받는다.

- Students learn important skills they will need in the working world.

  학생들은 직장세계에서 그들이 필요로 할 중요한 기술을 배운다.

Drawbacks

- Students spend less time studying.

  학생들이 공부하는데 더 적은 시간을 보낸다.

- Obtaining paid work experience would be more beneficial.

  유급직업의 경험을 갖는 것에 더 혜택이 있다.

어휘 be forced to : ~하도록 강요 당하다   participate in : ~에 참가하다   drawback : 문제점   take part in : ~에 참여하다

  compulsory : 강제적인, 의무적인   beneficial : 유익한

Agree or Disagree 유형 *

7. Each year billions of dollars are spent on space exploration. In your opinion, do you agree or disagree with spending such large sums of money on space exploration?

매년 수십억 달러가 우주탐사에 사용되고 있다. 당신은 우주탐사에 큰 금액의 돈을 사용하는 것에 동의하는가?

Agree

- Our future is in space.

  우리의 미래가 우주에 달려 있다.

- People are naturally curious about what is out there beyond the stars.

  사람들은 천성적으로 우주너머에 무엇이 존재하는지에 대해 호기심을 가진다.

Disagree

- More important problems need to be addressed first.

  더 중요한 문제들이 먼저 해결되어야 한다.

- A lot of money is wasted on rocket fuel and other materials.

  로켓연료와 기타의 재료에 너무 많은 돈이 낭비된다.

어휘 spend on : ~에 쓰다   space exploration : 우주 탐험   curious : 궁금한   beyond : ~저편에

Cause and Effect 유형 ***

8. The alarming increase in the number of obese people has led health experts to warn of its dangers. Outline some of the possible causes of the increase in the size of the obese population and discuss the effects it has had on society.

비만인구 수의 급격한 증가는 건강 전문가들이 그것의 위험성을 경고하게 만들었다. 비만인구 수의 증가의 원인과 사회에 미치는 영향을 서술하라.

Cause

- People are less active than before (sedentary lifestyle)
  사람들이 예전보다 덜 활동적이다. (앉아서 활동하는 라이프 스타일)
- Eating more fatty and sweet foods
  지방과 단 음식 다량섭취

Effect

- Lower life expectancy 낮은 기대수명
- Increased financial burden on the health system
  의료시스템에 증가된 재정부담

어휘 alarming : 걱정스러운   obese : 비만인   expert : 전문가   effect : 영향   sedentary : 주로 앉아서 하는   fatty : 지방이 많은   sweet food : 단 음식   expectancy : 기대   increase : 증가하다   financial burden : 재정상의 부담   health system : 의료체계

Agree or Disagree 유형 **

9. There is a concern in the community that if environmental issues are taken too seriously, then this will have a negative impact on the economic welfare of a country. To what extent do you agree?

만약 환경문제를 너무 심각하게 받아들인다면 이것은 나라 경제복지에 부정적인 영향을 미친다는 염려가 우리사회에 있다. 어느 정도까지 당신은 동의하는가?

Agree

- Tax on energy consumption means living expenses increase.
  에너지 소비에 대한 세금은 생활비가 상승한다는 것을 의미한다.
- Forcing people to recycle means they waste time and cannot work as much.
  사람들에게 재활용하기를 강요하는 것은 그들이 시간을 낭비하고 그만큼 일을 할 수 없다는 것을 의미한다.

Disagree

- Renewable energy is good for the environment and can also help the economy.
  재생 가능한 에너지는 환경을 위해 좋고 경제를 도울 수 있다.
- Destroying the environment will decrease tourist numbers and thus hurt the economy.
  환경을 파괴하는 것은 여행객의 수를 줄일 것이고 그러므로 경제에 손상을 줄 수 있다.

어휘 environmental issue : 환경문제   negative : 부정적인   impact : 영향   economic welfare : 경제적 복지   energy consumption : 에너지 소비   living expenses : 생활비   a cost of living : 생활비   welfare : 복지   renewable : 재생 가능한

Agree or Disagree 유형 ***

10. Governments spend billions of dollars on education each year but there is some question over how that money is best spent. Some people argue that governments should spend less money on universities and more money on educating those studying a trade like cooking or plumbing. To what extent do you agree or disagree?

정부는 매년 수십 억 달러를 교육에 쓴다. 그러나 어떻게 해야 그 돈이 가장 잘 사용될 수 있는지에 관해서는 의문으로 남아있다. 어떤 사람들은 정부가 대학에 돈을 더 적게 지출해야 하고 요리 또는 배관을 배우는 사람들을 교육시키는데 더 써야 한다고 주장한다. 당신은 어느 정도까지 찬성 혹은 반대하는가?

Agree

- It is more expensive to educate a university student.
  대학생을 가르치는 것에 더 많은 돈이 든다.
- There is a shortage of well-educated tradespeople.
  잘 교육된 기술인력이 부족하다.

Disagree

- The most important jobs in society require a university education - doctors, lawyers, judges etc.
  사회에서 가장 중요한 직업들은 대학교육을 요구한다. - 의사, 변호사, 판사 등
- Most jobs for the next generation require a university education.
  다음 세대를 위한 대부분의 직업은 대학교육을 요구한다.

어휘 question over : ~에 대한 의문 shortage : 부족 well-educated : 교양 있는 tradespeople : 기술 인력, 상인

Both Views 유형 **

11. Many parents encourage their children to learn a musical instrument when they are young. Discuss the advantages and disadvantages of encouraging children to play an instrument.

부모들이 그들의 아이들이 어릴 때 악기를 배우는 것을 장려한다. 아이들에게 악기를 연주하는 것을 장려하는 것의 장점과 단점을 논하라.

Advantages

- It teaches children the importance of practice and hard work.
  아이들에게 연습과 노력의 중요성을 가르친다.
- It promotes artistic ability.
  예술적 재능을 촉진시킨다.

Disadvantages

- Expensive - cost of instrument and lessons 비싼 - 악기와 레슨 비용
- Less time to study 공부할 시간이 줄어든다.

어휘 encourage : 격려하다 musical instrument : 악기 promote : 촉진하다 artistic : 예술의 ability : 재능 take away from : ~로부터 빼앗다

Both Views 유형 **

12. Students attending university often choose to work part–time while completing their studies. Discuss the advantages and disadvantages of working part–time at university.

   대학교에 다니는 학생들은 종종 그들의 학업 중 파트타임 일을 한다. 대학교에 다니면서 파트타임 일을 하는 것의 장점과 단점을 논하라.

Advantages

– Less dependent on family and government support.

   가족과 정부의 지원에 덜 의존한다.

– Students gain valuable skills from work experience.

   일의 경험을 통해 값어치 있는 기술을 얻는다.

Disadvantages

– Less time to study.

   공부할 시간이 적다.

– Tiring to study and work at the same time.

   학업과 일을 같이 함으로써 피곤하다.

어휘 dependent on : ~에 의존하고 있는   valuable : 소중한   experience : 경험   at the same time : 동시에

Cause and Effect 유형 **

13. One of the most pressing environmental issues today is the impact global warming is having on the planet. Discuss the causes and effects of global warming.

   오늘날 가장 시급한 환경이슈 중 하나는 지구온난화 효과가 지구에 미치는 영향이다. 지구 온난화의 원인과 영향을 논하라.

Causes

– Burning of fossil fuels (cars, industry) 화석 연료를 태우는 것 (자동차, 산업)

– Deforestation 산림 파괴

Effects

– Climate change (rising sea levels)

   기후 변화 (해수면 증가)

– Decrease in biodiversity

   생물의 다양성 감소

어휘 environmental issue : 환경문제   impact : 영향   cause : 원인   effect : 영향   fossil fuels : 화석 연료   deforestation : 삼림 벌채

   biodiversity : 생물의 다양성

Agree or Disagree 유형 ***

14. The great amount of time children spend watching television and sitting in front of the computer means that these devices are the biggest influence on a child's life. To what extent do you agree or disagree with this statement?

    텔레비전을 보고 컴퓨터를 사용하는데 아이들이 쓰는 많은 양의 시간은 이러한 기기들이 아이의 삶에 가장 큰 영향을 미친다는 것을 의미한다. 당신은 어느 정도 이에 동의 혹은 반대하는가?

Agree

- Children gain most of their knowledge from what they see or watch and not from what their parents teach them.

    아이들은 그들의 지식을 부모님이 그들에게 가르치는 것으로부터가 아닌 그들이 보는 것으로부터 배운다.
- Children spend more time with these devices than with their parents.

    아이들은 부모님들보다 이러한 기기에 더 많은 시간을 쓴다.

Disagree

- These devices only have a minor influence on children's thinking.

    이러한 기기는 아이들의 사고에 작은 영향만을 줄뿐이다.
- Children develop in many ways while mirroring their parents' beliefs and personalities.

    아이들은 많은 면에서 그들의 부모의 믿음과 성격을 귀감으로 생각하며 발전한다.

어휘 device : 장치   belief : 믿음   personality : 성격

Agree or Disagree 유형 *

15. To what extent do you agree with the idea that the study of ethics and philosophy be included as compulsory subjects at school?

    윤리학과 철학의 공부가 학교 의무교육에 포함되어야 한다는 생각에 대해 어느 정도까지 동의하는가?

Agree

- It teaches students to be good citizens. 학생들이 좋은 시민이 되도록 가르친다.
- It improves people's reasoning ability. 사람들의 사고력을 향상시킨다.

Disagree

- It takes time away from studying other important subjects.

    다른 중요한 과목을 공부해야 하는 시간을 빼앗아간다.
- It does not help develop skills that are needed in the workplace.

    직장에서 필요한 기술을 발전시키는 것에 도움을 주지 않는다.

어휘 ethics : 윤리학   philosophy : 철학   reasoning ability : 사고(추론) 능력 workplace : 직장

Cause and Effect 유형 ***

16. Health authorities are concerned about the alarming increase in the consumption of fast food. Discuss some of the possible causes for the increase and ways to reduce fast food consumption.

보건당국은 패스트푸드 소비의 놀라운 증가에 대해 염려하고 있다. 이 증가의 원인과 패스트푸드 소비를 줄일 수 있는 방법을 논하라.

Cause

— Too busy to cook at home. 집에서 요리하기엔 너무 바쁘다.

— Cheap and convenient. 싸고 편리하다.

Solution

— Introduce a fast food tax.

패스트푸드 세금을 도입한다.

— Governments limit the number of fast food restaurants.

정부가 패스트푸드 식당의 수를 제한한다.

어휘 authorities : 정부당국 be concerned : 염려하다 consumption : 소비 introduce : 도입하다 convenient : 편리한

Agree or Disagree 유형 ***

17. Many children from a young age are being encouraged to learn a foreign language. However, there are those who now insist it is no longer enough to learn one foreign language and children should be taught two or more languages. To what extent do you agree that children should learn two or more foreign languages?

많은 아이들이 어린 나이 때부터 제 2 외국어를 배우도록 장려되고 있다. 그러나 하나의 언어만을 배우는 것은 더 이상 충분하지 않고 두 개 혹은 더 많은 언어를 배워야 한다고 주장하는 사람들이 있다. 당신은 어느 정도까지 아이들이 두 개 혹은 더 많은 외국어를 배워야 한다는 것에 동의하는가?

Agree

— It gives them a competitive advantage in the workplace.

직장에서 그들은 경쟁력 있는 이점을 가지게 된다.

— It helps them to be more open-minded about the world.

그들이 세상에 대해 더 열린 마음을 갖게 돕는다.

Disagree

— It increases pressure and stress on children.

아이들이 받는 압박과 스트레스가 증가한다.

— It is difficult to learn one language in depth.

하나의 언어를 깊이 있게 배우기가 어렵다.

어휘 insist : 고집하다   no longer : 이미 ～이 아니다 foreign language : 외국어 competitive : 경쟁을 하는   open-minded : 마음이 열린   in depth : 깊게

Agree or Disagree 유형 *

18. Sports athletes who take drugs should be banned from professional competition for the remainder of their career. To what extent do you agree with this idea?

약물을 복용하는 운동선수들은 그들의 선수생활 나머지 기간 동안 프로경기에서 뛰는 것이 금지되어야 한다. 어디까지 이러한 의견에 동의 하는가?

Agree

– It acts as a warning to other professional athletes.
다른 프로 운동선수들에게 경종을 울린다.

– It demonstrates the seriousness of drug crime.
약물범죄의 심각성을 입증해 보여준다.

Disagree

– It is too harsh for what could be a simple mistake.
단 한번의 실수에 너무 가혹하다.

– They may have been forced to take the drugs by others, (e.g. coaches) so not really to blame.
(해당 선수의) 약물섭취가 다른 사람에 의해서 강요됐을 수도 있다. (예, 코치) 그래서 비난의 대상이 아니다.

어휘 remainder : 나머지   seriousness : 심각함   harsh : 가혹한   blame : ~을 탓하다

Both Views 유형 ***

19. There are a number of parents groups who are opposed to children playing violent video games. On the other hand, there are also those who believe that it is acceptable for children to play such games. Discuss both views and offer your own opinion.

아이들이 폭력적인 비디오 게임을 하는 것에 반대하는 많은 부모들이 있다. 하지만 아이들이 게임을 하는 것이 괜찮다고 믿는 사람들 또한 있다. 두 가지 관점을 논하고 당신의 입장을 제시하라.

Shouldn't play

– Children copy the violence in real life.
실제 삶에서 아이들이 폭력적인 행동을 따라한다.

– It is not good for a child's mental wellbeing.
아이들의 정신건강에 좋지 않다.

Allowed to play

– Games are for fun and children know they are not real.
게임은 단지 재미를 위한 것이고 아이들은 그것이 실제가 아니라는 것을 안다.

– Boys can act out their aggression on a computer screen, instead of in real life.
남자 아이들은 실제 삶에서가 아니라 컴퓨터 화면상에서만 공격성을 보인다.

어휘 mental : 정신의   wellbeing : 복지   aggression : 공격성   instead of : ~대신에

Cause and Effect 유형 *

20. Homelessness continues to be a major social issue for many countries. Discuss the possible causes of homelessness and ways to reduce the problem.

노숙자 문제가 많은 나라에서 주요 사회문제가 되고 있다. 노숙자 문제의 원인과 문제점을 줄일 해결책을 논하시오.

Causes
- Marriage/family breakdown 이혼/가족 해체
- Unemployment 실직

Solutions
- Government welfare 정부 복지
- Marriage and family counseling 결혼과 가족 상담

어휘 homelessness : 노숙, 노숙자   social issue : 사회 문제   breakdown : 고장나다

Both Views 유형 **

21. It has traditionally been the responsibility of parents to educate their children about manners and respect for others. However, because of the busy lives of parents, many children now grow up without a good knowledge of such important social skills. What are the benefits and drawbacks of forcing all adults to take a course in manners?

아이들에게 예의 및 타인에 대한 존중에 대하여 교육시켜야 하는 것이 전통적으로 부모의 책임이 되어왔다. 그러나 최근엔 부모들의 바쁜 생활로 인해 많은 아이들이 중요한 사교기술에 대해 잘 알지 못한 채 자란다. 모든 성인에게 의무적으로 예절교육을 이수하게 하는 것의 이점과 문제점은 무엇인가?

Advantages
- It reduces the number of conflicts.
  갈등을 줄인다.
- It improves the quality of communication.
  의사소통의 질을 향상시킨다.

Disadvantages
- Expensive 큰 비용이 든다.
- Parents may be easily tired and not be able to focus on the class.
  부모들이 쉽게 피곤해져 수업에 집중을 못할 수 있다.

어휘 social skill : 사회적 기술, 사교 기술   conflict : 갈등   focus on : ~에 주력하다

Cause and Effect 유형 *

22. Many couples now decide to get a divorce instead of continuing with their marriage. What are the causes of the rise in divorce rate and suggest possible ways in which this trend could be reversed.

    최근 많은 부부들이 그들의 결혼생활을 유지하는 대신 이혼을 결정한다. 이혼율의 증가 원인은 무엇인지 그리고 어떻게 이 추세를 줄일 수 있는지 적절한 방법들을 제시하라.

Causes

- Greater independence of women 여성의 자립능력 증가
- An increased acceptance of divorce and remarriage 이혼 및 재혼에 대한 증가된 용인(받아들임)

Solutions

- Governments fund marriage counseling. 결혼생활 상담에 정부가 기금을 제공한다.
- Teach couple relationship skills. 부부들에게 관계기술을 교육한다.

어휘 get a divorce : 이혼을 하다   reversed : 거꾸로 된   independence : 독립   acceptance : 받아들임

Both Views 유형 **

23. Many children have phones and carry them around everywhere they go. Discuss the benefits and drawbacks of children having access to mobile phones at a young age.

    많은 아이들이 전화기를 가지고 있고 그들이 가는 어느 곳이든지 들고 다닌다. 아이들이 어린 나이에 핸드폰을 가지고 다니는 것에 대한 장점과 단점을 논하라.

Benefits

- Parents can be in contact with children at all time. 부모들은 아이들과 항상 연락할 수 있다.
- Children are better able to develop their social relationships.
  아이들은 그들의 사회관계를 발전시킬 수 있다.

Drawbacks

- Expensive / children easily damage them. 비싸다 / 아이들은 쉽게 그것을 망가트린다.
- They Interrupt focus on study. 공부에 집중하는 것을 방해한다.

어휘 in contact with : ~과 접촉하는 have access to : ~에 접근할 수 있다 Interrupt : 방해하다 focus on : ~에 주력하다

Cause and Effect 유형 **

24. The level of competition in the school classroom is now so intense that many students now only study. What problems may arise when students only study and outline some ways to address these problems?

학교 안의 경쟁수준이 매우 높기 때문에 많은 학생들이 현재 오직 공부만 한다. 학생들이 오직 공부만 할 때 어떤 문제점들이 발생하며 이 문제점을 해결하기 위한 방법들은 무엇인가?

Problems

– They cannot relieve stress. 스트레스를 해소할 수 없다.

– It is difficult for students to develop social relationships. 학생들이 사회관계를 발전시키는 것이 어렵다.

Solutions

– Allow breaks so students can relive stress.
휴식을 허락해서 아이들이 스트레스를 풀게 한다.

– Have students study together so they can make friends.
학생들이 함께 공부하도록 만들어 그들이 친구를 사귈 수 있게 한다.

어휘 intense : 극심한   outline : 개요를 서술하다   relieve stress : 스트레스를 풀다   social relationship : 사회관계

Agree or Disagree 유형 **

25. Pharmaceutical drugs are priced at levels to be too expensive for the average person. Some have suggested that the price of drugs should be reduced so as to make them accessible to everyone. To what extent do you agree or disagree?

보통 사람들에게는 너무 비싸게 의약품 가격이 책정되어 있다. 어떤 사람들은 모든 사람들이 이용하기 쉽게 약 가격을 낮추자고 제안한다. 어느 정도까지 당신은 동의 혹은 동의하지 않는가?

Agree

– Access to good healthcare is a universal right. 좋은 의료 서비스를 받는 것은 보편적인 권리이다.

– By reducing the price more people can purchase more, company profits increase.
가격을 낮춤으로써 더 많은 사람들이 구입할 수 있다. 회사 수익이 증가한다.

Disagree

– The people who make the drugs are paid less. 약을 만든 사람에게 적은 수입이 돌아간다.

– It discourages investment in making future drugs.
미래 의약개발 투자에 대한 의욕을 하락시킨다.

어휘 pharmaceutical : 약학의, 조제의   accessible : 접근 가능한   discourage : 의욕을 꺾다   investment : 투자

Cause and Effect 유형 *

26. Students have the option of studying in another country. Discuss some of the problems they may encounter and solutions to these problems.

    학생들은 다른 나라에서 공부할 수 있는 선택권을 가지고 있다. 그들이 직면할 수 있는 문제점들과 이 문제점들의 해결책들을 논하라.

Problem
- Financial difficulties 재정적인 어려움
- Missing home 집을 그리워함

Solution
- Get a part-time job. 파트타임 일을 한다.
- Regularly phone and visit your home country. 정규적으로 전화하거나 고국을 방문한다.

어휘 encounter : 맞닥뜨리다   solution : 해결책

Agree or Disagree 유형 *

27. The media should reduce the amount of time reporting bad news and instead broadcast more positive stories. To what extent do you agree or disagree with this statement?

    미디어는 나쁜 소식을 보도하는 시간의 양을 줄이고 대신에 좀 더 긍정적인 기사를 방송해야 한다. 당신은 어느 정도까지 동의 혹은 반대하는가?

Agree
- It makes people happier. 사람들을 더 행복하게 만든다.
- Positive news is also important. 긍정적인 뉴스 또한 중요하다.

Disagree
- Most important news is often bad news stories.
  대부분의 중요한 뉴스는 종종 나쁜 기사다.
- People are interested in bad news stories.
  사람들은 나쁜 기사에 관심이 있다.

어휘 broadcast : 방송하다   be interested in : ~에 관심이 있다

Both Views 유형 ***

28. Many parents are so busy nowadays that they do not have the time to do many of the household chores. Discuss the benefits and drawbacks of having children help with doing the chores.

요즘에 많은 부모들은 매우 바빠서 집안일을 할 시간이 없다. 아이들이 집안일을 돕게 시키는 것에 대한 이점과 단점을 논하라.

Benefits

− Children learn important life skills. 중요한 생활기술을 배운다.

− It reduces pressure on parents. 부모가 받는 압박을 줄인다.

Drawbacks

− It takes away time for study. 공부시간을 빼앗는다.

− Children have increased stress from doing chores and studying at the same time.

공부와 집안일의 병행으로 인해 아이들의 스트레스가 증가한다.

어휘 household chores : 가사일   at the same time : 동시에

Both Views 유형 *

29. Within the workplace, workers are often encouraged to compete with each other. Discuss the advantages and disadvantages of promoting a more cooperative attitude towards work.

직장 내에서 직장인들이 서로 경쟁하도록 종종 조장되고 있다. 일에 대한 더 협동적인 태도를 장려하는 것에 대한 장점과 단점을 논하라.

Advantages

− Workers can learn from each other. 직장인들이 서로에게서 배울 수 있다.

− Workers can specialize in areas of individual strength.

직장인들은 자신들이 강점을 가지고 있는 분야를 전문화시킬 수 있다.

Disadvantages

− Less motivation to succeed and work hard 성공 및 열심히 일하려는 동기부여의 감소

− More time consuming because of having to listen to everyone's ideas

모든 사람들의 의견을 들어야 하기 때문에 더 커진 시간 소모

어휘 motivation : 동기 부여

복합 유형 **

30. All university students have to compete to gain entry into the top companies. What characteristics of a university student make for a good potential employee? How important is study compared to other life skills?

모든 대학생들은 일류회사에 들어가기 위해서 경쟁을 해야 한다. 대학생들의 어떤 특성이 좋은 회사의 직원으로 뽑힐 수 있게 만드는가? 다른 생활기술과 비교해서 공부는 얼마나 중요한가?

Characteristics

- Good performance at university 대학교에서의 좋은 성적
- Work experience 직업 경험

Study vs other life skills

- Study is less important. 공부는 덜 중요하다.
- Social skills are needed to work with others.
  다른 사람들과 함께 일하기 위해 사교술이 필요하다.

어휘 characteristics : 특성, 형질   performance : 성적, 공연   social skill : 사회성 기술

Agree or Disagree 유형 *

31. While in the past the majority of young people left the family home after graduating from high school, nowadays children are choosing to stay at home for longer periods of time. Many parents argue that children should pay rent while staying in the family home. To what extent do you agree or disagree?

과거에는 대다수의 젊은 사람들이 고등학교를 졸업한 후 가정을 떠난 반면에 요즘에는 집에서 더 오래 사는 것을 선택하고 있다. 많은 부모들은 자녀들이 가정에 머무는 동안 방세를 내야 한다고 주장한다. 당신은 어느 정도까지 이 의견에 동의 혹은 반대하는가?

Agree

- It decreases financial pressure on parents.
  부모님의 재정적 압박을 감소시켜 준다.
- Children get important experience by working to pay the rent.
  자녀들은 방세를 지불하기 위해 일을 함으로써 중요한 경험을 얻는다.

Disagree

- Financial stress on students. 학생들에게 제정적 스트레스를 준다.
- Working means less time to study. 일을 한다는 것은 공부하는 시간이 줄어든다는 것을 의미한다.

어휘 graduating : 졸업하는   pay rent : 임대료를 내다   decrease : 줄이다   financial pressure : 재정의 압박

복합 유형 *

32. Marriage continues to remain an important part of many people's lives. What are the key characteristics of a successful marriage? How realistic is it that everyone has a happy marriage?

결혼은 변함없이 많은 사람들의 삶의 중요한 부분이다. 성공적인 결혼생활의 주요 특성은 무엇인가? 모든 사람들이 행복한 결혼생활을 한다는 것은 얼마나 현실적인가?

Characteristics

- Good communication 원활한 의사 소통
- Spending time together 함께 시간을 보내기

How realistic

- Feelings change over time. 감정은 시간에 따라 변한다.
- Some spouses are violent. 어떤 배우자들은 폭력적이다.

어휘 characteristics : 특성   realistic : 현실적인   violent : 폭력적인

Agree or Disagree 유형 *

33. Opinion is divided over whether it is acceptable for people to have plastic surgery in order to look better. To what extent do you believe plastic surgery to be acceptable?

더 예뻐 보이기 위해 사람들이 성형수술을 받는 것을 인정해야 하는지에 대해 의견이 분분하다. 당신은 어느 정도까지 성형수술이 받아들여져야 한다고 생각하는가?

Agree

- People have the right to choose if they want to change their looks.
  만약 사람들이 외모를 바꾸기를 원한다면 그들은 선택할 권리를 가지고 있다.
- It is unfair that only people who are born attractive gain the benefits of looking good.
  매력적으로 태어난 사람만이 잘생긴 외모의 장점을 누리는 것은 불공평하다.

Disagree

- It promotes an overemphasis on appearance.
  외모의 지나친 강조를 조장한다.
- It can cause long term health problems in the future.
  장기적인 건강 문제를 미래에 초래할 수 있다.

어휘 divided over : ~을 둘러싸고 분열된   plastic surgery : 성형 수술   in order to : ~하기 위하여   unfair : 불공평한   attractive : 매력적인   overemphasis : 지나친 강조   appearance : 외모   long term : 장기적인

Both Views 유형 ***

34. At present there are many schools that have replaced textbooks with laptops. What are the advantages and disadvantages of using laptops instead of textbooks?

현재 많은 학교들이 교과서를 랩톱으로 교체했다. 교과서 대신 랩톱을 사용하는 것의 장점과 단점은 무엇인가?

Advantages

— Laptops are lighter than carrying many textbooks. 랩톱은 많은 교과서를 들고 다니는 것보다 가볍다.

— Students gain access to electronic resources, like the Internet and word processing.
  학생들은 인터넷과 워드와 같은 컴퓨터 자원을 사용할 수 있다.

Disadvantages

— They are expensive to purchase and maintain. 랩톱은 구매하고 유지하는데 비싸다.

— They can distract students in class. 랩톱은 수업시간에 학생들의 집중력을 떨어트릴 수 있다.

어휘 at present : 현재는   replace : 대신하다   instead of : ～대신에   electronic resource : 전자정보   distract : 집중이 안 되게 하다
    in class : 수업 중

Agree or Disagree 유형 **

35. Animal testing has long been used in order to advance scientific discovery. To what extent do you believe that animal testing is acceptable?

과학적 발견을 진전시키기 위해 오랜 기간 동안 동물실험이 사용되어 왔다. 동물실험이 허락되어야 한다고 믿는 것에 당신은 어디까지 동의하는가?

Agree

— The great medical advances would not have been possible without animal testing.
  위대한 의학적인 발전이 동물실험 없이 불가능했을 것이다.

— People have no problems killing animals to eat, so there should be no problem experimenting on them.
  식용을 위해 동물을 죽이는 것에는 문제가 없다. 그러므로 동물실험을 하는 것도 문제가 안 된다.

Disagree

— Animals have the right to freedom like humans. 동물들도 인간처럼 자유에 대한 권리가 있다.

— Animals are treated in a cruel manner. 동물들이 잔혹한 방법으로 취급된다.

어휘 animal testing : 동물 실험   scientific discovery : 과학적 발견   experimenting : 실험하기   cruel : 잔혹한   manner : 방식

Both Views 유형 ***

36. Broadly speaking, there are two types of universities. Some universities promote the learning of theory, while others focus on developing practical skills. In your opinion which type of university is best suited to prepare students for the workplace?

일반적으로 말해, 두 가지 종류의 대학교가 있다. 어떤 대학에서는 이론학습을 증진시키고, 다른 대학교에서는 실용기술 발전에 초점을 맞춘다. 당신은 어떤 타입의 대학이 학생들에게 직업준비를 시키기 위해 최고로 적합하다고 생각하는가?

Theoretical

– Students understand why something happens and can apply that knowledge to many different problems.
학생들은 어떤 일들이 왜 일어났는지를 이해하고 다양한 문제들에 그 지식을 적용시킬 수 있다.

– Students gain skills at analyzing problems – a skill essential to the workplace.
학생들은 문제를 분석하는 기술을 얻는다 – 직장에서 필수적인 기술.

Practical

– Students learn techniques that are needed to complete the work.
학생들은 일을 완수하는데 필요한 테크닉을 배운다.

– It is only possible to learn some skills by actually doing it.
기술을 배우는 것은 오직 실제로 그것을 함으로써 가능하다.

어휘 broadly speaking : 대체로   promote : 촉진하다   analyzing : 분석하기   actually : 실제로

Both Views 유형 **

37. Shopping on the Internet is now a popular activity. Discuss the benefits and drawbacks of shopping online.

인터넷 쇼핑은 현재 매우 인기 있는 활동이다. 온라인 쇼핑의 장점과 단점을 논하라.

Benefits

– It is convenient. 편리하다.

– It is easier to find the cheapest price. 가장 저렴한 가격을 쉽게 찾을 수 있다.

Drawbacks

– It is easier to be ripped-off. 바가지 쓰기 쉽다.

– It is less enjoyable than shopping in person. 직접 쇼핑하는 것보다 덜 즐겁다.

어휘 drawback : 문제점   convenient : 편리한   rip off : 바가지   in person : 직접

Both Views 유형 ***

38. The students of today spend large amounts of time learning academic subjects but are unable to perform basic tasks they need to live, like cooking and sewing. Discuss the benefits and drawbacks of teaching students life skills at school.

오늘날 학생들은 학교과목을 배우는데 많은 시간을 쓰지만 그들은 생활을 하기 위해서 필요로 하는 요리 그리고 바느질과 같은 기본적인 일조차도 하지 못한다. 학교에서 생활기술을 가르치는 것의 혜택과 단점을 논하라.

Benefits
- It is easy to live when they leave the family home. 그들이 집을 떠났을 때 생활하는 것이 어렵지 않다.
- It saves money as they don't have to pay for these services.
  이러한 서비스를 위해 돈을 지불하지 않아도 되기 때문에 돈을 절약한다.

Drawbacks
- There are more important subjects to study. 공부해야 할 더 중요한 과목들이 있다.
- It wastes school money teaching students something they could learn by themselves.
  혼자서도 배울 수 있는 것을 학생들에게 가르치는데 학교 돈을 낭비한다.

어휘 sewing : 바느질   life skill : 생활기술

Agree or Disagree 유형 **

39. Alternative energy has in part replaced the use of fossil fuels. Discuss whether you believe that a greater investment in alternative energy should be made than in traditional energy sources.

대체 에너지는 화석 연료의 사용을 부분적으로 대신해 왔다. 전통적인 에너지원보다 대체 에너지에 더 큰 투자를 해야 하는지에 대한 당신의 생각을 논하라.

Alternative Energy
- It is a renewable energy source. 이것은 재생 가능한 에너지원이다.
- It does not cause damage to the environment. 환경에 훼손을 초래하지 않는다.

Traditional energy sources (fossil fuels)
- They are a cheap and efficient way to create energy.
  에너지를 창출하는 저렴하고 효율적인 방법이다.
- They can be easily stored and transported. 쉽게 저장, 운반될 수 있다.

어휘 alternative energy : 대체 에너지   alternative : 대안   fossil fuels : 화석 연료   renewable : 재생 가능한   energy source : 에너지원   efficient : 효율적인   stored : 저장된   transported : 운반된

Both Views 유형 *

40. Many find the idea of opening their own business quite attractive. What are the advantages and disadvantages of opening your own business?

많은 사람들은 자신의 사업을 여는 것이 매우 매력적이라고 느낀다. 자신의 사업을 시작하는 것의 장점과 단점은 무엇인가?

Advantages

- You become your own boss. 자신이 사장이 된다.
- You can do what you enjoy. 당신이 즐기는 것을 할 수 있다.

Disadvantages

- You often have to work long hours. 종종 긴 시간을 일해야 한다.
- Financial risk 재정적인 위험

어휘 attractive : 매력적인   financial : 재정적인

Cause and Effect 유형 ***

41. Tourism contributes billions of dollars to the economy of many countries around the world. However, there are those who are concerned about the effect tourism is having on the natural environment. Discuss some of the negative impacts of tourism on the natural environment and some possible solutions to reduce the extent of this problem.

관광업이 세계의 많은 나라의 경제에 수십억 달러를 기여하고 있다. 하지만 관광업이 자연 환경에 미치는 영향에 대해 걱정하는 사람들이 있다. 관광업이 자연환경에 미치는 부정적인 영향과 이 문제를 줄일 수 있는 적절한 해결책에 대해 논하라.

Problem

- Increased pollution 증가된 오염
- Deforestation / reduction in ecological diversity 삼림 파괴 / 생태계 다양성의 감소

Solution

- Create environmentally friendly projects. 환경친화적인 프로젝트를 만든다.
- Limit tourist numbers. 관광객의 수를 제한한다.

어휘 contribute : 기여하다   concerned about : ~을 염려하는   effect : 효과   natural environment : 자연 환경   deforestation : 삼림 벌채   ecological : 생태계의   diversity : 다양성

Agree or Disagree 유형 ***

42. The persuasive nature of advertising has a strong influence on children and this can often create problems. Some parents argue that all advertisements targeting children should be banned. To what extent do you agree?

    광고의 설득력은 어린이들에게 강한 영향을 미친다. 그리고 이것은 종종 문제를 만들 수 있다. 어떤 부모들은 아이들을 대상으로 하는 모든 광고는 금지되어야 한다고 주장한다. 당신은 어느 정도 동의하는가?

Agree

- They encourage children to develop materialistic thinking.
  아이들이 물질 만능주의적인 사고를 갖게 조장한다.
- They can lead to negative feelings, low self-esteem and depression when children can not receive what is being advertised. 광고되는 것을 아이들이 갖지 못할 때 부정적인 감정, 낮은 자존감, 우울증을 가질 수 있다.

Disagree

- When children grow up they will have to deal with advertisements, so at a young age they need to learn how to select what information to believe.
  아이들이 장성했을 때 광고를 접하게 될 것이므로 어렸을 때부터 어떤 정보를 믿어야 하는지 선택하는 방법을 배울 필요가 있다.
- Advertisements also contain important information about health.
  광고는 또한 건강에 대한 중요한 정보를 함유하고 있다.

어휘 persuasive : 설득력 있는   materialistic : 물질(만능)주의적인   negative : 부정적인   self-esteem : 자부심

Both Views 유형 ***

43. Job satisfaction is one of the most important characteristics that people look for when searching for a job. Discuss the advantages and disadvantages of making job satisfaction the primary criteria when choosing a job.

    직업 만족도는 직장을 구할 때 사람들이 기대하는 가장 중요한 특성중의 하나이다. 직장을 선택할 때 직업 만족을 첫 번째 기준으로 삼는 것의 장점과 단점을 논하라.

Advantages

- You are happier in your work life. 직장 생활이 더 행복하다.
- You work harder and achieve more. 더 열심히 일하고 성과도 더 얻는다.

Disadvantages

- It may not be as financially rewarding. 재정적으로 그만큼 보상받지 못할 수도 있다.
- It may require long years of training and education to be able to start work in your dream job.
  꿈꾸던 직장에서 일을 하기 위해 장시간의 훈련과 교육이 요구될 수 있다.

어휘 Job satisfaction : 작업 만족도   financially rewarding : 재정적 보상을 주는

Both Views 유형 ***

44. It has been suggested that the amount of money a person needs to pay for speeding and parking fines be variable, depending on a person's income. In that case, when committing a traffic offence, wealthy people would have to pay greater amounts compared to poorer people. Discuss the benefits and drawbacks of making traffic fines dependent on income.

개인 소득에 따라 속도 위반 및 주차 과태료의 지불 금액에는 변수가 있어야 한다고 제안하는 사람들이 있다. 이 경우에는 교통 위반을 저지르는 부유한 사람들은 가난한 사람들보다 더 많은 금액을 지불해야 한다. 수입에 따라서 교통 과태료를 지불하는 것에 대한 장점과 단점을 논하라.

Benefits

- It would act as a better deterrent against the rich committing traffic offences.
  교통위반을 저지르는 부자들을 더 잘 억제하는 역할을 한다.

- The poor would not be unreasonably financially disadvantaged.
  가난한 사람들이 부당하게 재정적으로 불리하지 않을 것이다.

Drawbacks

- Having access to people's financial records is an invasion of privacy.
  사람들의 재정 기록을 확인하는 것은 사생활 침해이다.

- It is unfair - being rich is not a crime. 불공평하다 - 부자라는 것이 범죄는 아니다.

어휘 variable : 변동이 심한   traffic offence : 교통법규위반   unreasonably : 비이성적으로   invasion of privacy : 사생활 침해

Both Views 유형 ***

45. World sporting events are generally held in wealthy countries and poorer countries are not often asked to host such events. How would poorer countries benefit from holding world sporting events? What problems may poorer countries encounter when hosting such events?

세계적인 스포츠행사는 일반적으로 부자인 나라에서 개최되고 있으며 가난한 나라들은 종종 이와 같은 행사를 개최하는 것이 요청되고 있지 않다. 가난한 나라들은 국제 스포츠 행사를 개최하는 것으로부터 어떤 장점을 얻을 수 있는가? 이와 같은 행사를 개최할 때 가난한 나라들이 직면하는 문제점은 무엇인가?

Benefits

- It increases national income. 국가 수입을 증가시킨다.
- More tourists visit the country in the future. 미래에 더 많은 관광객들이 방문한다.

Problems

- These countries do not have the financial resources to build sports facilities.
  이 나라들은 운동시설을 건설하기 위한 재원을 가지고 있지 않다.

- These countries cannot afford the security needed.
  이 나라들은 필요한 안전 시스템을 구축할 여유가 없다.

어휘 generally : 일반적으로   encounter : 마주하다   host : 주인   afford : 여유가 있다

Agree or Disagree 유형 **

46. Today, the popularity of social media and online chatting reflect the importance of online relationships being more important than offline relationships. To what extent do you agree or disagree.

오늘날 소셜 미디어와 온라인채팅의 인기는 오프라인 관계보다 온라인 관계가 더 중요하다는 것을 반영한다. 어디까지 당신은 동의 혹은 반대하는가?

Agree
− We spend more time connected to online communities.
   온라인 공동체에 연결되어 더 많은 시간을 쓴다.
− We are connected with more people online.
   온라인으로 더 많은 사람들과 연결되어있다.

Disagree
− Offline relationships are the most important.
   오프라인을 통한 관계가 가장 중요하다.
− Offline relationships can engage multiple modes of communication, such as non−verbal communication.
   오프라인을 통한 관계는 비언어적인 의사소통과 같은 다양한 방식의 의사소통을 가진다.

어휘 popularity : 인기   connect : 연결하다   engage : 관계를 맺다   multiple mode : 다중화 방식   non−verbal communication : 비언어적인 의사 소통

Agree or Disagree 유형 **

47. Each year many high school students compete to get into universities to study majors that will eventually lead to high paying jobs. Thus, there are some who believe that all professional jobs should be paid a similar wage. To what extent do you agree?

매년 많은 고등학교 학생들이 궁극적으로 고수익의 직업으로 인도하는 전공을 공부하기 위해 대학교 입학 경쟁을 한다. 그러므로, 모든 전문직업은 비슷한 임금이 지불되어야 한다고 믿는 사람들이 있다. 당신은 어느 정도까지 동의하는가?

Agree
− All people work hard and should be paid similar amounts.
   모든 사람들이 열심히 일하므로 비슷한 양의 돈을 받아야 한다.
− It reduces the income gap. 소득차이를 감소시킨다.

Disagree
− People would stop doing the most difficult jobs.
   사람들은 고난이도의 일을 하는 것을 그만둘 것이다.
− No incentive to work harder if all get the same pay.
   만약 모두가 같은 돈을 번다면 힘들게 일할 의욕이 안 생긴다.

어휘 eventually : 결국   amount : 금액, 합계

Both Views 유형 *

48. Thousands of people each year make the decision to immigrate to another country in search of a better life for themselves and their family. Discuss the benefits and drawbacks of living in another country.

수천 명의 사람들이 매년 그들 자신 및 가족의 더 나은 삶을 찾아 다른 나라로의 이민을 결정한다. 다른 나라에서 사는 것의 장점과 단점을 논하라.

Benefits

- You will have new experiences and develop new skills.
  새로운 경험을 가질 것이고 새로운 기술을 개발할 것이다.
- You can make friends with people from other countries.
  다른 나라 출신의 사람들과 친구가 될 수 있다.

Drawbacks

- You have to move away from friends and family.
  친구와 가족으로부터 이사를 해야 한다.
- You may face difficulties maintaining your culture in a new land.
  새로운 곳에서 자신의 문화를 유지하기 어려울 수도 있다.

어휘 in search of : ~을 찾아서   make friends : 친구를 사귀다   move away from : ~에서 이사 가다   immigrate : 이민하다

Both Views 유형 **

49. Some believe that there is a need to preserve traditional customs, while others accept that the world is constantly changing and that customs should change as well. Discuss both these views and give your own opinion.

어떤 사람들은 전통적인 관습을 보존하는 것이 필요하다고 믿는다. 반면에 다른 이들은 세계가 끊임없이 변하고 있으므로 관습도 또한 변해야 한다고 생각한다. 양쪽의 의견을 논하고 당신의 의견을 제시하라.

Do not preserve

- If people do not change, no progress can be made.
  만약 사람들이 변하지 않는다면 진보는 만들어 질 수 없다.
- Many traditions are outdated. 많은 전통이 구시대적이다.

Preserve

- Traditional customs are linked to our past.
  전통적인 관습은 과거와 관련되어 있다.
- Traditional customs give people a sense of identity.
  전통적인 관습은 사람들에게 정체성을 준다.

어휘 preserve : 보존하다   accept : 받아들이다   progress : 진보 discriminate : 차별하다   link : 연결시키다 outdated : 구식인
custom : 관습   sense of identity : 정체성

Cause and Effect 유형 **

50. People with a disability are often discriminated against. Outline some of the difficulties those with a disability experience and discuss ways to help them become more involved in the community.
   장애자들은 종종 차별을 받는다. 장애경험을 가지고 있는 사람들의 어려움을 말하고 그들을 사회에 더 참여시키기 위한 방법을 논하라

Problems
− Problems with using public transport 대중교통 사용시 문제
− Difficult to find a job 직업을 구하는 어려움

Solutions
− Design public transport facilities that can be used by all.
   모든 사람들에 의해 다 이용될 수 있는 대중교통시설을 디자인한다.
− Government fund services to help the disabled find a job.
   장애인들이 직업 찾는 것을 돕기 위한 정부 자금지원 서비스

어휘 disability : 장애   discrimination against : ～에 대한 차별   disabled : 장애를 가진

Cause and Effect 유형 **

51. People living in the developed world have the smallest number of children. Discuss some of the possible causes of why this may be the case and suggest ways to encourage people to have more children.
   선진국에서 사는 사람들이 가장 적은 수의 아이들을 갖는다. 왜 이러한 일이 발생하는지 가능한 이유를 논하고 사람들에게 더 많은 아이들을 갖도록 장려하는 방법을 제시하라.

Cause
− Expensive to raise children. 아이를 키우는 것에 돈이 많이 든다.
− Both women and men work so no time to look after children.
   맞벌이 때문에 아이들을 돌볼 시간이 없다.

Solution
− Governments should increase funding for education and childcare services
   정부가 교육과 아이들 보살핌 서비스를 위해 지원금을 증가시킨다.
− Give workers more holidays so can spend time with children.
   직장인들에게 더 많은 휴가를 주어서 아이들과 함께 시간을 보낼 수 있게 한다.

어휘 expensive : 비싼   look after : ～을 돌보다   funding : 자금

Cause and Effect 유형 **

52. Workplaces can often be places where people are under intense stress. Discuss some of the possible causes of stress at work and offer some solutions of how workers can reduce stress.

직장은 종종 사람들이 극심한 스트레스를 받는 장소가 될 수 있다. 직장에서의 스트레스의 원인에 대해 논하고 어떻게 직장인들이 스트레스를 줄일 수 있는지 해결책을 제시하라.

Causes
— Pressure to keep deadlines 기한을 지켜야 하는 압력
— Competition with colleagues 직장 동료와의 경쟁

Solution
— Socialize with colleagues to promote positive relationships.
  좋은 관계증진을 위해 직장 동료와 교제한다.
— Do not take work home. 집에 일을 가져오지 않는다.

어휘 intense : 극심한   deadline : 마감일   colleague : 동료   socialize : 사귀다   promote : 촉진하다   positive : 긍정적인

Both Views 유형 ***

53. In the last year before graduating, many students decide to travel overseas. Discuss the benefits and drawbacks to having a year to travel before working.

많은 학생들이 졸업년도에 해외여행을 하는 것을 결심한다. 일하기 전 1년동안 여행을 하는 것의 장점과 단점을 논하라.

Benefits
— It broadens your horizons. 시야를 넓힌다.
— You can gain life experience needed for work. 업무를 위해 필요한 인생경험을 얻을 수 있다.

Drawbacks
— Costly 비용이 많이 든다.
— Dangerous/ waste time   위험하고/시간을 낭비한다.

어휘 graduating : 졸업하기   broaden : 넓히다   horizons : 시야, 범위   costly : 비용이 많이 드는

Both Views 유형 ***

54. Some people argue that parents have the greatest influence over an individual's life, while others say that friends are more influential. Discuss both views and offer your own opinion.

어떤 사람들은 부모님들이 개인의 삶에 가장 큰 영향을 미친다고 주장한다. 반면에 다른 이들을 친구의 영향력이 더 크다고 말한다. 양쪽의 입장을 논하고 자신의 의견을 제시하라

Parents

— You spend first years of life with parents.

인생의 초기를 부모님과 함께 보낸다.

— Parents are with you through different stages in life.

부모는 인생의 각 시기를 함께 한다.

Friends

— In primary and high school years — you spend most time with friends.

초등학교와 고등학교 때 —친구와 대부분의 시간을 함께 보낸다.

— Friends teach current cultural values. (not traditional values of parents)

친구는 현재의 문화적 가치를 가르친다. (부모님의 전통적인 가치관이 아닌!)

어휘 influential : 영향력 있는   through : 통하여   current : 현재의   cultural values : 문화적 가치

Both Views 유형 **

55. It is now possible to complete both undergraduate and post-graduate studies online. What are the advantages and disadvantages of completing studies online?

온라인으로 대학과 대학원 코스 모두를 마칠 수 있는 것이 현재 가능하다. 온라인으로 학업을 완성하는 것의 장점과 단점은 무엇인가?

Advantages

— Convenience 편리함
— More choice 더 많은 선택

Disadvantages

— Less interaction with lecturers and other students 강사 및 학생과의 줄어든 상호작용
— Less motivated to study 줄어든 공부에 대한 동기부여

어휘 undergraduate : 대학교   post-graduate : 대학원   convenience : 편리함   interaction : 상호작용   lecturer : 강사

Both Views 유형 ***

56. It has often been argued that progress is always positive but there are also those who believe that progress has also been negative in many ways. Discuss both views and offer your own opinion.

앞으로 나아가는 것(진보)은 항상 긍정적이라고 종종 주장되어왔다. 그러나 진보는 또한 많은 면에서 부정적이라고 믿는 사람들 또한 있다. 양쪽의 주장을 논하고 너의 생각을 제시하라.

Positive

– People are living longer and healthier lives thanks to technology.
테크놀로지 덕분에 사람들은 더 오래 살고 더 건강한 삶을 산다.

– It is now possible to do more things in a shorter time due to technology.
테크놀로지 덕분에 더 많은 것을 짧은 시간 동안에 하는 것이 가능하다.

Negative

– It created weapons that kill millions of people. 수많은 사람을 죽이는 무기를 개발했다.

– It destroyed the environment. 환경을 파괴했다.

어휘 progress : 진보, 발전   due to : ~때문에   destroy : 파괴하다

Both Views 유형 **

57. Technology is constantly being updated with newer versions and newer models. Discuss the advantages and disadvantages of a culture that seeks to always upgrade.

테크놀로지는 새로운 버전과 새로운 모델로 끊임없이 갱신되고 있다. 늘 개선을 추구하는 특정 문화의 장점과 단점에 대해 논하라

Advantages

– We can enjoy new features and advances in technology.
테크놀로지의 새로운 기능과 발전을 즐길 수 있다.

– It ensures most people use similar level technology.
대부분의 사람들이 비슷한 수준의 기술을 사용하게끔 한다.

Disadvantages

– Expensive 비싸다.

– Not all upgrades lead to better outcomes. 모든 개선이 더 나은 결과를 초래하는 것은 아니다.

어휘 constantly : 끊임없이   updated : 발전된, 개선된   seek : 찾다, ~하려고 시도하다   feature : 특징   ensure : 보장하다   upgrade : 개선하다   outcome : 결과

Agree or Disagree 유형 *

58. Although it is acceptable to meet people for the first time online, it is not a good idea to meet someone in person, who you have only contacted online. To what extent do you agree or disagree with this statement.

비록 모르는 사람을 온라인에서 만나는 것이 용인될 수 있다고 하더라고 온라인에서 만난 사람을 직접 만나는 것은 좋은 생각이 아니다. 어느 정도 당신은 동의 혹은 반대하는가?

Agree

- There are many strange people on the internet so it could be dangerous.

  인터넷 상에는 많은 비정상적인 사람들이 있기 때문에 위험할 수 있다.

- People's online personality and real personality are different so you need to be careful.

  온라인상의 성격과 진짜 성격은 다르다. 그러므로 조심할 필요가 있다.

Disagree

- If you meet in a public place it should not be dangerous.

  만약 공공장소에서 만난다면 위험하지 않다.

- If the person is strange, you don't have to keep meeting them.

  만약 상대가 이상하다고 느낄 때 안 만나면 된다.

어휘 although : 비록 ~이긴 하지만   acceptable : 용인되는   personality : 성격

Both Views 유형 ***

59. Some people believe that the use of fines is a more appropriate penalty for many crimes. Others believe going to jail is a better punishment. Discuss both options and give your own opinion.

어떤 사람들은 벌금을 내게 하는 것이 더 적절한 처벌이라고 말한다. 하지만 어떤 사람들은 감옥에 가두는 것이 더 나은 처벌이라 생각한다. 양쪽의 선택을 논하고 당신의 의견을 표하라.

Fine

- Government makes money. 정부는 수익을 얻는다.
- They learn bad habits from going to prison. 감옥에 가서 나쁜 버릇을 배운다.

Jail

- It is fairer because rich and poor receive a similar punishment.

  부자와 가난한 사람이 유사한 처벌을 받기 때문에 더 공평하다.

- People will not want to commit crime if they think they can go to jail.

  사람들은 그들이 감옥에 갈 수도 있다고 생각한다면 범죄를 저지르지 않을 것이다.

어휘 appropriate : 적절한   punishment : 처벌   commit : 저지르다   commit crime : 범죄를 짓다   go to jail : 감옥에 가다

Agree or Disagree 유형 *

60. All forms of government advertising should be banned because it is a waste of public money. To what extent do you agree or disagree?

모든 종류의 정부 광고는 그것이 공공자금의 낭비이므로 금지되어야 한다. 당신은 어느 정도까지 동의 혹은 반대하는가?

Agree

− The money could be better spent on other projects.

그 돈은 다른 프로젝트에 더 잘 쓰일 수 있다.

− It is unfair because other political parties don't have money to advertise.

다른 정당은 광고할 돈이 부족함으로 그것은 공평하지 못하다.

Disagree

− People need to know about important government changes.

사람들은 중요한 정부 변화에 대해 알 필요가 있다.

− Compared to other programs, the government only spends a small amount on advertising.

다른 프로그램과 비교해 정부는 광고에 적은 양의 돈을 지출한다.

어휘 advertising : 광고   public money : 공금   unfair : 불공평한   political party : 정당

Cause and Effect 유형 **

61. People tend to get married later these days compared to the past. Discuss the reasons for this change and what effects it may have on society.

사람들이 과거와 비교해 늦게 결혼하는 경향이 있다. 이러한 변화의 원인과 그것이 사회에 미치는 영향에 대해 논하라.

Causes

− People focus more on their careers. 사람들이 그들의 직업에 더 집중한다.

− Marriage is not seen as important. 결혼이 예전처럼 중요하게 생각되지 않는다.

Effects

− Less people have children. 더 적은 수의 사람들이 아이를 갖는다.

− Children live longer with their parents. 자식들이 그들의 부모와 더 오랫동안 산다.

어휘 tend to : ~하는 경향이 있다   get married : 결혼하다   focus on : ~에 주력하다   career : 경력

Agree or Disagree 유형 *

62. People who are incapable of saying "no" live more unhappy lives. To what extent do you agree or disagree with this statement.

거절을 하지 못하는 사람들이 더 행복하지 않은 삶을 산다. 당신은 어느 정도까지 동의 혹은 반대하는가?

Agree

- They are too busy helping others − they can't enjoy their life.

  다른 사람을 돕는데 지나치게 바쁘다 − 그들은 그들의 삶을 즐기지 못한다.

- They lack self-confidence to do what they want. 그들이 추구하는 것을 하기엔 자신감이 부족하다.

Disagree

- They take up more opportunities.

  더 많은 기회를 얻는다.

- They may enjoy helping others.

  다른 사람들을 돕는 것을 즐길 수도 있다.

어휘 incapable : 하지 못하는   lack : 부족   self-confidence : 자신(감)   take up : 받아들이다, 시작하다

Both Views 유형 **

63. In this world there are those who are ambitious and always push themselves to achieve more. There are also those who are happy with their position in life and are not particularly driven to improve their situation. Discuss both views and offer your own opinion.

이 세상에는 야심이 있고 항상 더 많이 성취하기 위해 그들 스스로를 채찍질하는 사람들이 있다. 반면에 삶에서 그들의 위치에 만족하고 더 나아지기 위해 특별한 노력을 하지 않는 사람들도 있다. 두 가지 입장을 논하고 너의 의견을 제시하라

Ambitious

- They can earn more money. 더 많은 돈은 벌 수 있다.
- They can help improve society. 사회가 발전을 하도록 도울 수 있다.

Happy with current situation

- They live happier lives. 더 행복하게 삶을 산다.
- They get less stress. 스트레스가 적다.

어휘 ambitious : 야심 있는   drive : 몰아가다   achieve : 달성하다   particularly : 특히, 유난히

Agree or Disagree 유형 **

64. In many cases, when someone wins a competition there is no financial reward and the only reward is recognition of having come first. Is it important to receive a financial reward after winning a competition?
많은 경우에 누군가가 대회에서 우승을 할 때 경제적 보상이 없다. 그리고 유일한 보상은 1등을 했다는 인정뿐이다. 대회 우승 후 경제적 보상을 받는 것이 중요한가?

Agree

— People have spent money training and buying equipment so they should be repaid.
훈련을 하고 장비를 사는 것에 돈을 소비한다. 그래서 그들은 보상을 받아야 한다.

— Money is a good motivating tool to encourage people to work hard.
돈은 열심히 노력하도록 격려하는 좋은 동기부여 도구이다.

Disagree

— The first Greek Olympians gained glory by simply winning.
첫 번째 그리스 올림픽 선수들은 단지 승리를 하는 것으로 영광을 누렸다.

— Making money the prime reward promotes materialistic values.
돈을 제1의 포상으로 만드는 것은 물질만능주의 가치관을 촉진시킨다.

어휘 recognition : 인정, 인식   encourage : 격려하다   repay : 다시 갚다   prime : 주된   promote : 촉진하다   materialistic value : 물질주의 가치   materialistic : 물질(만능)주의적인

Cause and Effect 유형 **

65. As people are living longer, the generation gap is also widening. What are some of the problems that occur between different generations and are there any ways to resolve these problems?
사람들이 더 오래 살게 됨으로써, 세대차이 또한 커지고 있다. 다른 세대간에 나타나는 문제점들은 무엇이며 이러한 문제를 해결하기 위한 방법이 있는가?

Problems

— Different values cause conflict. 가치의 차이가 갈등을 야기시킨다.
— Different ways of doing work. 일을 하는 방법에 차이가 생긴다.

Solutions

— Promote communication between the generations.
세대간의 의사소통을 촉진시킨다.

— Focus on the results of work and not worry about how work is completed.
일의 결과에 주력하고 어떻게 일이 완성되는가에 대해서는 걱정하지 않는다.

어휘 generation gap : 세대차이   widen : 넓히다   occur : 일어나다   resolve : 해결하다   conflict : 갈등

Agree or Disagree 유형 **

66. From a very young age girls seem to prefer to play with dolls, and boys with trucks. Gender roles are determined by our genes and not by environmental influences. To what extent do you agree?

어린 나이부터 여자는 인형을 가지고 노는 것을 남자는 트럭을 가지고 노는 것을 선호하는 것 같다. 성 역할은 환경적 영향에 의해서가 아닌 우리의 유전자에 의해서 결정된다. 당신은 어디까지 동의하는가?

Agree

− Twin studies show that twins growing up in completely different environments share similar characteristics.

완전히 다른 환경에서 자란 쌍둥이라도 비슷한 특성을 가지고 있다는 것을 쌍둥이에 대한 연구가 보여준다.

− Even animals behave in a way that is gender specific.

심지어 동물도 성에 따라 다른 행동을 한다.

Disagree

− Children share similar gender roles to those they spend most time with.

아이들은 그들과 대부분의 시간을 함께 소비한 사람들과 유사한 성 역할을 공유한다.

− The ability to learn shows how gender roles can also be learned.

학습능력은 어떻게 성 역할이 또한 배워질 수 있는지를 보여준다.

어휘 grow up : 성장하다   similar : 유사한   gender role : 성 역할   genes : 유전자들   determine : 결정하다, 밝히다   gender specific : 한쪽 성에 국한된

Cause and Effect 유형 **

67. Both workers and students often struggle with procrastination and try to put off work that they do not want to do. What are some of the causes of this and what are some of the consequences for people who procrastinate too much?

직장인과 학생 양쪽 모두 다 미루는 버릇의 문제를 안고 있으며 하고 싶지 않은 일을 연기하려고 한다. 무엇이 이것의 이유이며 너무 자주 미루는 사람은 어떤 결말을 직면하게 되는가?

Causes

− Difficulties of starting a project 과제를 시작하는데 어려움이 있음
− Set goals too high 너무 높은 목표 설정

Effects

− Not as successful 성공적이지 못하다.
− Increased stress levels 스트레스 수준 증가

어휘 struggle with : ~로 고심하다   put off work : 작업을 보류하다   consequence : 결과   procrastination : 미루는 버릇   set a goal : 목표를 세우다

Agree or Disagree 유형 **

68. Newspapers and magazines should have the freedoms to report anything in the media. To what extent do you agree?

신문과 잡지는 어떤 것이든지 보도할 수 있는 자유를 가져야 한다. 어느 정도까지 동의 혹은 반대하는가?

Agree

− The media helps police the government and other powerful organizations, so there should be no restrictions.

언론은 정부 및 세력 단체를 감시하는 것을 돕는다. 그러므로 제한이 없어야 한다.

− You cannot trust anyone to determine what should and should not be reported.

무엇이 발표되고 되지 말아야 하는지를 결정하는데 있어 어떤 사람도 신뢰할 수 없다.

Disagree

− If national secrets are revealed then this could be harmful for the country.

만약 국가기밀이 밝혀진다면 이것은 국가를 위해 해로울 수 있다.

− Revealing the private lives of individuals is an invasion of privacy.

개인의 사생활을 드러내는 것은 사생활 침해이다.

어휘 restriction : 제한   harmful : 해로운   determine : 결정하다, 알아내다   reveal : 밝히다   freedom : 자유

invasion of privacy : 프라이버시[사생활] 침해

Agree or Disagree 유형 *

69. It is the responsibility of city governments to continually invest in developing city facilities. To what extent do you agree?

도시 시설 개발에 지속적으로 투자하는 것이 시정부의 책임이다. 어디까지 동의하는가?

Agree

− Building facilities will help economic growth. 시설을 짓는 것은 경제 성장을 도울 것이다.

− We need new facilities to serve a growing population.

증가하는 인구를 수용하기 위해 새로운 시설이 필요하다.

Disagree

− Business has more of a responsibility to build facilities.

개인사업이 시설을 짓는데 더 많은 책임을 가지고 있다.

− City governments need to invest in social services.

시정부는 사회 복지사업에 투자를 할 필요가 있다.

어휘 continually : 지속적으로   city government : 시 정부   economic : 경제의   responsibility : 책임   need to : ~해야만 한다

social service : 사회복지 사업

Cause and Effect 유형 **

70. The number of people in the world is increasing with each passing year and overpopulation is now a very real problem for many countries. Discuss some of the causes of overpopulation in some countries and the effects this is having on these countries.

전세계의 인구수가 매년 증가하고 있다. 그리고 과잉 인구는 현재 많은 나라에서 매우 심각한 문제이다. 과잉 인구의 원인과 이것이 이러한 나라들에게 미치는 영향을 논하라.

Causes

- Medical advances mean people live longer. 의학의 발달로 사람들이 더 오래 산다.
- Advances in fertility treatment 불임치료의 발전

Effects

- Rise in unemployment and higher living costs

  실업률 증가 및 높은 생활비

- Destruction of the environment and the depletion of natural resources

  환경 파괴 및 천연자원의 고갈

어휘 overpopulation : 인구 과잉   fertility treatment : 임신 촉진 치료   unemployment : 실업   destruction : 파괴   depletion : 고갈

  natural resources : 천연자원

Both Views 유형 **

71. All students should wear school uniforms when attending schools. Discuss the advantages and disadvantages of compulsory school uniforms.

모든 학생들은 학교에 출석을 할 때 학교 교복을 입어야 한다. 의무 교복의 장점과 단점을 논하라.

Advantages

- They are cheaper than buying many different clothes

  많은 다른 옷을 사는 것보다 싸다.

- They maintain discipline. 규율을 유지한다.

Disadvantages

- Students cannot express their individuality. 학생들은 그들의 개성을 표현할 수 없다.
- They can only be worn at school and nowhere else.

  교복은 단지 학교에서만 입을 수 있다.

어휘 attend : 출석하다   school uniform : 교복   compulsory : 강제적인   discipline : 규칙   individuality : 개성

Cause and Effect 유형 **

72. In many countries it is not compulsory to complete high school. Discuss some of the reasons why students may choose to leave school early and the effects that have on their future life.

많은 나라에서 고등학교를 마치는 것이 의무가 아니다. 학생들이 졸업 전 학교를 떠나는 이유와 이것이 그들의 미래 삶에 미치는 영향을 논하라

Causes

— To earn money to support themselves or family 그들 자신과 가족들을 부양하기 위해 돈을 벌기 위해서
— Being bullied at school 학교에서 괴롭힘을 당해서

Effects

— They cannot go to university. 대학에 갈수 없다.
— They are more likely to struggle to make money.
   돈을 버는 것이 더 힘들 가능성이 있다.

어휘 complete : 완료하다   bullied : 괴롭힘을 당하는   struggle : 애쓰다

Both Views 유형 *

73. While some argue that governments should spend more money on creating parks, there are those who believe that money is better spent on building gyms and other sports facilities. Discuss both views and offer your opinion.

어떤 사람들은 정부가 공원을 조성하는데 더 많은 돈을 써야 한다고 주장하는 반면에, 체육관이나 다른 운동시설을 짓는데 돈을 사용하는 것이 더 낫다고 믿는 사람들이 있다. 양쪽의 의견과 당신의 의견을 논하라.

Parks

— They are less expensive to build and maintain than other facilities
   짓고 유지하는 것이 다른 건물들보다 더 저렴하다.
— They can be used for a variety of purposes.
   다양한 목적으로 사용될 수 있다.

Gyms and sports facilities

— They encourage people to exercise more.
   사람들에게 운동을 더하도록 장려한다.
— The government can make money from people using the facilities.
   정부는 시설을 이용하는 사람들로부터 돈을 벌 수 있다.

어휘 sports facility : 스포츠시설   encourage : 용기를 북돋우다

Both Views 유형 **

74. The relaxed lifestyle of the country appeals to people and many decide to leave the city in order to enjoy living in the countryside. Discuss the benefits and disadvantages of living in the country.

시골의 여유로운 생활방식이 사람들에게 인기가 있으며 많은 사람들이 시골의 삶을 즐기기 위해 도시를 떠나기로 결심한다. 시골에서의 삶의 장점과 단점에 대하여 논하라.

Advantages

- Less stress and more relaxed lifestyle 스트레스가 적고 더 여유로운 라이프스타일
- Cleaner air and better environmental conditions 더 깨끗한 공기와 더 나은 환경 조건

Disadvantages

- Less education opportunities. 교육의 기회가 적다.
- Difficulty accessing health and entertainment facilities. 의료 및 오락시설의 접근이 어렵다.

어휘 country : 시골   entertainment : 오락

Both Views 유형 ***

75. Parents have the option of sending their children to a school that only takes boys or girls. Do the advantages outweigh the disadvantages of attending a single gendered school?

부모들은 그들의 아이들을 남자 혹은 여자 아이들만 있는 학교에 보내는 것을 선택할 수 있다. 단일 성별학교에 다니는 것의 장점이 단점을 압도하는가?

Advantages

- Children can better focus on study. 공부에 더 잘 집중할 수 있다.
- School can change the curriculum to suit the learning styles of each gender
  학교는 각 성별의 교육방식에 맞게 수업과정을 바꿀 수 있다.

Disadvantages

- Children do not learn to interact with members of the opposite gender.
  이성과 상호작용을 하는 것을 배울 수 없다.
- Children can not learn about the opinions and ideas of the opposite gender
  이성의 의견과 생각에 대해 배우지 못한다.

어휘 outweigh : 압도하다   curriculum : 교육과정   interact with : ~와 상호작용하다   opposite : 다른 편의   gender : 성

Agree or Disagree 유형 **

76. In order to deal with the rise in traffic on the roads, there is a need to increase the number of toll roads and the amount charged. To what extent do you agree?

도로상의 교통량의 증가에 대처하기 위해, 유료 도로의 수 및 요금을 증가시키는 것이 필요하다. 당신은 어디까지 동의하는가?

Agree
− If the government receives more money from tolls, they can invest the money in building more roads.

만약 정부가 더 많은 돈을 통행료로 받는다면 더 많은 도로 건설을 위해 투자할 수 있다.

− It will encourage people to take public transport.

사람들이 대중교통을 이용하도록 장려할 것이다.

Disagree
− It will increase traffic on other roads. 다른 도로의 교통량을 증가시킬 것이다.

− Governments may waste the money from the toll roads.

정부는 유료 도로로부터의 수익을 낭비할 수도 있다.

어휘 deal with : 다루다   encourage : 격려하다   waste : 낭비하다   toll road : 유로도로

Agree or Disagree 유형 *

77. The police should not carry guns when working on the streets. To what extent do you agree?

경찰이 거리에서 근무할 때 총을 휴대해서는 안 된다. 당신은 어디까지 동의하는가?

Agree
− They can better protect themselves. 그들 자신을 더 잘 보호할 수 있다.

− They can better protect the public. 대중을 더 잘 보호할 수 있다.

Disagree
− The police may misuse their power and kill innocent people.

경찰은 그들의 힘을 오용하고 죄 없는 사람을 살해할 수 있다.

− There are better and safer ways to achieve the same purpose.

같은 목적의 달성을 위한 더 낫고 안전한 방법들이 있다.

어휘 protect : 보호하다   misuse : 남용   innocent : 죄 없는   purpose : 목적

Agree or Disagree 유형 **

78. Government should only help people in their own country and not donate money to foreign countries. To what extent do you agree?

정부는 오직 자국민들만 도와야 하고 다른 나라에게 돈을 기부해서는 안 된다. 당신은 어디까지 동의하는가?

Agree

- Aid money is often wasted by foreign corrupt governments.

  원조금은 종종 외국의 부패 정부에 의해서 낭비된다.

- The people who pay taxes expect that it is to help their country.

  세금을 내는 사람들은 그 세금이 그들의 나라만을 위해 쓰이기를 원한다.

Disagree

- Helping other countries' economy develop will make the world better off as a whole.

  다른 나라들의 경제가 발전하도록 돕는 것은 전반적으로 전 세계를 더 잘살게 만들 것이다.

- People are ethically obligated to help the sick and dying, wherever they are.

  사람들은 사는 곳에 상관없이 아프고 죽어가는 사람들을 도와줄 윤리적 의무가 있다.

어휘 aid money : 보조금, 지원금   better off (well off) : 부유한, 잘사는   ethically : 윤리적으로   obligated : 의무가 있는

Cause and Effect 유형 *

79. Miscommunication between different ethnic groups in a country often leads to conflict and an increase in criminal activity. Suggest some of the reasons why miscommunication is such a problem and ways to help solve this problem.

한 나라 내에서 다른 인종집단 사이의 잘못된 의사소통은 종종 갈등 및 범죄활동의 증가를 초래한다. 왜 잘못된 의사소통이 그렇게 문제인지에 대한 이유 및 이 문제의 해결을 돕는 방법을 제시하라.

Problem

- It creates mistrust between people. 사람간의 불신을 만든다.
- People mistakenly believe that others are behaving in a way they do not like.

  사람들은 다른 이들(다른 인종)이 그들이 싫어하는 방식의 행동을 한다고 잘못 믿고 있다.

Solution

- Community representatives communicate regularly with each other.

  커뮤니티(인종집단) 대표자들끼리 정기적으로 의사소통을 한다.

- Create multicultural events to increase the level of understanding between different groups.

  타인종간의 이해수준을 높이기 위한 다문화행사를 한다.

어휘 conflict : 충돌, 마찰   criminal : 범죄적   behave : 행동하다   mistakenly : 잘못   regularly : 규칙적으로, 정기적으로   multicultural : 다문화의   understanding : 이해

Both Views 유형 **

80. Those who are unemployed should receive money from the government while they do not have a job.

    Discuss the advantages and disadvantages of such a suggestion.

    일자리가 없는 사람들은 실직기간 동안 정부로부터 돈을 받아야 한다. 이와 같은 제안의 장점과 단점을 논하라.

Advantages

− It prevents the unemployed from starving or having to sleep on the street

  실직자가 굶주리고 노숙을 해야만 하는 것을 예방해준다.

− It gives them time to find a new job.

  그들이 새로운 직업을 찾도록 시간을 벌어준다.

Disadvantages

− People are less motivated to work.

  사람들의 일하려는 동기가 줄어든다.

− All citizens have to pay for this type of welfare, thus increasing taxes.

  모든 국민들은 이런 종류의 복지를 위해 돈을 내야 한다. 그래서 세금이 증가한다.

어휘 unemployed : 실업자   receive : 받다   citizen : 시민   welfare : 안녕

Both Views 유형 ***

81. In most countries there is an age at which a person must first reach before receiving the aged pension.

    Discuss the benefits and drawbacks of raising the retirement age.

    대부분의 나라에서 노인연금을 받기 전에 먼저 도달해야 할 나이가 있다. 은퇴 나이를 상향시키는 것의 장점과 단점을 논하라.

Benefits

− It increases the national income.

  국가 수입을 증가시킨다.

− Less of a tax burden on younger workers because there are more tax payers.

  세금 납세자가 더 많기 때문에 젊은 노동자들의 세금부담 감소.

Drawbacks

− Older workers may have a disability or may not be healthy enough to continue work.

  나이든 노동자는 신체장애를 가지고 있거나 혹은 계속해서 일하기에 적당한 건강을 유지하고 있지 않을 수 있다.

− Many jobs are physically demanding − not suited for older workers

  많은 직업들이 체력을 요구한다 − 나이든 노동자들에게 적합하지 않다.

어휘 pension : 보조금   aged pension : 노인연금   retirement : 은퇴   burden : 부담, 짐   tax payer : 납세자   disability : 장애

   physically : 신체적으로   demand : 요구하다

Cause and Effect 유형 **

82. Each year a large number of the world's languages die out and some argue that the world is worse off because of this. Discuss some of the causes for the loss in language diversity and possible ways to preserve more languages.

매년 다수의 전세계 언어들이 자취를 감추고 있다. 그리고 이로 인하여 세상이 더 나빠지고 있다고 어떤 사람들은 주장한다. 언어의 다양성 상실의 이유와 더 많은 언어를 보전하기 위한 적절한 방법을 논하라.

Causes

- Globalization means that we are exposed to more languages.
  세계화는 우리가 더 많은 언어에 노출된다는 것을 의미한다.
- Some languages are more important for educational and economic purposes.
  어떤 언어들은 교육적 그리고 경제적인 목적을 위해서 더 중요하다.

Solutions

- Make recordings of languages before they disappear.
  사라지기 전에 그 언어들을 기록한다.
- Encourage children to learn traditional languages.
  고유 언어를 아이들이 배우게끔 장려한다.

어휘 globalization : 세계화   be exposed to : ~에 노출되다   recording : 녹음   die out : 멸종되다   preserve : 보존하다

Both Views 유형 ***

83. The driving age is set at a certain age in each country but some people believe that the age limit should be raised so that young people only start driving once they have become mature enough. What are the advantages and disadvantages of raising the driving age limit?

운전하는 나이가 각 나라마다 특정 나이로 정해져 있다. 그러나 어떤 사람들은 일단 젊은 사람들이 오직 충분히 성숙할 때 운전을 시작할 수 있게 하기 위해서 나이제한을 상향시켜야 한다고 믿는다. 운전하는 나이제한을 상향시키는 것의 장점과 단점은 무엇인가?

Advantages

- It means less accidents. 더 적은 사고를 의미한다.
- It reduces insurance costs. 보험비용을 감소시킨다.

Disadvantages

- Young workers find it difficult to get to work.
  어린 노동자는 직장에 출근하기가 힘들 것이다.
- Young people are dependent on parents or friends to get around.
  어딘가에 가기를 원할 때 부모님과 친구에게 의존한다.

어휘 age limit : 연령 제한   accident : 사고   reduce : 줄이다   insurance cost : 보험비   be dependent on : ~에 의존하다   get around : 돌아다니다

Cause and Effect 유형 ***

84. People are living longer than ever before and this has presented a unique set of challenges for society as a whole. Discuss some of the problems that have arisen as a result of longer life spans and suggest some possible solutions to best deal with these problems.

사람들이 예전보다 더 오래 산다. 그리고 이것은 전반적으로 우리사회가 도전해야 할 독특한 일련의 과제를 남겼다. 더 길어진 생명의 결과로 생기는 문제들을 논하고 이러한 문제를 가장 잘 해결하기 위한 적절한 방법을 제시하라.

Problems

- People live longer but are not in good health. - larger number of disabled
  더 오래 살지만 건강이 좋지 않다. - 많은 수의 장애인
- Larger costs to house the elderly in nursing homes.
  노인들을 양로원에 수용하기 위한 더 많은 비용

Solutions

- Have compulsory private health insurance. 개인건강보험을 의무적으로 가입한다.
- Establish a superannuation or pension scheme. 연금제도를 설립한다.

어휘 as a whole : 전체로서   arise : 생기다   present : 주다   span : 기간   the elderly : 노인들   nursing home : 양로원   private health insurance : 개인 의료 보험   superannuation : 연금   scheme : 제도   establish : 세우다   pension scheme : 퇴직 연금 적립 제도

Cause and Effect 유형 **

85. In the past the number of male smokers far exceeded the number of female smokers. However, in more recent times it is becoming more common to see female smokers. Discuss the causes of the greater proportion of female smokers and the effects this will have on society as a whole.

과거에는 남성 흡연자의 수가 여성 흡연자의 수보다 훨씬 많았다. 그러나 최근에는 여성 흡연자를 목격하는 것이 더 일반화 되었다. 더 커진 여성 흡연비율의 원인을 논하고 이것이 전반적으로 우리사회에 가져올 효과를 논하라.

Causes

- Social values are changing so it is acceptable for women to smoke.
  사회가치가 변하고 있음으로 여성이 담배 피는 것도 용인될 수 있다.
- Most anti-smoking campaigns target men, not women.
  대부분의 금연운동은 여성이 아닌 남성을 표적으로 한다.

Effects

- Higher rates of lung cancer in women 여성 폐암의 높은 비율
- Dangers to children when pregnant women smoke
  임신한 여성이 담배를 필 때 아이들이 위험하다.

어휘 exceed : 초과하다   proportion : 비율   acceptable : 용인되는   anti-smoking : 금연의   campaign : 운동   lung cancer : 폐암   pregnant : 임신한

복합 유형 ***

86. The great artists and intellectuals of history are often said to owe their talents to their parents who gave their children opportunities to develop their talents to their full potential. To what extent do parents influence the success of their children? What other individuals have a strong influence on a child's development?

    역사적으로 훌륭한 예술가들과 지식인들은 종종 그들의 재능은 그것을 완전한 잠재력으로 발전시킬 수 있게 기회를 준 그들의 부모님 덕택이라고 말한다. 부모님들이 어디까지 그들의 아이들의 성공에 영향을 미치는가? 다른 어떤 사람들이 아이의 발전에 커다란 영향을 미치는가?

What extent

– Parents spend a lot of time with children. 부모님들이 아이들과 많은 시간을 보낸다.

– Parents make decisions about how children are brought up.
  부모님들은 어떻게 아이들을 양육할 것인지 결정한다.

Other people

– Friends 친구

– Teachers 선생님

어휘 intellectuals : 지식인   potential : 잠재적인   make decisions : 결정하다   bring up : 양육하다

Both Views 유형 **

87. Laborsaving devices such as the microwave oven and the vacuum cleaner have greatly changed the way people live. There are also those who claim that these devices have made us lazy. Discuss both views and give your opinion.

    전자레인지 그리고 청소기와 같은 노동절약 기계는 사람들이 사는 방식을 크게 변화시켰다. 하지만 또한 이러한 기계는 우리를 게으르게 만든다고 주장하는 사람들이 있다. 두 가지 입장을 논하고 당신의 의견을 제시하라.

Improved life

– Automatic devices mean we have more time to do the things we want.
  자동화 기계는 우리가 원하는 것을 하기 위해 우리가 더 많은 시간을 가질 수 있다는 것을 뜻한다.

– Technology like computers has allowed everything to be done much faster.
  컴퓨터와 같은 테크놀로지는 매우 빠르게 모든 일을 완성시키는 것을 가능하게 했다.

Lazy

– Transportation convenience reduces the need to exercise.
  교통수단의 편리함은 운동의 필요성을 감소시킨다.

– Computers and calculators do calculations for us so there is no need to use our brain.
  컴퓨터와 계산기는 우리를 대신해 계산을 한다. 그래서 뇌를 사용할 필요가 없다.

어휘 laborsaving : 노동 절약의   device : 장치   convenience : 편의   calculator : 계산하다   need to : ～해야만 한다

Cause and Effect 유형 *

88. Immigrant communities often struggle to adapt to a new environment while at the same time trying to preserve their cultural heritage. Discuss what these communities could do to preserve their culture and deal with some of the challenges that they may encounter.

이민 공동체들이 그들의 문화 유산을 보존하려고 노력하는 동안 동시에 새로운 환경에 적응하는데 종종 어려움을 겪는다. 이러한 이민 공동체들이 그들의 문화를 보존하고 그들이 직면할 수 있는 문제들을 대처하기 위해서 무엇을 해야 하는지 논하라.

Preserve culture

- Educate children about cultural traditions. 문화적 전통에 대해 아이들을 교육시킨다.
- Create cultural events and classes that teach culture.
  문화행사 및 문화를 가르치는 수업을 개발한다.

Challenges

- Children are not interested in learning about their cultural heritage.
  아이들은 문화유산을 배우는 것에 관심이 없다.
- It is too expensive to run cultural events. 문화행사를 운영하는데 많은 돈이 든다.

어휘 immigrant : 이민자   struggle : 애쓰다   adapt : 맞추다   preserve : 보존하다   interested in : ~에 관심있는   cultural heritage
: 문화유산   encounter : 우연히 만나다   expensive : 비싼   cultural event : 문화 행사

Both Views 유형 ***

89. In the workplace does intelligence or personality better predict the likelihood of success? Discuss both views and give your own opinion.

직장에서 지능 혹은 성격 중 어느 것이 성공의 가능성을 더 높게 하는가? 양쪽의 생각과 당신의 의견을 논하라.

Intelligence

- Business needs to provide solutions to problems - intelligent people are best able to do this.
  비즈니스는 문제점에 대한 해결책을 제공할 필요가 있다 — 지능적인 사람이 가장 잘할 수 있다.
- Many people owe their success to their intelligence. 많은 사람들이 그들의 지능덕분에 성공을 한다.

Personality

- A good business leader needs to be able to manage people and so personality is important.
  좋은 기업주는 사람들을 관리할 수 있어야 한다. 그래서 성격은 중요하다.
- People with a good personality can cope with stress and are better able to deal with failures.
  좋은 성격을 가진 사람들은 스트레스에 대응할 수 있고 실패에 더 잘 대처할 수 있다.

어휘 predict : 예측하다   likelihood : 가능성   intelligence : 지능   personality : 성격   owe : 신세를 지다   owe A to B : A는 B 덕
분이다   business people : 사업가   business leader : 기업주   personality : 성격   cope with : ~대처하다   deal with : ~을
다루다

Both Views 유형 *

90. In their old age many parents live with their married children. Discuss the advantages and disadvantages of this situation.

   많은 부모들이 결혼한 자녀와 함께 노년기에 산다. 이것의 장점과 단점을 논하라.

Advantages

− They spend time with grandchildren.

   손주들과 함께 시간을 보낸다.

− Grandparents are not as lonely.

   조부모님들이 외롭지 않다.

Disadvantages

− Stress on parents trying to make grandparents happy.

   조부모님들을 만족시키기 위해 부모들은 스트레스를 받는다.

− Cramped house

   비좁은 집.

어휘 live with : ~와 동거하다   lonely : 외로운   cramped : 비좁은

Cause and Effect 유형 ***

91. People are working longer than ever before. Discuss the cause of this change and how this has affected society.

   사람들이 예전 그 어느 때 보다 더 오래 일을 한다. 이러한 변화의 원인과 이것이 사회에 어떻게 영향을 주었는지 논하라.

Cause

− People live longer.

   인간의 수명이 길어졌다.

− More workers are needed to promote economic growth.

   경제성장을 촉진시키기 위해 더 많은 노동자가 요구된다.

Effect

− Increased economic wealth

   증가된 경제적 부

− Older people have more money to spend.

   소비할 더 많은 돈을 장년층이 번다.

어휘 need to : ~해야만 한다   promote : 촉진하다   economic growth : 경제 성장   wealth : 부

Agree or Disagree 유형 **

92. Governments should not only make decisions that are in the interests of the nation as a whole but also should intervene in how individuals manage their own lives. To what extent do you agree or disagree?

정부는 전반적인 국가의 이익을 위해 의사결정을 하는 것 뿐만 아니라 또한 개인들이 삶을 꾸려나가는 방식에 개입을 해야 한다. 당신은 어느 정도까지 동의 혹은 반대하는가?

Agree

- Governments need to stop harmful activities such as taking drugs.
  정부는 마약 복용과 같은 해로운 활동들을 멈추게 해야 한다.

- Usually our decisions have an effect on others − governments need to protect the rights of others.
  일반적으로 우리의 결정은 타인에게 영향을 미친다 − 정부는 타인의 권리를 보호해야 한다.

Disagree

- Everyone is different so the government should not make one decision for everyone.
  모든 사람이 같지 않으므로 정부는 모든 사람들을 위한 하나의 결정만을 하면 안된다.

- Living in a democracy means people have the right to make choices for themselves.
  민주주의에서 산다는 것은 사람들이 그들 자신을 위해 선택을 할 수 있다는 것을 의미한다.

어휘 in the interests of : ~의 이익을 위하여   as a whole : 전체로서   intervene : 개입하다   harmful : 해로운   take a drug : 마약을 쓰다   effect : 영향   have an effect on : ~에 영향을 미치다   democracy : 민주주의

Both Views 유형 ***

93. Governments should spend more money on preventing disease than trying to cure disease. Discuss the benefits and drawbacks to such a proposal.

정부는 더 많은 돈을 질병을 고치는데 보다는 질병을 예방하는 곳에 사용해야 한다. 이와 같은 제안의 장점과 단점에 대해 논하라.

Benefits

- It may save money in the long run. 길게 보면 돈을 아낄 수 있다.
- It will not only prevent deaths but also severe disability. 죽음뿐만 아니라 심각한 장애를 또한 막을 수 있다.

Drawbacks

- Not all diseases are easily preventable. 모든 질병이 쉽게 예방되는 것은 아니다.
- It can ignore those who are already suffering from disease.
  이미 질병으로 고통 받고 있는 사람들이 배제될 수 있다.

어휘 disease : 질병   cure disease : 병을 치료하다   long run : 장기간   prevent : 막다   severe : 극심한, 심각한   disability : 장애   preventable : 막을 수 있는   proposal : 제안   ignore : 무시하다   suffering : 고통

Agree or Disagree 유형 ***

94. It is the responsibility of national governments rather than the international community to address environmental issues. To what extent do you agree or disagree?

환경문제에 대처하는 것은 국제사회 보다는 (일국의) 중앙정부의 의무이다. 어느 정도까지 당신은 동의 혹은 반대하는가? .

National Governments

− It is important that everyone is involved in tackling environmental problems.

모든 사람들이 환경문제를 해결하는 것에 관여하는 것이 중요하다.

− National governments are quicker to make decisions and take action compared to international organisations. 중앙정부는 국제단체보다 더 빠른 의사결정과 실천을 한다.

International organisations

− They can make a larger difference than individual governments.

개인정부 보다 더 나은 결과를 만들 수 있다.

− Environmental problems go beyond national borders and can only be truly addressed with international cooperation. 환경적 문제는 국가간의 경계선이 없으며 오직 국제적 협력만으로 다뤄질 수 있다.

어휘 responsibility : 책임 cooperation : 협동 environmental issues : 환경문제 be involved in : ~연루되다

Agree or Disagree 유형 ***

95. Fashion magazines contain images of skinny and attractive models that look very different from the average person. However, there are some who argue that images of ordinary people should be used instead. To what extent do you agree with this idea?

패션잡지들은 일반인과는 매우 다른 외모의 날씬하고 매력적인 모델의 사진을 게재한다. 하지만 그보다는 보통 사람들의 사진이 사용되어야 한다고 주장하는 사람들이 있다. 이 생각에 대하여 당신은 어느 정도까지 동의하는가?

Agree

− Consumers can see what clothes really look like on the average person.

소비자들은 보통 사람들에게 실제 옷이 어떻게 보이는지를 알 수 있다.

− It shows you do not have to be a model to look good.

멋있게 보이기 위해 모델이 될 필요가 없다는 것을 보여준다.

Disagree

− Advertisers may lose money because people think the clothes do not look so good on real people and not buy the product.

사람들이 실제 사람들에게는 그 옷이 어울리지 않는다고 생각해 상품을 구매하지 않기 때문에 광고 회사는 손해를 볼 수 있다.

− Readers like good looking people; not the average person they can see on the street every day.

독자들은 길거리에서 매일 볼 수 있는 평범한 사람이 아닌 멋있게 생긴 사람들을 보는 것을 좋아한다.

어휘 attractive : 매력적인 different from : ~와 다른 ordinary people : 평범한 사람 consumer : 소비자 advertiser : 광고 회사

Agree or Disagree 유형 **

96. Teachers should be given the power to use physical punishment in order to better discipline children.
To what extent do you agree or disagree?
선생님들이 아이들을 더 잘 훈육하기 위해서 신체적 처벌을 할 권한이 주어져야 한다. 어느 정도까지 당신은 동의 혹은 반대하는가?

Agree
− Countries that have banned physical punishment have seen an increase in bad student behavior.
신체적 체벌을 금지해온 국가들은 학생들의 나쁜 행실의 증가를 경험해 봤다.
− Students are more likely to listen to teachers. 학생들이 선생님의 말을 더 잘 들을 가능성이 있다.

Disagree
− No difference between physical punishment and child abuse
신체체벌과 아동학대와의 차이점이 없다.
− There are better ways to punish children. 아이들을 체벌하는 더 나은 방법들이 있다.
어휘 discipline : 훈육하다   abuse : 남용하다   physical punishment : 체벌   child abuse : 아동 학대

Cause and Effect 유형 **

97. Large areas of forest are cut down in order to meet the demands of modern society. Discuss some of
the causes and effects of deforestation.
현대사회의 수요를 충족시키기 위해 넓은 지역의 숲이 잘려나가고 있다. 살림파괴의 원인과 영향을 논하라.

Causes
− Trees are needed to build houses and make paper.
집을 짓고 종이를 만들기 위해 나무가 필요하다.
− Trees are cleared to make room to build farms and cities.
농장과 도시를 짓는 공간을 위해 나무들이 잘리게 된다.

Effects
− Loss of the natural habitat of many animals 많은 동물들의 자연서식지가 손실됨
− Problems with erosion 침식 문제
어휘 cut down : 저하, 삭감   deforestation : 산림파괴   meet : 충족하다   habitat : 서식지   erosion : 부식

Cause and Effect 유형 **

98. Across the globe, a materialistic way of thinking has come to dominate how people form their values and set priorities in their lives. Outline some of the possible causes of the increase in popularity in consumerism and discuss some of the problems that have resulted.

전세계에 걸쳐, 물질적 사고방식이 어떻게 사람들이 그들의 가치관을 형성하고 그들 삶에 우선순위를 정하는지를 주도하게 됐다. 소비지상주의 인기의 증가 원인과 초래된 문제를 논하라.

Causes

- Increase in global wealth has resulted in increased buying power.

  세계의 부 증가는 소비력의 증가를 유발시켰다.

- Advertisers make people buy more.

  광고주는 사람들이 더 구매하도록 만든다.

Effects

- Society has become more competitive. 사회가 더 경쟁적으로 되었다.

- People spend more time working and less time engaging in other activities.

  사람들은 일하는데 더 많은 시간을 그리고 다른 활동에 참여하는 것에 더 적은 시간을 쓴다.

어휘 across the globe : 전세계에서   materialistic : 물질(만능)주의적인   dominate : 지배하다   priority : 우선 사항

consumerism : 소비지상주의   buying power : 구매력   advertiser : 광고인, 광고 회사   competitive : 경쟁을 하는

Cause and Effect 유형 ***

99. Compared to the past, people are less connected to their local communities, as society has become more individualistic. Discuss the causes and effects of this change.

과거와 비교해서 사람들은 그들의 지역사회와 더 적은 교감을 형성한다. 이는 사회가 더 개인주의로 되었기 때문이다. 이러한 변화의 원인과 효과를 논하라.

Cause

- People are busier and have less time to participate in community activities.

  사람들은 더 바빠지고 더 적은 시간을 지역사회활동에 참여하고 있다.

- People are more competitive and are less willing to work together.

  사람들이 더 경쟁적이고, 함께 일하려는 의지가 적다.

Effect

- Individuals are lonelier. 개인들이 더 고독하다.

- Difficult to complete community projects. 지역사회 프로젝트를 완성하기 어렵다.

어휘 individualistic : 개인주의적인   participate in : ~에 참가하다   be willing to : 기꺼이 ~하다

Agree or Disagree 유형 *

100. For one day each week all business should close. To what extent do you agree or disagree?

매주 하루 동안은 모든 비즈니스가 문을 닫아야 한다. 당신은 어느 정도까지 동의하거나 동의하지 않는가?

Agree

- You can spend time with family and friends.

가족과 친구와 함께 시간을 쓸 수 있다.

- It gives time to have a rest.

휴식을 취힐 수 있는 시간을 준다.

Disagree

- It would have a negative impact on the economy.

경제에 부정적인 영향을 줄 수 있다.

- People would not be able to do things they have to do when everything is closed.

전부 문을 닫았을 때 꼭 해야만 하는 것들을 할 수 없을 수도 있다.

어휘 have a rest : 쉬다   have a negative impact on : ~에 나쁜 영향을 주다   economy : 경기; 경제

Memo

Memo

한권으로 끝내는

IELTS Writing
스피드 완성

2019년 11월 20일 초판 1쇄 인쇄
2019년 11월 30일 초판 1쇄 발행

지은이 | John Chung
감수 | Paul F. Lane
편집기획 | 이원도
디자인 | 이창욱
교정 | 이혜림, 이준표
제작 | 이규원
영업기획 | 이장호
발행처 | 빅북
발행인 | 윤국진
주소 | 서울시 양천구 목동중앙북로 18길 30 102호
등록번호 | 제 2016-000028호
이메일 | bigbook123@hanmail.net
전화 | 02) 2644-0454
전자팩스 | 0502) 644-3937
ISBN 979-11-960375-8-1 13740
값 25,000원

*잘못된 책이나 파본은 교환하여 드립니다.

All that IELTS 최단기 합격 시리즈

현재 135여개 국가 900여개 센터에서 매년 200만명 이상이 응시하는 IELTS 시험(International English Language Testing System)은 듣기, 읽기, 쓰기, 말하기의 네 가지 언어 능력을 종합적으로 평가하는 시험이다.

호주, 영국, 뉴질랜드, 캐나다 그리고 미국 등의 영어권 국가로 유학, 취업, 이민을 하고자할 때 응시해야만 하는 일종의 국제공인 영어능력 평가 시험인 셈이다.

수험생 여러분이 IELTS 시험을 준비할 때 어느 정도 TOEIC 900점 정도의 영어실력을 갖추고 있더라도 최소한 3~6개월 이상의 집중적인 준비기간과 학습이 요구된다. 따라서 IELTS 시험센터에서 요구하는 일정 수준의 영어실력을 쌓으려면 영어의 4기능(Reading, Writing, Listening, Speaking)에 부합하는 과목별 기본학습서를 끝내야만 테스터에 합격할 수 있는 조건을 터득할 수 있다.

특히 IELTS Essay 과목은 별도로 학습해 두지 않으면 걸림돌로 작용할 수 있으므로 특별히 신경을 써야만 한다.

All that IELTS 스피드 완성

John Chung 지음 / 464쪽 / 값 35,000원 *리스닝용 mp3 파일 제공